ARCHIVES HISTORIQUES DE LA GASCOGNE
XIXᵉ ANNÉE — IIᵉ ET IIIᵉ TRIMESTRES

DEUXIÈME SÉRIE. — FASCICULE 16ᵐᵉ.

CHRONOLOGIE

DES

ARCHEVÊQUES, ÉVÊQUES

ET ABBÉS

DE L'ANCIENNE PROVINCE ECCLÉSIASTIQUE D'AUCH
ET DES DIOCÈSES DE CONDOM ET DE LOMBEZ

1300-1801

PUBLIÉE POUR LA SOCIÉTÉ HISTORIQUE DE GASCOGNE

PAR L'ABBÉ A. CLERGEAC

CHANOINE HONORAIRE
DOCTEUR ÈS LETTRES
SECRÉTAIRE GÉNÉRAL DE L'ARCHEVÊCHÉ D'AUCH

PARIS — AUCH
HONORÉ CHAMPION — LÉONCE COCHARAUX
ÉDITEUR — IMPRIMEUR
5, quai Malaquais, 5 — 18, rue de Lorraine, 18

MCMXII

ARCHIVES HISTORIQUES
DE LA GASCOGNE

DEUXIEME SÉRIE — FASCICULE XVIme

CHRONOLOGIE DES ARCHEVÊQUES, ÉVÊQUES ET ABBÉS

DE L'ANCIENNE PROVINCE ECCLÉSIASTIQUE D'AUCH

ET DES DIOCÈSES DE CONDOM ET DE LOMBEZ

PAR L'ABBÉ A. CLERGEAC

CHRONOLOGIE

DES

ARCHEVÊQUES, ÉVÊQUES

ET ABBÉS

DE L'ANCIENNE PROVINCE ECCLÉSIASTIQUE D'AUCH
ET DES DIOCÈSES DE CONDOM ET DE LOMBEZ

1300-1801

PUBLIÉE POUR LA SOCIÉTÉ HISTORIQUE DE GASCOGNE

PAR L'ABBÉ A. CLERGEAC

CHANOINE HONORAIRE
DOCTEUR ÈS LETTRES
SECRÉTAIRE GÉNÉRAL DE L'ARCHEVÊCHÉ D'AUCH

PARIS	AUCH
HONORÉ CHAMPION	LÉONCE COCHARAUX
ÉDITEUR	IMPRIMEUR
5, quai Malaquais, 5	18, rue de Lorraine, 18

MCMXII

INTRODUCTION

Le titre de ce travail en indique le but : établir aussi exactement qu'il est possible la chronologie des archevêques, évêques et abbés des monastères consistoriaux de l'ancienne province ecclésiastique d'Auch et des diocèses de Condom et de Lombez dont les territoires font partie du département du Gers.

Pas d'œuvre historique sérieuse qui ne s'appuie sur une chronologie exacte. La chronologie est, peut-on dire, l'armature de l'histoire. Aussi l'utilité de ce travail n'échappera à aucun de ceux qui ont essayé de traiter quelque point d'histoire provinciale et ont été parfois arrêtés par la difficulté de fixer, d'après les auteurs anciens les plus érudits ou les auteurs les plus modernes, la chronologie de certains hommes d'Eglise qui étaient aussi seigneurs temporels.

Prenons, par exemple, la liste des abbés de Berdoues, une des plus importantes abbayes du diocèse d'Auch, la plus importante d'après le Livre des Taxes. De la mort de Bernard de Lamazère en l'année 1320, où cette abbaye fut spécialement réservée et taxée à 1.500 florins d'or de la Chambre, à la nomination de Guillaume de Bartet, 2 mai 1403, la *Gallia Christiana* (éd. 1870), fournit dix noms d'abbés, les documents du Vatican en donnent seulement quatre, en réalité il y en eut cinq. Entre Dominique de Gouzène promu le 21 novembre 1481 et Guillaume Poyet, le 11 août 1542, la *Gallia* ne cite aucun abbé, il y en eut cependant quatre. Jean de Casaliers qui s'obligea au payement du commun service le 5 mai 1489, Gui d'Aydie, évêque de Sarlat, 7 juillet 1528, Jean de Foix, 22 avril 1529, Jean de Bazillac, 31 mai 1531. Si de la *Gallia* je passe à Dom Brugèles, l'auteur des *Chroniques ecclésiastiques du diocèse d'Auch*, qui, moine de Simorre durant la première moitié du xviii° siècle, put consulter les archives de l'abbaye de Berdoues, je trouve, dans son ensemble, la même liste que dans la *Gallia* et une addition qui est une erreur. Dom Brugèles place entre Hugues de Marchie ou de la Marche qui n'a jamais été abbé de Berdoues et Raymond de Taurines, moine de Bonneval, nommé le 18 août 1328, Arnaud de Hachan (de Faissano) que la *Gallia*, Larcher [1] et Cazauran, le dernier historien de Berdoues, placent un siècle plus tard en 1439. Cazauran, lui même, dans l'édition du Cartulaire de Berdoues parue en 1905, compte pour la même période 12 abbés, comme Dom Brugèles, et à propos d'Arnaud de Hachan que, dans un premier alinéa, il appelle Arnaud et, dans un second, Bernard, il ajoute : « Cet abbé doit être le même que celui que nous inscrivons avec le catalogue au xxxvii° rang. » Or entre la date assignée au xxiv° rang et celle du xxxvii° il y a un intervalle de plus de cent ans. Cazauran a voulu concilier et Dom Brugèles et la *Gallia* et Larcher.

On se trouve donc en présence d'auteurs qui se sont copiés les uns les autres et sont par suite tombés dans les mêmes erreurs.

Il y a cependant des érudits modernes, au sens critique plus affiné, qui ont cherché dans des documents fournis par les archives locales, les dépôts des départements, les registres des notaires, des dates plus précises et un contrôle aux assertions de leurs devanciers. MM. Benouville et Lauzun ont introduit dans la liste des abbés de Flaran Pons de Beinac, qui fut en effet bullé le 22 octobre 1506, et précisé en maints endroits les données un peu vagues de la *Gallia* [2]. Je pourrais faire des remarques identiques sur la liste des abbés de Saint Pé de Générez de

---

1 *Glanages*, IX, p 50.
2. Cf. Benouville et Lauzun : *L'abbaye de Flaran en Armagnac*, p. 114.

M. G. Balencie et sur la liste des évêques de Bayonne de MM. Dubarat et Daranatz.

Il reste néanmoins beaucoup à faire au point de vue de la chronologie gasconne. Pour combler, en partie du moins, ces lacunes, il fallait remonter aux sources mêmes de l'histoire ecclésiastique depuis 1300. Ces sources sont les documents émanés des papes, à cause de l'action prépondérante exercée, dès le xiv° siècle, par la cour romaine dans la nomination des chefs des diocèses et des monastères consistoriaux.

Aussi, durant un séjour de quatre années dans la Ville Éternelle, je n'ai pas cru pouvoir mieux employer mon temps et rendre un plus grand service aux études d'histoire provinciale qu'en établissant, d'après des documents surtout romains, la chronologie des archevêques, évêques et abbés de Gascogne de 1300 à 1801.

Le commencement du xiv° siècle marque une date très importante dans l'histoire des nominations aux évêchés et aux abbayes. Grâce au système des réserves pontificales, le droit d'élection fut enlevé aux chapitres des cathédrales d'abord, puis, progressivement, aux chapitres des monastères[1], et exercé désormais par le pape. De lui le prélat reçut les bulles qui l'instituaient dans sa charge et ces bulles furent à la curie inscrites dans des registres spéciaux appelés aujourd'hui *Regesta Vaticana*, *Avenionensia*, *Lateranensia*.

On peut discuter sur l'efficacité de la réserve pontificale, se demander si elle fit cesser les maux auxquels la papauté voulait porter remède, mais on ne saurait mettre en doute qu'elle a servi l'histoire. Avant l'établissement de la réserve, le pape intervenait rarement dans la nomination des prélats, aussi de beaucoup de ces promotions reste-t-il peu de traces. La réserve une fois décrétée, les documents locaux, la bulle originale elle-même expédiée à l'élu du pape ont pu disparaître, une copie authentique de cette bulle existe dans les registres de la

[1] J'ai traité ce sujet dans un article paru en 1906 dans la *Revue de Gascogne*, p. 49 et 145 *Les Nominations épiscopales en Gascogne aux* xiii° *et* xiv° *siècles*.

curie, et permet de contrôler les dates fournies par les documents jusqu'ici connus. C'est pour ce motif que les listes d'évêques ou d'abbés publiées ici ne remontent pas plus haut que le xiv° siècle, certaines mêmes ne dépassent pas le xv°. J'ai commencé pour chaque bénéfice la liste de ses titulaires au moment où il était l'objet d'une réserve pontificale et d'une taxation à la Chambre apostolique qui en faisaient un bénéfice consistorial, et je l'ai continuée jusqu'en 1801

Les établissements ecclésiastiques, évêchés ou abbayes, s'ils furent de fait supprimés par la Révolution, ne le furent en droit qu'au Concordat de 1801 : les évêques en exil étaient les seuls titulaires de leurs sièges. Quand le pape eut obtenu leur démission ou que, de son autorité suprême, il eut privé de leurs titres ceux qui la refusaient, alors seulement l'ancien établissement ecclésiastique avait disparu et un nouvel ordre de choses commençait. C'est pourquoi 1300 et 1801 marquent les dates extrêmes de ce travail.

Dans les trois volumes de la *Hierarchia catholica* du P. Eubel (1253-1600), dans la *Series Episcoporum* de Gams, dans la *Provincia Auxitana* du tome I⁽ʳ⁾ de la *Gallia Christiana* on trouve la liste complète des évêques de Gascogne avec la date de leur nomination, soit par le pape, soit par le roi. En reproduisant cette liste, je n'aurais cédé qu'au désir de vulgariser les données chronologiques d'ouvrages qui ne peuvent être facilement à la portée de tous si je n'avais fait à ces travaux des additions qui ne seront pas, je l'espère, jugées sans valeur.

D'abord, j'ai, toutes les fois que je l'ai pu, distingué les prélats des deux obédiences pendant le Grand Schisme d'Occident et signalé ceux qui, choisis par les chapitres au mépris des réserves pontificales, et ils furent nombreux aux xv° et xvi° siècles, empêchaient les candidats du pape de prendre possession de leurs évêchés. Ensuite les détails nombreux que j'ai relevés dans les Registres des bulles des xiv° et xv° siècles et dans d'autres fonds des Archives du Vatican ou dans les manuscrits des Bibliothèques de Rome m'ont permis de jeter plus de lumière sur une nomenclature sèche et aride, de raconter succinctement les phases de quelques élections ou nominations épiscopales, d'indiquer les bénéfices occupés ou les fonctions exercées par les prélats avant leur promotion.

Il suffit de parcourir attentivement la *Chronologie des Evêques de Tarbes* de M. G. Balencie, archiviste départemental des Hautes-Pyrénées, l'*Histoire des Evêques de Dax*, l'*Histoire des Evêques d'Aire* de M. A. Degert, directeur de la *Revue de Gascogne*, pour apprécier l'utilité des documents pontificaux et pour voir quelle précision ils permettent d'apporter à la chronologie ecclésiastique. Aussi n'ai-je pas hésité à publier la liste des évêques depuis 1300.

La chronologie des abbés m'offrait un terrain moins exploré. J'ai montré plus haut les lacunes en cette matière d'ouvrages tant anciens que modernes. Il faut chercher la cause de ces lacunes dans la perte des documents originaux particulièrement des bulles de provision et des procès-verbaux de prise de possession. Les autres documents, actes d'achat, de vente, d'hommage, signalent la présence des abbés, mais ne révèlent pas l'époque de leur entrée en charge. Les nécrologes eux-mêmes, si je m'en tiens à ceux que cite Dom Brugèles, mentionnent le jour et le mois de leur décès et omettent souvent de mentionner l'année. Pour combler ces lacunes, il fallait recourir aux documents romains, registres des bulles, actes consistoriaux, obligations pour les communs services.

Là encore surgissaient des difficultés d'un autre genre. Si, pour les registres d'Avignon, on a deux inventaires manuscrits qui ont une grande valeur et facilitent les recherches, si on peut, en y consacrant beaucoup de temps, parcourir un à un les registres du Vatican pour le xive siècle, pour la suite de ces registres au xve siècle et pour les registres du Latran de la même époque, on n'a que des index fort incomplets, et il faudrait des années d'un patient et opiniâtre labeur pour feuilleter un à un ces registres. Au xvie siècle, outre les difficultés considérables qui viennent du genre d'écriture usitée dans les registres des bulles, il faut compter comme pour le xve siècle avec le nombre plus considérable encore de volumes. Heureusement, pour cette époque, les actes consistoriaux de l'*Archivio Consistoriale* et les copies qui en ont été faites et se trouvent à la Bibliothèque Barberine et à la Bibliothèque Corsini permettent de trouver rapidement les dates de promotion des prélats et certains détails biographiques intéressants.

En outre, pour les xiv⁰ et xv⁰ siècles, la bulle donne seulement le prénom de l'évêque ou de l'abbé défunt et celui du candidat promu. Que deux abbés du même nom occupent successivement un siège abbatial, on ne pourra, si on ne connaît déjà la bulle du second, dire auquel des deux le troisième, de nom différent, succède. Le 1ᵉʳ avril 1362, Bernard, sacriste de Berdoues, fut placé à la tête de ce monastère[1]. Quarante et un ans plus tard, à la nomination de Guillaume de Bartet, 2 mai 1403, le monastère était déclaré vacant *per obitum Bernardi*. A première vue, il semble qu'il s'agit de ce Bernard nommé en 1362. Il peut se faire qu'il n'en soit rien. Dom Estiennot appelle cet abbé Bernard de Logorsan, il cite en 1368, comme son successeur, Bernard du Moulin. L'autorité de Dom Estiennot est assez grande pour que, jusqu'à plus ample informé, on maintienne dans la liste des abbés de Berdoues Bernard du Moulin à la suite de Bernard de Logorsan et avant Guillaume de Bartet.

A la fin du Grand Schisme d'Occident, nombreux sont les chapitres de cathédrales ou de monastères qui, voulant user du droit d'élection que le Concile de Constance leur avait reconnu, choisissent leurs évêques ou leurs abbés. Les évêques, en général, négocient avec la curie, au consistoire, ce qu'en style de la Chancellerie ils appellent l'affaire de leur élection ; les prélats ne veulent pas encourir les peines canoniques édictées contre ceux qui consacreraient un évêque nommé contre la volonté du pape, et c'était le cas toutes les fois que, dans un évêché réservé, le chapitre procédait à une élection. Les abbés élus négligent de se faire buller, ils obtiennent facilement des titulaires des abbayes mères la bénédiction abbatiale et de l'abbé chef d'ordre, la confirmation. Ainsi explique-t-on comment

---

1. *Regesta Avenionensia*, 149, fol. 204 v°.

pendant des périodes fort longues des titulaires d'abbayes considérables, réservées durant le xve siècle et inscrites au Livre des Taxes, ne sont pas mentionnés dans les registres des bulles ou dans les volumes d'obligations. De 1403 à 1481 pas un seul abbé de Berdoues ne fut bullé et il semble qu'il y en ait eu cinq. On pourrait faire la même remarque pour les abbés de Gimont à la même époque.

La présence de ces abbés nommés par les chapitres est quelquefois signalée dans les volumes d'obligations par cette laconique formule : *docuit de intruso*. Les intrus étaient les possesseurs, et, si la curie les ignorait, leurs noms figurent dans les documents locaux : ce serait être volontairement incomplet que de les omettre.

Au commencement du xvie siècle, la nomination de ces intrus est en bien des cas une protestation contre le choix par la curie d'un abbé commendataire, souvent étranger à toute vie religieuse, quelquefois simple clerc minoré ou tonsuré. A partir de 1450, en effet, commence à s'introduire la commende des monastères, dont on a dit, à juste titre, tant de mal, et qui fut, plus tard, pour l'Etat, un moyen d'empêcher les ordres religieux d'accroître démesurément leurs richesses et de troubler ainsi le régime économique de la société. En faisant des revenus du monastère deux parts, l'une désignée sous le nom de mense conventuelle et destinée à l'entretien des religieux, au service du culte, aux nécessités des pauvres, l'autre appelée abbatiale, en faveur de l'abbé, la commende faisait rentrer dans la circulation des richesses qui auraient été immobilisées. L'Eglise en usa d'abord pour fournir aux cardinaux et aux fonctionnaires de la curie des ressources qui leur permettaient de vivre selon leur rang. Quand le roi, en vertu du Concordat de 1516, nomma évêques et abbés, il se garda de laisser tomber la commende grâce à laquelle il pouvait récompenser, sans bourse délier, les services rendus à l'Etat par des clercs.

Dans des temps moins troublés que ne le fut le xvie siècle, le Concordat de 1516 aurait fait disparaître les intrusions, car le roi avait la force en main pour imposer aux religieux le can didat auquel le pape avait, sur sa désignation, donné l'investiture canonique. Mais à la faveur des désordres causés par les guerres de religion, plusieurs abbés des monastères gascons ruinés par les bandes de Montgomery (1569 1570) ne sollicitèrent point de la curie l'expédition de leurs bulles. Ce sont autant de noms omis dans les documents romains et qui manqueraient à nos listes s'ils n'étaient connus par ailleurs.

Au xviie siècle, il n'y a plus d'intrus dans les monastères, le Concordat est observé de part et d'autre ; le roi surveille les biens d'église, par le droit de régale il prend possession du bénéfice vacant et ses agents ne le livrent qu'au candidat nommé par lui et agréé par le pape. Seuls les différends entre les rois très chrétiens et les pontifes de Rome ont une répercussion fâcheuse sur la nomination des évêques et des abbés. Les auteurs de la *Gallia* signalent, quand ils la connaissent, la date de la bulle de provision, plus souvent ils donnent la date de la nomination royale. A l'occasion des grandes fêtes de l'Eglise, le roi nommait aux évêchés et abbayes vacants et, dès la seconde moitié du xviie siècle, ces nominations étaient insérées dans les rares journaux du temps. Au prélat ainsi nommé, à se pourvoir ensuite en cour de Rome et à faire expédier ses bulles. Il s'écoulait un certain temps, tantôt quelques mois, tantôt quelques années, entre la nomination royale et l'investiture canonique. C'est seulement quand il avait obtenu cette dernière par la bulle de provision que le prélat possédait la juridiction épiscopale ou abbatiale. Aussi me suis je préoccupé de rechercher la date de cette bulle et je n'en ai donné d'autre qu'à défaut de celle là.

La province ecclésiastique d'Auch comprenait, avant 1801, l'archevêché, 10 évêchés suffragants et 27 abbayes consistoriales. J'en donne la liste telle qu'elle se trouvait au Livre des Taxes, d'après le *Codex Sessorianus*, ms. 46 de la Bibliothèque Vittorio Emmanuele II à Rome :

fol. 4 r° Aduren. in Vasconia et provincia Auxitana (Aire).	MCC	flor.
S. Severi, O. S. B. (Saint-Sever-Cap-de-Gascogne).	CC	
Pontisalti, O. Cist. (Pontaut).	L	
Gratie Dei, O. Prem. (La Grâce-Dieu).	CCCXXXIII	
fol. 9 r° Aquen. in Vasconia (Dax).	D	
Sorduen., O. S. B., alias S. Benedicti de Sordua (S. Jean de Sorde).	CL	
Marie de Lacanhota, O. S. B. (N.-D. de la Cagnotte).	XXXIII 1/2	
fol. 12 v° Auxitan. in Vasconia, metropolis (Auch).	X^M	
Berdonarum, O. Cist. (Berdoues).	MD	
Gimontis, O. Cist. (Gimont).	DC	
Pessano, O. S. B. (Pessan).	CL	
Simorra, O. S. B. (Simorre).	CCC	
Celle Medulphi, O. S. B. (Saramon).	L	
Case Dei, O. Prem. (La Case-Dieu).	DCXVIII 2/3	
Marie de Flarano, O. Cist. (N.-D. de Flaran).	LXVI 2/3	
fol. 14 v° Baionen. in Vasconia, provincia Auxitana (Bayonne).	C	
De Fore de Campobasso, O. S. B.		
Georgii de Mirabello, O. S. B.		
Salvatoris de Urdachio, O. Prem. (Urdache)[1].	L	
fol. 32 v° Consceranen. in Vasconia, provincia Auxitana (Couserans).	M	
Combelonge, O. Prem. (Combelongue).	CCCCLX	
fol. 33 r° Convenarum in Vasconia, provincia Auxitana (Comminges).	IV^M	

1. Bien qu'inscrite au livre des Taxes, cette abbaye ne fut pas consistoriale. Je ne relève dans les registres d'Obligations que deux documents où elle soit mentionnée :

1° L'acte d'obligation pour le commun service s'élevant à 50 florins et pour les cinq menus services souscrite le 26 avril 1494 par Jean Cheminart, au nom de Jean de Saint-Martin, bullé le 6 mars 1494. (Archivio di Stato, *Obligazioni* 1492-1498, fol. 73 v°.)

2° L'acte d'obligation (5 sept. 1496) de Jean-Pierre d'Armendaritz qui s'oblige « ratione mandati de commendando dictum monasterium eidem Johanni Petro per bullas privationis in forma surreptionis bulle Johannis de S° Martino super non expressione veri valoris sub data Rome V kal. octobris an IV Alexandri VI. » (*Id.*, fol. 132 r°.)

Si la bulle de Jean de Saint-Martin est subreptice parce qu'on n'y mentionne pas la valeur du bénéfice, c'est que ce bénéfice n'est pas consistorial, car jamais dans l'expédition par le consistoire la valeur du bénéfice n'est mentionnée.

Benedictionis Dei, O Cist (La Bénisson-Dieu ou Nizors)	D	flor
Bonifontis, O. Cist (Bonnefont)	M	
fol 52 v° Lascurren. in Vasconia, provincia Auxitana (Lescar).	MCCC	
Petri de Regula, O. S B (S¹ Pierre de Larreule).	CXXX 2 3	
fol. 53 v° Lectoren in Vasconia, provincia Auxitana (Lectoure)	MDC	
De Bolasio, O. Cist. (Bouillas) ¹.	LXVI 1 3	
fol 71 v° Oloren in Vasconia, provincia Auxitana (Oloron)	DC	
Luco, O S B· (Lucq)	CL	
Vincentii de Lustra, O S B. ².	CL	
fol. 98 1° Tarvien in Vasconia, provincia Auxitana (Tarbes).	MCC	
Severi de Rostagno, O. S. B. (S¹ Sever de Rustan)	CXXX 1 3	
Severini, O. S. B. (S¹ Savin de Lavedan)	CCC	
Scale Dei, O Cist. (L'Escale-Dieu)	CCCCL	
Reguli, O. S B (S¹-Orens de Larreule)	L	
Petri de Generosio, O S B (S¹ Pé de Generez).	CCC	
Petri de Tasca, O S. B (S¹ Pierre de Tasque)	L	
Orientii, O S B. ³.	L	
fol 106 v° Vasaten. in Vasconia, provincia Auxitana (Bazas)	DC	

1 Comme l'abbaye d'Urdache, l'abbaye de Bouillas n'était pas consistoriale. Je n'ai trouvé que deux documents la concernant dans les fonds consultés :

1° L'acte de l'obligation souscrite le 13 janvier 1483 par Pierre d'Abadie, archidiacre de Comminges, procureur de Guillaume de Navailhes, chanoine de Saint-Seurin de Bordeaux. Le monastère était occupé par un intrus : Arnaud de Roquelaure, d'après les *Comptes consulaires de Riscle*, p 336, note 2. (Arch Vat., *Obligationes et Solutiones*, 84ᵃ, fol 108 1°.)

2° L'acte de l'obligation souscrite le 16 janvier 1546 par Simon Daux, procureur de Charles le Poulchre, clerc du diocèse d'Angers, nommé abbé commendataire par le roi et bullé le 2> décembre 1545. Le monastère est déclaré vacant par la mort de Jean de Gondail (Archivio di Stato, *Obligazioni* 1540 1550, fol 139 v°.)

Le livre des Taxes, comme les registres d'Obligations, place à tort l'abbaye de Bouillas au diocèse de Lectoure Elle appartenait au diocèse d'Auch.

2 C'est la même abbaye que la précédente : elle s'appelait Saint Vincent du Lucq.

3 C'est la même abbaye que celle appelée plus haut Reguli.

Blavimontis. O. S B. (Blasimont).	CXCVI flor.
Fremerii, O. S B (S¹-Ferme)	CD
Marie de Riveto, O. Cist (N -D de Rivet)	LXVI ? 3
Marie Fontis Guillelmi, O Cist. (Font Guilhem)	LXVI ? 3

A cette nomenclature j'ai ajouté le diocèse de Condom, dépendant de l'archevêché de Bordeaux, et celui de Lombez, dépendant de l'archevêché de Toulouse. Ainsi la liste des titulaires des anciens évêchés gascons sera complète. Toutefois, au lieu de l'ordre alphabétique suivi dans le Livre des Taxes, j'ai adopté l'ordre suivi par la *Gallia Christiana*.

SOURCES MANUSCRITES

I. Archives du Vatican.

1º *Regesta Avenionensia* On désigne sous ce nom les recueils originaux des bulles de la Chancellerie pontificale pendant la période d'Avignon Cette série comprend 349 volumes J'ai tiré des documents de 48 de ces registres numérotés 51, 97, 101, 118, 120, 129, 132, 134, 136, 146 149, 155, 157, 159, 162, 164 166, 170, 171, 183, 186, 190, 193, 197, 202, 208, 216, 228, 235, 239, 265, 268, 280, 306 308, 317, 325, 330, 331, 337, 339

2º *Regesta Vaticana*. Ce sont des copies sur parchemin des registres d'Avignon Ils renferment plus de documents à cause des pertes nombreuses et des détériorations qui ont mis plusieurs registres d'Avignon hors d'usage J'ai utilisé 72 de ces registres n° 80, 87, 89, 90, 95, 96, 99, 120, 141, 143, 144, 177, 179, 187, 192, 195, 213, 228, 232, 272, 306, 310, 315, 322, 329, 361, 362, 369, 379, 389, 408, 410, 421, 428, 436, 438, 439, 444, 445, 452, 454, 455, 458, 460, 477, 480, 484, 488, 489, 490, 510, 514, 525, 528, 530, 531, 561, 564, 566, 571, 572, 573, 586, 602, 666, 715, 983, 1451, 1581, 1902, 1915, 1929

3º *Regesta Lateranensia*. C'est une série spéciale qui commence à Boniface IX et va jusqu'à Pie X. On les appelle aussi Registres de la Daterie. J'ai utilisé 43 de ces registres n°s 17, 94, 131, 172, 174, 189, 208, 221, 230, 233, 239, 261, 264, 279, 280, 316, 328, 365, 374, 379, 386, 396, 410, 435, 467, 472 484, 487, 492, 502, 562, 610, 617, 639, 648, 700, 713, 741, 748, 758, 761, 810, 822.

4º *Obligationes et Solutiones*. — Registres dans lesquels sont consignés au jour le jour les obligations souscrites par les prélats à la Chambre apostolique et les payements effectués J'ai utilisé les 10 volumes suivants : 43, 49, 58, 64, 70, 76, 83, 84, 84ª, 88

5º *Acta Consistorialia*. C'est un recueil de 15 volumes divisés en deux grandes séries : les *Acta vice-cancellarii* et les *Acta camerarii*. Outre les provisions des patriarchats, archevêchés et évêchés, ils contiennent les procès verbaux des consistoires et font mention des évènements historiques les plus importants Ils embrassent l'époque comprise entre 1409 et 1590 M. Joseph Korzeniowski, en 1890, a donné la description de ces volumes et en a publié des extraits. Cf. *Excerpta ex libris manuscriptis Archivii consistorialis Romani MCCCCIX MDXC expeditionis romanae cura anno MDCCCLXXXVII collecta edidit Ioseph Korzeniowski*. Cracovie, 1890, in-8º.

La suite de ces registres est fournie par le volume d'*Acta consistorialia* de Paul V conservé dans le fonds Borghèse des Archives du Vatican et continuée jusqu'au milieu du xviɪᵉ siècle par divers volumes de l'*Armarium XII* des mêmes archives (j'ai consulté les volumes nᵒˢ 121, 129, 130, 131, 146) et jusqu'en 1798 environ, par divers volumes de l'*Armarium XIII* (J'ai consulté les volumes nᵒˢ 54, 66, 71, 72, 74, 77, 78, 79, 82, 93 96)

Enfin, j'ai utilisé un registre intitulé *Acta consistorialia Benedicti XIV* 1746-1749.

6° *Introitus et Exitus* — Ce sont les registres de recettes et de dépenses de la Chambre apostolique. J'ai eu recours à 8 volumes : 419, 438, 446, 449, 452, 456, 512, 525 [1]

II — Archivio di Stato à Rome.

1° *Obligazioni per communi servizii*. C'est une série de 31 volumes où ont été transcrites les obligations souscrites par les prélats ou leurs procureurs à la Chambre apostolique. Cette série, qui a malheureusement de nombreuses lacunes, va de 1408-1798. Je ne l'ai pas consultée sans fruit, en particulier pour le xvᵉ siècle et, dans les siècles suivants, pour les abbayes de moindre importance qui n'étaient point l'objet d'un procès consistorial en forme, mais dont les titulaires étaient cependant contraints au payement du commun service.

2° *Quitlanzie communium serviciorum* (1469-1479). Volume où furent transcrits, pendant ces dix années, les payements des communs services faits par les prélats à la Chambre apostolique.

III. — Archives départementales.

J'ai tiré quelques utiles renseignements des archives des départements [2] :

1° Des Basses-Pyrénées . série C 722, 733, 744, 894 ; série E 94, 99, 136, 161, 300, 321, 354, 1118, 1415, 1449, 1484, 1492, 1923, 2057

2° Du Gers : série I. 239 (n° 1935) et 417.

3° De la Haute-Garonne : série B 8, 10, 65, 442 et, dans le fonds Nizors, l'*Inventaire* et la liasse 7

4° Des Hautes-Pyrénées : série B 162, 297 ; série C 137 ; série H 2, 23, 95, 124, 125, 128, 129, 135, 387, 392, 395, 396, 397, 404

5° Des Landes, série H 126, 136.

---

[1] Les quelques notes tirées de la *Nunziatura di Francia*, je les dois à M. l'abbé P. Richard, professeur aux Facultés catholiques de Lyon, qui me les a signalées Elles proviennent des volumes 184, 220, 221, 226, 227, 228

[2] Quelques uns de ces documents sont mentionnés d'après les inventaires

IV. — Bibliothèque Barberine.

De l'importante série d'*Acta consistorialia* conservés dans cette bibliothèque aujourd'hui au Vatican, j'ai pris des documents dans 26 manuscrits, n°s 2867, 2868, 2880, 2884, 2892, 2894, 2895, 2896, 2899, 2900, 2901, 2905, 2906, 2911 2917, 2919-2923, 2932.

V. — Bibliothèque Corsini.

La série des *Acta consistorialia* qui y est conservée est moins importante que la précédente. Ce n'est pas cependant sans fruit que j'ai consulté les manuscrits n°s 50-52, 54-56, 60, 894, 2077, 2078.

VI. — Bibliothèque nationale.

1° Fonds latin *a*) 12751, 12752. — Recueils de Dom Estiennot : *Antiquités bénédictines de Gascogne*[1].

b) 13080. — Notices et extraits de divers manuscrits d'Italie. Extraits des registres des papes pour établir la succession des évêques de France.

c) 17025, 17026. — Recueil de pièces la plupart en copies ou en extraits avec des dessins de sceaux et de tombeaux pour servir à l'histoire des archevêques et évêques de France par Roger de Gaignières, XVII° et XVIII° siècles. J'ai consulté les pièces concernant les évêchés de Comminges, Condom, Couserans, Lectoure, Lescar et Lombez.

2° Collection Doat, t. II. Inventaire des copies exécutées dans divers dépôts des Archives pour Colbert de 1665 à 1670 et envoyées à Paris par les soins de Jean Doat, président de la Chambre des Comptes de Navarre.

3° Collection de Languedoc, t. XXXIX. Mélanges d'histoire ecclésiastique (notes, mémoires, lettres, quittances, procès, listes d'évêques, d'abbés, de bénéfices, extraits et copies de documents, cartulaires, nécrologes, vies des saints, chroniques, etc , mss et imp. concernant les églises ou établissements religieux des diocèses suivants : Auch (fol. 81), Lectoure (fol. 85), Comminges (fol. 86), Tarbes (fol. 117).

---

[1] Sur la valeur de ces recueils, cf *Les Papiers de Dom Estiennot et l'Histoire gasconne*, par A. Degert, dans la *Revue de Gascogne*, 1904, p. 189-202.

INDEX BIBLIOGRAPHIQUE

Almanach royal, 1740-1790.

ANSELME (P.) et DU FOURNY. Histoire généalogique et chronologique de la Maison royale de France, des Pairs, des Grands-Officiers de la Couronne et de la Maison du Roy et des anciens Barons du Royaume. 3e éd. Paris, 1726-1733, 9 vol. in-fol.

BALENCIE (G.). Chronologie des Evêques de Tarbes, 1227-1801 (dans la Revue de Gascogne, années 1904-1905).

— Les abbés de Saint-Pé de Génerez (dans l'Annuaire de Saint-Pé, 1888, p. 340-345).

BENOUVILLE (Pierre) et LAUZUN (Philippe). L'abbaye de Flaran en Armagnac. Description et Histoire. Auch, 1890, in-8°.

BOURDETTE (J.). Notice des Seigneurs de Cohitte. Toulouse, 1905, in-8°.

— Les Vicomtes du Labéda. Toulouse, 1900, in-8°.

BRUGÈLES (Dom). Chroniques ecclésiastiques du diocèse d'Auch suivies de celles des Comtes du même diocèse. Toulouse, 1746, in-8°.

BUISSON (Petrus Daniel du). Historiae monasterii S. Severi Libri X, Aire, 1876, 2 vol. in-8°.

CAZAURAN (L'abbé). Cartulaire de Berdoues. La Haye, 1905, in-8°.

CÉZÉRAC (C.). Pierre Chapelle de Jumilhac de Cubjac, évêque et seigneur de Lectoure, dans la Revue de Gascogne, 1901, p. 149-169.

CLERGEAC (A.). Les Nominations épiscopales en Gascogne aux XIIIe et XIVe siècles, dans la Revue de Gascogne, 1906, p. 49-58 et 145-160.

COUTURE (Léonce). Trois poètes condomois du XVIe siècle : Gérard-Marie Imbert, Jean du Chemin, Jean-Paul de Labeyrie, dans la Revue de Gascogne, 1873, p. 49-63 et 124-137.

DANTIN (L.). François de Gain-Montagnac, évêque de Tarbes, et son diocèse pendant la Révolution. Tarbes, 1908, in-8°.

DEGERT (A.). Histoire des Evêques de Dax. Paris, 1903, in-8°.

— Le poète Mellin de Saint-Gelais, abbé de L'Escale-Dieu, dans la Revue de Gascogne, 1904, p. 122.

— Un Evêque inconnu de Lescar, dans la Revue de Gascogne, 1904, p. 160.

— Procès de huit évêques français suspects de Calvinisme. 48 p., in-8°. (Extrait de la Revue des Questions historiques, juillet 1904.)

— Histoire des Evêques d'Aire. Paris, 1908, in-8°.

DELLAS. *Mgr d'Anterroches et la réforme de la liturgie à Condom* dans la *Revue de Gascogne*, 1893, p. 458-459.

DRUILHET (P.). *Archives de la ville de Lectoure* (fascicule IX des *Archives historiques de la Gascogne*). Paris-Auch, 1885, in-8°.

DUBARAT et DARANATZ (Chanoines). *Recherches sur la ville et sur l'église de Bayonne.* Bayonne-Pau, 1910, t. I, gr. in-8°.

DUBORD (R.). *Fondation de la ville de Gimont*, dans la *Revue de Gascogne*, 1876, p. 559-573.

DE DUFAU DE MALUQUER et DE JAURGAIN. *Armorial de Béarn.* Paris, 1889-1910, 3 vol. in-8°.

EUBEL (P.). *Hierarchia catholica medii ævi.* Münster, 1898-1901, 2 vol. in-4°[1].

FAYEN (A.). *Lettres de Jean XXII.* Rome-Bruxelles-Paris, 1908, 2 vol. in-8°.

GABENT (Abbé Paul). *Monographie de Pessan.* Auch, 1908, in-8°.

Gallia Christiana, éd. 1870, t. I.

GAUBIN (J.). *Les curés de Saint-Jean de Tieste et Saint-Laurent-Theux connus de 1279-1793*, dans la *Revue de Gascogne*, 1885, p. 429-437.

GUÉRARD (L.). *Documents pontificaux sur la Gascogne.* 2 vol. in-8°. (*Archives historiques de la Gascogne*, nouvelle série, fascicule II et VI).

LA PLAGNE-BARRIS (Paul). *Procuration donnée le 20 mars 1485 par Gui de Montbrun, évêque de Condom, pour l'administration de son diocèse,* dans la *Revue de Gascogne*, 1876, p. 137-142.

LEDRU (Ambroise) et DENIS (L.-J.). *La Maison de Maillé.* Paris, 1905, 3 vol. in-8°.

— et VALLÉE (Eugène). *La Maison de Faudoas.* Paris, 1908, 3 vol. in-8°.

LESTRADE (J.). *Un curieux groupe d'Evêques commingeois. Notices et documents* dans la *Revue de Comminges* en cours de publication depuis 1906.

— *Le dernier Evêque de Comminges : Antoine-Eustache d'Osmond, 1754-1823.* Auch, 1910, 56 p., in-8°. (Extrait de la *Revue de Gascogne*).

MACARY (S.). *Généalogie de la Maison du Faur.* Toulouse, 1907, in-4°.

MAUQUIÉ. (L'abbé Ferdinand). *Les Suzerains de Fimarcon.* Auch, 1908, in-8°.

MENJOULET (L'abbé). *Chronique du diocèse et du pays d'Oloron.* Oloron, 1869, 2 vol. in-8.

— *Un épisode de l'épiscopat de Raymond de Montaigne, évêque de Bayonne* dans la *Revue de Gascogne*, 1871, p. 564-569.

MOLINIER (H.-J.). *Essai biographique et littéraire sur Octovien de Saint-Gelais, évêque d'Angoulême, 1468-1502.* Rodez, 1910, in-8°.

MOLLAT (G.). *Jean XXII. Lettres communes.* 1904 1910, 5 vol. in-4° parus. (*Bibliothèque des Ecoles françaises d'Athènes et de Rome*).

PARFOURU (Paul) et DE CARSALADE DU PONT (J). *Comptes consulaires de la ville de Riscle de 1441-1507.* Auch, 1892, in-8°. (*Archives historiques de la Gascogne*).

---

1. Mon travail était à peu près terminé quand j'ai eu entre les mains le tome III de la *Hierarchia catholica* par W. van Gulick et Eubel paru en mai 1910. Aussi n'y ai-je eu recours que rarement.

Plieux (Am.). *Louis-Emmanuel de Cugnac, dernier évêque de Lectoure, 1772-1800*, dans la *Revue de Gascogne*, 1879, p. 214-227 et 311-334.

Regestum Clementis papæ V ex Vaticanis archetypis... nunc primum editum cura et studio monachorum ordinis Sancti Benedicti. Rome, 1884-1892, 9 vol. in-8°.

Samaran (Ch.). *La Maison d'Armagnac et les dernières luttes de la Féodalité dans le Midi de la France.* Paris, 1908, in-8°.

Tamizey de Larroque (Philippe). *Trois lettres inédites d'Urbain de Saint-Gelais, évêque de Comminges*, dans la *Revue de Gascogne*, 1867, p. 42-50.

— *Trois lettres de Blaise de Monluc*, dans la *Revue de Gascogne*, 1888, p. 33-44.

Vidal (J.-M.). *Benoît XII. Lettres communes.* 1902-1910, 2 vol. in-4°. (*Bibliothèque des Écoles françaises d'Athènes et de Rome.*)

ABRÉVIATIONS

Arch. départ	— Archives départementales.
Arch. Vat.	— Archives du Vatican
Arr	— Arrondissement.
A. Stato.	— Archivio di Stato à Rome.
Barb lat.	— Bibliothèque Barberine, fonds latin.
Bib. nat lat.	Bibliothèque nationale, fonds latin.
Cant.	Canton
Chef-l.	— Chef lieu.
Col.	Collection
Com.	— Commune.
N	— Note
N D.	— Notre Dame
Obl.	— Obligationes
Obl. et Sol.	Obligationes et Solutiones
O. Cist.	— Ordre de Citeaux.
O F M	Ordre des Freres-Mineurs.
O F. P	Ordre des Frères Prêcheurs
O Præm.	Ordre de Prémontré
O S. A	Ordre de Saint-Augustin.
O S B	— Ordre de Saint Benoit.
Reg Avenion	Registres d'Avignon
Reg Lateran	Registres du Latran
Reg Vat	— Registres du Vatican

CHAPITRE PREMIER

§ 1ᵉʳ. — *Archevêques d'Auch*[1].

Amanieu d'Armagnac meurt le 11 septembre 1318[2].

Le siège d'Auch demeura vacant pendant 5 ans jusqu'à la nomination de

1323, 26 août. — **Guillaume de Flavacour**, évêque de Carcassonne[3]. — Eubel, *Hierarchia catholica medii ævi*, t. 1, p. 123.

1357, 18 janvier. — **Arnaud Aubert**, neveu d'Innocent VI, évêque de Carcassonne. — Eubel, *id.*

1371, 27 juillet. — **Jean Roger**, neveu de Clément VI, évêque de Carpentras. — Eubel, *id.*

1375, 27 août. — **Philippe d'Alençon**, fils de Charles II d'Alençon, comte de Chartres, neveu et filleul de Philippe de Valois et cousin germain du roi Charles V, patriarche de Jérusalem, administrateur de l'archevêché d'Auch.

Obédience de Rome. — Promu au cardinalat par Urbain VI.

En 1381, Urbain VI révoqua cette administration et donna l'archevêché d'Auch à

1381. — **Pierre d'Anglade**, des Frères-Prêcheurs. — Eubel, *id.* note 3.

Il fut, en 1388, transféré à Tarbes et eut pour successeur

1388. — **Raymond-Garsie de Bayonne**, chanoine de Bayonne. — Eubel, *id.*

Obédience d'Avignon. — Clément VII révoqua la bulle par laquelle

---

1. L'archevêché d'Auch était taxé 10.000 florins.
2. L. Guérard, *Documents pontificaux sur la Gascogne*, page 83, note 1.
3. Le 6 mai 1324, en présence de Bernard, comte d'Astarac, de Jean de Trie, chevalier, sénéchal de Toulouse et d'Albi, de tout le chapitre et d'une nombreuse assistance, il jura de défendre et protéger les droits et libertés de son église, des personnats et des dignités qui s'y trouvaient. (Larcher, *Glanages*, VI, p. 14.)

Philippe d'Alençon avait été nommé administrateur de l'archevêché d'Auch et en pourvut au même titre

1379, 24 janvier. — **Jean de Cardaillac**, patriarche d'Alexandrie. — Eubel, *id.*, p 124.

Clément VI révoqua peu après cette administration et nomma

1379, 20 mai. **Jean Flandrin,** du diocèse de Viviers [1], doyen du chapitre de Laon. — Eubel, *id.*

Vacant par la promotion de Jean Flandrin au cardinalat, 15 octobre 1390, l'archevêché d'Auch fut donné à

1390, 17 octobre. **Jean d'Armagnac**, fils naturel de Jean II, comte d'Armagnac, d'abord archidiacre de Lomagne dans l'église de Lectoure, puis évêque de Mende en 1387. — Eubel, *id.*

Il venait d'être promu au cardinalat par Benoît XIII, le 22 septembre 1408, quand il mourut le 15 octobre de la même année.

Il eut pour successeur

1408, 10 décembre. — **Bérenger Guilhot,** du diocèse de Castres, chanoine de Comminges et archidiacre de Frontignan dans le même diocèse, élu le 3 novembre par le chapitre, confirmé par Benoît XIII. Eubel, *id.*

Il échangea l'archevêché d'Auch contre le titre d'archevêque de Tyr et l'évêché d'Agde avec

1425, 14 février. **Philippe I de Lévis,** évêque d'Agde. Eubel, *id.*

Il céda son archevêché, sous réserve d'une pension de 3.000 écus d'or, à son neveu

1454, 29 mars. — **Philippe II de Lévis,** protonotaire du Saint-Siège, diacre, âgé de 27 ans et dispensé du défaut d'âge [2]. — *Regesta Lateranensia* 492, fol. 50

---

1. Dom Brugèles, *Chroniques ecclésiastiques du diocèse d'Auch*, p 136, et la *Gallia Christiana* le disent évêque de Carpentras, mais Eubel ne le fait pas figurer dans la liste des évêques de cette ville

2 Le même jour le pape publiait une bulle défendant au prévôt et au chapitre d'Auch d'élire ou de postuler un autre candidat sous peine d'excommunication et de privation de leurs bénéfices (*Regesta Vaticana* 428, fol 261 r°) Malgré cette défense, le chapitre élut Jean de Lescun. Pendant plusieurs années il y eut de nombreux procès entre l'élu du chapitre et le candidat du pape En 1463, Philippe de Lévis échangea l'archevêché d'Auch pour celui d'Arles que lui céda Pierre de Foix, cardinal évêque d'Albano Celui ci, à son tour, résigna l'archevêché d'Auch avant d'avoir pris possession, sous réserve d'une pension de 4 000 écus d'or (*Reg Vat* 489, fol 279 r°, 11 février 1463) et le pape nomma Jean de Lescun

1463, 11 février. **Jean de Lescun**[1], prêtre[2], pronotaire apostolique[3], prieur de Saint-Côme, diocèse de Rodez, et de Saint-Mont, diocèse d'Auch[4]. *Reg. Vat.* 489, fol. 222 r°.

Il mourut le 28 août 1483.

1483, 20 octobre. **François de Savoie**, protonotaire apostolique, fils de Louis, duc de Savoie, et d'Anne de Chypre (Archives Vaticanes, *Obligationes* 84A, fol. 150 r°, 31 octobre 1483)[5].

Il mourut le 3 octobre 1490 (le 6, d'après Eubel, *Hier. cath.*, II, p. 112).

1490, 5 novembre. **Jean de la Trémoille**, protonotaire apostolique[6]. — Arch. Vat., *Acta Camerarii*, I, fol. 12 r°.

Il mourut à Milan en juin 1507.

1. Dans une bulle du 16 octobre 1446 où il est menacé d'excommunication s'il continue à détenir le prieuré séculier de Saint Amand, diocèse de Rodez, au préjudice de Pierre de Peyrotas, familier du pape, auquel il a été donné en commende, il est dit : « clericus Adurensis, defectu natalium patiens cum sit de episcopo et soluta genitus ». *Reg Vat.* 379, fol 79 r°).

2 Le 8 février précédent, il avait été, ainsi que les membres du chapitre ou les autres personnes qui l'avaient soutenu et aidé dans sa lutte contre Philippe de Lévis, absous de toutes les censures qu'il avait pu encourir pour ce motif. (*Reg. Vat.* 489, fol. 221 r°)

3. La promotion de Jean de Lescun à l'archevêché d'Auch ne devait être définitive, et il ne pouvait s'immiscer dans l'administration de son diocèse qu'après la prise de possession de l'archevêché d'Arles et du monastère de Montmajour par Philippe de Lévis auquel une pension de 1500 écus d'or au coin du roi de France était assignée sur les revenus de la mense archiépiscopale d'Auch. En même temps, le cardinal Pierre de Foix recevait l'évêché de Tarbes que Jean de Lescun avait refusé et sur les revenus de sa mense, une pension de 1.500 écus d'or était donnée à Pierre de Foix, neveu du cardinal, clerc de Lescar et protonotaire apotolique (*Reg. Vat.* 490, fol. 126) Cf sur cette affaire Samaran, *La Maison d'Armagnac au XVe siècle et les dernières luttes de la Féodalité dans le Midi de la France*, p. 114-118.

4. Le même jour, le prieuré de Saint-Mont, dont la valeur était exprimée à 600 livres petits tournois, était conféré à Louis d'Albret, cardinal-prêtre du titre des Saints Pierre et Marcellin. Le cardinal ne put sans doute en prendre possession. Quand Sixte IV, le 5 septembre 1483, le conféra à Maître Pierre d'Armagnac, archidiacre d'Anglès, dans l'église d'Auch, docteur ès décrets et notaire apostolique, le prieuré est dit vacant par la mort de Jean, archevêque d'Auch (*Reg. Vat* 634, fol 179 r°)

5 Il obtint de conserver la commende des monastères de Saint Etienne de Vercoil, de l'ordre de Saint Benoît, de Notre Dame d'Abondance, du même ordre, diocèse de Genève, de Notre Dame de Staffarde, de l'ordre de Cîteaux, diocèse de Turin, et d'un autre monastère au diocèse de Lausanne (*Schede Garampi*, 23 novembre 1483).

6 Il s'engagea à payer le commun service le 3 janvier 1491 (Archivio di Stato. *Obligazioni per communi servizi*, 1489-1492, fol. 70 v°) Le même jour, son procureur l'obligeait pour le commun service des monastères suivants Saint Benoît sur-Loire, O S B, diocèse d'Orléans, taxé à 2 000 florins, — la Celle Notre Dame, de

1507, 15 septembre. — **François-Guillaume de Castelnau de Clermont-Lodève** fut postulé par le chapitre le 4 juillet 1507 et obtint ses bulles le 15 septembre. — Dom Brugèles, *Chroniques ecclésiastiques du diocèse d'Auch*, p. 149.

Il eut pour suffragant f. Pierre Faget, de l'ordre des Frères-Mineurs, qui fut préconisé évêque de Béryte le 18 février 1527 et reçut une pension de 100 ducats d'or sur les revenus de la mense archiépiscopale. — Bibliothèque Barberine, latin 2932, fol. 97 v°.

Il résigna l'archevêché d'Auch[1] en faveur de

1538, 14 juin. — **François de Tournon**, cardinal-prêtre du titre des Saints-Pierre-et-Marcellin[2]. — Arch. Vat., *Acta Cancellarii*, IV, fol. 59 r°.

Il échangea l'archevêché d'Auch contre ceux de Narbonne et de Lyon et la commende des monastères de Saint-Laumer de Blois, O. S. B., diocèse de Chartres, et d'Ainay, O. S. B., diocèse de Lyon, que lui céda

1551, 22 avril. — **Hippolyte d'Este**, cardinal de Ferrare. — Arch. Vat., *Acta Cancellarii*, VI, fol. 83 r°.

Il résigna l'archevêché d'Auch, sous réserve de tous les fruits moins une pension de 1.000 ducats d'or de la Chambre, en faveur de son neveu

1563, 8 octobre. — **Louis, cardinal d'Este**, âgé de 25 ans[3]. — Arch. Vat., *Acta Cancellarii*, VIII, fol. 148 r°.

Il mourut le 30 décembre 1586 et le siège fut vacant quatre ans.

l'ordre de Saint-Augustin, diocèse de Bourges, 150. — Noirmoutiers, O. Cist., diocèse de Luçon, 150. — Loc-Dieu-d'Inard, ordre de Prémontré, diocèse de Luçon, 150. Il entra difficilement en possession de l'archevêché car il reçut le 8 janvier 1491 deux bulles, l'une de provision, l'autre de provision par dévolut en date du 5 novembre 1490; le 17 février, il reçut une autre bulle de dévolut en date du 22 janvier, et enfin, le 21 avril, une nouvelle bulle en date du 2 février 1491.

1. En retour, le cardinal de Tournon cédait les monastères de Saint-Florent, O. S. B., et de Candeil, O. Cist., aux diocèses d'Angers et d'Albi, à Jacques de Clermont, neveu du cardinal de Clermont, en faveur duquel, sur les instances du cardinal de Tournon, Charles de Tournon, son neveu, devait résigner le prieuré de Sonigun (?). Mais, leur vie durant, les deux cardinaux conservaient toute leur juridiction et tous leurs droits sur les précédents bénéfices.

2. Il souscrivit l'obligation pour le commun service à la manière des cardinaux, le 24 janvier 1539. (A. Stato, *Obl.* 1534-1450, fol. 126 r°). Sous son administration, le chapitre d'Auch fut sécularisé par bulles en date du 22 mars 1549. (Dom Brugèles, *op. cit.*, p. 155).

3. Le même jour, il renonçait à l'église de Ferrare, s'en réservait tous les fruits et s'engageait à faire une pension de 1.000 écus à son successeur Alphonse. (Arch. Vat., *Acta Camerarii*, IX, fol. 86 r°). Il avait pour vicaire général, au spirituel et au temporel, Jules Salviati, docteur *in utroque*, abbé commendataire de Sainte-Croix-de-Bordeaux. (Archives nationales, L, 965, 17 mars 1575).

1590. **Henri de Savoie,** marquis de Saint-Sorlin et neveu du précédent, nommé seulement par le roi Henri IV. — Dom Brugèles, op. cit., p. 152

1599, 24 novembre. — **Léonard de Trappes,** prêtre du diocèse de Nevers [1]. Rome, *Bibliothèque Corsini*, 5o, fol. 295 r°.

Il mourut le 29 octobre 1629 et eut pour successeur

1629, 29 octobre. — **Dominique de Vic,** son coadjuteur depuis le 27 janvier 1625, avec le titre d'archevêque *in partibus* de Corinthe, et abbé du Bec, diocèse de Rouen. — Dom Brugèles, op. cit., p. 167 [2] et A. Stato, *Obl* 1623-1639, fol. 36 r°, 12 avril 1625.

Il mourut en 1661.

1664, 24 mars. **Henri de la Mothe-Houdancourt,** ancien évêque de Rennes [3]. — Arch. Vat., *Armarium* XIII, t. 66, non folioté.

Il mourut le 24 février 1684 et le siège demeura vacant jusqu'à la nomination de

1692, 4 février. **Anne-Tristan de la Baume de Suze,** évêque de Tarbes [4]. Arch. Vat., *Armarium* XIII, t. 77, non folioté.

Il mourut à Paris le 4 mars 1705.

1705, 16 novembre. **Augustin de Maupeou,** évêque de Castres. Barb. lat. 2911, fol. 327 r°.

Il mourut le 12 juin 1712.

---

1 L'archevêché d'Auch est dans l'acte consistorial déclaré vacant par la mort du cardinal Louis d'Este. Henri de Savoie n'avait jamais été bullé. — Léonard de Trappes avait, pour vicaire général, François de Vedelli, prêtre, docteur en théologie, chanoine d'Auch et abbé de Faget (Arch nat , L, 965, 17 août 1602)

2 Dom Brugèles s'est trompé en assignant aux bulles nommant Dominique de Vic archevêque de Corinthe la date de 1624. Le 27 janvier de l'an II du pontificat d'Urbain VIII, élu le 6 août 1623, est le 27 janvier 1625.

3 Il avait échangé l'évêché de Rennes pour l'abbaye de Saint-Martial de Limoges que lui céda Charles-François de la Vieuxville (Rome, Bibl. Corsini, 55, fol 212 r°, 30 août 1660) Au moment de sa promotion à Auch, il possédait les monastères de Saint-Martial de Limoges, de Souillac, diocèse de Cahors, de Froidmont, diocèse de Beauvais, le prieuré conventuel de Montdidier, diocèse d'Amiens, et le prieuré de Saint-Léger, diocèse de Langres, qu'il obtint de conserver Cependant la mense archiépiscopale d'Auch était grevée d'une pension de 6 000 livres en faveur de Timoléon de Choisy, clerc du diocèse de Paris.

4. Outre une pension ancienne de 6 000 livres, le pape réserva deux nouvelles pensions l'une de 8 000 livres pour Camille de Lorraine, clerc du diocèse de Paris, l'autre de 3 000 pour Jean de Montgomery, clerc du diocèse d'Avranches Néanmoins les revenus s'élevaient encore à la somme de 16 000 livres environ. (Arch Vat, trm XIII, t 71, non fol , 21 janvier 1692)

1714, 26 février. — **Jacques Desmaretz,** évêque de Riez [1]. — Barb., lat. 2915, fol. 291 r°.

Il mourut à Paris le 25 novembre 1725.

1726, 20 février. **Melchior, cardinal de Polignac,** ambassadeur du roi à Rome [2]. — Barb., lat. 2921, fol. 4 r°.

Il mourut à Paris le 20 novembre 1741.

1742 [3]. — **Jean-François de Montillet du Chastellard,** évêque d'Oloron.

1776, 20 mai. — **Claude-Marc Antoine d'Apchon,** évêque de Dijon.   Arch. Vat., *Armarium XIII*, t. 82, non folioté.

1783, 18 juillet.   **Louis-Apollinaire de la Tour du Pin Montauban,** évêque de Nancy.   Arch. Vat., *Armarium XIII*, t. 82, non folioté.

Pendant la Révolution il se réfugia à Montserrat, en Espagne ; il revint en France après la signature du Concordat, et, en septembre 1802, succéda à Marc-Antoine de Noé sur le siège de Troyes avec le titre d'archevêque-évêque de Troyes et d'Auxerre [4].

---

1. Préconisé le 27 novembre 1713, il demanda l'expédition des bulles *per viam secretam* qui était le mode d'expédition le moins coûteux. Le nonce Bentivoglio, archevêque de Carthage, s'employa avec zèle à lui obtenir cette faveur du cardinal Paulucci, secrétaire d'Etat (Arch. Vat., *Nunziatura di Francia*, t. 226, 4 décembre 1713 et t. 227, 6 février 1714). Le frère de l'archevêque, ministre d'Etat, écrivit au même cardinal une lettre de remerciements datée de Versailles, le 22 mars 1714. (Arch. Vat. *Nunziatura di Francia*, t. 228).

2. Les anciennes pensions n'étaient pas révoquées, et de nouvelles s'élevant à la somme de 2 865 livres et demie étaient imposées sur les revenus de la mense archiépiscopale : trois de 483 2/3 ducats d'or de la Chambre chacune, pour Louis Desmaretz de Châteauneuf, Henri Desmaretz de Masville et Antoine Pecquets, chevaliers de l'ordre du Mont Carmel et de Saint Lazare ; une d'égale valeur pour André Colibeau, prêtre d'Avranches ; une de 3·2 1/2 ducats pour Pierre Charles-Erasme de Contades, chevalier du Mont Carmel et de Saint Lazare, une de 242 3/4 pour Antoine Joseph de Chauliac, prêtre ; une de 194 pour de Blacas, clerc de Fréjus, et enfin une 171 1/4 ducats pour Louis Chartier, prêtre du diocèse de Paris et recteur de l'église paroissiale de Montceau.

3. Son successeur à Oloron fut bullé le 9 juillet 1742 et cet évêché est dit dans l'acte consistorial vacant *per liberam dimissionem Johannis Francisci* (Arch. Vat., *Armarium VIII*, t. 93, fol. 228). Peut-être Mgr de Montillet fut il au même consistoire promu à l'archevêché d'Auch. Je ne saurais le dire. Dom Brugèles, un contemporain, écrit : « Il a été nommé à l'Archevêché d'Auch en 1742, dont il a pris possession au mois d'octobre » (Dom Brugèles, *op. cit.*, p. 176.)

4. *Revue de Gascogne*, 1893, p. 505 et seq.

§ 2. — *Abbés de Saint-Michel de Pessan, O. S. B.* [1].

Guillaume de Cardaillac.
Il fut promu à l'évêché de Montauban le 12 novembre 1317.

1318, 7 janvier. — **Gaillard de Bisturre,** prieur de Villemur, O. S. B., diocèse de Toulouse. — G. Mollat, *Jean XXII, Lettres communes,* n° 6161.
Il eut pour successeur

1335. — **Hugues de Preignan.** — Dom Brugèles, *op. cit.*, p. 258.

1343. — **Bernard de Marrast.** — Dom Brugèles, *op. cit.*, p. 259.
Il eut pour successeur

1355, 30 octobre. — **Raymond de Roffiac,** moine de Simorre et prieur de Sainte-Dode. — *Reg. Vat.*, 228, ep. 118.
Il mourut le 14 octobre 1356 (Dom Brugèles, *op. cit.*, p. 259).

1356, 7 novembre. — **Philippe de Croilhy,** docteur ès décrets [2], prieur de Solignac, O. S. B., diocèse du Puy. — *Reg. Avenion.* 134, fol. 90 v°.
Il fut transféré au monastère de Sorèze.

1362, 6 avril. — **Rigaud de Saint-Séverin ou de Castillon,** moine de Sorèze. — *Reg. Aven.* 149, fol. 208 v°.
Il eut pour successeur

1372, 18 novembre. — **Guillaume de Bise,** prieur de Sarrancolin. — *Reg. Aven.* 186, fol. 180 v°.
Il mourut à Toulouse le 4 mai 1400.

1404, 28 avril. — **Vital de Bise,** prieur d'Aulon. — *Reg. Aven.* 308, fol. 482.

1419. — **Pierre Raymond de Polastron.** — Dom Brugèles, *op. cit.*, p. 259.

1444. — **Jean d'Anglade.** — Dom Brugèles, *op. cit.*, p. 260.

1468, 23 avril. — **Jean I de Bilhères de Lagraulas,** plus tard cardinal de Sainte-Sabine, moine de l'ordre de Saint-Benoît à Condom. — A. Stato, *Obl.* 1464-1471, fol. 121 r°, 3 juin 1468.
Il résigna cette abbaye, sous réserve d'une pension, en faveur de

---

1. Cette abbaye était taxée 150 florins.
2. Il fut vicaire général d'Arnaud Aubert, archevêque d'Auch, Camérier du pape.

1473, 5 juillet. — **Hugues d'Aubignac**. — Arch. Vat., *Obl.* 84. fol. 175 v°1.

1477, 12 juillet. — **Bernard de Bilhères de Lagraulas,** neveu de Jean I de Bilhères. — A. Stato, *Quittantie communium servi- ciorum*, 1469-1479, fol. 187 r° 2.

1481, 4 août. — **Jean II de Bilhères,** évêque de Lombez, neveu de Jean I de Bilhères. — Arch. Vat., *Obl.* 84ᴬ, fol. 139 r°, 18 août 1483.

Il résigna l'abbaye en faveur de

1491, 30 novembre. — **Jean de Faudoas,** neveu de Jean I de Bilhères, moine de Saint-Benoît au chapitre cathédral de Condom depuis 1476, vicaire général de son oncle à l'abbaye de Saint-Denis, prieur d'Argenteuil le 7 septembre 1479. — A. Stato, *Obl.* 1489-1492, fol. 110 r° et Ambroise Ledru et Eugène Vallée, *La Maison de Faudoas*, t. I, p. 68.

Il mourut en octobre 1514.

1514. — **Jean de La Rocan.** — A. Ledru et E. Vallée, *op. cit.,* t. II, p. 203.

Il eut pour successeur

1535, 7 août. — **Jean de Verdusan,** moine de Pessan 3. — Arch. Vat., *Acta Cancellarii*, III, fol. 130 v°.

1559, 6 janvier. — **Jean d'Albret,** recteur de l'église paroissiale d'Asson ou de Coarraze 4. — *Reg. Vat.* 1872, fol. 171 r°.

Il mourut en 1569.

1. Il s'obligea au payement du commun service le 24 août suivant; il paya une partie des droits et s'engagea à payer l'autre partie quand cesserait la pension qu'il faisait à Jean de Bilhères. Le 17 octobre 1474, il payait par l'intermédiaire de Paul de Massimo, banquier romain, 28 florins, 33 sols, 21 deniers. (A. Stato, *Quittantie communium serviciorum*, 1469-1479, fol. 127 v°).

2. La pension accordée à Jean de Bilhères durait encore. La date du 12 juillet 1477 est la date d'un payement fait par Bernard de Bilhères à la Chambre apostolique. D'après Dom Brugèles, Bernard de Bilhères fut abbé de Saint-Denis, abbé de Faget (3 décembre 1479), prieur de Montesquiou et chanoine.

3. Dans l'acte consistorial il est fait mention du Concordat de 1516 : « cum derogatione Concordatorum de consensu regis ac privilegiorum concessorum dicto monasterio. »

4. On mentionne dans la bulle les dispenses qui lui furent nécessaires : « non obstante defectu natalium quem de nobili genere procreatus et soluta aut alias patitur cum quo dispensatum fuit ut parochialem ecclesiam de Assono in titulum et monasterium de Pontcalto, Cist. ord., Lascurrensis et Adurensis di., obtineret. »

1570. — **Philippe de la Rocan.** — Dom Brugèles, *op. cit.*, p. 261.
Il résigna l'abbaye en faveur de

1572. — **Pierre de la Rocan.** — Dom Brugèles, *op. cit.*, p. 261.
Il eut pour successeur

1578. — **Sanche de Méliandre.** — P. Gabent, *Monographie de Pessan*, p. 60.
Il mourut le 26 septembre 1607 et le siège abbatial fut vacant jusqu'à la nomination de

1616, 22 août. — **Jacques de Covadeau.** — A. Stato, *Obl.* 1613-1623, fol. 81 v°, 22 décembre 1616 [1].
Il résigna l'abbaye en faveur de

1639, 3 juin. — **Bertrand de Comminges-Guitaud.** — A. Stato, *Obl.* 1623-1639, non folioté, 5 juillet 1639.
Il eut pour successeur

1661. — **Nicolas de Terlong** [2]. — Dom Brugèles, *op. cit.*, p. 261.
Il mourut en 1686.

1692, 12 novembre [3]. — **Paul de Chaulnes**, fils de Claude de Chaulnes, conseiller au Parlement de Grenoble et vicaire général de Mgr de la Baume de Suze, archevêque d'Auch [4]. — A Stato, *Obl.* 1680-1697, non folioté, 23 décembre 1692.
Il mourut en 1720.

1726, 31 janvier. — **Pierre Danet**, docteur de Sorbonne, conseiller du Roi au Parlement de Paris. — A Stato, *Obl.* 1715-1728, non folioté, 13 février 1726.

1739. — **Joseph-François de Cadenet de Charleval**, conseiller au Parlement de Provence et vicaire général de Mgr de Brancas, archevêque d'Aix. — Dom Brugèles, *op. cit.*, p. 262 et P. Gabent, *op. cit.*, p. 65 [5].
Il mourut le 22 janvier 1759.

---

1. D'après cette obligation, le monastère était vacant *per obitum Sancii*. Il faut donc ôter de la liste des abbés de Pessan Jean VIII de Méliandre que signalent la *Gallia Christiana*, dom Brugèles et P. Gabent.
2. M. Gabent écrit qu'il fut nommé le 14 avril 1667 sans donner de référence.
3. La nomination royale avait eu lieu plusieurs années avant l'institution canonique, car, d'après dom Brugèles, Paul de Chaulnes prit possession le 9 avril 1689. (Dom Brugèles, *op. cit.*, p. 261).
4. Quand il fut nommé évêque de Sarlat en 1702, il obtint de garder le monastère de Pessan. (A. Stato. *Obl.*, 1697-1706, fol. 63 r°, 9 février 1702).
5. Il fut nommé à l'évêché d'Agde en 1742 et garda l'abbaye de Pessan.

1759, 26 mars. — **François de Narbonne-Lara,** vicaire général d'Agen. A. Stato, *Obl.* 1756-1767, non folioté, 22 mai 1759 [1].

Il résigna l'abbaye en faveur de

1779, 17 octobre. — **Mathieu-René de Langle,** vicaire général d'Evreux et aumônier de Madame Victoire. A. Stato, *Obl.* 1767-1783, non folioté, 12 novembre 1779.

Il résigna l'abbaye en faveur de

1783, 21 décembre. **Jean-Baptiste de Gislain de Cernay,** vicaire général d'Evreux. — P. Gabent, *op. cit.*, p. 69.

Il fut le dernier abbé de Pessan.

§ 3. *Abbés de Notre Dame de Simorre. O. S. B.* [2].

Auger de Montaut [3].

1326, 14 avril. **Gordon d'Orgueil,** moine et cellerier du monastère [4], prêtre et profès de l'ordre de Saint-Benoît. — *Reg. Vat.* 80, ep. 1199, fol. 411 v°.

1346, 19 juillet. **Bernard de Saint-Astier** [5], neveu du précédent abbé, prieur de Sarrancolin. *Reg. Vat.* 177, fol. 94 r°.

1348, 10 décembre. **Odon de Lamazère,** prêtre, profès de l'ordre de Saint-Benoît et moine de Simorre. *Reg. Vat.* 187, ep. 302 [6].

1352, 27 juin. **Gailhard de Mirambeau,** prieur du prieuré de Montaut, de l'ordre de Cluny, diocèse de Rieux. *Reg. Aven.* 120, fol. 96 v°.

1368, 26 janvier. — **Bertrand de Rofflac,** prieur de Sainte-Dode. — *Reg. Aven.* 166, fol. 132 v°.

Obédience d'Avignon. A la mort de Bertrand de Rofflac, Benoît XIII nomma

---

1 Il fut nommé à l'évêché de Gap en 1764 et garda l'abbaye de Pessan

2 Cette abbaye était taxée 300 florins

3 Il assista à la translation des reliques de saint Bertrand de Comminges le 16 janvier 1309 (*Revue de Comminges*, 1906, p 48)

4 Dans la bulle de provision, on dit de lui : « litterarum scientia proditum, conversatione placidum, morum ac vite honestate decorum, in spiritualibus providum et in temporalibus circumspectum et de multiplicium aliarum virtutum meritis coram nobis et dictis fratribus fidedignorum testimonio commendatum »

5 Dom Brugèles l'appelle Bernard d'Astarac (*op cit*, p 107)

6 L'abbaye avait été spécialement réservée à la mort des trois abbés précédents

1406. — **Bertrand d'Astarac.**   Dom Brugèles, *op. cit.*, p. 209.
Obédience de Rome.

1413, 20 septembre. — **Arnaud de Fabrissa**, nommé par Jean XXIII. — Arch. Vat. *Obl.* 66, fol. 100 v°.

L'abbaye fut vacante par la mort d'Arnaud de Fabrissa, 1421 [1].

1425, 19 décembre.   **Arnaud de Marrast,** abbé de Saint-Sever-de-Rustan [2]. *Reg. Lat.*, 264, fol. 282 r°.

A sa mort, l'abbaye était spécialement réservée. Aussi les moines de Simorre postulèrent [3] et Eugène IV nomma

1434, 6 septembre.   **Bertrand de Labarthe,** prêtre, profès de l'ordre de Saint-Benoît, bachelier ès décrets et prieur de Saint-Mont, ordre de Cluny, diocèse d'Auch. — *Reg. Lat.* 328, fol. 203 [4].

Il mourut avant 1453, et les moines élurent

1. A la mort d'Arnaud de Fabrissa, l'élection de son successeur se fit en discorde. Trois élus se trouvèrent en présence 1° Bertrand de Béon, abbé de Saramon, dont l'élection fut confirmée par Martin V le 20 avril 1422. (Arch Vat., *Arm. XII*, t 121, fol 149). Le 25 mai suivant, il contractait l'obligation des communs services. Le 11 décembre 1424, il s'obligea de nouveau à payer ses dettes à la Pentecôte suivante quoiqu'il ne fût pas encore pacifique possesseur (A Stato, *Obl.* 1422 1428, fol 7 v°) — 2° Arnaud de Marrast, abbé de Saint Sever de Rustan, qui s'obligea au payement des communs services le 25 mai 1422. (A. Stato, *Obl* 1422 1428, fol 7 v°).   3° Bertrand de Labarthe, prieur de Saint Mont, ordre de Cluny, diocèse d'Auch, qui avait obtenu une seule voix L'affaire fut portée au métropolitain, mais Bertrand de Béon en appela à Rome. Jourdain Orsini, cardinal évêque d'Albano, fut rapporteur de cette affaire. A la suite de sa relation au consistoire, le pape cassa l'élection de Bertrand de Béon et nomma Arnaud de Marrast qui s'obligea de nouveau au payement du commun service le 17 mars 1426, par l'intermédiaire de Vital de Capdeville, recteur de l'église paroissiale de Saint-Sever de Rustan. (A Stato, *Obl.* 1422-1428, fol. 148 v°.)

2. L'affaire de l'élection de Bertrand de Béon n'était pas terminée. Ce moine, auquel les chevaliers Arnaud Guillaume de Béon et Bernard de Manas, les damoiseaux Pierre d'Ornézan, Segnoret de Béon, Arnaud Guillaume de Béon et Bernard de Montbardon, tous du diocèse d'Auch, prêtaient main forte, détenait tous les biens du monastère de Simorre. A la requête du nouvel abbé, le pape ordonna à l'archevêque d'Auch, à l'archidiacre d'Astarac et à l'official d'Auch, d'excommunier ces injustes détenteurs si la monition canonique demeurait inefficace (*Reg Lateran* 261, fol. 257 v°)

3 Eugène IV confiait le 28 avril 1434, à l'abbé de Pessan, l'enquête sur l'idonéité de Bertrand de Labarthe que les moines de Simorre avaient postulé (*Reg Lateran.* 324, fol. 294 r°)

4 Il s'obligea, le 17 septembre suivant, par l'intermédiaire de Navarre de Minvielle (ou de Miègeville, de Mediavilla), archidiacre de Chalosse, au diocèse d'Aire (Arch Vat , *Obl* 70, fol 95 v°)

1453. **Jean de Labarthe,** moine de Simorre. — *Reg. Lat.* 502, fol. 97 v°[1].

Il céda le monastère, sous réserve de tous les fruits, à

1492, 12 septembre. — **Roger de Labarthe.** Arch. Vat., *Acta Camerarii,* I, fol. 26 r°[2].

Il mourut le 13 août 1519 à Cadeilhan[3].

1519, 19 octobre. **Hérard de Grossoles de Flamarens,** de l'ordre de Saint-Benoît, vicaire général de Jean Marre, évêque de Condom. — Arch. Vat., *Armarium* XII, t. CXXII, fol. 40 v°.

Il céda l'abbaye à

1525, 5 mai. **Jean de Galard,** son neveu, infirmier du monastère de Simorre. Arch. Vat., *Acta Cancellarii,* II, fol. 64[4].

Il céda l'abbaye à

1536, 16 février. **Octavien de Galard de Brassac.** moine de

---

[1] Le métropolitain confirma son élection et Odon, abbé de Cluny, auquel appartient la collation du prieuré de Saint-Mont, lui conféra ce prieuré vacant par la mort de Bertrand de Labarthe. On avait des doutes sur la canonicité de cette élection et de cette collation. Nicolas V, ayant égard aux suppliques de Louis, dauphin de Vienne, et de Jean, comte d'Armagnac, avait ordonné une enquête sur les qualités de Jean de Labarthe avec ordre au commissaire enquêteur de lui conférer ces deux bénéfices. Nicolas V mourut avant la confection de cette bulle. Aussi, le 20 avril 1455, Callixte III ordonne à l'évêque de Comminges de faire cette enquête, et, s'il trouve Jean de Labarthe idoine, de lui conférer le monastère de Simorre en titre et le prieuré de Saint-Mont en commende.

Louis d'Albret, administrateur d'Aire, lui disputa le prieuré de Saint-Mont. Un procès eut lieu devant le Parlement de Toulouse, et Louis d'Albret se fit confirmer dans la possession de ce prieuré (A. Degert, *Histoire des Évêques d'Aire,* p. 156, note 6.)

[2] Il s'obligea, le 22 septembre 1492, à payer tous les droits dans les quatre mois qui suivront la prise de possession des revenus de ce monastère (A. Stato, *Obl* 1492-1498, fol. 4 v°.)

[3] A sa mort, les moines élurent Jean Marre qui refusa, puis Jean de Castérès, camérier de Simorre, qui porta l'affaire au Parlement de Toulouse et cita le candidat du roi et du pape, Hérard de Grossoles.

[4] Une pension de 500 livres était réservée à Hérard de Grossoles, devenu évêque de Condom, et Jean de Galard gardait l'infirmerie de son monastère. D'ailleurs Hérard n'était pas pacifique possesseur de l'abbaye, son successeur s'obligea *ratione provisionis et surrogationis in jure Herardi.* Il paya le commun service du Sacré Collège et promit de payer dans le courant de l'année les autres droits ou de certifier qu'il n'a pas pris possession (A. Stato, *Obl* 1523-1531, fol. 69 v°.) Il ne tarda pas à transiger avec Jean de Castérès auquel, d'après Dom Brugèles (p. 213), il céda l'infirmerie de Simorre.

Dom Brugèles affirme que les bulles de Jean de Galard étaient datées du 5 janvier 1525. D'après l'obligation, elles seraient du 23 mars 1525.

l'église de Condom, O. S. B. — A. Stato, *Obl.* 1534-1540, fol. 63 v°, 7 octobre 1536.

Il céda l'abbaye à

1566, 17 juin. — **Antoine de Galard de Brassac,** abbé commendataire [1], chanoine d'Agen. — Arch. Vat., *Acta Camerarii,* IX, fol. 149 r°.

A sa mort, l'abbaye fut donnée à

1577, 9 octobre. — **Bertrand de Corriger,** curé de Belloc-Lisarc. — Arch. Vat., *Acta Camerarii,* X, fol. 232 v°.

Bertrand mourut en 1593 [2]. L'abbaye fut déclarée vacante par sa mort, quand fut pourvu

1604, 10 mai. — **Michel-Victor de Fabas,** prêtre du diocèse de Toulouse [3], archiprêtre de Gardouch et archidiacre de Tarbes. — Bibl. Corsini, 52, fol. 188 v°.

Il mourut en 1616.

1618, 19 février. — **Jean de Béon-Massès de Lamezan,** clerc tonsuré. — A. Stato, *Obl.* 1613-1623, fol. 111 r°, 16 mai 1618.

Il céda l'abbaye à

1656. — **Bernard de Fieubet de Caumont,** conseiller d'Etat. — Dom Brugèles, *op. cit.*, p. 223.

Il résigna avant d'avoir pris possession. — Bibl. nat., lat. 12752, p. 87.

1662, 28 juin. — **Jacques de Langlade,** clerc du diocèse de Périgueux. — Dom Brugèles, *op. cit.*, p. 223.

Il mourut le 12 mars 1694.

1694, 19 juillet. — **Henri de Pujet,** prêtre du diocèse de Toulouse [4],

---

1. Il obtint la faculté de garder son canonicat et sa prébende. Dans le manuscrit latin 2932 de la Bibliothèque Barberine (fol. 388 v°), le monastère est dit vacant par la cession d'Antoine-Octavien de Galard. Dom Brugèles l'appelle Octavien II. En réalité, c'est le même personnage ; il avait pour prénoms Antoine et Octavien et l'on prenait tantôt l'un, tantôt l'autre (cf. *Revue de Gascogne,* 1907, p. 514).

2. A la mort de Bertrand de Corriger, les religieux élurent Pierre Milhard, prieur de Sainte-Dode. Il ne se fit pas buller, et deux ans plus tard, les biens de l'abbaye furent mis sous séquestre aux mains du roi (cf. Dom Brugèles, *op. cit.*, p. 218-219).

3. Il conserva son archiprêtré et son archidiaconé, mais une pension de 300 livres sur les revenus de la mense abbatiale était réservée à Fernand de Sariac qui devint plus tard abbé de L'Escale-Dieu en 1616, et évêque d'Aire en 1657.

4. Il fut vicaire général de la Baume de Suze, archevêque d'Auch, puis de l'évêque de Viviers. Il fut nommé évêque de Digne en 1708.

A la fin du xvii siècle, il y avait 18 moines dans ce monastère. La mense abbatiale était de 2.000 livres et la mense conventuelle, d'égale somme et non grevée de pensions.

licencié en théologie de la Sorbonne, âgé d'environ 37 ans. — Arch. Vat., *Armarium XIII*, t. 71, non folioté.

Il mourut à Digne le 22 janvier 1728.

1729, 6 juillet. — **François-Thomas de Pujet,** prêtre du diocèse de Toulouse, neveu du précédent. — Barb., lat. 2921, fol. 989 v°.

Il mourut le 17 juillet 1733. — Dom Brugèles, *op. cit.*, p. 229.

1734, 21 avril. — **Xavier-Joseph de Pujet,** cousin germain du précédent abbé, clerc tonsuré, âgé de 19 ans. — Dom Brugèles, *op. cit.*, p. 229.

Il mourut le 29 juillet 1736 [1].

1738, 9 décembre. — **Louis-Jacques-François de Vorance,** chanoine de la cathédrale de Grenoble, conseiller au Parlement de cette ville, vicaire général de Senez et prieur d'Antramont. — Dom Brugèles, *op. cit.*, p. 251 [2].

Il mourut le

1756, 20 novembre. — **Marc-Antoine de Noé,** vicaire général d'Albi [3], plus tard évêque de Lescar, dernier abbé de Simorre. — A. Stato, *Obl.* 1756-1767, non fol., 23 novembre 1756.

§ 4. — *Abbés de Saramon, O. S. B.* [4].

Mancip de Moulas. — Dom Brugèles, *Chroniques ecclésiastiques du diocèse d'Auch*, p. 281.

Il mourut et Innocent VI nomma

1355, 3 novembre. — **Othon d'Aulin,** diacre. — *Reg. Aven.*, 129, fol. 100 r°.

Il eut pour successeur

1362, 7 mars. — **Pierre de Mendousse,** moine de Saramon. — *Reg. Aven.*, 148, fol. 78 v°.

Il eut pour successeur

Obédience d'Avignon.

---

1. A la mort de Xavier-Joseph de Pujet, le roi nomma, le 4 juillet 1737, M. de Grossoles de Flamarens, prêtre du diocèse de Lectoure, préchantre de l'église primatiale de Narbonne et vicaire général de l'archevêque de ce siège. Il ne fit pas expédier ses bulles et démissionna aux mains du roi en juillet 1738.

2. L'abbaye de Simorre fut sécularisée en 1753.

3. Nommé plus tard évêque de Lescar, il conserva cette abbaye jusqu'à sa suppression.

4. Cette abbaye était taxée 50 florins.

1408, 17 mars. — **Mancip**, élu par les moines qui ignoraient la réserve de ce monastère, fut confirmé dans sa charge par Benoît XIII. *Reg. Aven.* 331, fol. 607.

L'abbaye, réservée du vivant de Mancip, fut, à sa mort, conférée par Jean XXIII à

Obédience de Rome.

1414, 27 avril. — **Bertrand de Béon**, moine de Simorre. — *Reg. Lateran.* 174, fol. 191 v°.

Il est transféré à l'abbaye de Simorre et Martin V le charge de l'enquête sur l'idonéité de

1422, 22 avril. — **Jean de Larrieu (de Rivo)**, sacriste du monastère de la Souterraine, O. S. B., diocèse de Limoges[1]. *Reg. Lateran.* 221, fol. 138 r°.

1428. — **Fortanier d'Assin**, moine de Simorre et prieur de Sainte-Dode. Dom Brugèles, *op. cit.*, p. 282.

Il mourut en 1463.

1463, 29 juillet. — **Guillaume de Colonges**, élu par les moines. — *Gallia Christiana*, I, col. 1017.

1489, 31 août. **Pierre de Colonges.** A. Stato, *Obl.* 1489-1492, fol. 29 v°.

Il mourut en 1501[2]

1501. **Jean de Page.** Dom Brugèles, *op. cit.*, p. 283.

Il mourut le 25 janvier 1503[3].

1503. — **Bernard de Labarthe**, fils d'Arnaud-Guillaume de Labarthe, baron de Moncorneil, moine et vicaire perpétuel de Simorre, prieur de Sainte-Dode et de Sarrancolin. *Gallia Christiana*, I, col. 1018.

Il résigna son abbaye en faveur de

1529, 22 juin. **Roger de Labarthe**, moine de Simorre[4]. A. Stato, *Obl.* 1523-1531, fol. 165 v°, 22 juillet 1529.

Il mourut le 27 octobre 1545.

1546, 14 février. **Hugues Salet**[5], abbé commendataire. — A. Stato, *Obl.* 1540-1550, fol. 159 v°, 24 septembre 1546.

---

1 Philippe de Larrieu, son frère, chanoine de Limoges et notaire du palais apostolique, s'oblige en son nom le 29 mai 1422 (A Stato, *Obl.* 1422-1428, fol 8 r°)
2 Dom Brugèles, *op. cit* , p 283.
3 *Gallia Christiana*, I, col 1018
4 Il prit possession le 5 octobre 1530 (*Gallia Christiana*, I, col 1018)
5. La *Gallia Christiana* et Dom Brugèles l'appellent Capelsalot.

1553. — **Jean de Jaquelot**, conseiller au Parlement de Paris. — Dom Brugèles, *op. cit.*, p. 285.

Il mourut en 1558.

1559. — **Pierre de Bertrand**, docteur en théologie, transféré de l'ordre des Frères-Prêcheurs à l'ordre de Saint-Benoît. — Dom Brugèles, *op. cit.*, p. 285 et *Gallia Christiana*, I, col. 1018.

Il mourut le 17 octobre 1570 à Samatan.

1570, 12 juin. — **Jean de Pachinis**[1]. — Dom Brugèles, *op. cit.*, p. 285.

1572, 27 juin. — **Aymeric de Vic**, conseiller d'Etat et aumônier du roi. — Dom Brugèles, *op. cit.*, p. 285 et *Gallia Christiana*, I, col. 1018.

Il résigna son abbaye le 10 février 1580 en faveur de

1585, avril. — **Guillaume de Chapelle**, moine de Saramon. — Dom Brugèles, *op. cit.*, p. 285.

1624, mai[2]. — **Aymeric II de Vic**. — Dom Brugèles, *op. cit.*, p. 285.

1627. — **Dominique de Vic**, archevêque de Corinthe et coadjuteur de l'archevêque d'Auch. — Dom Brugèles, *op. cit.*, p. 285.

Il résigna en faveur de

1641, 1ᵉʳ novembre. — **Charles de Vic**, sous-diacre du diocèse de Paris. — A. Stato, *Obl.* 1640-1652, non fol., 5 juin 1642. —

Il mourut en 1651 et eut pour successeur

1651. — **Jean-Jacques de Monlezun de Besmaux**. — Dom Brugèles, *op. cit.*, p. 287.

Il résigna en faveur de

1666, 2 décembre. — **Jean-Charles de Monlezun de Besmaux**, prieur commendataire de Mézin. — Dom Brugèles, *op. cit.*, p. 287.

Il mourut en septembre 1694[3].

1695. — **Gabriel Sanguinet**. — Dom Brugèles, *op. cit.*, p. 288.

Il eut pour successeur

1703, 2 février. — **Armand-Jean Duval**, chapelain du roi. — A. Stato, *Obl.* 1697-1706, fol. 81 r°, 26 février 1703.

Il eut pour successeur

---

1. Cet abbé est inconnu aux auteurs de la *Gallia Christiana*.
2. C'est la date de la prise de possession.
3. Le roi nomma François d'Urfé de Lascaris qui, devenu peu après abbé d'Uzerche en Limousin, ne prit point possession de l'abbaye de Saramon.

1727, 3 mars. — **Antoine-Jérôme de Boivin de Veau-Rouy.**
— A. Stato, *Obl.* 1715-1728, non fol., 3 mars 1727.
  Il eut pour successeur
1763, 2 mai. — **Bernard de la Tour.** — A. Stato, *Obl.* 1756-1767, non fol., 8 mai 1763.
  Il eut pour successeur
1771. — **de Vicques**, vicaire général de Lombez, dernier abbé de Saramon. — *Almanach royal*, 1775, p. 82.

§ 5. — *Abbés de Notre Dame de Berdoues, O. Cist.* [1].

Bernard de Lamaguère. — Bibl. nat., lat. 12752, fol. 113.
  Il mourut à la curie, en Avignon.
1320, 20 août. — **Montasin de Montesquiou**, moine de Berdoues. — G. Mollat, *Jean XXII, Lettres communes*, n° 11930.
  Il mourut le 13 janvier 1327.
1328, 13 août. — **Raymond de Taurines**, moine de l'abbaye de Bonneval au diocèse de Rodez. — *Reg. Vat.* 87, ep. 2947.
  Il eut pour successeur
1352, 16 juillet. — **Pierre**, abbé de Gimont. — *Reg. Vat.* 213, fol. 29 r°.
  Il eut pour successeur
1362, 1ᵉʳ avril. — **Bernard de Logorsan** [2], sacriste de Berdoues. — *Reg. Aven.* 149, fol. 204 v°.
1368. — **Bernard du Moulin.** — Bibl. nat., lat. 12752, fol. 114.
  L'abbaye de Berdoues était vacante *per obitum Bernardi* quand Benoît XIII nomma
1403, 2 mai. — **Guillaume de Bartet**, abbé de l'Escale-Dieu [3]. — *Reg. Aven.* 307, fol. 63 v°.
1424. — **Vital de Cassagne.** — Cazauran, *Cartulaire de Berdoues*, p. 190*, et Bibl. nat., lat. 12752, p. 115.
1436. — **Vital de la Serre.** — Cazauran, *op. cit.*, p. 191, et Bibl. nat., lat. 12752, p. 115.

---

1. Cette abbaye était taxée 1.500 florins.
2. De Logorsan est le nom que lui donne Dom Estiennot. (Bibl. nat., lat. 12752, fol. 114.)
3. C'est lui qui voulait faire ériger un évêché à Mirande. A la mort de Bernard,

1439. — **Pierre d'Euspes.** — Cazauran, *op. cit.*, p. 193 *.

1437. — **Arnaud de Fayssan ou Hachan,** abbé de l'Escale-Dieu [1].
— Bibl. nat., lat. 12752, p. 116.

1460, 8 septembre. — **Jean de Gouzène.** — Cazauran, *op. cit.*, p. 196.

Il résigna [2] en faveur de son neveu

1481, 21 novembre. — **Dominique de Gouzène,** profès de l'ordre de Cîteaux, moine de Berdoues, bachelier ès décrets [3]. — *Reg. Lateran.* 810, fol. 64 v°.

L'abbaye devait être vacante *per privationem Dominici in forma juris* quand Innocent VIII la conféra à

1489, 5 mai. — **Jean de Casaliers,** abbé d'Eaunes, de l'ordre de Cîteaux, diocèse de Toulouse [4]. — A. Stato, *Obl.* 1489-1492, fol. 16 v°.

Cette nomination ne dut pas avoir d'effet, car Dom Estiennot fixe au XVI des kalendes d'octobre, 16 septembre 1528, la mort de Dominique de Gouzène, dernier abbé régulier de Berdoues. Il semble que Dominique mourut avant cette date car l'abbaye était déjà conférée par le pape à

les moines de Berdoues ignorant la réserve dont leur abbaye était frappée, élurent en concorde Guillaume, abbé de L'Escale-Dieu, et obtinrent confirmation de cette élection de Pierre, abbé de Grandselve, spécialement délégué par Jean, abbé de Morimond. Benoît XIII cassa et cette élection et cette confirmation et, de sa propre autorité, établit Guillaume de Bartel, abbé du monastère de Berdoues. Cette bulle mentionnant la vacance de l'abbaye *per obitum Bernardi*, prouve qu'il n'y a pas eu d'intermédiaire entre Bernard du Moulin et Guillaume de Bartel. Il faut donc ôter du catalogue des abbés de Berdoues, Pierre V de Lasbordes, Richard, Bertrand de Marrast et Pierre IV de Gaujan (cf. Cazauran, *Le Cartulaire de Berdoues*, p. 185 et seq. et Dom Estiennot, Bibl. nat., lat. 12752, fol. 115), ou trouver un abbé du nom de Bernard, prédécesseur immédiat de Guillaume de Bartel.

1. Cazauran s'appuyant sur l'*Inventaire* de Berdoues, place l'élection d'Arnaud de Fayssan au 29 et 30 juin et 20 juillet 1435. Il faudrait alors supprimer de la liste des abbés Vital de la Serre et Pierre d'Euspes. Malheureusement, les Archives Vaticanes ne m'ont fourni pour cette période aucun document.

2. Jean se réserva une pension de 200 écus d'or au coin du roi de France, l'écu valant 18 sous de la monnaie en cours au comté d'Astarac. (*Reg. Lateran.* 822, fol 196 r°.)

3. Dominique de Gouzène s'obligea au payement du commun service le 22 décembre 1481. (*Obl. et Sol.* 84 A, fol 80 r°.)

4. Jean de Vindesa, scripteur de la sacrée Pénitencerie apostolique et procureur de Jean de Casaliers, souscrivit l'obligation *ratione mandati de providendo dicto abbati de dicto monasterio*. De plus on lit en note : « Idem [procurator] obligavit dictum abbatem ad solvendum infra unum annum proxime sequentem aut post unum mensem ad certificandum de non habita possessione. Et bulle fuerunt date quia privatio in forma juris ».

1528, 7 juillet. — **Gui d'Aydie**, évêque élu de Sarlat. — A. Stato, *Obl.* 1523-1531, fol. 145 r°, 14 novembre 1528.

Il mourut le 1er avril 1529.

1529, 18 juin. — **Jean de Foix**, archevêque de Bordeaux, postulé par le chapitre de l'abbaye [1]. — Arch. Vat., *Acta Cancellarii*, II, fol. 151 r°.

Il mourut le 25 juin 1529.

1531, 31 mai [2]. — **Jean de Bazillac**, conseiller au Parlement de Toulouse et abbé de Saint-Sever-de-Rustan [3]. — A. Stato, *Obl.*, 1531-1534, fol. 9 r°.

L'abbaye, vacante par sa mort, fut conférée à

1542, 11 août. — **Guillaume de Poyet**, prêtre du diocèse d'Angers, chancelier du royaume de France. — Arch. Vat., *Acta Camerarii*, III, fol. 187 v°.

Il eut pour successeur

1548, 17 août. — **Louis de Bouillers**, évêque élu de Riez. — Arch. Vat., *Acta Cancellarii*, V, fol. 74 r°.

Il mourut en 1550.

1556. — **Guillaume de Lachenaye**. — Cazauran, *op. cit.*, p. 208*.

1578. — **Bernard de Capartigau**. — Cazauran, *op. cit.*, p. 209*.

1582. — **Vital de La Roche-Aymon** [4]. — Cazauran, *op. cit.*, p. 210*.

Il mourut en 1593.

L'abbaye de Berdoues, vacante *per obitum quondam de La Roche*

---

1. La date du 18 juin est celle où la postulation de Jean de Foix par le chapitre fut admise au consistoire et confirmée. Les bulles furent expédiées sous la date du 22 avril et l'obligation souscrite et le payement de tous les droits effectué le 30 juin 1529. (A. Stato, *Obl.* 1523-1531, fol. 163 r°.)

2. C'est la date de l'obligation pour les communs et menus services.

3. Il faut donc effacer de la liste des abbés de Berdoues, Arnaud de Moulédous, Bernard IV de Gouzène et placer Guillaume de Poyet après Jean de Bazillac. Cf. Cazauran, *Le Cartulaire de Berdoues*, p. 205 et seq.

4. Cazauran l'appelle Antoine de la Roche. L'acte d'obligation de Louis de La Valette ne permet pas de placer un autre abbé entre lui et Vital de La Roche. Cet abbé de Foix pourrait n'être autre que Louis de La Valette : il était en effet le troisième fils de Jean-Louis, duc d'Épernon, et de Marguerite de Foix, comtesse de Candale et d'Astarac. Pour le distinguer de ses frères, on lui aurait donné le nom de sa mère et on l'aurait appelé l'abbé de Foix. Le long intervalle entre Antoine de La Roche et Louis de Nogaret de La Valette n'existe plus : de 40 ans il se réduit à sept. Dom Brugèles, mieux inspiré que Cazauran, nomme Louis de La Valette après Antoine de la Roche.

Aymon, *Vitalis cognominati*, fut conférée en même temps que les abbayes de Gimont et de Grandselve, à

1600, 22 janvier. — **Louis de Nogaret de La Valette**, clerc du diocèse d'Angoulême, âgé de 7 ans. — A. Stato, *Obl.* 1588-1603, fol. 178 v°.

Après la mort de Louis de La Valette Innocent X nomma

1645, 6 décembre. — **André Mondin**, Piémontais, aumônier du duc de Savoie. — A. Stato, *Obl.* 1640-1652, non fol., 29 janvier 1646.

L'abbaye de Berdoues vacante par la mort d'André Mondin [1] fut donnée en commende à

1661, 26 septembre. — **Philippe de Sevin de Miramont**, clerc du diocèse de Paris [2]. — Arch. Vat., *Armarium XII*, t. 71, non fol., 26 septembre 1661.

Il mourut en septembre ou octobre 1696.

1696, 1er novembre. — **Clément de Montesquiou de Préchac** [3], chanoine d'Oloron et abbé de Valbonne [4]. — Cazauran, *op. cit.*, p. 224 *.

Il mourut le 3 novembre 1732.

1733. — **Jean-Marie Henriau**, évêque de Boulogne, ne fit pas expédier ses bulles et résigna l'abbaye [5]. — Cazauran, *op. cit.*, p. 228 *.

1735, octobre. — **Denis Le Blond**, clerc du diocèse de Vannes. — Cazauran, *op. cit.*, p. 228 *.

Après sa mort il eut pour successeur

---

1. Dom Brugèles donne pour successeur à André Mondin, Gabriel Boislève, évêque d'Avranches. Il put être nommé par le roi, mais comme il ne fit pas expédier ses bulles, l'abbaye était vacante *per obitum Andreæ* quand fut nommé Philippe de Sevin.

2. La *Gallia Christiana* l'appelle Théodoric Sevin de Miramont. Le pape réduisit le commun service de l'abbaye pour cette expédition des bulles à 300 florins et on n'exigea que la moitié des menus services. Il souscrivit son obligation le 26 octobre 1661. (A. Stato, *Obl.* 1661-1671, non fol.) Il était abbé de Berdoues quand dom Estiennot visita cette abbaye : « *Philippus Sevin de Miramont ab anno 1656 commendam habet Berdonarum hoc anno 1680 quo scribo* ».

3. Il était fils de Jean-Paul de Montesquiou, seigneur de Préchac et de Galiax, et de Catherine de Lurbe. Il possédait le prieuré de Saint-Félicien en Roussillon. Cf. P. Anselme, *Histoire généalogique et chronique de la Maison de France*, t. VIII, p. 287 D).

4. *Dictionnaire* de Larcher (Archives départementales des Hautes Pyrénées, F. II, p. 629).

5. Cette résignation eut lieu le 27 février 1735. Henriau reçut en échange l'abbaye de Valoire, diocèse d'Amiens. (*Almanach royal*, 1735 p. 48.)

1762, 20 décembre. — **Jean-Ignace de Lordat**, prêtre du diocèse de Saint-Papoul, bachelier en théologie et vicaire général de Narbonne [1]. — Arch. Vat., *Armarium XIII*, t. 96, fol. 655.

Il mourut le 7 mars 1789.

1789, 7 décembre. — **Charles-Hippolyte-Alexandre de Revillac-Liot**, vicaire général de Soissons, dernier abbé de Berdoues. — Cazauran, *op. cit.*, p. 233 *.

§ 6. — *Abbés de Notre-Dame de Flaran, O. Cist.* [2].

1307. — **Bernard de Ville**. — Benouville et Philippe Lauzun, *L'abbaye de Flaran en Armagnac*, p. 56 et seq. et p. 115 [3].

Bernard.

L'abbaye est dite vacante *per obitum Bernardi* lors de la nomination de

1365, 26 octobre. — **Bernard**, sacriste de Flaran [4]. — *Reg. Avenion.* 159, fol. 288 v°.

Il mourut en 1366 ou au commencement de 1367.

1367, 20 avril. — **Jean de Grès**, maître en théologie, moine de Grandselve. — *Reg. Avenion.* 164, fol. 99 r°.

1. Il avait été préconisé au consistoire du 22 novembre ; cependant, d'après l'acte d'obligation, les bulles sont datées du 20 décembre 1762. Il avait souscrit par procureur son obligation le 19 septembre précédent et obtenu la réduction des 2/3 pour les communs services et de la moitié pour les menus. Il paya immédiatement tous les droits. (A. Stato. *Obl.* 1756-1767, non fol., 19 septembre 1762.)

Les revenus du monastère étaient alors grevés d'une pension de 1.500 livres en faveur de Michel Buffard, prêtre du diocèse de Paris.

2. Cette abbaye était taxée 66 florins 2/3.

3. Benouville et Lauzun font de lui, à tort, un évêque de Bayonne. Pierre de Saint-Jean occupa le siège de Bayonne de 1318 à 1354. (Dubarat et Daranatz, *Recherches sur la Ville et sur l'Eglise de Bayonne*, p. 116.) Mais Bernard de Ville fut élu par le chapitre évêque de Tarbes et Clément V cassa cette élection. (*Revue de Gascogne*, 1904, p. 203, note 8.)

4. Bernard avait été élu abbé par le chapitre du monastère. Son élection avait été confirmée par Arnaud, abbé de Bouillas, spécialement délégué par Guillaume, abbé de L'Escale-Dieu. Il fut bénit par Pierre de Galard, évêque de Condom, délégué par Arnaud Aubert, archevêque d'Auch et Camérier d'Urbain V. Après avoir pendant quelque temps exercé sa charge, il eut des doutes sur la validité de son élection à cause de la réserve pontificale. Il soumit ses doutes à Urbain V qui confirma tout ce qui avait été fait, comme si la réserve n'avait jamais existé, par bulles en date du 26 octobre 1365.

Arnaud.

L'abbaye était vacante *per obitum Arnaldi* quand Grégoire XI chargea Galin, abbé de Gimont, de conférer l'abbaye à

1375, 22 octobre. — **Arnaud**, cellerier de Flaran [1]. — *Reg. Avenion.* 197, fol. 464 v°.

Il eut pour successeur

1404, 22 novembre. — **Bernard**, prieur claustral de Flaran. — *Reg. Avenion.* 308, fol. 457.

Il eut pour successeur

1405, 18 mars. — **Guillaume de Sarrabayrouse**, bachelier ès décrets, prêtre et prieur claustral de Gimont [2]. — *Reg. Avenion.* 317, fol. 149 r°.

1484. — **Jean de Montezun.** — Benouville et Lauzun, *op. cit.*, p. 62-63.

1488, 19 mars. — **Nicolas Martin**, moine du monastère de Cîteaux, diocèse de Chalon-sur-Saône. — A. Stato, *Obl.* 1489-1492, fol. 11 v°, 9 avril 1489.

Bien qu'il paye tous les droits, il a pour concurrents et rivaux dans la possession de cette abbaye les quatre personnages suivants :

1489, 28 février. — **Antoine de Boscredon** [3]. — A. Stato, *Obl.* 1489-1492, fol. 27 v°, 24 août 1489.

1489, 15 mars. — **Pierre de Foix le Jeune**, cardinal-diacre du titre des Saints-Côme-et-Damien [4]. — A. Stato, *Obl.* 1489-1492, fol. 13 v°, 29 avril 1489.

---

1. Arnaud avait été élu par Pierre, prieur de Flaran, et par le chapitre du monastère ignorant la réserve pontificale. Arnaud consentit à son élection et se fit confirmer par l'abbé de L'Escale-Dieu. Dès qu'il eut connaissance de la réserve qui rendait son élection nulle, il soumit sa nomination au consistoire. C'est à la suite de ce consistoire que Grégoire XI chargea Galin, abbé de Gimont, de s'informer de son idonéité et de lui conférer l'abbaye.

2. Le chapitre, ignorant la réserve pontificale, l'avait élu. Benoît XIII cassa cette élection et le nomma de sa propre autorité.

3. Son procureur, Louis d'Attavanti, clerc du diocèse de Florence, scripteur au Registre des suppliques, souscrit l'obligation le 24 août 1489. Cet acte est suivi de cette note : « Die predicta, bulle date fuerunt Ludovico de Attavantis qui se obligavit solvere omnia jura infra quinque menses, et ego, Do. de Attavantis, notarius Camere apostolice, me obligo et promitto relevare indemnem eundem Ludovicum et solvere dicta jura infra quinque menses, quia constat de solutione jam facta de dicto monasterio in presenti libro, fol. xi, infra annum. » Ces derniers mots sont une allusion au payement fait par Nicolas Martin le 9 avril 1489 et inscrit en effet au fol. 11 du même volume d'Obligations.

4. Dans l'obligation de Pierre de Foix, les revenus de l'abbaye sont de 133 florins 1/3 et dans une note jointe à cette obligation, ils sont exprimés 200 : « Die

1490, 3 février. **Jean I de Verdusan,** chanoine de Lectoure [1].
A. Stato, *Obl.* 1489-1492, fol 391 r°, 4 mars 1490.

1501, 28 juillet. **Jean II de Verdusan,** chanoine d'Auch [2]. —
A. Stato, *Obl.* 1498-1502, fol 1721 r°, 28 juin 1502.

1503, 8 octobre. **Amanieu d'Albret,** cardinal-diacre du titre de Saint-Nicolas-in-Carcere. *Reg. Vat.* 885, fol. 92, *Schede Garampi.*

1506, 22 octobre. **Pons de Bénac.** *Obl. et Sol.* 88, fol 103 r°, 8 février 1507.

Il eut pour successeur

1538, 11 avril. **Pons I d'Aspremont,** clerc du diocèse d'Agen.
A Stato, *Obl.* 1534-1540, fol. 118 v°, 14 octobre 1538.

1551. — **Pierre d'Aspremont.** *Gallia Christiana,* I, coll. 1026, et Benouville et Lauzun, *op. cit*, p 64-65.

1556. **Pons II d'Aspremont,** religieux de l'abbaye de Clairac en Agenais. *Gallia Christiana,* I, col. 1026, et Benouville et Lauzun, *op. cit.*, p 64-65.

1573 — **Jean de Boyer,** bachelier, archiprêtre et coseigneur de Valence. Benouville et Lauzun, *op. cit.*, p. 71.

1583. — **Pierre-André de Gélas.** — Benouville et Lauzun, *op. cit.*, p. 74.

Il résigna en faveur de

1603 — **Georges de Brunet.** — Benouville et Lauzun, *op. cit.*, p. 78.

Il résigna en faveur de

1627, 1er septembre. **Charles-Jacques de Gélas de Léberon,** évêque de Valence. A. Stato, *Obl* 1623-1639, fol 92 v°, 21 octobre 1627.

Il mourut le 5 juin 1654.

---

14 novembris 1489 prefatus cardinalis habuit unam bullam perinde valere super dicto monasterio cum expressione fructuum ad 200 ducatos auri de camera. »

[1] Il reçut les bulles sans payement des communs services parce que dans la supplique il était fait mention d'un procès pendant entre plusieurs concurrents et de la présence d'un intrus. Il promet de payer dans l'année ou, dans le mois qui suivra cette année, de certifier qu'il n'a pas pris possession

[2] Il s'engage à payer dans un an s'il prend possession, car l'abbaye est au pouvoir d'un intrus. Le 12 janvier 1503, il contracte une nouvelle obligation. L'intrus était Dominique du Miroir (de Speculo), qui résigna l'abbaye de Flaran en faveur du cardinal d'Albret. Ce personnage avait dû succéder dans le gouvernement de l'abbaye à Bernard de Viemont, successeur lui-même de Jean de Montezun (Benouville et Lauzun, *op. cit.* p. 63.)

1655. — **Anthyme-Denis de Cohon**, évêque de Dol[1]. — Benouville et Lauzun, *op. cit.*, p. 88.

Il mourut le 7 novembre 1670.

1671, 30 octobre. — **Nicolas Parayre**, docteur en droit, sous-diacre et chanoine de Rodez. Benouville et Lauzun, *op. cit.*, p. 90.

Il mourut en 1710.

1711, 16 janvier. — **Joseph de Mouchan de Mauvesin**, prévôt du chapitre de Condom. — A. Stato, *Obl.* 1706-1715, non fol., 28 mars 1711.

Il mourut le 1ᵉʳ août 1725[2].

1725, 1ᵉʳ octobre. — **Alain de Saint-Géri de Magnas**, chanoine de Lectoure. — A. Stato. *Obl.* 1715-1728, non fol., 9 octobre 1725.

Il eut pour successeur

1757, 6 octobre. — **Emmanuel-François de Beausset de Roquefort**, vicaire général et chanoine-camérier de Béziers, puis agent général du clergé, enfin en 1766 évêque de Fréjus dont il occupa le siège jusqu'à la Révolution. — A. Stato, *Obl.* 1756-1767, non fol., 8 octobre 1757, et Benouville et Lauzun, *op. cit.*, p. 104.

Il fut le dernier abbé de Flaran.

§ 7. — *Abbés de Notre-Dame de Gimont, O. Cist.*[3].

Guillaume de Mont-Désert.

Il eut pour successeur

1348, 29 octobre. — **Pierre de Gaujan**, moine de Berdoues, prêtre et profès de l'ordre[4]. — *Reg. Vat.* 187, ep. 287.

Il fut transféré à Berdoues.

---

1. Le 27 août 1657, Cohon fut pourvu en consistoire de l'évêché de Nîmes avec faculté de conserver les bénéfices compatibles, les monastères de Tronchet, diocèse de Dol, de Notre-Dame-de-Flaran, diocèse d'Auch, et le prieuré de Saint-Luperque, diocèse de Tours, qu'il tenait en commende. (Bibl. Corsini, 55, fol. 94 r°.)

2. Benouville et Lauzun, *op. cit.*, p. 101.

3. Cette abbaye fut d'abord taxée à 500 florins. Quand le monastère du Goujon, diocèse de Toulouse, lui eut été uni (1444), la taxe fut augmentée de 33 florins 1/3. (Rome, Bibl. Vittorio Emmanuele, ms. 46, fol. 12 v°.)

4. Pierre de Gaujan avait été élu par voie de compromis. Son élection avait été

1352, 16 juillet. — **Bernard d'Idrac**, prieur claustral de Berdoues [1].
— *Reg. Vat.* 213, fol. 28 v°.

1361, 27 octobre. — **Gaston**, moine de Gimont. — *Reg. Avenion.* 147, fol. 211 v°.

Il eut pour successeur

1373, 8 février. — **Galin Joci**, docteur ès décrets, moine de Gimont [2]. — *Reg. Avenion.* 190, fol. 23.

Il eut pour successeur

1391, 7 avril. — **Pierre de Cugnac**, moine de Grandselve, licencié ès décrets. — *Reg. Avenion.* 265, fol. 170 r°.

Il résigna en faveur de

1404, 26 novembre. — **Guillaume de la Bastide**, moine de l'abbaye de Feuillant, diocèse de Rieux. — *Reg. Avenion.* 317, fol. 93 v°.

Il fut promu à l'évêché de Vabres.

1413, 2 janvier. — **Fortius du Faur**, abbé de Cadouin, diocèse de Sarlat. — Arch. Vat., *Armarium XII*, t. 121, fol. 68.

1419. — **Dominique de Manas.** — *Gallia Christiana*, I, col. 1030.

Il mourut en 1454 [3].

1454. — **Arnaud-Guillaume de Fabas**, professeur d'Écriture sainte. — *Gallia Christiana*, I, col. 1030.

Il résigna en faveur de

confirmée par l'abbé de Berdoues, et il avait reçu de l'archevêque d'Auch la bénédiction abbatiale. Mais comme l'abbaye avait été, du vivant de Guillaume de Mont-Désert, réservée, l'élection de Pierre de Gaujan fut cassée et annulée. De sa propre autorité, le pape le nomma abbé de Gimont. La date de la bulle de provision semblerait infirmer la date donnée par la *Gallia*, 10 octobre, pour la mort de Guillaume de Désert. Il n'y a pas, semble-t-il, assez de 19 jours pour tous les actes accomplis entre la mort de Guillaume et la promotion de Jean par le pape.

1. Après la notice consacrée à cet abbé, dom Estiennot ajoute : « Alios quamplures his addit scriptor Gimondensis (celui qu'il a appelé plus haut anonymus Gimondensis Chronici abbatum Gimondensium auctor) abbates quos tamen omittimus. Mihi quippe tutius visum fuit veteri Necrologio adhærere quod bonam redolet antiquitatem quam anonymo qui parum accurate, ne dicam (mot illisible) de abbatibus Gimondensibus scripsit ut ex ipsius domus cartis quas evolvi sæpius animadverti. » De l'an 1300 à Bernard d'Idrac, dom Estiennot compte trois abbés : Bernard de Gière, 1300, Gérard de la Terrasse, 1329, Guillaume de Mont-Désert. Il omet Pierre de Gaujan. La *Gallia Christiana* en compte cinq. C'est quatre qu'il semble y en avoir eu.

2. Grégoire XI, à qui le chapitre de l'abbaye de Gimont a demandé de conférer l'abbaye à Galin Joci, charge l'archevêque de Toulouse de s'assurer de son idonéité et de le pourvoir de cette abbaye.

3. Bibl. nat., lat. 12732, p. 209.

1470, 18 mai. — **Antoine de Balzac**, docteur ès décrets, prieur de Saint-Martin-d'Ambette, de l'ordre de Cluny, abbé du monastère de Savigny et prieur d'Arnauto[1], de l'ordre de Saint-Benoît, diocèse de Lyon[2]. — *Reg. Lateran*. 700, fol. 22 v°.

Il fut promu à l'évêché de Valence.

1474, 6 juin. **Guillaume d'Estouteville**, cardinal-évêque d'Ostie, archevêque de Rouen. *Obl. et Sol.* 84, fol. 196 r°.

Il ne prit pas possession et résigna en faveur de [3]

1476, 7 juin. **Jean de Montalembert**, évêque de Montauban et prieur de Saint-Gildard, de l'ordre de Saint-Benoît, diocèse de Bourges. *Obl. et Sol.* 84, fol. 246 v°.

Il mourut le 29 décembre 1483[4].

1484. **Pierre de Bidos.** Bibl. nat., lat. 12752, p. 211.

Il mourut le 16 novembre 1510 et eut pour successeur son neveu

1510. **Aymeric de Bidos.** — Bibl. nat., lat. 12752, p. 211.

Il mourut le 23 octobre 1556.

1562, 4 décembre. **Jean de Saint-Lary de Bellegarde**, second fils de Roger de Bellegarde, maréchal de France, et de Marguerite d'Orbessan[5]. — *Reg. Vat*. 1929, fol. 208.

---

1. Le 27 octobre 1470, il paye 40 florins pour l'annate de ce prieuré (Arch. Vat., *Introitus et Exitus*, 483, fol. 15.)

2. Il s'oblige le 10 juillet 1470 et, par l'intermédiaire des Médicis, il paye pour le commun service du pape 158 florins et 35 bolognetti (A. Stato, *Obl.* 1464-1471, fol. 188 r.)

3. Il se réserva sur les revenus du monastère une pension de 400 ducats d'or, payable tous les ans à Rome en deux termes : la Toussaint et Pâques. (*Reg. Lateran*, 766, fol. 9 v°, 7 juin 1476.) Jean de Montalembert ne s'acquitta pas de sa dette. Le 1er août 1480, à la requête du cardinal, le pape déclare Jean de Montalembert excommunié s'il refuse de payer la pension dès qu'il en sera de nouveau requis (*Reg. Vat.* 602, fol. 174 v°.)

4. Eubel, *Hierarchia catholica*, II, p. 215

5. La bulle adressée à Jean de Saint-Lary, clerc du diocèse d'Auch, contient le passage suivant : « tibi qui in vigesimo quinto tue etatis anno constitutus ac, ut asseritur, de nobili genere ex utroque parente procreatus necnon dilecti filii nobilis de Montluc equitis regii qui uti sancte sedis apostolice et dicti Caroli Regis ad extirpandas hereses strenuum militem se in omnibus prebuit, plurique et multa pro fide orthodoxa passus, et ille una cum illius familia et suis pro sede apostolica et catholicorum tuitione alia majora subire paratus est, nepos existis et monasterium Benedictionis Dei alias de Sosossio, Cisterciensis ordinis, Convenarum diocesis, obtines in commendam, pro quo etiam Carolus, rex Francorum, scripsit, commendatur monasterium beate Marie ville Gimontis, Cisterciensis ordinis, Auxitane diocesis, vacans per obitum quondam Morigonis de Bidos, extra romanam curiam defuncti, cujus fructus ad 633 1/3 florenos auri in Camera apostolica taxati reperiuntur, cum

Jean de Saint-Lary se rendit inhabile à posséder cette abbaye par son mariage avec Anne de Villemur [1], et eut pour successeur

1572, 2 juin. — **Pierre Filhouse**, clerc du diocèse de Lombez, recteur de l'église paroissiale de Gimont, licencié en droit canonique et étudiant en Ecriture sainte au Collège germanique à Rome où il était depuis deux ans [2]. — Arch. Vat., *Acta Camerarii*, X, fol. 107 r°.

Il eut pour successeur

1582, 8 juin. — **Jean-François Bonnard**, Piémontais, théologien des Frères-Mineurs de l'Observance. — Rome, Bibl. Corsini, ms. 48, fol. 480 r°.

Il devint évêque de Couserans et résigna l'abbaye de Gimont en faveur de son neveu

1594, 7 mars. — **Balthasar Bonnard.** — A. Stato, *Obl.* 1588-1603, fol. 68 r°, 8 juin 1594.

Il eut pour successeur

1600, 22 janvier. — **Louis de Nogaret de La Valette**, clerc du diocèse d'Angoulême [3]. — A. Stato, *Obl.* 1588-1603, fol. 178 v°, 29 mars 1600.

Il mourut le 27 septembre 1639.

1640, 26 janvier. — **Louis de Sacé de la Chesnaye**, chanoine de Rouen et abbé d'Anglès en Poitou [4]. — A. Stato, *Obl.* 1640-1652, non fol., 10 mai 1640.

Il eut pour successeur

derogatione concordatorum de consensu predicti Regis. » Cf. sur l'expédition des bulles de cette abbaye, une lettre de Monluc au cardinal de la Bourdaisière publiée dans la *Revue de Gascogne* (1888, p. 38) par P. Tamizey de Larroque.

1. P. Anselme, *Histoire généalogique...*, IV, p. 306, E.
2. Le procès d'information canonique fut fait à Rome. Parmi les cinq témoins interrogés par le cardinal de Ferrare étaient le recteur du Collège germanique et le professeur de philosophie et de théologie dont Pierre Filhouse suivait les cours. D'après leurs dépositions, Pierre Filhouse était fils légitime de parents nobles, âgé de 28 ans, diacre, licencié en droit canon. très versé dans la philosophie et la théologie, très zélé pour la religion catholique, doué enfin de toutes les autres qualités requises pour être abbé de Gimont. Dès qu'il aura pris possession de l'abbaye, la paroisse de Gimont sera vacante. (Arch. Vat., *Armarium XII*, t. 146, fol. 298 r°.)
3. Il fut en même temps pourvu des monastères de Berdoues et de Grandselve.
4. Après Louis de La Valette, Dom Estiennot place Louis d'*Esme* (ce mot est très mal écrit et presque illisible) dont il écrit : « Ludovicus d'Esme ab anno 1641 ad annum 1680 quo scribo commendam habet cœnobii Gimondensis. » Cet abbé n'est autre que Louis de Sacé de la Chesnaye. On ne peut mettre en doute l'affirmation d'Estiennot qui visita l'abbaye de Gimont en 1680 (Cf. A. Degert, *Les papiers d'Es-*

1685, 15 août. — **Joseph de Montpezat de Carbon**, archevêque de Toulouse. — *Gallia Christiana*, I, col. 1031.

Jean-Baptiste de la Croix de Chevrières de Saint-Valier, évêque de Québec. — *Gallia Christiana*, I, col. 1031.

Il résigna sous réserve d'une pension de 500 livres en faveur de

1687, 24 décembre. — **Paul Fontanier de Pélisson.** — *Gallia Christiana*, I, col. 1031.

Il eut pour successeur

1693, 27 mars. — **Henri-Louis-Auguste de Roquette**[1]. — *Gallia Christiana*, I, col. 1031.

Il eut pour successeur

1695, 21 mars. — **Etienne du Bourg,** prêtre du diocèse d'Avignon, maître en sacrée théologie et membre de la maison de Sorbonne, âgé de 28 ans. — Arch. Vat., *Armarium XIII*, t. 71, non fol., ou Bibl. Barb., lat. 2902, fol. 96 r°.

Il eut pour successeur

1761. — **De Scey-Monbéliard**, aumônier du roi, dernier abbé de Gimont [2]. — Larcher, *Glanages*, t. XXIII, fol. 40.

§ 8. — *Abbés de La Case-Dieu, O. Praem.* [3].

1301. — **Sanche.** — Larcher, *Glanages*, VI, p. 65.

1308. — **Vital de la Garde.** — Bibl. nat., collection Doat, t. V, fol. 371 v°.

Il mourut le 1er septembre 1336 [4].

1336. — **Dominique d'Angais.** — *Gallia Christiana*, I, col. 1033.

Il mourut le 26 octobre 1360 [5].

---

tiennot dans *Revue de Gascogne*, année 1904, p. 300). Aussi faut-il effacer de la liste des abbés les deux noms donnés par la *Gallia* : 1650, Gaston Jean Baptiste Savary et, 1662, Jules César de Fabre-Berbesse.

1. Le 30 mars 1693, le nonce de Paris écrivait au cardinal secrétaire d'Etat : « Nella passata settimana S. Maestà ha nominato all'abadia di Gimont l'abbate de Roquette. » (Arch. Vat., *Nunziatura di Francia*, 184, non folioté).

2. Le 14 juillet 1789, il affermait les revenus de l'abbaye par acte passé à Paris. (Archives départementales du Gers, L, 47.)

3. Cette abbaye était taxée 600 florins.

4. *Gallia Christiana*, I, col. 1032.

5. *Gallia Christiana*, I, col. 1033. — Par bulle en date du 23 janvier 1361, Innocent VI ordonnait à Raoul de Vassinhac, prévôt de Saint-Justin, diocèse d'Auch, et à

1361, 13 avril.   **Jean de Lacour (de Curia)**, abbé de Fontcalde, diocèse de Saint-Pons, du même ordre.   *Reg. Avenion.* 147, fol. 171 r°.

Il mourut le 25 septembre 1370[1].

1372, 10 mars   **Gaillard de Condom**, chanoine de ce monastère. *Reg. Avenion* 183, fol. 22 v°.

Il eut pour successeur

Obédience d'Avignon.

1395, 30 septembre. - **Arnaud de Morlon**, abbé de Capelle, diocèse de Toulouse, puis de Beaupuy au diocèse d'Urgel. — *Reg. Avenion* 280, fol. 73 v°.

Obédience de Rome.   Quand l'abbaye fut vacante par la mort d'Arnaud de Morlon, Jean XXIII nomma

1413, 30 octobre[2]. — **Pierre de Rigaud**, prieur de La Case-Dieu[3]. — Arch. Vat., *Armarium* XII, t. 121, fol. 80 r°.

Il mourut le 26 septembre 1427.

1429, 20 mai.   **Dominique de Montaigut**, chanoine de La Case-Dieu.   Arch. Vat., *Armarium* XII, t. 121, fol 241.

Il mourut le 16 août 1434.

1435, 5 mai[4].   **Bernard de Jû.** — A. Stato, *Obl.* 1434-1446, fol. 11 r°.

Après la mort de Bernard de Jû, le chapitre de La Case-Dieu élut

Pierre Brunel, chanoine de Cambrai, noncès du Saint Siège, d'assigner et de faire parvenir à la Chambre apostolique tous les biens meubles de feu Dominique, abbé de La Case-Dieu, decédé hors de la curie, ainsi que les revenus de la mense abbatiale durant la vacance, dont le pape s'était réservé la libre disposition (Bibl nat, Doat X, 10 f 373 v° et Larcher, *Glanages*. VI. p 253) Par un accord en date du 18 mai 1361, Pierre Brunel cédait pour 500 florins a Bertrand de Molère, chanoine de La Case Dieu, tous les biens dépendant de la succession de Dominique qui n'avaient pas encore été levés (Larcher, *Glanages*, id)

1. *Gallia Christiana*, I, col 1033

2. Il fut promu au consistoire du lundi 30 octobre, les bulles de provision sont datées du 3 novembre suivant et se trouvent dans le *Reg Lateran* 174, fol 180 r°.

3 Pierre de Rigaud était depuis longtemps prieur Le 6 juillet 1401. Arnaud de Morlon le déléguait avec Jean d'Ausio, sous prieur, et Odon de Marenques, chanoine et prêtre du monastère de La Case Dieu, pour visiter en son nom les abbayes-filles de La Case-Dieu   Combelongue, diocèse de Couserans, Beaupuy, diocèse d Urgel, Lidache et Lahonce, diocèse de Bayonne, Artous et Divielle, diocèse de Dax, Saint Jean de Castelle, diocèse d Aire, et La Retorte de la circarie d'Espagne (Larcher, *Glanages*, VI, 287)

4 Cette date n'est pas la date de la provision qui m'est inconnue, mais seulement la date du payement de 20 florins pour les trois menus services. « Da deth (des

1459, 17 août. — **Pierre de Monts**, docteur ès décrets. — Larcher, *Glanages*, t. XX, p. 385.

Il mourut le 27 octobre 1473.

1474, 22 mars [1]. — **Jean de Lescun**, archevêque d'Auch [2]. — *Reg. Vat.* 561, fol. 140 r°.

Il mourut le 28 août 1483.

1483. — **Pierre de Saint-Maurice**, bachelier en droit canon, grangier de Vic-Fezensac [3]. — *Gallia Christiana*, I, col. 1034, et dom Brugèles, *op. cit.*, p. 315.

Il mourut le 17 décembre 1488.

susdits banquiers) a die V de maggio flor. 20 de camera sono pro III minuti del monastero de B. M. de Casa-Dei, ord. Præmonstratensis, Auxitane diocesis, in persona di messer Bernardo. » (A. Stato, *Obl.* 1434, fol. 11 r°.) — Le 6 février 1450, Bernard de Jû fit hommage au comte Jean d'Armagnac pour le tiers du lieu de Mourède et la moitié de la ville de Plaisance en présence de Béraud de Faudoas, sénéchal d'Armagnac, Jean de Labarthe, sénéchal d'Aure, Louis de Saint-Prix, sénéchal du Rouergue, Pothon de Sentraille, bailli de... (Larcher, *Glanages*, XX, p. 391.)

1. D'après la *Gallia*, les bulles de Jean de Lescun pour la commende de La Case-Dieu seraient datées du II des calendes d'avril 1473. Ce n'est pas le II, c'est le XI qu'il faut lire. La date de la bulle est en effet : Datum Rome apud S. Petrum anno 1473, XI kal. aprilis anno III°. L'année commençant le 25 mars, le XI des kalendes d'avril est en effet le 22 mars de l'année pontificale 1473, mais si l'on tient compte de l'an III du pontificat de Sixte IV, commencé le 25 août 1471, c'est le 22 mars 1474 qui est la date exacte. La copie de la bulle dans la collection Doat, t. 152, p. 136, concorde avec la date que j'ai relevée au registre du Vatican.

2. Les motifs invoqués par Sixte IV pour unir le monastère de La Case-Dieu à la mense archiépiscopale d'Auch sont d'abord le peu de revenus de cette mense dont les biens ont été dévastés par les guerres et les malheurs du temps, ensuite la pension de 1.500 écus qui est déjà accordée à l'archevêque. Cette union du monastère à la mense d'Auch avait été sollicitée par Louis XI qui, trouvant que les bulles tardaient à être expédiées, ordonna de mettre aux mains de l'archevêque le temporel de La Case-Dieu par lettres royaux datés de Senlis le 8° jour de... l'an de grâce 1473. (Larcher, *Glanages*, VI, p. 339.)

Jean de Lescun s'obligea par procureur le 30 mars 1474. (*Obl. et Sol.* 84, fol. 19 v°.) Il paye le 1" avril le commun service du pape et les menus services, soit 165 florins, 26 sols, 9 deniers par l'entremise de Laurent et Julien de Médicis. (A. Stato, *Quittanzie comm. serviciorum*, 1469-1479, fol. 116 r°.)

3. Dom Brugèles et la *Gallia* donnent pour successeur à Jean de Lescun, sur le siège abbatial de La Case-Dieu, Raphaël Riario, cardinal-diacre du titre de Saint-Georges-au-Vélabre. Je n'ai pas trouvé trace de cette nomination dans les documents vaticans. Dom Brugèles se trompe en assignant à Raphaël Riario l'année 1485 comme date de sa mort : il ne mourut qu'en 1521. Il est plus probable que les moines, à la mort de Jean de Lescun, se hâtèrent d'élire pour abbé Pierre de Saint-Maurice, de le mettre en possession de l'abbaye, et que la nomination de Raphaël Riario, si elle a eu lieu, n'a pas eu d'effet. — Pierre de Saint-Maurice était, au moment de l'élection de Pierre de Monts en 1459, grangier de Vic-Fezensac. (Larcher, *Glanages*, XX, p. 385.)

1489   **Jean Dumestre**, élu par les religieux   Dom Brugèles, *op cit*, p 315, et *Revue de Gascogne*, 1885, p 431, note 1.

1506.   **Guillaume de Prat.**   Dom Brugèles, *op cit*, p. 315

Il résigna l'abbaye en 1508.

1508, 24 mars — **Jean de Montagut**, élu par les religieux et confirmé à la date ci dessus [1]   *Revue de Gascogne*, 1885, p. 432.

Il mourut le 18 août 1528

1528.   **Bernard du Faur**[2].   S. Macary, *Généalogie de la Maison du Faur*, p. 14.

Il céda l'abbaye à son neveu

1533, 7 février — **Jacques du Faur,** prieur de Saint-Orens d'Auch, conseiller au conseil privé du roi et président des Enquêtes à Paris.   Arch. Vat., *Acta Cancellarii*, III, fol. 94 r°.

Il mourut le 13 janvier 1571.

1572, 31 mars.   **Pierre du Faur.**   S. Macary, *op. cit.*, p 24.

Il est promu à l'évêché de Lavaur en 1582.

1583, 28 mars   **Jean du Faur,** clerc du diocèse de Toulouse. Arch Vat., *Acta Camerarii*, X, fol. 336 r°.

Il résigna en faveur de

1610, 15 novembre.   **Bernard Daffis,** clerc du diocèse de Bordeaux, protonotaire apostolique, conseiller et aumônier du roi [3].   Arch. Vat., fonds Borghèse, *Acta consistorialia*, I, p. 290.

Il mourut le 20 décembre 1627

Joseph-François de Rochechouart.   *Gallia Christiana*, I, col. 1035.

Il résigna en faveur de

---

[1] Il eut pour compétiteur Antoine d'Autin, protonotaire du Saint Siège L'affaire fut portée devant le sénéchal de Toulouse et de Auticamerata, commissaire du sénéchal. Établit noble Bertrand de Rivière, seigneur de Labatut, beau frère d'Antoine d'Autin, garde de ladite abbaye Il y eut un accommodement en 1512 et Antoine d'Autin reçut une pension annuelle de 500 deniers

[2] Il eut pour compétiteurs Jean de Galard et Pierre de Cassagnols, élu par les religieux Il parvint à les évincer Sur cet abbé et les quatre suivants, voir mon article *Les du Faur, abbés de La Case Dieu* dans la *Revue de Gascogne*, 1909, p 545-549

[3] Il devint, quatre ans plus tard, évêque de Lombez et obtint la faculté de conserver la commende de l'abbaye de La Case Dieu.

1638, 18 juin. — **Charles de Rochechouart,** seigneur d'Esclassan. — A. Stato, *Obl.* 1623-1639, non fol., 2 août 1638.

Il eut pour successeur [1]

1671, 11 mai. — **Daniel de Barès de Saint-Martin.** — A. Stato, *Obl.* 1661-1671, non fol., 24 septembre 1671.

Il eut pour successeur

1696, 21 mai [2]. — **Paul de Carduchesne,** prêtre du diocèse de Narbonne, maître en théologie, âgé de 40 ans [3]. — Barb. lat. 2903, fol. 97 v°.

Il mourut en 1718.

1718. — **N. de Lagors** [4]. — Dom Brugèles, *op. cit.,* p. 317.

Il résigna en faveur de

1734. — **Zacharie de Palerne,** prêtre, licencié *in utroque,* chanoine et baron de l'église Saint-Jean de Lyon. — Larcher, *Glanages,* X, p. 131.

Il mourut à Paris le 22 janvier 1758.

1758, 11 septembre. — **Jean-Bernard de Vienne,** sous-diacre du diocèse d'Auch, chanoine de Notre-Dame de Paris, dernier abbé de La Case-Dieu [5]. — Arch. Vat., *Armarium XIII,* t. 96, fol. 28.

---

1. Il mourut en 1668, après avoir fait testament en faveur de la chapelle de Notre-Dame-de-Garaison. (Arch. dép. des Hautes-Pyrénées, G, 1071.)
2. La proposition au consistoire ou le præconium avait eu lieu le 20 février. (Arch. Vat., *Armarium XII,* t. 71, non fol.)
3. Il n'y avait en ce moment à l'abbaye de La Case Dieu que quatre chanoines, d'après la cédule consistoriale.
4. L'*Almanach royal de 1730* (p. 42) l'appelle de Lagorze.
5. Le 14 février 1790, par son procureur Despiaux, il faisait déclaration de biens appartenant à l'abbaye dans la paroisse de Montezun. (Archives départementales du Gers, L, 417.)

CHAPITRE II

§ 1er. — *Evêques de Dax* [1].

1277. — **Arnaud de Ville.** — A. Degert, *Histoire des Evêques de Dax*, p. 139.

1305. — **Garsie-Arnaud de Caupenne**, chanoine de Dax et de Bayonne et archidiacre majeur de cette dernière église. — *H. E. D.*, p. 148 [2].

1327, 19 janvier. — **Bernard de Liposse**, sous-diacre, archidiacre d'Aunis dans le diocèse de Saintes [3], chanoine de Bayonne et chapelain du pape. — *H. E. D.*, p. 161.

1359, 15 mars. — **Pierre le Colre**, chanoine et sacriste de Dax. — *H. E. D.*, p. 171.
Il mourut le 15 avril 1359.

1359, 10 mai. — **Pierre Itier.** — *H. E. D.*, p. 173.
Il fut promu au cardinalat le 17 septembre 1361 et résigna l'évêché de Dax.

1362, 1er juin. — **Bernard d'Albret**, de l'ordre des Frères-Mineurs. — *H. E. D.*, p. 174.
Il mourut avant d'être sacré.

1363, 18 janvier. — **Jean de Saya**, évêque de Lombez. — *H. E. D.*, p. 176.
Il fut transféré à Agen le 9 juin 1375.

---

1. Cet évêché était taxé 500 florins.
2. Nous désignerons sous cette abréviation *H. E. D.* l'ouvrage de M. Degert, *Histoire des évêques de Dax*, auquel nous renvoyons souvent dans la chronologie des évêques de ce siège.
3. L'archidiaconé d'Aunis fut conféré à Jean de Boyries, neveu de Guillaume-Pierre Godin, de Bayonne, cardinal-évêque de Sabine, qui, outre la sacristie de Bayonne, possédait des canonicats et prébendes dans les cathédrales de Bayonne et Beauvais et dans l'église de Furnes, diocèse de Thérouanne (A. Fayen, *Lettres de Jean XXII*, t. II, p. 101, n° 1918).

1375, 9 juin. — **Jean de Hanecourt,** clerc minoré, chanoine d'Evreux, licencié en droit. *H. E. D.*, p. 183.

Il meurt avant d'être sacré et d'avoir pris possession.

1375, 27 août. **Jean Beauffès,** chanoine-chantre d'Evreux, licencié en droit civil. *H. E. D.*, p. 184.

Obédience de Rome.

Jean Beauffès fut déposé par Urbain VI qui lui donna pour successeur

1380. — **Jean Guteriz.** — *H. E. D.*, p. 190.

L'évêché de Dax, vacant par sa mort, fut conféré à

1393, 5 décembre. **Pierre du Bosc,** prêtre, bachelier en droit, secrétaire et camérier du pape, chanoine de Saint-André et de Saint-Seurin de Bordeaux. — *H. E. D.*, p. 202.

Il mourut à Barcelonne le 27 avril 1400 [1].

1400, 19 juin. — **Pierre Amell de Brénac,** de l'ordre de Saint-Augustin, patriarche d'Alexandrie et administrateur de Dax. — *H. E. D.*, p. 206.

Il mourut dans les premiers mois de 1401.

1401, 4 mai. **Garsie-Arnaud de Navailhes,** curé d'Amou et abbé de Saint-Girons de Hagetmau. — *H. E. D.*, p. 207.

Il mourut vers la fin de 1407.

1407, 26 novembre. — **Pèlegrin du Fau,** docteur en droit, conseiller du comte et de la comtesse de Foix. — *H. E. D.*, p. 210.

Il mourut le 22 juillet 1408.

---

1. Voici le résumé de la lettre par laquelle l'archevêque de Bordeaux, François Uguccione, annonce le 12 mai 1400 à Boniface IX la mort de Pierre du Bosc. L'évêque de Dax est mort le 27 avril à Barcelonne. Ses biens sont aux mains du roi d'Aragon et s'élèvent à 10 000 francs d'or. En attendant les ordres du pape, l'archevêque les a mis sous séquestre. Il n'a pas confiance dans le sous collecteur, aussi propose-t-il de nommer, en remplacement de Pierre du Bosc, comme collecteur dans le diocèse de Bordeaux, Pierre-Arnaud de Galabertan, trésorier de l'église de Saint Seurin, et comme collecteur dans le diocèse de Dax et la province d'Auch, Pierre de Bernet, chanoine de Dax. Il recommande chaudement au pape pour l'évêché de Dax, Pelegrin du Fau, natif d'Orthez, conseiller du comte et de la comtesse de Foix, car il est d'une extrême importance de bien veiller aux provisions de bénéfices et de nommer des sujets fidèles (Reg Vat. 317, fol. 42).

Le 1er septembre 1400, Boniface IX nommait en effet Pierre de Bernet collecteur dans la province d'Auch et le diocèse de Dax (*Diversa Cameralia* t. 12, fol 181) et le 21 octobre il chargeait l'archevêque de Bordeaux de recueillir les biens délaissés par Pierre du Bosc (*Reg Lat* 317, fol. 76 v°).

1408, 22 août. — **Pierre d'Anglade,** de l'ordre des Frères-Prêcheurs[1].   *H. E. D.*, p. 212.

Il sera en 1420 transféré à Rieux.

Obédience d'Avignon. — Jean Beauffès fut transféré à l'évêché de Vich par Clément VII qui nomma à Dax

1391, 4 décembre. — **Pierre Troselli,** de l'ordre des Frères-Prêcheurs, docteur en théologie.   *H. E. D.*, p. 199.

Il fut probablement privé de son siège par Benoît XIII qui, par bulle du 9 mars 1405, en confiait l'administration au dominicain Nicolas Duriche, avec le titre de vicaire général pour le spirituel et le temporel. — *H. E. D*, p 201.

1412, 27 mai. — **Nicolas Duriche,** professeur d'Ecriture sainte[2]. — *H. E. D.*, p. 216.

Fin du Grand Schisme.

Il eut pour successeur

1423, 5 mars. — **François de Pizolpassis,** docteur ès décrets. — *H. E. D.*, p. 220.

Il fut transféré à l'évêché de Pavie.

---

1 L'acte d'obligation est ainsi libellé. « Petrus, episcopus Aquensis in Guasconia, non obligavit se neque promisit pro suo communi servicio et minutis serviciis quia fuit promotio in eadem ecclesia bis infra annum Nec recognovit quia pro predecessore nuper videlicet die 1ª februarii satisfecit ut patet in libro solutionum. » L'épiscopat de Pèlegrin du Fau n'avait pas duré une année (A. Stato, *Obl.* 1408 1417, fol. 23 r°, 4 février 1409).

2 Ce titre lui est donné dans une lettre de François Capera, évêque de Barcelonne, lieutenant de Louis de Prades, Camérier de Benoît XIII, lui enjoignant de payer 500 florins d'or d'Aragon à Jean, vicomte de Castelbon, dans le délai d'une année (*Reg. Avenion*, 339, fol 35 r°) — Le 4 décembre 1419, Martin V l'autorise à garder avec l'évêché de Dax le prieuré de Saint Julien de Lescar, de l'ordre de Saint Augustin, qui sera vacant lorsque Bernard de Saint Avit aura pris possession de l'archidiaconé de Bathielle dans l'église de Lescar, et dont les revenus s'élèvent à 80 livres petits tournois, l'archidiaconé des Angles, dans l'église de Tarbes, et l'église paroissiale, appelée prieuré de Faye au diocèse d'Angers, « consideratione quod predictus Nicolaus, episcopus Aquensis, qui pro parte Caroli, regis Navarre, ad generale Constantiense concilium destinatus fuit, de fructibus ad suam episcopalem mensam Aquensem pertinentibus gaudere non potest ex eo quod alius illorum possessioni pro magna parte incumbit » (*Reg Lateran*, p 208, fol 180) Cet autre auquel il est fait allusion était Pierre d'Anglade qui fut, peu de temps après, transféré à l'évêché de Rieux C'est l'opinion de M Degert basée sur une fiche de Garampi « *Aquensis*. 1420 Nicolaus episcopus Aquen per translationem Petri ad Riven » Je n'oserai être aussi affirmatif vu que d'après Eubel, mentionnant la nomination de Hugues de Rouffignac, évêque de Limoges, au siège de Rieux en 1426, l'évêché de Rieux était vacant par la mort de Gaucelin de Bousquet, nommé en 1416

1427, 26 février. — **Bernard de la Planche**, de l'ordre de Saint-Benoît, docteur en droit, sacriste de l'abbaye de Sainte-Croix, vice-chancelier et vicaire général de Bordeaux, prieur de Soulac et référendaire du Sacré-Palais. — *H. E. D.*, p. 222.

Il fut déposé par Eugène IV qui nomma en même temps

1439, 23 septembre. — **Garsie-Arnaud de la Ségue**, prévôt de l'église Saint-Seurin de Bordeaux, scripteur et abréviateur des lettres apostoliques. — *H. E. D.*, p. 227.

Il permuta avec

1444, 9 décembre. — **Guillaume-Arnaud de la Borde**, évêque de Bayonne. — *H. E. D.*, p. 230.

Il est transféré à l'évêché d'Oloron.

1451, 5 juillet. — **Pierre de Foix**, cardinal-évêque d'Albano, administrateur. — *H. E. D.*, p. 233.

Il résigna en faveur de son neveu.

1459, 18 mai. — **Jean de Foix** [1], fils naturel de Mathieu de Foix, comte de Comminges, abbé de Saint-Sever-Cap-de-Gascogne depuis le 20 avril 1455. — *H. E. D.*, p. 237.

Il fut transféré à l'évêché de Comminges.

1466, 9 mai. — **Bertrand de Boyrie**, protonotaire apostolique et doyen de Saint-André de Bordeaux. — *H. E. D.*, p. 240.

Il résigna, sous réserve du tiers des revenus comme pension, en faveur de son neveu.

1499, 8 avril. — **Arnaud de Boyrie**, protonotaire apostolique. — Arch. Vat. *Acta Camerarii*, I, p. 73 r°.

1502, 16 février. — **Pierre de Caupenne**, abbé de Feuillant [2], diocèse de Rieux [3]. — A. Stato, *Obl.* 1498-1502, fol. 157 v°, 5 mars 1502.

---

1. Avant d'avoir obtenu dispense du défaut de naissance légitime, il était appelé Jean de Béarn. (Cf. *H. E. D.* p. 238 n. 1.)

2. Il avait été pourvu de cette abbaye le 21 juin 1499 (A. Stato, *Obl.* 1498-1502, fol. 40 v°, 13 juillet 1499).

3. Il prouva par témoins que l'évêché de Dax était en possession d'intrus; et quand il expédia les bulles, il ne paya que le droit de sacra, le subdiaconum, le menu service de la Chambre, les trois menus services et les quittances, avec promesse de s'acquitter des autres droits dans le courant de l'année. — Je ne saurais dire quel était cet intrus ? M. Degert n'en parle pas. Mais l'historien des Evêques de Dax a commis une légère erreur en fixant au 16 février 1503, le XIV des calendes de mars an X d'Alexandre VI, la date vraie est le 16 février 1502. D'ailleurs, dans les volumes d'Obligations l'année commençait au 1er janvier.

1512. **Jean de Lamarthonie,** abbé de La Pérouse, au diocèse de Périgueux. — *H. E. D.*, p. 253.

Il résigna cet évêché en faveur de son frère.

1519, 1ᵉʳ avril. **Gaston de Lamarthonie,** prêtre, chanoine et trésorier de Saint-André de Bordeaux[1]. Arch. Vat., *Armarium* XII, t. 121, fol. 32 r° et Barb., lat. 2932, fol. 47 v°.

Il eut pour successeur

1556, 28 septembre. — **François de Noailles,** archiprêtre de Saint-Martin de Gignac, diocèse de Cahors. — Arch. Vat., *Acta Cancellarii*, t. VII, fol. 45 r°.

Il mourut le 20 septembre 1585. Son frère Gilles, nommé par le roi, ne put jamais obtenir ses bulles et l'évêché de Dax était vacant par la mort de François de Noailles quand fut nommé

1598, 25 mai. **Jean-Jacques du Sault,** doyen de Saint-Seurin de Bordeaux[2]. — Rome, Bibl. Corsini, ms. 50, fol. 236 r°.

Il mourut le 25 mai 1623.

1623. — **Philibert du Sault,** évêque titulaire d'Aure et coadjuteur de son oncle Jean-Jacques du Sault depuis le 20 juillet 1618. — *H. E. D.*, p. 318.

Il mourut le 2 novembre 1638.

1639, 11 avril. **Jacques Desclaux,** curé d'Ygos[3]. Arch. Vat., *Armarium* VII, t. 130, fol. 126 r°.

Il mourut le 4 avril 1658.

1659, 26 mai. **Guillaume le Boux,** prêtre de l'Oratoire, nommé par le roi le 2 octobre 1658[4]. *H. E. D.*, p. 337.

Il fut transféré à l'évêché de Périgueux.

---

1 *H. E. D.*, p. 294

2 Son obligation pour les communs services est datée du 21 juillet 1598, mais déjà le 16 et le 18 du même mois il avait payé tous les droits (A. Stato, *Obl.* 1588-1603, fol. 130 v°)

3 On lit dans la cedule consistoriale : « Cum dispensatione super defectu gradus doctoratus et cum decreto ut pro ecclesie reparatione singulis annis impendat libras 500 ultra id ad quod de jure tenetur donec ejusdem indigentius provisum fuerit » Il souscrivait son obligation et payait tous les droits le 2 mai 1639. (A. Stato, *Obl* 1623 1639, non fol.)

4 Une pension de 1500 livres sur les revenus de la mense de Dax était réservée à Jean de Castries, clerc du diocèse de Bordeaux (Arch. Vat., *Armarium* XIII, t. 66, non fol., 26 mai 1659)

1667, 7 mars. — **Hugues de Bar**, prêtre du diocèse de Tulle[1]. — Arch. Vat., *Armarium XIII*, t. 66, non fol.

Il fut transféré à l'évêché de Lectoure

1671, 14 décembre. **Paul-Philippe de Chaumont**, prêtre du diocèse de Paris, docteur *in utroque*[2]. — H. E. D., p. 348.

L'évêché est dit vacant par la cession de Paul-Philippe de Chaumont, à qui une pension de 3.000 livres était réservée, quand fut nommé

1692, 3 mai. **Bernard d'Abbadie d'Arboucave**, docteur en théologie, archiprêtre de Maslac, diocèse de Lescar, et neveu de François de Poudenx, évêque de Tarbes. — Barb., lat. 2899, fol. 537 r°.

Il mourut le 14 décembre 1732.

1733, 2 septembre. — **François d'Andigné**, prêtre du diocèse d'Angers, docteur en théologie et vicaire général de Luçon, — H. E. D., p. 371 et Barb., lat. 2923, fol. 501.

Il mourut le 28 mai 1736.

1737, 6 mai. — **Louis-Marie de Suarez d'Aulan**, chanoine et pénitencier d'Avignon[3]. H. E. D., p. 381.

En novembre 1771, il résigna l'évêché de Dax en faveur de

1772, 27 janvier. **Charles-Auguste Le Quien de Laneufville**, vicaire général de Bordeaux et de Dax, visiteur apostolique

---

[1] Le pape lui permettait de retenir les bénéfices compatibles et les monastères de Notre Dame-des-Vertus, O. S. A., diocèse de Châlons, de Saint André de Vienne, O. S. B., les prieurés de Saint Jean de Trisay, diocèse de Saintes, et de Brivessac, diocèse de Limoges. Le 5 août 1669 il résigna le monastère de Notre Dame des Vertus en faveur de Charles Coquart de la Mothe qui lui céda le prieuré de Saint-Victor de Cahors et s'engagea à lui payer une pension de 1 500 livres tournois. (Rome, Bibl. Corsini, ms 56, fol. 134 r°.)

[2] Il pouvait retenir les bénéfices compatibles et l'abbaye de Saint Vincent de Bourg, diocèse de Bordeaux, dont il était commendataire. La valeur des revenus de l'évêché de Dax est exprimée à 9 000 livres tournois, francs de toute pension (Arch. Vat., *Armarium* XIII, p. 71 non fol.) Paul Philippe de Chaumont se démit de l'évêché de Dax en 1684, mais sa démission ne fut acceptée par le pape qu'en 1692. M. Degert mentionne après lui deux candidats à l'évêché de Dax nommés par le roi Léon de Lalanne, 1684-1688 et Jean-Marie de Prugue, 1688-1690, qui ne furent jamais bullés. (H. E. D., p. 353 et 357.)

[3] Cet évêque fut promu au consistoire du 6 mai 1737. Le correspondant des *Nouvelles ecclésiastiques* se trompe en disant que la cérémonie du sacre eut lieu le 2 mai (H. E. D., p. 382, note 2.)

des Carmélites de France[1]. — A. Stato, *Obl.* 1767-1783, non fol., 28 janvier 1772.

Il fut le dernier évêque de Dax Il émigra en Espagne pendant la Révolution. — Il mourut à Cenon, diocèse de Bordeaux, le 28 octobre 1805.

§ 2. — *Abbés de Saint-Jean de Sorde, O. S. B.* [2].

Cette abbaye ne fut réservée que sous Martin V.

Bertrand de Sendot, abbé, résigne le monastère de Saint-Jean de Sorde, sous réserve d'une pension de 100 écus et de la portion monacale de son successeur à

1430, 10 février. — **Pierre de Fabas,** moine de cette abbaye. Arch. Vat., *Armarium* XII, t. 121, fol. 249.

Il eut pour successeur

1439, 20 novembre. — **Guillaume de Laveran**, abbé de Saint-Sauveur de Blaye *Reg. Lateran.* 365, fol. 309 v° [3].

Il résigna[4] cette abbaye par l'intermédiaire de son procureur, Pascal du Four, chanoine de Tarbes, archidiacre de Lavedan, licencié ès décrets et conseiller de Gaston, comte de Foix[5], en faveur de

1456, 25 mai. **Arnaud d'Abbadie,** bachelier ès décrets, chanoine et sacriste de Lescar, chanoine et sacriste de Tarbes,

---

1 Le 27 mai 1772, il recevait en commende le monastère de Mas Grenier, O S B., diocèse de Toulouse, vacant par la mort de Louis de Belzunce (A. Stato, *Obl* 1767 1783, non fol., 23 juin 1772.)

2. Cette abbaye était taxée 150 florins

3 Le 16 septembre 1455, Callixte III ordonne aux officiaux de Lescar et d'Aire de conférer à Raymond Arnaud de Granhon, docteur ès décrets, archiprêtre de Doasit, diocèse d'Aire et vicaire général de Pierre de Foix, cardinal évêque d'Albano, le monastère de Sorde qui sera vacant par la privation *in forma juris* de Guillaume de Laveran « qui publicus fornicator existens . etc » (*Reg Vat* 438, fol 248 v°) Cette bulle n'eut pas d'effet (*Obl. et Sol.* 76, fol. 113) Le 19 septembre suivant, Pierre de Couhite s'oblige pour Jean de Lévis, chanoine de Mirepoix, à payer le commun service de ce monastère dans le cas où, par la privation de l'abbé, ce monastère lui sera conféré (A Stato, *Obl.* 1455 1463, fol. 12 v°).

4. Cette cession se fit sous réserve d'une pension de 200 écus d'or au coin de Toulouse. Guillaume de Laveran fut absous de toutes les censures qu'il avait encourues et mention est faite de la dispense « super defectu natalium quem paternis de monacho presbytero ordinem expresse professo genitus et soluta ut eo non obstante ad sacros ordines promoveri ac monasterio Sancti Salvatoris de Blavia, dicti ordinis, Burdegalensis diocesis, preesse valeas » (*Reg Vat* 445, fol 13 v°)

5 Ces titres sont donnés à Pascal du Four dans une bulle du *Reg Vat* 458, fol 177

archidiacre de Montesquieu dans l'église de Toulouse, familier de Pierre de Foix, cardinal-évêque d'Albano, et de Gaston, comte de Foix [1]. — *Reg. Vat.* 445, fol. 52 r°.

Il fut promu à l'évêché de Lescar le 21 juin 1465.

1465, 21 juin. — **Pierre de Foix**, clerc du diocèse de Lescar, protonotaire apostolique, âgé de 17 ans environ [2]. — *Reg. Lateran.* 617, fol. 36 v°.

Il mourut le 17 juillet 1490.

1490, 9 août. — **Laurent Cibo**, cardinal du titre de Sainte-Suzanne, archevêque de Bénévent. — A. Stato, *Obl.* 1489-1492, fol. 64 r°, 27 septembre 1490.

Il résigna l'abbaye en faveur de

1490, 22 septembre. — **Arnaud du Faur**, chanoine d'Aire. — A. Stato, *Obl.* 1489-1492, fol. 64 v°, 2 octobre 1490.

Il n'entra pas en possession de ce monastère et le résigna en faveur de

1491, 19 août. — **Arnaud Guillaume de Gramont**, évêque élu d'Oloron [3]. — Arch. Vat., *Acta Camerarii*, I, fol. 16 v°.

1494, 28 juillet. — **Bernard de Bourgogne**, docteur ès décrets, archidiacre des Vés, au diocèse de Bayeux [4]. — A. Stato, *Obl.* 1492-1498, fol. 87 r°, 13 septembre 1494.

---

1. L'archidiaconé de Montesquieu serait déclaré vacant dès que cesserait la pension de 200 écus d'or qu'Arnaud d'Abbadie faisait à son prédécesseur.

2. Dans la bulle de provision on n'avait pas exprimé son âge, aussi ne pouvait-il prendre possession du monastère comme abbé. Le pape décréta la validité de la bulle du 21 juin 1465. (*Reg. Vat.* 530, fol. 28 v°.)

Promu à l'évêché d'Aire le 31 juillet 1475, il conserva la commende du monastère de Sorde et Jean de Salette, chanoine de Bordeaux, s'obligea pour le commun service en son nom le 13 octobre 1475.

3. Le 7 octobre 1491, le procureur d'Arnaud-Guillaume, Bernard Jean, clerc du diocèse de Verceil, reçut les bulles, parce que le commun service de ce monastère avait été payé le 1er octobre 1490 par Arnaud du Faur qui n'avait pu prendre possession et ne consentait point à ce que le payement effectué par lui tournât à l'avantage d'Arnaud-Guillaume. Le 23 juillet 1493 la Chambre apostolique expédia une autre bulle de commende de ce monastère en faveur d'Arnaud-Guillaume sous la date du 26 août 1492 et décréta que le payement fait par Arnaud du Faur compterait pour son successeur. (A. Stato, *Obl.* 1489-1492, fol. 101 r°, 7 octobre 1491.)

4. En contractant son obligation, il paie 30 ducats pour partie du commun service du pape, la sacra, le subdiaconum, le menu service et la quittance de la Chambre. Il a des difficultés pour entrer en possession. Il sollicite de nouvelles bulles en date du 22 mai 1495 pour lesquelles il s'oblige le 9 mars 1496 (A. Stato, *Obl.* 1492-1498, fol. 132 v°), enfin le 7 avril 1498, il obtient une autre bulle de commende en date du 28 mars 1495. (A. Stato, *Obl.* 1492-1498, fol. 87 r°).

1499, 14 janvier. — **Etienne de Pommiès,** clerc du diocèse d'Aire. — A. Stato, *Obl.* 1498-1502, fol. 44 r°, 16 août 1499.

Aucun des cinq abbés précédents ne fut pacifique possesseur de ce monastère que détenait, depuis la mort de Pierre de Foix,

Hyspan de la Vie, nommé en 1490 par le chapitre de l'abbaye [1].

Il eut pour successeur

1523, 15 mai. — **Charles de Gramont,** évêque d'Aire. — *Acta Cancellarii,* t. I, p. 218.

1544, 5 décembre.. — **Jean Goumard,** protonotaire apostolique[2], clerc du diocèse de Saintes, âgé de 25 ans. — *Acta Cancellarii,* t. IV, fol. 203 r°.

Il céda son abbaye à

1575, 6 janvier. **Jean de Villeneuve,** recteur de la paroisse de Caumont, au diocèse de Tarbes. *Gallia Christiana,* I, col. 1065.

Il eut pour successeur

1602, 9 septembre. — **Raymond-Jean de la Sale de Susigaray,** clerc du diocèse de Bayonne[3]. — Bibl. Corsini, ms. 52, fol 125 r° et A. Stato, *Obl.* 1588-1603, fol. 216 r°, 7 octobre 1602.

Il eut pour successeur

1635, 16 avril. — **Philibert de Gramont.** — A. Stato, *Obl.* 1623-1639, non fol., 19 novembre 1635.

Il céda son abbaye à

1652. — **Vincent de Castel,** conseiller et aumônier du roi. — *Gallia Christiana,* I, col. 1065.

Il mourut le 10 février 1679.

1679, 21 avril. **Antoine-Alexandre de Canonville de Raffetot.** — A. Stato, *Obl.* 1679-1697, non fol., 18 juin 1680.

1. Dom Estiennot mentionne Yspan de la Vie, abbé régulier en 1489 et jusqu'en 1512 A cette époque il aurait cédé l'abbaye de Sorde à son frère ou à son neveu, François de la Vie, d'abord moine dans ce monastère, ensuite prieur claustral, puis élu par le chapitre en 1514. Il siégea jusqu'en 1528. Devenu abbé de Sainte-Engrâce, il résigna le monastère de Sorde à Charles de Gramont, évêque d'Aire. (Bibl. nat., lat. 12751, fol 295). C'est à tort que dom Estiennot cite François de la Vie parmi les abbés de Sorde ; quand ce monastère fut conféré à Charles de Gramont, il était vacant *per obitum* Yspani et François de la Vie n'a jamais été bullé.

2 Ce titre lui est donné par dom Estiennot. (Bibl nat., lat 12751. fol. 301)

3 Il devait recevoir dans l'année tous les ordres sacrés, et une pension de 500 écus d'or sur les revenus de ce monastère était assignée à Barthélemy Millet,

Il abandonne la cléricature et cède l'abbaye à

1682. — **Louis de Montesquiou d'Artagnan.** — *Gallia Christiana*, I, col. 1065.

1731, 26 juillet. — **Charles de la Roche-Aymon.** — *Gallia Christiana*, I, Animadversiones, col. LXIX ad col. 1065.

Il était archevêque de Narbonne quand il mourut en 1761.

1761. — **Jean de Cayrol de Madaillan**, sacré évêque de Sarepta le 3 août 1761, évêque de Vence en 1769, évêque de Grenoble en 1771. Il se démet de ce siège en 1779, mais garde l'abbaye de Sorde, dont il était encore abbé en 1789[1]. — *Almanach royal*, 1765, p. 72.

§ 3. — *Abbés de Notre Dame de Cagnotte, O. S. B.* [2].

Marchot de Castagnet, abbé de Cagnotte, mena une conduite tellement scandaleuse que le pape ordonna au vicaire général de Dax de le priver de ce monastère et de le conférer à

1455, 20 avril. **Pierre de Couhite,** de l'ordre des Frères-Prêcheurs, dispensé du défaut de naissance légitime, étant fils d'un profès de l'ordre de Saint-Benoît et d'une fille — *Reg. Vat.* 438, fol. 205 v°.

Il ne dut pas prendre possession, car le monastère était vacant « per resignationem Marchoti de Castanheto, qui ab eo auctoritate ordinaria privatus fuerat » quand le pape Callixte III le fit conférer à

1458, 3 juin. — **David Abrecorne**, chanoine de Dax, bachelier ès décrets et maître ès arts, postulé par le chapitre de l'abbaye [3]. *Reg. Vat.* 452, fol. 262 v°.

Il céda l'abbaye à

1463, 4 juin. — **Etienne de Bonnegarde** [4]. = A. Stato, *Annate*, t. 1462-1464, fol. 132 v°:

1. *Almanach royal*, 1770, p. 38 ; 1785, p. 88 ; 1790
2 Cette abbaye était taxée 33 florins 1/3
3 Il s'obligea au payement du commun service le 3 juillet 1458 (A Stato, *Obl.* 1455 1463, fol 148 r°.)
4. Etienne de Bonnegarde fit expédier les bulles de ce monastère comme celles d un bénéfice non consistorial Il transigea avec la Chambre apostolique et l'annate fut réduite de 100 à 44 florins qui furent versés le 15 juin 1463 par Jean et Pierre de Médicis. (A Stato, *Quittanzie* 1462 1464, fol 120 v° et Arch Vat, *Introitus et Exitus*, 452, fol 99 r°.)

1467, 3 mai. — **Bernard de Vigneron**[1]. — A. Stato, *Obl.* 1464-1471, fol. 81 r°, 15 juin 1467.

1538, 8 mars. — **Jean de Serres**, prêtre du diocèse d'Aire. — A. Stato, *Obl.* 1534-1540, fol. 113 v°, 1er août 1538.

1541, 14 juin. — **Louis de Castelnau**. — A. Stato, *Obl.* 1540-1550, fol. 43 v°, 3 août 1541.

Pierre du Bourg.

L'abbaye était vacante par sa mort quand fut promu

1597, 2 février. — **Jean de Bérard**. — A. Stato, *Obl.* 1588-1603, fol. 118 v°, 20 septembre 1597.

Il céda son abbaye à

1630, 29 décembre. — **Daniel Dupuy**[2]. — A. Stato, *Obl.* 1623-1639, fol. 179 v°, 15 juillet 1631.

Il eut pour successeur

1649, 6 mai. — **Nicolas de Baylenx**[3]. — A. Stato, *Obl.* 1640-1652, non fol., 4 février 1650.

1677, 28 juillet. — **Philibert de la Salle**, doyen de l'église de Saint-Esprit de Bayonne. *Gallia Christiana*, t. I, Animadversiones, col. LII ad col. 1067.

Il eut pour successeur

1686, 22 août. — **François-Charles de Salettes**, évêque d'Oloron. — A. Stato, *Obl.* 1679-1697, non fol., 1er octobre 1686.

Il céda l'abbaye à

1688, 17 avril. — **Alphonse Légier**. — *Gallia Christiana*, t. I, Animadversiones, col. LII ad col. 1067.

Il eut pour successeur

1713, 23 février[4]. — **Abraham de Vigier**. — A. Stato, *Obl.* 1706-1715, 16 mars 1713.

1 Dans une note de son obligation il est fait mention expresse d'un intrus : Sanche de Bonnegarde, moine de ce monastère.

2 Il eut pour concurrent Jacques Brilhon qui, à la mort de Jean de Bérard, fit expédier les bulles de ce monastère sous la date du 14 mai 1633, s'obligea au payement du commun service et paya en effet le 4 juin suivant, mais il n'entra jamais en possession puisqu'en 1650 l'abbaye de Sordes fut déclarée vacante par la mort de Daniel Dupuy. (A. Stato, *Obl.* 1623-1639, fol 208 r°, 4 juin 1633.)

3. Entre Daniel Dupuy et Nicolas de Baylenx la *Gallia* (t. I, col. 1067) place à tort Guy du Ruif et Bernard de Poyanne

4. D'après l'acte d'obligation les bulles seraient du VII des calendes de mai an XIII, c'est à dire du 25 avril 1713 Il y a une erreur, comment pouvait on savoir

1731, avril. — **De Bouëxie de Bec de Lièvre.** - *Gallia Christiana*, t. I. Mutationes factæ, post Animadversiones, col. LXXI.

Il mourut en 1737[1].

1738, 18 septembre. **Louis-Marie de Suarez d'Aulan,** évêque de Dax[2]. — A. Degert, *Histoire des Évêques de Dax*, p. 386.

Il eut pour successeur

1785. — **André de Parrent,** dernier abbé de Cagnotte[3]. — Arch. départementales des Landes, H. 136.

§ 4. — *Abbés de Divielle, O. Praem.*[4]

1396, 18 mai. — **Arnaud.** — *Obl. et sol.* 49, fol. 99 v°.

1532, 26 mars. **Bertrand de Pardeillan,** abbé commendataire. — A. Stato, *Obl.* 1531-1534, fol. 36 r°, 30 avril 1532.

1542. **Louis de Castelnau,** évêque de Tarbes. Larcher, *Glanages,* XXII, p. 45.

1573. — **Jacques de Ladouze,** vicaire général de François de Noailles, évêque de Dax. — A. Degert, *Histoire des Évêques de Dax*, p. 291.

Il mourut vers 1575.

1575. — **François de Noailles,** évêque de Dax. — A. Degert, *op. cit* , p. 291.

Il mourut le 20 septembre 1585.

Jacques Sombrun.

L'abbaye, vacante par sa mort, fut conférée à

1626, 16 juin. — **Bertrand de Baylenx.** — A. Stato, *Obl.*, 1623-1639, fol. 69 r°, 16 novembre 1626.

Il eut pour successeur

---

le 16 mars que les bulles seraient expédiées quarante jours plus tard c'est *martii* et non *mau* qu'il faut lire.

1. Larcher, *Glanages*, t. XXIV. p 384.
2. Cet évêque s'occupa d'unir les revenus de ce monastère à son séminaire. L'union fut prononcée le 9 avril 1740
3. *Almanach royal*, 1790, p 77
4 Cette abbaye était taxée 100 florins en 1396 et 33 1/3 seulement à partir de 1532.

1651, 21 octobre. — **Jacques de Gramont.** — A. Stato, *Obl.* 1640-1652, non fol., 15 avril 1652.

Il eut pour successeur

1714, 10 octobre. **Jacques d'Esquilles**[1]. — A. Stato, *Obl.* 1706-1715, non fol., 16 novembre 1714.

Il mourut le 11 octobre 1719.

1721, 1ᵉʳ juillet. — **Henri de Navailles.** — A. Stato, *Obl.* 1715-1728, non fol., 7 juillet 1721.

1750. **De la Roche Saint-André.** *Almanach royal*, 1751, p. 70.

Il résigna l'abbaye à

1786, 5 décembre. **Claude-François Lallemand,** dernier abbé de Divielle[2]. — A. Stato, *Obl.* 1783-1798, non fol., 5 décembre 1786.

---

[1] Il avait été désigné par le roi le 15 août précédent (*Gallia christiana*, I, col. 1068 et Arch. Vat., *Nunziatura di Francia*, 217, non-fol., 20 27 août 1714) De la même promotion fut l'abbé de Seney, conseiller au Parlement de Navarre, nommé abbé de La Sauvelade

[2] *Almanach royal*, 1790, p 89.

CHAPITRE III

Evêques de Lectoure [1].

1299, 23 décembre. — **Pierre de Ferrières,** doyen de l'église du Puy. — Eubel, *Hierarchia catholica medii ævi*, t. I, p. 311.
Il fut transféré à Noyon.

1302, 9 janvier. **Raymond**, diacre, sacriste de Narbonne. — Eubel, *id.*
Il mourut en 1308.

1308, 19 septembre. — **Géraud de Xaintrailles**, prieur de la collégiale de Sainte-Radegonde de Poitiers [2]. — Eubel, *id.*
Il fut transféré à Albi.

1311, 12 janvier. **Guillaume de Bordes**, sous-diacre, précenteur de Lectoure, chapelain du pape. — Eubel, *id.*
L'évêché vacant par sa mort fut conféré à

1346, 6 mars. — **Arnaud-Guillaume de Labarthe**, prêtre, docteur ès décrets, chanoine d'Auch, O. S. A. — Eubel, *id.*
Il fut transféré à l'archevêché d'Albi le 28 décembre 1350 [3].

1351, 26 janvier. — **Pierre Aurelzer** [4]. sous-diacre, docteur ès lois, préchantre dans la cathédrale d'Amiens. Eubel, *id.*
Il eut pour successeur

1365, 30 mai. — **Pierre de Montrevel**, archidiacre de Pont-Audemer, diocèse de Lisieux, docteur ès lois, notaire apostolique et familier du pape. Eubel, *id.*
Il eut pour successeur

---

[1] Cet évêché était taxé 1 600 florins.
[2] C'était un neveu de Clément V, cf *Revue de Gascogne*, année 1900, p 106-107.
[3] *Reg Vat* 144, fol 158
[4]. Eubel appelle cet évêque Anzelier, mais P Druilhet (*Archives de la ville de Lectoure*, p 109, note 2) le nomme Pierre Aurelzer, il s'appuie sur un document d'après lequel Pierre donne pouvoir à Robert Aurelzer, recteur de Fausgarde, son frère : « *Roberto Aurelzer, fratris nostri.* »

1369, 8 août. — **Hugues de Bonvillier,** licencié ès lois, chanoine et archidiacre de Magnoac, diocèse d'Auch[1]. — Eubel, *id.*

Il eut pour successeur

1370, 21 octobre. **Viguier de Manhaut,** licencié ès lois, chanoine d'Agen. — Eubel, *id.*

Il eut pour successeur

1383, 16 décembre. **Raymond de Cambavelha,** licencié ès décrets, chanoine de Lectoure. — Eubel, *id.*

Quand Raymond fut mort, le chapitre ignorant la réserve pontificale nomma

1407, 28 novembre. — **Arnaud de Peyrac**[2], licencié ès lois, préchantre de Lectoure qui obtint en date du 28 novembre ses bulles de provision. — Eubel, *id.*

Il mourut le 1er août 1416.

1417, 2 avril. — **Géraud du Puy,** maître en théologie de l'ordre des Frères-Mineurs. — Eubel, *id.*

Il mourut le 30 juillet 1425.

1425, 21 décembre. **Pierre de Valon,** chanoine de Cahors, sous-diacre, licencié ès décrets, de famille noble. Eubel, *id.*

Il mourut peu de temps après sa promotion.

1426, 24 avril. **Martin Guitteriez,** de l'ordre des Frères-Mineurs, maître en théologie[3]. Eubel, *id.*

Il mourut le 24 mai 1449

1449, 1er septembre. — **Bernard d'André,** chanoine de Lectoure, docteur *in utroque*[4]. — Eubel, *op. cit.,* t. II, p. 193.

---

1. Dans une bulle du 27 septembre 1368 il est appelé *Campanie et Maritime rector* (*Reg Avenion* 168, fol 394) Son canonicat d'Auch fut conféré à Manaud de Barbazan, âgé de 11 ans (*Reg Avenion*, 172, fol 393 r°)

2 C'est probablement cet Arnaud de Peyrac qui, de 1373 à 1375, fut collecteur apostolique dans les diocèses d'Auch, de Bordeaux et de Condom, cf Samaran et Mollat, *La Fiscalité pontificale au xiv° siècle,* p 191

3. Martin Guitteriez et Pierre de Valon avaient été élus par le chapitre qui ignorait la réserve pontificale. Chaque fois le pape cassa l'élection, et, de sa propre autorité, nomma le candidat du chapitre

4 Il possédait, au moment de sa promotion, le décanat et un canonicat dans l'église collégiale de Saint Martin de l'Isle Jourdain, d'un revenu de 80 livres petits tournois, que le pape conféra à Jean Textor, recteur de la paroisse de Toutenx, diocèse de Toulouse, son familier (*Reg Vat.* 410, fol 107 r°), et la paroisse du Bourg Saint Bernard, dans le même diocese, d'un revenu de 60 livres. Le 11 septembre il obtenait une bulle l'autorisant à garder cette dernière paroisse en commende pendant six mois (*Reg Vat* 389, fol 265 r°); mais le 3 septembre il la faisait donner à Blaise de Bertin, chanoine de Lectoure (*Reg. Vat* 389, f° 266 r°)

Quand il mourut, le chapitre de Lectoure élut par voie de compromis [1]

1453, 6 juillet. — **Amaury de Gaillard**, de l'ordre des Frères-Mineurs, maître en théologie, qui fut pourvu par le pape. — Eubel, *id.*

Il mourut en avril 1479.

1479, 27 octobre. — **Hugues d'Espagne**, clerc du diocèse de Comminges [2], protonotaire apostolique, abbé commmendataire de l'abbaye de Saint-Sever-Cap-de-Gascogne [3]. — *Obl. et Sol.* 84, fol. 38 v°.

Il permuta avec

1487, 1ᵉʳ juin. — **Pierre d'Absac de la Douze**, évêque de Rieux [4]. — Eubel, *id.*

Il fut transféré à l'archevêché de Narbonne.

1494, 21 mai. — **Antoniottus Pallavicini**, cardinal-prêtre du titre de Sainte-Praxède, appelé plus souvent cardinal de Sainte-Anastasie, à titre d'administrateur. — Eubel, *id.*

Il ne put prendre possession [5] et céda cet évêché à

1498, 25 juin. — **Louis Pot**, moine de l'ordre de Saint-Benoît, abbé de Saint-Laumer ou Saint-Nicolas de Blois, diocèse de Chartres, nommé en même temps abbé de Marmoutiers, diocèse de Tours. — Eubel, *id.*

Il mourut au commencement de 1500 [6].

---

1. *Reg. Lateran.* 487, fol. 13 r°.

2. Le 19 novembre 1471, Sixte IV lui avait conféré l'archidiaconé de Médoc, diocèse de Bordeaux, que lui cédait Jean Avril (*Reg. Lateran.* 713, fol. 249 r°).

3. Les bulles de commende du monastère de Saint-Sever sont datées du 28 octobre 1479.

4. Il possédait en commende le monastère de la Grasse, O. S. B., diocèse de Carcassonne (*Acta Camerarii*, t. I, fol. 38 v°).

5. Quand Pierre d'Absac fut transféré à Narbonne, le chapitre de Lectoure élut pour évêque Bertrand de Roquelaure, abbé de Bouillas, qui empêcha le cardinal Pallavicini de prendre possession malgré les bulles de dévolut qu'il obtint en date du 22 août 1494 et du 24 mars 1495 (A. Stato, *Obl.* 1492-1498, fol. 79 r°, 18 juin 1494). Bertrand de Roquelaure céda enfin à Louis Pot les droits qu'il pouvait avoir sur l'évêché de Lectoure à cause de l'élection du chapitre, et le pape confirma Louis Pot dans la possession de cet évêché, le 29 avril 1500 (*Acta Camerarii*, t. I, fol. 94 r°).

6. La *Gallia* place au 31 mai la date de sa mort. Il faut la placer plus tôt. Déjà le 14 avril, le pape faisait inhibition au chapitre de choisir un successeur et le 18 avril, Jules II conférait au jeune vicomte François Sforza, âgé de 15 ans, le monastère de Marmoutiers, vacant par la mort de Louis, évêque de Lectoure (Barb. lat., 2932, fol. 28 v°).

1505, 22 décembre. — **Antoine de Chabanes.** — *Obl. et Sol.* 88, fol. 67 v°, 9 avril 1506.

Il ne put jamais prendre possession et céda tous ses droits à

1509, 4 mai. — **Bertrand de Lustrac**, abbé du monastère de Saint-Maurin d'Agen qu'il retint. — *Schede Garampi.*

Il eut pour successeur

1513, 18 août. — **Jean de Barton**, abbé du monastère de Saint-Augustin de Limoges qu'il retint. — *Schede Garampi.*

Il reçut le titre d'archevêque d'Athènes *in partibus*[1] en cédant l'évêché de Lectoure à son neveu

1530, 24 janvier. — **Guillaume de Barton**, âgé de 16 ans, à titre d'administrateur jusqu'à l'âge de 27 ans. — Arch. Vat., *Acta Cancellarii*, t. II, fol. 163 r°.

L'évêché de Lectoure vacant par sa mort[2] fut conféré à

1599, 19 juillet. — **Léger de Plas**, de l'ordre de Saint-Benoît, prieur de Layrac, diocèse d'Agen. — A. Stato, *Obl.* 1588-1603, fol. 163 v°.

Il mourut le 24 mars 1635.

1635, 24 mars. — **Jean d'Estresses**, évêque de Laodicée et, depuis le 3 août 1609, coadjuteur de Léger de Plas avec future succession[3]. — Arch. Vat., fonds Borghèse, *Acta Consistorialia*, I, p. 232.

Il mourut le 12 avril 1646 à Miradoux.

1649, 11 octobre. — **Louis de La Rochefoucauld**, prêtre du diocèse de Poitiers, licencié ès décrets[4]. — Arch. Vat., *Armarium XIII*, t. 131, fol. 242.

Il mourut en décembre 1654.

---

1. Jean de Barton se réservait certains biens, la moitié du produit des dîmes, et le pouvoir de conférer la moitié des bénéfices. Jusqu'à ce que son neveu pût être sacré, il pouvait exercer dans le diocèse de Lectoure les fonctions pontificales.

2. C'est donc à tort que la *Gallia Christiana* place Charles de Bourbon entre Guillaume de Barton et Léger de Plas.

3. Au moment de son élévation à l'épiscopat en 1609, il était sous-diacre du diocèse de Limoges et maître en théologie. Une pension de 500 écus d'or lui avait été assignée sur les revenus de la mense épiscopale de Lectoure.

4. Il avait été nommé par le roi le 10 mai 1646 (Bibl. nat. lat., 17026, fol. 51 r°). Le pape lui permit de retenir les monastères de la Réau et de N.-D. de Celle-sur-Belle, O. S. A., diocèse de Poitiers, de Saint-Jean-d'Angely, O. S. B., diocèse de Saintes, et le prieuré conventuel de Lanville, diocèse d'Angoulême.

1655, 14 mai. — **Louis de Caset de Vautorte**[1]. — Bibl. Corsini, 55, fol. 16 r°.

Il fut transféré à Vannes le 22 juin 1671.

1672, 2 mai. — **Hugues de Bar**, évêque de Dax[2]. — Barb., lat. 2894, fol. 79 r°.

Il mourut le 22 décembre 1691[3].

1692, 7 octobre. — **François-Louis de Polastron**, vicaire général de l'évêque de Lombez[4]. — A. Stato, *Obl.* 1679-1697, non fol., 10 octobre 1692.

Il eut pour successeur

1718, 8 juin. — **Louis d'Illiers de Balsac d'Entragues**, aumônier du roi et abbé de Bellefontaine, de l'ordre de Saint-Benoît, diocèse de La Rochelle[5], désigné d'abord pour l'évêché de Clermont[6]. — Arch. Vat., *Armarium XIII*, t. 79, fol. 406.

Il eut pour successeur

1722, 23 mars. — **Paul-Robert Hertault de Beaufort**, prêtre[7], bachelier en théologie, vicaire général d'Ypres[8], âgé de 42 ans. — Barb., lat. 2919, fol. 300 r°, et Bibl. Corsini, 60, fol. 251.

Il mourut le 27 août 1745 au château de Saint-Clar.

1746, 9 mars. — **Claude-François de Narbonne-Pelet**, prêtre du diocèse d'Arles, docteur en théologie, vicaire général et official du diocèse d'Arles, doyen de l'église collégiale de

---

1. Une pension de 3.000 livres sur les revenus de la mense épiscopale était réservée à Jean Stragant, clerc du diocèse du Mans.
2. Il avait la faculté de retenir le monastère de Pontaut et le prieuré conventuel de Frizay, diocèse de Saintes.
3. *Gallia Christiana*, I, col. 1089.
4. Le 15 octobre 1692, il obtint en commende le monastère de Saint-Sauveur de Blaye, O. S. B., diocèse de Bordeaux, vacant par la mort d'Antoine de Padies (A. Stato, *Obl.* 1679-1697, non-fol., 27 octobre 1692).
5. Il possédait ce monastère depuis le 9 septembre 1710 (A. Stato, *Obl.* 1705-1715, non-fol., 24 octobre 1710).
6. *Gallia Christiana*, Animadversiones, t. I, col. xv.
7. Il était né à Pignerol, diocèse de Turin, en 1680.
8. Il avait la faculté de conserver la commende du monastère de Faremoustier au diocèse d'Amiens, mais les revenus de la mense épiscopale de Lectoure étaient grevés de diverses pensions : 1.200 livres à Bonaventure Barrieu, acolythe du diocèse de Langres, 1.000 à Claude Gallet, prêtre du diocèse de Lyon, 1.000 à André de Lestang, prêtre du diocèse de Paris, 1.600 à une personne à nommer ou pour pensions anciennes.

Beaucaire, âgé de 57 ans¹. Arch. Vat , *Acta Consistorialia Benedicti XIV*, 1746-1749, fol 8 v°.

Il mourut le 9 mai 1760².

1760, 15 décembre. **Pierre Chapelle de Jumilhac de Cubjac,** prêtre du diocèse de Périgueux, docteur en théologie et licencié *in utroque*³. — Arch. Vat., *Armarum XIII*, t. 96, fol. 430 v°.

Il mourut à Paris le 26 juin 1772 pendant l'Assemblée du Clergé dans laquelle il représentait sa province⁴.

1772, 7 septembre. **Louis-Emmanuel de Cugnac,** chanoine de Notre-Dame de Paris, vicaire général de Bayeux sous l'épiscopat de Mgr de Rochechouart-Montigny, et abbé de N.-D. de Longues, diocèse de Bayeux⁵. _ A. Stato, *Obl* 1767-1783, non fol., 14 septembre 1772.

Il fut le dernier évêque de Lectoure et mourut le 9 décembre 1800 au château de Fondelin.

---

1 En 1736, il avait été pourvu de l'abbaye de Belleville, diocèse de Lyon (Arch. Vat , *Procès consistoriaux*, année 1736)

2. *Revue de Gascogne*, 1901, p 149.

3. Une pension de 1.800 livres était réservée à de Grille de Robiac, chanoine d'Arles.

4 *Revue de Gascogne*, 1901, p. 150

5 *Revue de Gascogne*, 1879, p. 214

CHAPITRE IV

§ 1er. — Évêques de Comminges [1].

1299, 22 décembre. — **Boson de Salignac**, archidiacre de Médoc. — Eubel. *Hierarchia catholica medii ævi*, t. 1, p. 215.
   Il mourut en 1315.

1316, 7 septembre. — **Bernard**, de l'ordre des Frères-Prêcheurs [2]. — Eubel, *id*.
   Par sa mort à la curie, l'évêché de Comminges fut de nouveau réservé [3].

1317, 3 décembre. — **Scot de Linières**, chanoine de Toulouse. — Eubel, *id*.

1325. — **Guillaume** [4]. — *Gallia Christiana*, I, coll. 1101.

1335, 8 novembre. — **Hugues de Chatillon**, chanoine de Comminges [5]. — Eubel, *id*. — *Revue de Comminges*, 1907, p. 36-41.

1352, 17 octobre. — **Bertrand de Cosnac**, évêque de Lombez. — Eubel, *id*.
   L'évêché de Comminges devint vacant par sa promotion au cardinalat, 30 mai 1371.

1371, 6 juin. — **Guillaume d'Espagne**, évêque de Pamiers. — Eubel, *id*.
   Quand il mourut, Clément VII lui donna pour successeur

---

1. Cet évêché était taxé 4.000 florins.
2. Son élection faite par le chapitre avait été cassée par le pape qui le nomma de sa propre autorité, car, du vivant de Boson, l'évêché de Comminges avait été spécialement réservé par Clément V (G. Mollat, *Lettres communes de Jean XXII*, t. n° 197).
3. La réserve des bénéfices vacants *apud sedem apostolicam*, d'abord une simple coutume, fut introduite dans le droit par Clément IV (Cf. Carolus Lux, *Constitutionum de generali reservatione ab a. 1265 ad a 1378 emissarum collectio et interpretatio*).
4. Il est appelé *de Curvo* dans la *Revue de Comminges*, 1907, p. 36.
5. Pierre Capelli était en 1351 son vicaire général.

1384, 18 mai. — **Amélius de Lautrec**, évêque de Conserans[1]. — Eubel, *id*.

Il mourut le 7 juillet 1390 et Clément VII nomma

1390, 28 juin. — **Manaud de Barbazan**, clerc tonsuré, licencié ès décrets, archidiacre de Magnoac au diocèse d'Auch, O. S. A[2]. — Eubel, *id*.

Il mourut en 1421[3].

1422, 7 août. — **Pierre de Foix**, cardinal du titre de Saint-Etienne au mont Celius en qualité d'administrateur[4]. — Eubel, *Hierarchia catholica*, II, p. 151.

Il céda cet évêché à

1451, 5 juillet. — **Arnaud-Raymond d'Espagne**, évêque d'Oloron. — *Reg. Lateran*. 467, fol. 62 r°.

Il mourut en 1464 et le siège vaqua deux ans[5]

1466, 9 mai. — **Jean de Foix**, évêque de Dax[6]. — *Reg. Lateran*. 639, fol. 140 r°.

Il mourut en 1499.

1499, 19 juillet. — **Amanieu d'Albret**, protonotaire apostolique, administrateur de l'évêché de Comminges[7]. — Eubel. *id*.

Il eut pour concurrent

---

1. Promu au cardinalat le 12 juillet 1385, il garda l'évêché de Comminges en qualité d'administrateur.

2. Le 7 novembre 1390, Clément VII lui donnait deux indults, par l'un il lui permettait de recevoir le même jour, même par une ordination extra tempora, les trois ordres sacrés, par l'autre il lui accordait un délai de six mois pour recevoir la consécration épiscopale (*Reg. Avenion* 268. fol 210 v°).

3 Une partie du chapitre élut Gérand d'Aure, chanoine de Comminges, et l'autre partie le cardinal Pierre de Foix. Le pape Martin V cassa ces deux élections et nomma de sa propre autorité Pierre de Foix.

4. Le cardinal se réserva sur les revenus de la mense épiscopale une pension de 900 écus d'or au coin du roi de France payable à Tarbes (*Reg. Lateran* 473, fol. 227 r°)

5 Dans la bulle de provision de Jean de Foix, l'évêché est proclamé vacant *per obitum Arnaldi-Raymundi*. A la mort d'Arnaud Raymond, le chapitre avait élu Hugues d'Espagne, doyen de Saint André de Bordeaux et conseiller de Louis XI. Le pape ne jugea pas à propos de confirmer cette élection. Hugues renonça au droit que l'élection du chapitre lui conférait sur l'évêché de Comminges (A. Degert, *Histoire des Evêques de Dax*, p 239) et reçut en compensation, le 9 mai 1466, le monastère de Saint Sever-Cap-de-Gascogne que Jean de Foix résigna en sa faveur (*Reg. Lateran* 630, fol 290)

6 Le même jour Paul II décréta la vacance de tous les monastères et autres bénéfices possédés par Jean de Foix (*Reg. Lateran*. 639, fol 142 v°)

7 C'est donc à tort que la *Revue de Comminges* (1907, p, 76-84) fixe aux premiers jours de novembre 1501 la mort de Jean de Foix.

1507, 24 septembre. **Gailhard de l'Hôpital**, docteur *in utroque*, chanoine de Saint-Gaudens, puis de Saint-Bertrand de Comminges et grand archidiacre, 1484[1]

    Il mourut en 1513.

1513, 18 août. **Amanieu d'Albret**, cardinal du titre de Saint-Nicolas-in-Carcere. — Bibl. nat., lat. 13080, fol. 78 v°.

    Il résigna l'évêché de Comminges à

1514, 8 janvier. **Louis Douville**[2], chanoine de Clermont et abbé commendataire du monastère de Saint-Austremoine ou d'Issoire, diocèse de Clermont[3]. Bibl. nat., lat. 13080, fol. 78 v°.

    Il résigna sous réserve d'une pension de 2.500 livres et du droit de conférer le tiers des bénéfices vacants, en faveur de

1523, 17 juin. — **Jean de Mauléon**, religieux cordelier du monastère de Valcabrère et abbé de Bonnefont, élu par le chapitre de Saint-Bertrand après la mort de Gailhard de l'Hôpital en 1513[4]. — Arch. Vat., *Acta Cancellarii*, I, fol. 224 r°.

    Il mourut en 1551.

1555, 16 décembre. **Jean de Bertrand**, clerc du diocèse de Toulouse, garde des sceaux d'Henri II qui l'avait nommé évêque de Comminges en 1551[5]. Arch. Vat., *Acta Cancellarii*, t. VI, fol. 276 v°.

    Il fut transféré à l'archevêché de Sens le 19 janvier 1556.

1556, 6 juillet. **Carlo Caraffa**, neveu de Paul IV, cardinal-diacre

---

1 Elu par le chapitre le 11 novembre 1501, il consentit le 17. Son élection fut confirmée par Ayméric de Maignan, vicaire général de Jean de la Trémoille, archevêque d'Auch, il fut sacré à Saint Bertrand le 26 juillet 1506 par Jean d'Auriole, évêque de Montauban, assisté de Denis de Bar, évêque de Saint Papoul et d'Arnaud, évêque d'Ancône Il fit expédier ses bulles en date du 24 sept 1507 (*Revue de Comminges*, 1907, p. 121 135)

2 Dans le ms lat 13080, fol. 78 v°, il est appelé Ludovicus de l'olla, dans le Registre d'Obligations, t 1513 1516, fol 10 r, de l'Archivio di Stato de Rome, Ludovicus d'Urellè, dans le registre du vice chancelier (Arch Vat., *Acta Cancellarii*, I, fol. 224 r°) Ludovicus Dourville ; dans la *Gallia Christiana* Ludovicus Douville C'est cette dernière version que nous adoptons

3 A Stato, *Obl* 1513 1516, fol 10 r°

4 *Revue de Comminges*, 1907, p 194 et seq

5 *Revue de Comminges*, 1908, p 151 Il fut en même temps pourvu de l'abbaye de Bonnefont, de l'ordre de Cîteaux, vacante par la mort de Jean de Mauléon.

du titre des Saints-Vite-et-Modeste¹. Arch. Vat., *Acta Cancellarii*, t. VII, fol. 32 v°.

Il fut privé de ses bénéfices et mourut le 3 mars 1561 étranglé par ordre de Pie IV au château Saint Ange.

1561, 9 mai. **Pierre d'Albret,** fils naturel de Jean d'Albret, dispensé *super defectu natalium*². Arch Vat, *Acta Cancellarii*, t. VIII, fol. 83 r°.

L'évêché vacant par sa mort³ fut conféré à

1570, 26 juin. **Urbain de Saint-Gelais**⁴, clerc du diocèse de Bordeaux, âgé de 29 ans⁵. — Arch. Vat., *Acta Camerarii*, t. X, fol. 70 r°.

Il eut pour successeur

1614. — **Gilles de Souvré,** abbé de Saint-Florent-sur-Loire et de Saint-Calais, trésorier de la Sainte-Chapelle. *Gallia Christiana*, t. I, col. 1108.

Il permuta avec

François de Donnadieu de Griet, évêque d'Auxerre.

qui, avant d'expédier les bulles de l'évêché de Comminges, le céda, sous réserve de pension⁶, à son neveu

1625, 6 octobre. **Barthélemy de Donnadieu de Griet,** prêtre du diocèse de Rieux⁷. — A. Stato, *Obl.* 1623-1639, fol. 50 v°, 3 novembre 1625

Il mourut à Alan le 12 novembre 1637.

---

1 Il eut pour vicaire général Pierre de Bordenave, bachelier en droit canon, chanoine et grand chantre de l'église de Toulouse et archidiacre de Couserans (*Revue de Comminges*, 1908, p 164).

2 Il eut pour vicaire général Pierre Gémit, bachelier en droit, chanoine de Saint Bertrand de-Comminges (*Revue de Comminges*, 1908, p 163 166)

3 D'après les Actes consistoriaux, il n'y a pas eu d'autre évêque de Comminges entre Pierre d'Albret et Urbain de Saint Gelais, il faut donc rejeter de la liste Charles de Bourbon (*Revue de Comminges*, 1908, p 163 166)

4 Il était fils naturel de Louis de Saint Gelais, dit de Lezignan, baron de la Mothe Saint Eraye, seigneur de Lansac et de Pressi, chevalier d'honneur de Catherine de Médicis, chevalier des ordres du roi, ambassadeur à Rome et à Trente (*Revue de Gascogne*, 1867, p 42)

5 Il obtint la faculté de conserver en commende le monastère de Saint Vincent de Bourg sur-Gironde, diocèse de Bordeaux et de ne payer que le tiers des communs et menus services (Barb lat, 2932, fol 415 v°)

6 Cette pension s'élevait à 8 000 livres tournois, plus la jouissance du bourg d'Alan, de sa claverie et de leurs revenus (Bibl Corsini, 51, fol. 167 v°)

7 Il pouvait conserver le monastère de Saint Hilaire, O S B, diocèse de Carcassonne (id.)

1640, 3 décembre. **Hugues de Labatut,** chanoine et archidiacre de Saint-Bertrand, official et vicaire général du précédent[1]. — A. Stato, *Obl.* 1640-1652, non fol., 19 décembre 1640.

Il mourut le 10 février 1644[2].

1646, 5 février. — **Gilbert de Choiseul,** prêtre du diocèse de Sens, docteur de Sorbonne[3] — Arch. Vat., *Armarium XII,* t. 131, fol. 69 r°.

Il fut transféré à Tournay le 23 décembre 1670[4] et le siège de Comminges fut vacant pendant sept ans.

1677, 20 décembre. — **Louis de Rechigne-Voisin de Guron,** évêque de Tulle[5]. Barb., lat. 2895, fol. 509 v°.

Il mourut le 20 mai 1693 à l'âge de 77 ans[6].

1693, 5 octobre[7]. — **Jean-François de Brizay de Denonville,** prêtre du diocèse de Chartres, docteur *in utroque,* archidiacre et vicaire général de Chartres depuis 18 ans[8], abbé commendataire du monastère de Buxières, O. Cist., diocèse d'Autun, âgé de 52 ans[9]. Arch. Vat., *Armarium XIII,* t. 78, non fol.

Il mourut le 12 avril 1710[10].

---

1 Il avait été nommé par le roi dans les premiers jours de décembre 1637 Les revenus de l'évêché de Comminges s'élevaient à 40.000 livres de rente (Bibl. nat., lat. 17025, fol. 106).

2. *Gallia Christiana,* I, col 1110

3 Il avait été nommé par la reine régente le 23 mai 1644 (Bibl nat , lat 17025, fol. 107). On lit dans le même manuscrit « De Paris, le 14 avril 1646 — Le 8 fut sacré en l'église des Minimes de la Place Royale, le sr de Praslin, évesque de Comminges, par l'archevesque d'Auch assisté des évesques d'Aire et de Troye, en présence du cardinal Barberin, des archevesques de Vienne, de Tholose, de Sens, de Bourges et de plusieurs évesques faisans jusques au nombre de 35 prélats outre quantité de seigneurs et dames de la Cour auxquels prélats le nouvel évesque à l'issue de la cérémonie fit un disner splendide dans l'hostel de Vitry » Gilbert de Choiseul possédait les abbayes de Boulencourt, de Basse Fontaine, de Chantemerle et de Saint Martin, toutes dans le diocèse de Troyes Seule celle de Chantemerle fut déclarée vacante et il conserva les trois autres

4 A. Stato, *Obl* 1661 1671, non fol , 21 février 1671

5 Il eut la faculté de conserver la commende du monastère de N -D de Moreaux, O. S. B., diocèse de Poitiers, sous réserve d'une pension de 6 000 livres pour Philippe de Lorraine et d'une autre de 1 500 pour Pierre Richard

6 Bibl. nat., lat. 17025, fol. 108.

7. La nomination royale datait du 31 mai 1693 (Bibl nat , lat 17025, fol 110)

8. Bibl Barb , lat. 2900, fol. 136

9 Par motu proprio le pape lui accorda remise des 2/3 de la taxe (A Stato, *Obl.* 1679 1697, non fol , 12 octobre 1693)

10 *Gallia Christiana,* I, col 1112

1711, 26 janvier. — **Olivier-Gabriel de Lubières du Bouchet,** prêtre du diocèse de Clermont, maître en théologie, chanoine-préchantre de la cathédrale de Rodez, et vicaire général du même diocèse[1]. — Barb., lat. 2914, fol. 5 v°.

Il céda l'évêché de Comminges sous réserve d'une pension de 7 000 livres à

1740, 29 août. **Antoine de Lastic,** prêtre du diocèse de Saint-Flour, docteur en théologie de l'Université de Cahors, vicaire général de l'évêque de Tarbes et délégué du diocèse de Bourges à l'Assemblée du Clergé de France en 1735[2]. — Arch. Vat., *Armarium XIII*, t. 93, p. 11.

Il résigna en faveur de

1764, 20 février. **Charles-Antoine-Gabriel d'Osmond de Médary,** prêtre du diocèse de Séez, licencié en théologie de la Sorbonne, tour à tour vicaire général dans les diocèses de Troyes, Nevers, Belley et Auxerre, âgé de 41 ans[3]. — A. Stato, *Obl.* 1756-1767, non-fol., 17 février 1764.

Il résigna en faveur de son neveu

1785, avril. — **Antoine-Eustache d'Osmond,** vicaire général de Toulouse. — J. Lestrade, *Le dernier évêque de Comminges, Antoine-Eustache d'Osmond* dans la *Revue de Gascogne*, 1910, p. 50.

Il fut le dernier évêque de Comminges.

§ 2. — *Abbés de Bonnefont, O. Cist.* [4].

1296. — **Arnaud de Faugas.** *Revue de Comminges*, 1906, p. 48.
1304. — **Arnaud de Saint-Paul**[5]. *Revue de Gascogne*, 1876, p. 565.

---

1. Il obtint réduction des 2/3 des communs services, car l'évêché de Comminges était grevé de 3 000 livres de pensions (Barb., lat 2913, fol 339 et 343)

2. Arch Vat , *Procès consistoriaux*, année 1739, 14 novembre Antoine de Lastic conserva le monastère de Saint Guilhem le Désert. O. S B , diocèse de Lodève, avec obligation de payer une pension de 7.000 livres à son prédécesseur et une autre de 400 livres à François Mazène, prêtre du diocèse de Tarbes Cf. sur cet évêque J. Lestrade, *Antoine de Lastic, évêque de Comminges* dans la *Revue de Gascogne*, 1911, p 148 171

3 Larcher, *Glanages*, XIX, p 521. Extrait de la bulle de promotion, *Divina clementia*, de Charles Antoine d'Osmond à l'évêché de Comminges.

4 Cette abbaye était taxée 1 000 florins.

5. Il assiste le 4 février 1304 à la transaction passée entre sa communauté et le

1315.   **Guillaume de Saint-Paul.**   Bibl nat, Languedoc, 39, fol. 103 v°

Le monastère était vacant par sa mort quand fut nommé

1330, 30 mai. — **Arnaud-Bernard de Marquefave**, abbé de La Bénisson-Dieu ou de Nizors.   *Reg. Vat.*, 96, ep. 3107.

Il eut pour successeur

1364, 13 septembre.   **Bernard de Petrenchis**. moine de ce monastère.   *Reg. Avenion*, 157, fol. 175 r°.
Arnaud.

Il fut transféré à l'abbaye de Boulbonne et eut pour successeur

1402, 10 mars.   **Raymond de Canet,** moine de Bonnefont. — *Reg. Avenion.* 307, fol. 122 v°.

Il eut pour successeur

1404, 24 novembre.   **Jean de Benque,** moine de Bonnefont. *Reg. Avenion.* 308, fol. 514 v°.

1424. — **Vidien.**   Bibl. nat., Languedoc, 39, fol. 103 v°.

1459.   **Bertrand.** — Bibl. nat., Languedoc, 39, fol. 103 v°.

1466.   **Arnaud-Guillaume de Mauléon.**   Bibl. nat., lat. 12752, p. 222.

Il céda l'abbaye sous réserve de tous les revenus à

1498, 21 novembre.   **Jean de Mauléon,** abbé commendataire, plus tard, en 1523, évêque de Comminges. — A. Stato. *Obl.*, 1498-1502, fol. 15 r° et v°, 7 décembre 1498.

Il mourut en 1551.

1555, 16 décembre.   **Jean de Bertrand,** clerc du diocèse de Toulouse, et garde des sceaux d'Henri II, fut pourvu en même temps de l'évêché de Comminges et de l'abbaye de Bonnefont. Arch. Vat., *Acta Cancellarii*, t. VI, fol. 276 v°.

Il était cardinal prêtre du titre de Saint-Chrysogone quand il mourut à Venise le 4 décembre 1560.

1561, 25 janvier.   **Jacques de Rostaing,** bachelier ès décrets, prévôt de l'église du Puy, abbé commendataire du monastère

---

monastère de Gimont (*Rev. de Gasc.*, 1876, p 565) et, en 1809, à la translation des reliques de Saint Bertrand de Comminges (*Revue de Comminges*, 1906, p 48)

de Pébrac, O. S. A., diocèse de Saint-Flour, déjà nommé par le roi[1]. *Reg. Vat.* 1869, fol. 232 r°.

Il mourut en 1585 [2].

1586, 13 octobre. **Jean Breton**, prêtre du diocèse de Maillezais. — Arch. Vat., *Acta Camerarii*, XI, fol. 48 r°.

Il eut pour successeur

1607, 8 juin. **Alexandre de Bordes**, prêtre du diocèse de Couserans[3], abbé de Saint-Crépin de Soissons[4]. Arch. Vat., fonds Borghèse, *Acta consistorialia*, t. I, p. 102.

Il mourut le 3 juin 1647.

1647, 2 décembre. **Antoine de Cous**, chanoine et archidiacre de Condom. A. Stato, *Obl.* 1640-1652, non fol., 20 décembre 1646.

Il mourut le 8 mars 1673.

1673. — **Charles-Henri de Cassagnet de Fimarcon**. *Gallia Christiana*, I, col. 1117 et F. Mauquié, *Les Suzerains de Fimarcon*, p. 153.

Il mourut le 8 octobre 1700.

1700, 1ᵉʳ novembre. — **Jean-Jacques de Candeau**, vicaire général d'Oloron. — *Gallia Christiana*, I, col. 1117.

Il mourut le 15 mars 1707.

1707, 19 décembre[5]. **Bernard de Poudenx**, prêtre du diocèse de Lescar, chanoine et archidiacre de Tarbes, procureur général du clergé de France, et plus tard évêque de Marseille. — Barb., lat. 2912, fol. 442 v°.

Il mourut le 27 janvier 1709[6].

1. Le pape en lui conférant ce monastère lui impose l'obligation de consacrer le quart des fruits de la mense abbatiale si cette mense est séparée de la mense conventuelle, le tiers de ses revenus si ces deux menses sont communes, à la restauration et à la décoration du monastère, à l'achat d'ornements et aux besoins des pauvres

2. D'après le P. Anselme, il aurait en 1581 cédé ses bénéfices à son neveu, Christophe du Verdier. S'il en est ainsi, Christophe ne fit pas expédier les bulles de l'abbaye de Bonnefont puisque, quatre ans plus tard, cette abbaye était déclarée vacante *per obitum Jacobi*. Cf. P. Anselme, *Histoire généalogique et chronologique de la Maison royale de France*, t. VIII, p. 942

3. Une pension de 800 livres était réservée à François de Saint Pastous

4. Larcher, *Dictionnaire*, p. 1069

5. Le brevet royal est daté du 23 avril 1707 (*Gallia Christiana*, I, Animadversiones ad calcem, col. 40)

6. Larcher, *Dictionnaire*, p. 1070

1710, 19 février[1]. — **Alphonse de Lansac de Roquetaillade**, docteur de Sorbonne, chanoine et vicaire général de Bayonne. — A. Stato, *Obl.* 1706-1715, non fol., 8 mars 1710.

Il mourut en 1742.

1742. — **Jean-François de Rochechouart-Faudoas**. Larcher, *Dictionnaire*, p. 1070.

Il mourut en son abbaye le 27 décembre 1755.

1756, 19 juillet. — **Joseph de Mégret (ou de Meyère)**, prêtre, docteur en théologie de la Maison de Navarre, vicaire général de Laon, abbé commendataire de N.-D. de Beaulieu au Carbon blanc, diocèse de Bordeaux. — A. Stato, *Obl.* 1756-1767, non fol., 20 juillet 1756.

Il eut pour successeur

1757, 11 décembre. — **Jacques-Mathieu Marquet de Villefond**, agent de la France à Venise. — A. Stato, *Obl.* 1756-1757, non fol., 3 janvier 1758.

Il eut pour successeur un autre

1777. — **Marquet de Villefond**, dernier abbé de Bonnefont. — *Almanach royal*, 1785, p. 73.

§ 3. — *Abbés de La Bénisson-Dieu ou de Nizors, O. Cist.*[2].

Arnaud-Bernard de Marquefave[3]. *Reg. Vat.* 96, ep. 3017.

Il fut transféré à l'abbaye de Bonnefont le 30 mai 1330

1330, 1ᵉʳ juin. **Pierre Sicard**, moine du monastère de Villemagne, du même ordre, diocèse d'Agde, maître en théologie. — *Reg. Vat.* 95, ep. 729.

Il fut transféré à l'abbaye de Villemagne le 24 novembre 1339[4].

1340, 17 mars. — **Raymond de Castanet**, moine de l'abbaye de

---

1. La nomination royale datait du 5 avril 1709, Larcher, *Dictionnaire*, p. 1070.
2. Cette abbaye était taxée 500 florins
3. Dans la liste des abbés de Nizors (Bibl nat , Languedoc, 39, fol 109 r°) il est appelé Arnaud de Faugas et, dans la liste des abbés de Bonnefont, Arnaud IV de Marquefave (id , 103 v°) Il était abbé en 1310 (Archives départementales de la Haute-Garonne, *Inventaire de Nizors*, p 162)
4. J M Vidal, *Les Registres de Benoît XII*, n° 6564.

Gimont, bachelier en théologie. — J.-M Vidal, *Benoit XII, Lettres communes*, n° 7640.

Il résigna en faveur de

1349, 13 novembre. **Bernard Dupuy**, moine de l'abbaye de Faise, diocèse de Bordeaux, bachelier ès décrets. *Reg. Val. 192, ep. 190.*

1365, 15 mars. _ **Arnaud-Bernard.** — *Obl. et Sol.*, 25, fol. 88 v
Il eut pour successeur

1383, 12 décembre. **Bernard**, élu par le chapitre du monastère, malgré la réserve pontificale, et confirmé dans sa charge par Clément VII. — *Reg. Avenion.* 235, fol. 163 v°.

1400. **Jean de Lisle.** Bibl. nat., lat. 12752, fol. 129.

1420. **Jacques de Labarthe.** Bibl. nat., lat. 12752, fol. 130.
Jean d'Eustase. — Bibl. nat., lat. 12752, fol 130.

1440, 20 août. **Raymond.** Archives départementales de la Haute-Garonne, *fonds Nizors*, liasse 9, n° 589.
Bertrand de Januac, moine de Nizors. *Reg. Lateran.* 761, fol. 103 v°.

Il cède, moyennant une pension de 150 livres, ses droits sur l'abbaye de Nizors à

1476, 19 janvier. — **Vital.** — *Reg. Lateran.* 761, fol. 103 v°.

1485. — **Manaud d'Aure**, évêque de Tarbes[1]. *Inventaire de Nizors*, p. 102.

Il eut pour successeur

1505, 12 décembre. — **Thomas de Foix**, évêque élu de Tarbes. — *Obl. et Sol.* 88, fol. 51 v°.

1518, 26 mars. **F. Jean Terrade**, abbé élu de Nizors. — *Inventaire de Nizors*, p. 103, n° 400.

1525, 8 juin. - **Bernard d'Ornézan**, chanoine de Lombez[2]. — A. Stato, *Obl.* 1523-1531, fol. 60 r°, 4 juin 1525.

Il eut pour successeur [3]

---

1 Dans l'*Inventaire de Nizors* se trouve mentionné « un cahier de lièvre des fiefs et autres droits seigneuriaux du lieu de Boulogne appartenant à l'abbaye de Nizors fait en présence et du mandat de Messire Daure, évêque de Tarbes et abbé de Nizors en l'an 1485 », n° 396.

2. Quand il prit possession le 30 août 1525, il était accompagné de Maître Clavera, abbé de Sauvelade (*Inventaire de Nizors*, p. 11).

3 D'après un acte du cardinal vice-chancelier, le 16 avril 1546, sur le rapport du cardinal de Trivulce, le pape aurait donné le monastère de Nizors, vacant par la mort

1559, 6 janvier. — **Jean de Saint-Lary**, clerc du diocèse d'Auch, âgé de 19 ans, neveu de Paul de Termes, ancien ambassadeur du roi de France auprès du Saint-Siège. — *Reg. Vat.*, 1902, fol. 127 r°.

Il se maria en 1571 et fut, par suite, inhabile à posséder des bénéfices ecclésiastiques.

Fin du XVI° siècle. — **Michel de Labatut.** — Bibl., nat. lat. 12752, fol. 130.

Il résigna en faveur de son neveu

Michel-Raymond de Labatut. — Bibl. nat., lat. 12752, fol. 130.

1598. — **Jean de Breton**, conseiller et aumônier du roi. — Archives départementales de la Gironde, *Inventaire sommaire*, G. 254.

1609. — **Octavien de Bellegarde**, archevêque de Sens. — *Gallia Christiana*, I, col. 1119.

1628, 4 mai. — **Bénigne de Blondeau**, conseiller au Parlement de Paris et aumônier du roi. — *Inventaire de Nizors*, p. 131.

1650, 24 décembre. — **Aimé du Noizet.** — *Inventaire de Nizors*, p. 12.

1666, 9 avril. — **M. de Bertie**, clerc du diocèse de Rome. — *Inventaire de Nizors*, p. 12.

1668, 20 juillet. — **François de Caulet de Labarthe.** — *Inventaire de Nizors*, p. 12.

1673. — **Joseph de Qué de Moncault.** — Bibl. nat., lat. 12752, fol. 132.

Il mourut en avril 1695.

1696, 24 septembre. — **Alexis de Fontaine-Péan.** — Arch. départementales de la Haute-Garonne, *fonds Nizors*, liasse 10, non numéroté.

Il mourut le 25 avril 1710 à Versailles et eut pour successeur

---

de Bernard d'Ornézan, évêque de Lombez, à Hippolyte de Ferrare, cardinal-diacre du titre de Sainte-Marie-in-Aquiro (Arch. Vat., *Acta Cancellarii*, IV, fol. 260 r°). Cette provision ne dut pas avoir d'effet ; les moines eux-mêmes élurent un abbé, François-Antoine de *Vicomercato*, et, dans la bulle de collation à Jean de Saint-Lary, le monastère est dit vacant « per obitum Bernardi et cessionem juris sibi competentis per Franciscum Antonium de Vicomercato, clericum ».

1710, 30 octobre[1]. — **Jean Ollé,** chanoine et ouvrier de Saint-Gaudens. Id. *fonds Nizors*, liasse 10, non numéroté.

Il eut pour successeur

1743. — **Joseph de Secondat de Montesquieu,** doyen du chapitre de Saint-Seurin de Bordeaux et abbé du monastère de Faise, de l'ordre de Cîteaux, diocèse de Bordeaux. Larcher, *Glanages*, XXIV, p. 389.

1754. **M. de Murry.** Larcher, *id.*

1759. **Pierre-Jean-Joseph de Lastic,** vicaire général de l'évêque de Comminges et évêque de Rieux en 1771. — Larcher, *id.*

Il eut pour successeur un autre

1784. — **De Lastic,** dernier abbé de Nizors. *Almanach royal*, 1785, p. 81.

[1] C'est la date du brevet du roi

CHAPITRE V

§ 1ᵉʳ. — Evêques de Couserans[1].

Auger de Montfaucon, mourut le 1ᵉʳ juin 1303.

1303. — **Bernard de Montaigu.** Eubel, *Hierarchia catholica medii ævi*, t. I, p. 211.

Il mourut le 31 mai 1309.

1309, 4 juillet. — **Arnaud Fredeti**, de l'ordre des Frères-Prêcheurs. Eubel, *id.*

Il mourut le 31 mai 1329.

1329, 9 août **Raymond de Montaigu**, chanoine de Couserans, clerc minoré, chapelain du pape, postulé par le chapitre. Eubel, *id.*

Il fut transféré à l'évêché de Clermont.

1336, 17 juillet. **Pierre de La Palu**, de l'ordre des Frères-Prêcheurs, patriarche de Jérusalem, à titre d'administrateur.

Il mourut le 31 janvier 1342.

1342, 26 juin. - **Pierre Brun**, prêtre de l'ordre des Frères-Prêcheurs. — Eubel, *id.*

Il eut pour successeur

1345, 9 décembre. — **Durand**, préchantre de la cathédrale de Rouen [2]. — Eubel, *id.*

Il fut transféré à l'évêché de Rieux.

1348, 17 septembre. — **Canhard**, prêtre, sacriste de l'église de Comminges, docteur ès lois [3]. Eubel, *id.*

Il eut pour successeur

---

1. Cet évêché était taxé 1.000 florins

2. Durand était, au temps de sa promotion à l'évêché de Couserans, doyen de la collégiale de Saint-Georges de Blacqueville, diocèse de Rouen. (*Reg. Vat.* 169, fol. 124 v°, bulle du 23 décembre 1345.)

3. Il fut sacré à la curie. Pour ce motif et aussi à cause de sa promotion à l'évêché de Couserans, le canonicat et la prébende qu'il possédait dans l'église de Lombez furent réservés et le pape les conféra à Bertrand de Valetica, 11 décembre 1348 (*Reg. Vat.* 186, p. 821.)

1358, 28 novembre. — **Jean de Rochechouart,** clerc minoré, archidiacre de Hainaut dans l'église de Cambrai, chapelain du pape. — Eubel, *id.*

Il fut transféré à l'évêché de Saint-Pons-de-Tomières.

1361, 18 juin. — **Bérenger,** diacre, archidiacre de Lodève. — Eubel, *id.*

Il mourut le 17 octobre 1362.

1362, 24 novembre. — **Ponce de Villemur,** abbé du monastère de Lézat, diocèse de Rieux. — Eubel, *id.*

Il eut pour successeur

1370, 19 août. — **Amélius de Lautrec,** docteur ès décrets, chancelier de l'église de Toulouse. — Eubel, *id.*

Il fut transféré à l'évêché de Saint-Bertrand de Comminges.

Obédience d'Avignon.

1384, 18 mai. — **Pierre,** clerc, licencié ès lois, préchantre de l'église d'Albi. — Eubel, *id.*

Il fut transféré à Castres, puis à Bourges.

1390, 27 mai. — **Robert,** évêque d'Alet. — Eubel, *id.*

Il fut transféré à Mende.

1390, 17 octobre. — **Géraud,** évêque d'Apt. — Eubel, *id.*

Il fut transféré à Uzès.

1403, 20 novembre. — **Sicard de Burguiroles,** docteur ès décrets, chanoine de Narbonne, clerc de la Chambre apostolique. — Eubel, *id.*

Il mourut le 19 juillet 1412.

Obédience de Rome. — A la mort de Sicard Jean XXIII nomma

1412, 23 septembre. — **Guillaume Beau-Maistre,** archidiacre de Val-de-Vire dans l'église de Coutances. — Eubel, *id.*

1417. — **Guillaume de Nalajo.** — Eubel, *id.*

L'évêché de Couserans était vacant par la mort de Guillaume, quand Martin V nomma

1423, 22 décembre. — **Arnaud d'Abbadie**[1], abbé de Pimbo, diocèse d'Aire. — Eubel, *id.*

Il fut transféré à l'évêché de Lescar[2].

---

1. Il est appelé d'Abbadie dans l'obligation que souscrivit son procureur Raymond-Bernard de Pujol, chanoine et sacriste de Saint-Volusien de Foix, diocèse de Pamiers. (A. Stato, *Obl.* 1422-1428, fol. 70 r°, 7 janvier 1424.)

2. Le chapitre avait aussitôt élu Bernard d'Assat et l'archevêque d'Auch avait con-

1425, 18 mai. — **Jean de Fabrica,** évêque de Lescar. — Eubel, *id.*
Il eut pour successeur

1425, 19 septembre. — **Géraud Faydit,** évêque de Montauban. — Eubel, *id.*

L'évêché de Couserans est dit vacant *per obitum Gerardi apud Sedem apostolicam defuncti,* quand Eugène IV le donna en administration à

1439, 2 décembre. — **Guillaume d'Estouteville,** évêque élu d'Angers[1]. — *Reg. Vat.* 365, fol. 243 v°.

Le pape révoqua cette administration et nomma

1440, 18 avril. — **Jourdain d'Aure,** évêque de Mirepoix, postulé par le chapitre à la mort de Géraud Faydit[2]. — *Reg. Lateran.* 374, fol. 129 r°.

A la mort de Jourdain d'Aure, Eugène IV nomma

1443, 11 décembre. — **Raymond du Treuil (de Tullio),** de l'ordre des Frères-Prêcheurs, professeur de théologie. — *Reg. Lateran.* 396, fol. 292 r°.

Il ne put prendre possession, car le chapitre avait élu et postulé

1444, 18 juin. — **Tristan d'Aure,** abbé de l'église séculière et collégiale de Saint-Sauveur de Faget, diocèse d'Auch, clerc minoré[3]. — *Reg. Lateran.* 410, fol. 284 v°[4].

Il fut transféré à l'évêché d'Aire le 4 juillet 1460.

1460, 20 octobre. — **Guichard d'Aubusson,** archidiacre de Sauviat, diocèse de Clermont, notaire apostolique, à titre d'administrateur[5]. — *Reg. Lateran.* 562, fol. 107.

Il fut transféré à l'évêché de Cahors.

---

firmé cette élection. Le pape l'annula et de sa propre autorité nomma l'évêque de Lescar. (Schede Garampi, 14 mai 1425.)

1. Le 17 et le 30 décembre 1439, Eugène IV confirma cette commende. Il publia même une bulle que Garampi signale : « 1439 Contra Capitulum Conseranense qui Jordanum postulaverunt in prejudicium commendatarii. » E. 4, t. 6, p. 297 (Schede Garampi.)

2. L'évêché est déclaré vacant « per obitum Geraldi ultimi episcopi et revocationem commendae factae Guillelmo tit. S. Martini in Montibus, tunc Andegavensi episcopo. » Il faut donc effacer de la liste des évêques de Couserans André cité par Eubel en 1439 et Jean cité par Gams en 1433.

3. Le consistoire où il fut pourvu eut lieu le 8 mai 1444 ; le 28 du même mois il souscrivait en personne son obligation à la Chambre apostolique et dans ce document il est appelé Tristan de Gère. (A. Stato, *Obl.* 1440-1447, fol. 106 r°.)

4. L'évêché de Couserans est déclaré vacant par la mort de Jourdain.

5. Il est nommé à titre d'administrateur pour trois ans. Ce temps écoulé, il est tenu de recevoir la consécration épiscopale. Par une autre bulle en date du même

1475, 15 décembre — **Jean d'Aule ou de la Salle,** prêtre du diocèse d'Oloron, maître en théologie et docteur ès décrets, abbé commendataire du monastère de Saint-Volusien de Foix[1]. — *Reg. Vat.* 573, fol. 167 v°.

Il résigna l'évêché de Couserans en 1515

1515. **Charles de Gramont.** — *Gallia Christiana*, I, col. 1140.

Il fut transféré à Aire avec réserve d'une pension de 2 000 livres tournois sur les revenus de l'évêché de Couserans qui fut donné à son frère.

1523, 29 avril. **Gabriel de Gramont.** Arch. Vat., *Acta Cancellarii*, I, fol. 215 v°.

Il permuta avec

1524, 19 septembre. — **Manaud de Martory,** évêque de Tarbes[2]. — Arch. Vat., *Acta Cancellarii*, II, fol. 39 v°.

Il mourut en 1545.

1549, 13 mars. _ **Hector d'Ossun,** du diocèse de Tarbes, professeur de droit canonique[3]. — Barb. lat. 2880, fol. 91 v°).

Il mourut le 30 septembre 1574[4] et eut pour successeur

1581, 6 novembre. — **Jean-François Bonnard,** Piémontais, mineur observantin, professeur de théologie et prédicateur. — Arch. Vat., *Acta Camerarii*, X, fol. 313 r°.

1593, 29 janvier. _ **Jérôme de Lingua,** Piémontais, mineur

---

jour, Pie II lui permet de garder même après sa consécration les bénéfices ecclésiastiques qu'il possède pour lui permettre de payer plus commodément la pension de 400 florins d'or de la Chambre qu'il a réservée sur les revenus de la mense épiscopale de Couserans en faveur de Louis d'Albret, administrateur de l'évêché de Cahors (*Reg Vat* 503, fol 345 v°)

1 Par une bulle en date du 15 décembre 1475, Sixte IV lui permet de garder la commende du monastère de Saint-Volusien de Foix (*Reg Vat* 573, fol 21 r°) Mais par une autre bulle il assigne à Urbain de Flisque, évêque de Fréjus, une pension de 400 florins d'or de la Chambre sur la mense épiscopale de Couserans et une autre de 100 sur la mense abbatiale de Saint Volusien de Foix (*Reg Vat.* 572, fol 320 v°) Le 29 février 1476, il payait par l'intermédiaire de Jules et de Laurent de Médicis le commun service du pape et les quatre menus qui s'élevaient à la somme de 267 florins, 41 sols, 10 deniers (A Stato, *Quittanzie com servizi* 1469 1479, fol 161 r°)

2 Une pension de 2 000 livres (1 000 seulement d'après Arch Vat, *Armarium* VII, t 122, fol 102 v°) sur la mense épiscopale de Tarbes lui fut réservée ainsi que l'autorisation de conserver le décanat d'Aurillac

3 Il eut la faculté de retenir l'église paroissiale de Saint Fructueux d'Azeroix.

4 *Gallia Christiana*, t I, col. 1144

observantin. — A. Stato, *Obl.* 1588-1603, fol. 56 v°, 30 juillet 1593.

Il mourut en 1612[1].

1613, 2 décembre. — **Octavien de Bellegarde**, prêtre du diocèse de Saintes[2]. — Arch. Vat., fonds Borghèse, *Acta consistorialia*, I, p. 436.

Il fut transféré à l'archevêché de Sens le 18 décembre 1623[3].

1623, 18 décembre. — **Bruno Ruade**, chartreux[4]. — Bibl. Corsini, ms. 51, fol. 98 r°.

Il mourut en 1642.

1648, 13 janvier[5]. — **Pierre de Marca**, prêtre du diocèse de Lescar, président au Parlement de Navarre[6]. — Arch. Vat., *Armarium XII*, t. 131, fol. 146 v°.

Il fut transféré à l'archevêché de Toulouse au consistoire du 23 mars 1654[7].

1654, 19 octobre. — **Bernard de Marmiesse**, prêtre, chanoine de Toulouse, docteur de Sorbonne et agent général du clergé[8]. — Arch. Vat., *Armarium XII*, t. 131, fol. 595.

Il mourut le 22 janvier 1680[9].

1680, 15 juillet. — **Gabriel de Saint-Estève**, prêtre. — Barb. lat. 2895, fol. 579 v°[10].

Il mourut le 24 décembre 1707[11].

1. *Gallia Christiana*, t. I, col. 1143.
2. Il eut la faculté de retenir le monastère de Saint-Germain d'Auxerre, O. S. B. et le prieuré conventuel d'Aubrac, O. S. A., diocèse de Rodez. Il obtint aussi la réduction des communs services à 400 florins. (A. Stato, *Obl.* 1613-1623, fol. 18 r° 28 mars 1614.)
3. Bibl. Corsini, ms. 51, fol. 98 r°.
4. Le prélat transféré et son successeur étaient parfois pourvus au même consistoire.
5. Il avait été nommé par le roi Louis XIII vers la fin de 1642.
6. Il obtint dispense de ce qu'il n'était pas depuis six mois dans les ordres sacrés, condition pour recevoir licitement la consécration épiscopale.
7. Arch. Vat., *Armarium XII*, t. 131, fol. 557.
8. Bibl. nat., Languedoc 39, fol. 114 r°. — Sur la mense épiscopale de Couserans furent assignées plusieurs pensions : une de 1.500 livres en faveur de Claude de Louvet, clerc du diocèse de Grenoble, une de même somme en faveur de François de Piloys, clerc du diocèse de Reims, et une autre de 600 livres en faveur de Pierre de Granvière, prêtre.
9. *Gallia Christiana*, t. I, col. 1142.
10. Une pension de 1.500 livres fut assignée à Jean de Saint-Estève, clerc du diocèse de Bayonne.
11. *Gallia Christiana*, t. I, col. 1143.

1708, 26 mars. **Isaac-Jacques de Verthamont de Chalucet,** prêtre du diocèse de Limoges, docteur en théologie, membre de l'Oratoire, vicaire général de Pamiers[1]. — Barb. lat. 2913, fol. 48 v°.

Il mourut à la fin d'octobre 1725 [2].

1726, 13 décembre. **Jean-François de Macheco de Prémeaux,** prêtre du diocèse de Langres, docteur en théologie de l'Université de Besançon, vicaire général de Narbonne, agent général du clergé. — A. Stato, *Obl.* 1715-1728, non fol., 20 décembre, 1726 [3].

Il eut pour successeur

1752. **Joseph de Saint-André Marnays de Vercel,** prêtre du diocèse de Paris, docteur en théologie de Sorbonne, vicaire général d'Angers [4]. Arch. Vat., *Procès consistoriaux,* année 1752, non fol., 11 juin 1752.

Il mourut à Saint-Lizier, le 28 septembre 1779

1779. **Dominique de Lastic,** dernier évêque de Couserans. — *Almanach royal,* 1781.

Il mourut à Munster, le 3 mars 1795, âgé de 53 ans.

---

1 Les revenus de la mense épiscopale s'élevaient, toutes charges déduites, à 12 000 livres.

2. *Gallia Christiana,* t. I, col. 1144

3. Il demandait dans la cédule consistoriale de retenir la commende du monastère de Sainte Marguerite de Beaune, O S A , diocèse d'Autun, qu'il possédait depuis 1710, à cause des pensions qui grevaient la mense épiscopale : 600 livres à Jules Robert Gauthier de Montreuil, sous-diacre du diocèse de Paris, 400 livres à Patrice Bodequin, prêtre Irlandais, 2 000 livres à Henri-Joseph de Seguins, prêtre du diocèse de Saint Paul-Trois Châteaux. (Barb , lat 2921, fol 105 r°)

4 Les revenus de l'évêché étaient grevés de 4 800 livres de pensions, savoir 1 200 livres à Jean Gaspard de Bastard, vicaire général de Lectoure, 1.000 à Jacques Salmon, prêtre du diocèse d'Angers, 1 000 à Louis Antoine de Percin, du diocèse de Toulouse, 1 000 au sieur Soubiron, curé dans le diocèse de Lescar, et 600 au sieur Paul Binet, curé dans le diocèse de Mirepoix

La nomination royale est datée du 21 mars 1752.

§ 2. — *Abbés de Notre Dame et de Saint-Laurent de Combelongue, O. Praem*, 1.

Jean.
Le monastère était vacant par sa mort quand fut nommé

1322, 1ᵉʳ mars. **Jacques**, abbé du monastère de N.-D. de la Capelle, de l'ordre de Prémontré, diocèse de Toulouse. G. Mollat, *Jean XXII, Lettres communes*, n° 15151.

Il eut pour successeur

1326, 15 février. **Pierre du Pin** 2. — *Reg. Vat.* 80, ep. 841.

Il eut pour successeur

1347, 5 novembre. **Guillaume de Lorda**, chanoine de ce monastère 3. *Reg. Vat.* 168, ep. 28.

Il eut pour successeur

1373, 9 février. - **Jacques du Verger (de Viridario)**, chanoine de ce monastère. *Reg. Vat.* 272, fol. 55 r°.

Il mourut le 21 septembre 1391 4.

1391, 12 décembre. **Michel**, pourvu par Benoît XIII. — *Obl. et Sol.* 43, fol. 140 v° 5.

Arnaud d'Arias ou Doria
qui résigna en faveur de

1495, 17 juillet. — **Géraud de la Font.** Arch. Vat., *Acta Camerarii*, I, fol. 43 r°.

Il résigna en faveur de

1520, 21 mai. **Firminet de Capdeville**, prévôt de la cathédrale de Rieux. — Arch. Vat., *Acta Cancellarii*, I, fol. 130.

Il mourut le 3 avril 1529 6.

---

1. Cette abbaye était taxée 460 florins

2 Malgré la réserve pontificale, il avait été élu par le chapitre du monastère et confirmé par Vital de la Garde, abbé de La Case Dieu, au diocèse d'Auch. Le pape cassa cette élection et de sa propre autorité lui conféra l'abbaye. Cf. *Gallia Christiana*, t I, *Animadversiones*, col XLI ad col. 1145.

3 Le chapitre ignorant la réserve pontificale l'avait élu par compromis L'élection fut annulée, mais le pape Clément VI le promut de sa propre autorité

4 *Gallia Christiana*, I, col. 1145, XVIII

5 La date de son obligation est le 20 décembre 1391, d'après *Obl. et Sol*, t. 49, fol 50 r.

6. Larcher. *Glanages*, X, p 299 Le jour même de la mort de Firminet de

1530, 4 mai. **Manfred-Roger de Comminges-Bruniquel**, abbé commendataire[1]. — Arch. Vat., *Acta Cancellarii*, II, fol. 167 v°.

Il eut pour successeur

1554, 13 avril. _ **Jean-Roger de Comminges**, clerc du diocèse de Cahors, de la famille des vicomtes. — Arch. Vat., *Acta Cancellarii*, VI, fol. 189.

Il résigna en faveur de

1564, 14 juillet. — **Sanche de Massas**, préchantre du monastère de Saint-Pierre de Moissac, de l'ordre de Cluny, diocèse de Cahors[2]. Arch. Vat., *Acta Cancellarii*, VIII, fol. 173 r°.

Il eut pour successeur

1582, 6 août. — **François de Saint-Géry**, de l'ordre de Saint-Benoît[3]. — Arch. Vat., *Acta Camerarii*, X, fol. 326 r°.

Il eut pour successeur

1602, 1er janvier. **Pierre de Buisson**. _ A. Stato, *Obl.* 1588-1603, fol. 210 r°, 15 avril 1602.

Il eut pour successeur

1611, 27 août. — **Jean-Antoine de Mauléon.** — *Gallia Christiana*, I, col. 1146, n° XXVIII.

Il eut pour successeur

Capdeville et pour prévenir toute nomination du roi ou du pape, les chanoines de Combelongue élurent Guillaume de Dominique qui siégea peu de temps.

A Guillaume succéda Arnaud de Darrerio, chanoine de La Case-Dieu, qui fut confirmé le 10 décembre 1530 dans la possession du monastère par Aimé de la Font, abbé de Saint Martin de Laon.

Ces abbés élus par les chanoines du monastère ne demandaient pas leurs bulles au pape Arnaud de Darrerio dut se désister de ses droits.

1. Manfred Roger eut un concurrent dans Arnaud Guillaume de Mauléon qui se fit buller en date du 9 mai 1530 (A. Stato, *Obl.* 1523 1531, fol 188 v°, 28 juillet 1530) Mais Arnaud Guillaume fut évincé, car 24 ans plus tard le monastère était vacant *per obitum Manfredi Rogerii.*

2 Cette commende lui fut donnée « cum dispensatione super defectu natalium, cum sit de nobili viduo et soluta genitus, et cum decreto ut, habita possessione, cantoriam dimittat. » Sanche de Massas était abbé et Jean de Soulan, prieur claustral du monastère, quand ils obtinrent du Parlement de Toulouse faculté de transporter leur monastère à Rieumont, « attendu la ruine d'icelle abbaye advenue durant ces troubles, pour avec iceulx religieux faire la résidence et continuer le service divin selon l'ordre et règle d'iceluy monastère et abbaye (Archives départementales de la Haute Garonne, B 65, p 294, 23 mars 1571.)

3. Il devait faire profession dans l'ordre de Prémontré

1627, 24 septembre. — **Jean-François [1] de Mauléon de Durban.**
— A. Stato, *Obl.* 1623-1639, fol. 94 r°, 19 novembre 1627.

Il résigna en faveur de

1655, 12 janvier. — **François de Bourgade**, prédicateur d'Anne d'Autriche. — A. Stato, *Obl.* 1661-1671, non fol., 30 mai 1661.

Il eut pour successeur

1672. — **Antoine Esprit.** — Larcher, *Dictionnaire*.

Il eut pour successeur

1699, 7 septembre. — **Gabriel de Saint-Estève**, évêque de Couserans [2]. — Barb. lat. 2906, fol. 162 v°.

Il mourut le 24 décembre 1707.

1708, 9 avril. — **Alexandre de Pontac**, docteur en théologie, aumônier de Madame la Dauphine. — Arch. Vat., *Nunziatura di Francia*, t. 120, non fol [3].

Il ne fit point expédier ses bulles, car au consistoire du 11 juin 1725 l'abbaye est déclarée vacante par la mort de Gabriel de Saint-Estève.

1725, 11 juin [4]. — **Jean Mortault**, prêtre du diocèse de Couserans et prieur du prieuré curial de Saint-Félix de Quérigut, diocèse d'Alet. — Barb. lat. 2920, fol. 408 v°.

Il eut pour successeur

1741, 27 novembre. — **François-Casimir d'Arbaud de Jougues**, prêtre du diocèse de Dax [5], dernier abbé de Combelongue [6]. — Arch. Vat., *Armarium XIII*, t. 93, fol. 165.

---

1. Dans un arrêt du Parlement de Toulouse en date du 19 juillet 1624, il est appelé Timoléon de Mauléon. — Par motu proprio le pape lui accorda remise du tiers de la taxe.

2. Une pension de 1.000 livres sur les revenus de la mense abbatiale fut assignée à Jean-Louis de Saint-Estève, clerc du diocèse de Bayonne.

3. A la date du 9 avril 1708, le nonce écrivait de Paris au cardinal secrétaire d'Etat : « Ha Sua Maesta nominato il signore abbate de Pontac all'abadia di Combelongue. »

4. Le *preconium* avait été fait le 23 septembre 1715 par le cardinal Ottoboni. (Barb., lat. 2916, fol. 205 r°.) La provision proprement dite n'eut lieu que le 11 juin 1725. Il souscrivit son obligation et paya tous les droits le 17 juin 1725. (A Stato, *Obl.* 1715-1728, non-fol., 17 juin 1725.)

5. Une pension de 500 livres était réservée à François Petit de Bressey, prêtre. Dans le document cité il est appelé de Jaques, mais d'après l'*Almanach royal*, il s'appelait de Jougues. (*Almanach royal*, 1745, p. 57). Larcher (*Dictionnaire* au mot Combelongue) l'appelle Souques d'Albertas. C'est une erreur.

6. D'après l'*Almanach royal* de 1790, il était encore abbé en 1789.

CHAPITRE VI

§ 1ᵉʳ. — *Evêques d' Aire* [1].

1295. **Martin.** A. Degert, *Histoire des Evêques d'Aire*, p. 87 [2].
Il mourut le 13 décembre 1307.

1308. **Bernard de Bats,** chanoine d'Aire et archidiacre de Marsan. *H. E. A.*, p. 93
Il mourut le 14 janvier 1326.

1326, 3 septembre. — **Anésanche de Toujouse,** sous-diacre, chanoine d'Aire, de Bazas et de Nogaro, recteur de l'église paroissiale de Monségur, élu par le chapitre et confirmé par le pape. — *H. E. A.*, p. 104.
Il fut assassiné le 25 août 1327.

1328, 11 janvier. — **Garsie du Fau,** chanoine d'Aire, élu par le chapitre, confirmé par le pape. — *H. E. A.*, p. 110.
Il mourut le 16 avril 1349

1349, 17 juin. — **Dauphin de Marquefave,** prévôt du chapitre de Rieux et chapelain du pape. *H. E. A.*, p. 120.
Il mourut le 5 novembre 1354.

1354, 17 novembre. **Bernard,** abbé de Fontfroide, de l'ordre de Cîteaux. *H. E. A.*, p. 125.
Il fut transféré à Tarbes le 18 juin 1361.

1361, 18 juin. **Jean de Montaut,** de la famille des Montaut, barons de Bénac, chanoine de Tarbes. — *H. E. A.*, p. 126.
Obédience d'Avignon. — Il demeura fidèle à Clément VII.
Il mourut dans les premiers mois de 1386.

---

[1] Jusqu'en 1445 l'évêché d'Aire était taxé 500 florins, et après cette date il fut taxé 1200
[2] Nous désignerons par cette abréviation *H E A.* l'ouvrage de M Degert *His toire des Evêques d'Aire*

1386, 16 juin. — **Garsie-Arnaud de Navailhes**, bachelier en droit, abbé de la collégiale de Saint-Girons   *H. E. A*., p. 135.

Il mourut vers la fin d'avril 1397.

1397, 15 mai. — **Bernard de Brun.**   *H. E. A.*, p. 137

Obédience de Rome. — A la mort de Jean de Montaut, Urbain VI nomma

1386, juin. **Robert Waldeby**, de l'ordre des Ermites des Saint-Augustin, chancelier de Guyenne et docteur d'Oxford. *H. E. A.*, p. 131.

Il fut transféré le 14 novembre 1390 à l'archevêché de Dublin.

1390, 14 novembre. — **Maurice Usk**, de l'ordre des Frères-Prêcheurs, prêtre, professeur de théologie. — *H. E. A.*, p. 134.

Il fut transféré à Bazas le 13 juin 1393 ; mais depuis un an était évêque d'Aire

1392, 10 juillet. **Arnaud-Guillaume de Lescun.**   *H. E. A.*, p. 140.

Au moment du concile de Constance, Bernard de Brun et Arnaud-Guillaume de Lescun portèrent leurs réclamations devant le concile. Arnaud-Guillaume, qui ne s'était jamais fait sacrer, fut évincé, et Bernard de Brun maintenu en possession de l'évêché d'Aire. A la mort de Bernard de Brun, Martin V nomma

1418, 10 avril. — **Roger de Castelbon**, abbé de Pimbo. *H. E. A.*, p. 143.

Il fut transféré à l'évêché de Tarbes, mais conserva une pension de 500 florins sur les revenus de la mense épiscopale d'Aire.

1440, 13 janvier. - **Pierre de Gachefret**, prêtre, docteur en théologie, archidiacre de Rustan dans l'église de Tarbes. — *H. E. A.*, p. 151.

1445, 13 janvier. **Louis d'Albret**, protonotaire apostolique[1]. — *H. E. A.*, p. 153.

---

1. L'obligation pour les communs services de Louis d'Albret présente cette particularité : Bernard de Roserge, professeur en théologie et docteur *in utroque*, prévôt de la cathédrale de Toulouse, s'oblige à payer au nom de Louis d'Albret 500 florins d'or, les 5 menus services accoutumés et *id plus vel minus quod per dominos Camere determinatum fuerit*. (A. Stato, *Obl.* 1440 1447, fol. 123 v°, 16 janvier 1445) La Chambre ordonna une enquête dont le résultat se manifesta dans l'obligation de Pierre d'Albret, second successeur de Louis la taxe fut portée à 1 200 florins au lieu de 500 payés par ses prédécesseurs. (*Obl et Sol.* 84, fol 224 v°, 26 août 1475)

Il fut transféré à Cahors le 7 juillet 1460 [1].

1460, 4 juillet. — **Tristan d'Aure**, prélat référendaire du Saint-Siège, évêque de Couserans. — *H. E. A.*, p. 160.

Il mourut en juillet 1475.

1475, 31 juillet. — **Pierre de Foix**, petit-neveu du cardinal du même nom, protonotaire apostolique, abbé commendataire des abbayes de Sainte-Croix de Bordeaux, de Sorde, de Lézat et de Saint-Savin. *H. E. A.*, 168.

Il résigna l'évêché d'Aire en faveur de son familier [2]

1484, 5 mai. — **Mathieu de Nargassie**, protonotaire apostolique, abbé de Lézat et de Pontaut et prieur de Muret. . *H. E. A.*, p. 171.

Il mourut à la curie en 1485.

1486, 15 février. — **Bernard d'Abbadie**, protonotaire apostolique et chanoine d'Aire. — *H. E. A.*, p. 172.

Il mourut vers 1512.

1512. **Antoine du Monastey ou d'Alpiniac**, doyen du chapitre de Grenoble. — *H. E. A.*, p. 179.

1517, 17 janvier. — **Arnaud-Guillaume d'Aydie**, abbé de Saint-Sever-Cap de-Gascogne et doyen de Saint-Seurin de Bordeaux. — *H. E. A.*, p. 183.

Il mourut le 22 décembre 1521.

1523, 24 avril. **Charles de Gramont**, évêque de Couserans. — *H. E. A.*, p. 186.

Il fut transféré à Bordeaux le 9 mars 1530.

1530, 9 mars. — **Gabriel de Saluces**, chanoine de Lyon. *H. E. A.*, p. 189.

Il devint marquis de Saluces le 21 juillet 1537, et se maria.

1538, 6 février. — **Jacques de Saint-Julien**, curé de Lahas et abbé commendataire de l'abbaye de Casanova (Piémont), vicaire général de son prédécesseur [3]. *H. E. A.*, p. 191.

Il dut mourir en avril 1560.

1. *Reg. Vat.* 477, fol. 124 v°.
2. Dès 1477, Pierre de Foix le Jeune résignait en faveur de Mathieu de Nargassie le monastère de Lézat. Plus tard il lui faisait conférer le prieuré de Muret et l'abbaye de Pontaut (A. Degert, *H. E. A.*, p. 170.)
3. Il résignait l'abbaye de Casanova le 19 juin 1560 en faveur de Louis de la Chambre, chevalier de Saint Jean de Jérusalem, sous réserve d'une pension de 500 écus d'or (Arch. Vat., *Acta Camerarii*, t. IX, fol. 24 r°).

1560, 13 septembre. **Christophe de Foix-Candale**, clerc du diocèse de Bordeaux et prieur de Port-Dieu, O. S. B., diocèse de Limoges [1]. — H. E. A., p. 194.

Il mourut à Bordeaux, le 14 septembre 1569, et eut pour successeur son frère

1576, 18 juillet — **François de Foix-Candale**, clerc du diocèse de Bordeaux [2]. - H. E. A., p. 201.

Il mourut le 5 février 1594, à l'âge de 82 ans. Le siège d'Aire fut vacant pendant 13 ans.

1606, 12 décembre [3]. **Philippe Cospéan**, prêtre, chanoine de Cambrai [4] et docteur en théologie. — Arch. Vat., fonds Borghèse, *Acta Consistorialia*, I, p. 94.

Il fut transféré à Nantes le 16 octobre 1621.

1621, 16 octobre. — **Sébastien Bouthillier**, doyen du chapitre de Luçon. H. E. A., p. 219

Il mourut à Mont-de-Marsan le 17 janvier 1625.

1627, 27 janvier. **Gilles Boutault**, aumônier du roi, chanoine et archidiacre de Tours, abbé de Saint-Rémy de Sens. — Bibl. Corsini, 51, fol. 212 v°. et A. Stato, *Obl.*, 1623-1639, fol. 75 r°, 3 avril 1627.

Il fut transféré à Evreux le 10 janvier 1650 [5]

1650, 10 janvier. **Charles-François d'Anglure de Bourlemont**, prêtre du diocèse de Toul [6]. — H. E. A., p. 238.

Il fut transféré à Castres le 27 août 1657

---

1 Arch. Vat., *Acta Cancellariæ*, t. VIII, fol. 60 r°

2 Le pape lui donne deux mois pour se faire promouvoir aux saints ordres, et avant d'être prêtre, il ne pourra porter ni le titre d'évêque ni celui d'évêque nommé. Il lui permet en outre de retenir le monastère de Saint-Savin de Lavedan et le prieuré de Saint-Mont (Arch. Vat., *Acta Cameraru*, t. X, fol. 103 r°)

3. La date du 4 décembre donnée par M. Degert (*Histoire des Évêques d'Aire*, p. 210) doit être celle du consistoire où eut lieu le *præconium* qui précédait le consistoire où était faite la promotion proprement dite.

4 Il consentit à ce qu'une pension de 6 000 livres fut réservée sur les revenus de sa mense pourvu que ses propres revenus s'élevassent à 1 000 écus. Le pape l'autorisa à garder son canonicat et sa prébende de Cambrai pendant 3 mois seulement après la prise de possession de l'évêché d'Aire

5 Une pension de 3 000 livres tournois lui fut réservée sur les revenus de l'évêché d'Aire

6 Il retint en sa possession les monastères de N. D. de la Creste, diocèse de Langres, de Saint-Pierre « in Montisturmum », diocèse de Metz, de la Sainte-Trinité de Beauchamp, diocèse de Toul, donnés ordinairement en commende

1659, 10 mars. — **Bernard de Sariac,** abbé de L'Escale-Dieu, diocèse de Tarbes, et de Lieu-Dieu, diocèse d'Amiens [1]. — *II. E. A* , p. 243, et Arch. Vat., *Armarium* XIII, t. 66, non fol.

Il mourut le 12 octobre 1672.

1673, 12 juin. — **Jean-Louis de Fromentières,** prêtre, docteur ès décrets, abbé du Jard au diocèse de Sens [2]. Bibl. Corsini, 56, fol. 286 r°.

Il mourut le 18 décembre 1684

1693, 12 octobre. — **Armand Bazin de Besons,** clerc du diocèse de Montpellier, docteur en théologie et membre de la Société de Sorbonne, agent général du Clergé de France [3]. *II. E. A.*, p. 265.

Il fut transféré à Bordeaux.

1698, 24 novembre. — **Louis-Gaston Fleuriau d'Armenonville,** trésorier de la Sainte-Chapelle [4]. — Barb., lat. 2905, fol. 194 v°.

Il fut transféré à Orléans.

1707, 11 février. — **François-Gaspard de la Mer de Matha,** prêtre du diocèse de Clermont, docteur en théologie et membre de la Société de Sorbonne, abbé de Saint-Cyran, O. S. B , diocèse de Bourges, âgé de 46 ans [5]. Barb. lat. 2912, fol. 261 r°.

Il mourut le 30 juin 1710.

1710, 10 novembre. — **Joseph-Gaspard de Montmorin de Saint-Hérem,** prêtre du diocèse de Clermont, maître en théologie et vicaire général de l'archevêque de Vienne, âgé de 52 ans [6] Barb., lat. 2914, fol. 512.

---

1. La mense d'Aire était grevée d'une pension de 2 000 livres en faveur de Charles de Blois et d'une autre de 900 livres pour une personne à nommer

2 Les revenus de l'évêché étaient en ce moment estimés 18 000 livres. Une pension de 2 000 était réservée à Jacques Hoste, clerc du diocèse de Sens (Barb lat 2894, fol 316 r°)

3 Une pension de 2 000 livres était assignée à François de Laval, ancien évêque de Québec et une autre de 1 000 à Simon François Mouret, clerc du diocèse de Paris. (Arch Vat , *Armarium* XIII, t. 71, non fol.)

4 Il put retenir les bénéfices compatibles, mais la trésorerie de la Sainte Chapelle fut déclarée vacante

5 Il put retenir les bénéfices compatibles et la commende du monastère de Saint-Cyran

6 Barb. lat , 2913, fol 490 r°, Praeconium du 1° octobre 1710 Les pensions qui grevaient les revenus d'Aire s'élevaient à 6.000 livres.

1722, 20 novembre. **Gilbert de Montmorin de Saint-Hérem**, évêque de Sidon et coadjuteur d'Aire avec future succession. *H. E.* 1., p. 284.

Il fut transféré à Langres.

1725, 27 février **François de Sarret de Gaujac**, prêtre du diocèse de Béziers, docteur en théologie [1]. — *H. E.* 1., p. 293.

Il mourut le 18 novembre 1757.

1758, 13 mars. — **Playcard de Raigecourt**, prêtre du diocèse de Toul, licencié *in utroque*, aumônier du roi et chanoine de Liège. Arch. Vat., *Armarium* XIII, t. 95, fol. 52 r°.

Il mourut le 17 octobre 1783.

1783, 17 octobre. **Sébastien-Charles-Philibert-Roger de Cahuzac de Caux**, déjà coadjuteur du précédent avec future succession depuis 1780.

L'évêché d'Aire fut supprimé par la bulle *Qui Christi Domini*. Roger de Cahuzac mourut le 30 octobre 1817.

§ 2. — *Abbés de Saint Sever Cap de Gascogne, O. S. B.* [2].

Cette abbaye fut déclarée vacante par la mort de Jean et la cession de commende de Pierre de Béarn entré en possession de l'abbaye de Sainte-Croix de Bordeaux quand elle fut donnée à

1446, 12 décembre. **Pierre de Foix**, cardinal-évêque d'Albano. — *Reg. Vat.*, 369, fol. 54 v°.

Il résigna avec faculté de regrès et sous réserve d'une pension annuelle de 350 livres petits tournois en faveur de

1455, 20 avril. **Jean de Béarn**, clerc du diocèse de Toulouse, bâtard du comte de Béarn [3]. — *Reg. Vat.* 436, fol. 268 r°.

---

1. Les revenus de la mense épiscopale estimés 14 000 livres étaient grevés de 5 pensions, s'élevant à 4 400 livres.

2 Cette abbaye ne fut réservée qu'au XVI° siècle. Sa taxe fut fixée à 200 florins, une seule fois elle est de 300 florins, c'est pour l'obligation de Jean de Béarn, 18 juin 1455.

3 Cette abbaye lui avait été conférée par Nicolas V le 31 janvier 1455 Le pape mourut avant l'expédition des bulles — Il s'obligea le 18 juin 1455 par l'entremise de Jean de Lévis, administrateur du monastère de Jocou, diocèse d'Alet Il paya une partie des communs services, négligea de payer l'autre partie et fut pour ce motif excommunié. (A Stato, *Obl.* 1455 1463, fol. 4 v)

Il devint évêque de Dax, puis de Comminges [1], et résigna cette abbaye en faveur de

1466, 9 mai. **Hugues d'Espagne**, clerc du diocèse de Rieux, doyen de Saint-André de Bordeaux et conseiller de Louis XI [2]. *Reg. Lateran.* 630, fol. 290.

Il mourut en 1487. Il avait peut-être résigné le monastère de Saint-Sever dès 1480 à

1480. **Raymond d'Aydie** [3], abbé de Saint-Girons et de Saint-Loubouer. — *Gallia Christiana*, I, col. 1180.

1496, 20 avril. **Arnaud-Guillaume d'Aydie**, doyen de Saint-Seurin de Bordeaux [4]. A. Stato, *Obl.* 1492-1498, fol. 139 r°, 20 mai 1496.

Il mourut le 22 décembre 1521.

1523, 15 mai. **Gabriel de Gramont**, évêque élu de Couserans [5]. — Arch. Vat., *Armarium XIII*, t. 122, fol. 83 v°.

Il mourut le 15 avril 1534.

1534, 4 mai. **Claude de Longwy de Givry**, cardinal du titre de Sainte-Agnès-in-Circo-Agonale. — A. Stato, *Obl.* 1531-1534, fol. 81 v°, 7 mai 1534.

Il échangea l'abbaye de Saint-Sever contre le prieuré de Saint-Léger au diocèse de Langres que possédait

1536, 4 août. — **Philibert de Beaujeu**, aumônier du roi, évêque de Béthléem. — Arch. Vat., *Acta Cancellarii*, III, fol. 145 v°.

Il échangea cette abbaye contre celle de la Faize, O. Cist., que possédait

---

1. D'après dom Estiennot, quand Jean de Béarn fut promu à l'évêché de Comminges, les moines de Saint-Sever élurent l'un d'entre eux, Arnaud Pros, mais il ne put l'emporter sur Hugues d'Espagne. (Bibl. nat., lat 12751, fol. 50.)
2. Il paya de nouveau le commun service de ce monastère le 12 novembre 1479 à cause de sa promotion à l'évêché de Lectoure le 28 octobre précédent (*Obl et Sol* 84 A, fol 39 r°.)
3. Il était protonotaire apostolique. Il prit possession de l'abbaye le 1er août 1480. D. Petrus Daniel du Buisson, *Historiae monasterii S Severi Libri X*, t II, p 89.
4 Promu à l'évêché d'Aire, il conserva la commende du monastère de Saint-Sever et paya de nouveau les communs services (A. Degert, *Histoire des Evêques d'Aire*, p 183. note 2)
5 Les moines élurent Jean d'Abbadie (*Gallia Christiana*, I, col. 1180) Mais Gabriel de Gramont demeura en possession du monastère, car le 13 octobre 1524 il payait le commun service de ce monastère *ratione detentionis* (A Stato, *Obl.* 1523 1531, fol. 34 v°)

1543, 30 mars. — **Jean Genest,** moine de l'ordre de Saint-Benoît. — Arch. Vat., *Acta Cancellarii*, IV, fol. 166 r°.

1544, 20 septembre. — **Roger d'Aspremont**[1]. — A. Stato, *Obl.* 1540-1550, fol. 107 v°, 2 décembre 1544.

L'abbaye de Saint-Sever, vacante par sa mort, fut conférée à

1553, 13 septembre. — **Jean de la Rochefoucault,** clerc du diocèse de Chartres[2]. — Arch. Vat., *Acta Cancellarii*, VI, fol. 171.

Il résigna en faveur de

1553, 5 décembre. — **Claude de la Chambre.** — *Gallia Christiana*, I, col. 1180.

1565. — **Jérôme de la Rovère,** archevêque de Turin. — *Gallia Christiana*, I, col. 1181.

Il résigna en faveur de

1580. — **Fernand de Tision.** — *Gallia Christiana*, I, col. 1181.

1585. — **Nicolas Sfondrati,** cardinal, évêque de Crémone. — *Gallia Christiana*, I, col. 1181.

Il fut élu pape le 5 décembre 1590, sous le nom de Grégoire XIV, et eut pour successeur

1590. — **Lelius-Philibert Solar de Moret.** — Arch. dép. Landes, H 126.

Il résigna en faveur de

1597, 31 août. — **Sanson de Broca.** — A. Stato, *Obl.* 1588-1603, fol. 130 r°, 14 mars 1598.

L'abbaye est déclarée vacante *per cessionem juris Sansonis*, quand elle fut conférée à

1600, 12 juin. — **Jean de la Serre,** prêtre du diocèse d'Aire, doyen de l'église collégiale de Saint-Loubouer[3]. — Arch. Vat., *Acta Camerarii*, XII, fol. 72 r°.

Il résigna en faveur de

1610, 29 mars. — **Pierre de Pontac.** — Arch. Vat., fonds Borghèse, *Acta consistorialia*, I, p. 265.

---

1. Ni Roger d'Aspremont ni Jean Genest ne sont mentionnés dans la liste de Dom du Buisson. C. Du Buisson, *op. cit.*, t. II, p. 92.

2. Il devait résigner un des deux prieurés qu'il possédait.

3. Dans l'acte d'obligation le monastère de Saint-Sever est déclaré vacant par la mort de Sanson de Broca. Du Buisson ne cite pas ces deux abbés, S. de Broca et Jean de la Serre, cf. Du Buisson, *op. cit.*, t. II, p. 96.

ABBÉS DE SAINT-JEAN DE LA CASTELLE OU DE LA GRACE-DIEU 81

Il eut pour successeur

1625, 15 avril. — **Jacques de Pontac.** — A. Stato, *Obl.* 1623-1639, fol. 50 r°, 26 octobre 1625.

Il résigna en faveur de

1634, 31 juillet. — **René de Pontac.** — A. Stato, *Obl.* 1623-1639, fol. 229 r°, 18 juin 1634.

Il mourut le 2 septembre 1684. L'abbaye était vacante par sa mort [1], quand fut nommé

1685, 21 avril. — **Louis-Claude de la Chastre**, aumônier du roi. *Gallia Christiana*, I, col. 1181.

Il eut pour successeur

1699, 23 juillet. — **Antoine Anselme.** — A. Stato, *Obl.* 1697-1706, fol. 29 v°, 19 août 1699.

1738. — **De Grossolles.** — *Almanach royal*, 1740.

Il eut pour successeur

1753. — **François de Berthier.** — *Almanach royal*, 1755, p. 68.

Il eut pour successeur

1768, 8 mai. — **François Bareau de Girac**, évêque de Saint-Brieuc. — A. Stato, *Obl.* 1767-1783, non fol., 8 mai 1768.

Il résigna en faveur de

1776, 23 janvier. — **Jules-Basile Ferron de la Ferronays.** — A. Stato, *Obl.* 1767-1783, 16 février 1776.

Il eut pour successeur

1780. — **Dulau**, dernier abbé de Saint-Sever. — *Almanach royal*, 1785, p. 87.

§ 3. — *Abbés de Saint-Jean de la Castelle ou de la Grâce-Dieu, O. Praem.* [2].

Lubat.

A la mort de Lubat, l'abbaye fut spécialement réservée et le pape Eugène IV nomma

---

[1]. A la mort de René de Pontac, le roi nomma abbé de Saint-Sever, le 1ᵉʳ novembre 1684, Jean-Louis de Fromentières, évêque d'Aire, mais ce prélat mourut le 18 décembre suivant avant d'avoir fait expédier les bulles du monastère et pris possession. (A. Degert, *Histoire des Evêques d'Aire*, p. 261).

[2]. Cette abbaye fut taxée 333 florins 1/3 quand elle fut réservée pour la première fois par Eugène IV.

1432, 6 juin. — **Jean d'Aure,** chanoine de ce monastère[1]. *Reg. Lateran.* 316, fol, 13 v°.

Quand il mourut, les chanoines, ignorant la réserve pontificale, choisirent l'un d'entre eux

1441, 18 août. — **Bernard,** qui fut confirmé dans sa charge par Eugène IV [2]. — *Reg. Lateran.* 386, fol. 38 r°.

A la mort de Bernard, le pape nomma

1455, 20 février [3]. **Garsie-Arnaud de Monein,** de famille noble, parent du cardinal Pierre de Foix l'Ancien, qui eut pour compétiteur Jean de Guillaume [4]. — *Reg. Vat.* 454, fol. 74 v°.

Garsie-Arnaud de Moncin [5] et Jean de Guillaume [6] cédèrent leurs droits à

1462, 3 décembre. — **Tristan d'Aure,** évêque d'Aire. — *Reg. Vat.* 488, fol. 298 r°.

Il mourut en 1475.

1475. 17 juillet [7]. — **Auger de Barromères,** chanoine de Dax,

---

1. Il s'oblige par l'intermédiaire d'Arnaud Bénech, vicaire perpétuel à la cathédrale d'Aire, bachelier ès-arts. (*Obl et Sol.* 70, fol. 36 r°.)

2. Dès qu'il connut la réserve qui frappait son monastère, il soumit au consistoire son élection et, le 20 août 1441, Antoine d'Ambielle, chanoine d'Oloron, lui servit de procureur pour souscrire l'obligation. (A. Stato, *Obl* 1440 1447, fol. 44 r°.)

3. La promotion eut lieu le 20 février 1455 Quand Nicolas V mourut, les bulles n'étaient pas expédiées. Ce fut son successeur Calixte III qui les expédia en date du 19 mai.

4 Les chanoines s'étaient divisés pour le choix de l'abbé. Ils avaient nommé, les uns, Jean de Guillaume et les autres, Bernard du Moulin Quand ils eurent soumis le résultat de leur élection en discorde à l'abbé de La Case Dieu, père abbé de leur monastère, celui-ci cassa les deux élections et de sa propre autorité nomma Jean de Guillaume qui entra en possession des biens du monastère. Le 26 août 1455, Calixte III ordonna aux officiaux de Couserans, d'Oloron et d'Aire, de chasser Jean de Guillaume et de mettre Garsie Arnaud de Monein en possession du monastère. (*Reg Vat.* 455, fol. 220) L'année suivante une bulle de teneur semblable fut adressée aux évêques de Comminges, de Couserans et d Oloron, 20 mai 1456. (*Reg. Vat* 444, fol. 73 v°) Elle n'eut pas d'effet.

5 Une pension de 200 florins d'or fut accordée à Garsie Arnaud de Monein, chanoine et sacriste de Carpentras, notaire du Saint Siège (*Reg. Vat*, 488, fol. 303 v°)

6 Jean de Guillaume fut relevé de l'excommunication encourue pour sa résistance aux ordres du pape et on lui assigna pour demeure la grange de Sarrance, la dîme de la grange de Durance, diocèse de Condom, une pension de 10 pipes de vin et de 10 saumées de froment (*Reg Vat.* 488, fol 301 r°.)

7. C'est par erreur que la bulle de collation est datée du 24 mars 1478 (*Reg. Vat.* 586, fol 105 v°). à la date du 24 décembre 1476, Auger avait payé à la Chambre

notaire et familier du pape. — *Obl. et Sol.* 84, fol. 226 v°, 18 septembre 1475.

L'abbaye, vacante par la mort d'Auger, fut conférée à

1498, 20 juin. — **Antoniottus Pallavicini,** cardinal du titre de Sainte-Anastasie. — A. Stato, *Obl.* 1498-1502, fol. 20 v°, 3 février 1499.

Il résigna en faveur de

1499, 17 avril. — **Amanieu d'Albret,** protonotaire du Saint-Siège. — A. Stato, *Obl.* 1498-1502, fol. 30 r°, 2 mai 1499.

Il mourut à Rome le 20 décembre 1520.

1523, 17 juillet. **Jacques de Foix,** évêque d'Oloron. Arch. Vat , *Acta Cancellarii,* II, fol. 227.

Antoine Portère.

Il résigna en faveur de

1531, 8 août. — **Jean de Capdéqui,** chanoine de ce monastère. — A. Stato, *Obl.* 1531-1534, fol. 17 v°, 12 octobre 1531.

Il résigna en faveur de

1583. — **Pierre I de Lompagieu,** neveu du précédent, appelé aussi Capdéqui[1]. V. Dubarat, *Etudes historiques et religieuses du diocèse de Bayonne,* t. II, p. 404.

Il eut pour successeur

1603, 4 juillet. — **Jean I de Lompagieu,** chanoine de ce monastère. — Bibl. Corsini, 52, fol. 161 v°.

En échange du prieuré ou grange de Sainte-Madeleine de Lannes, diocèse de Condom, dépendant du monastère de Saint Jean de la Castelle, et d'une pension de 2.400 livres, il cède son abbaye à

---

apostolique par l'intermédiaire de la banque des Pazzi le commun service complet, soit 116 florins, 3 sols, 6 deniers (A. Stato, *Quittanzie communium serviciorum* 1469-1479, fol. 173 r°.)

[1] On lit dans une lettre de Charles IX au marquis de Villars, 28 septembre 1571 : « Mon cousin, vaquant cy devant l'abbaye de Sainct Jean de la Castelle par le décès de feu M. Christofle de Foix, évesque d'Ayre, j'en ay faict don au sieur de Roissy, conseiller en mon privé conseil » (*Revue de Gascogne,* t. XVIII, p. 62) Il faudrait donc d'après cette lettre placer Christophe de Foix et de Roissy entre Jean de Capdéqui et Pierre de Lompagieu Cependant dans un document qu'il faut placer entre 1560 et 1566 (Archives départementales des Basses Pyrénées, E 1484) Jean de Capdéqui est appelé abbé de Sarrance ou de Saint Jean de la Castelle Il est mentionné de la même manière dans un autre document à placer entre 1576 et 1583 (Mêmes archives, E 1492).

1633, 18 juillet. — **Pierre II de Lompagieu**, chanoine de ce monastère. — Arch. Vat., *Armarium XII*, t. 130, fol. 51.

Il résigna en faveur de

1659. — **Jean II de Lompagieu.** — *Gallia Christiana*, I, col. 1183.

Il mourut le 4 août 1675.

1675, 29 août [1]. — **N. du Buisson**, chanoine régulier de Saint-Victor de Paris. — *Gallia Christiana*, I, col. 1183.

Il résigna en faveur de

1681. — **François Buyrette.** — *Gallia Christiana*, I, col. 1183.

Il eut pour successeur

1685, 1er novembre. — **François le Regrattier.** — *Gallia Christiana*, I, col. 1183.

Il eut pour successeur

1698, 21 juillet. — **Henri Dupuis de Cressonville**, prêtre, profès du monastère de Saint-Martin de Laon, du même ordre, bachelier en théologie, né en 1671 au diocèse de Cambrai [2]. — Arch. Vat., *Armarium XIII*, t. 71, non fol.

Il eut pour successeur

1731, 24 août. — **François de Lavelle.** — V. Dubarat, *Etudes historiques et religieuses du diocèse de Bayonne*, t. II, p. 88.

Il eut pour successeur

1769, 10 juillet. — **Jean-François de Pons.** — A. Stato, *Obl* 1767-1783, non fol., 16 juillet 1769.

Il était encore abbé régulier le 17 novembre 1790 [3].

§ 4. — *Abbés de Notre-Dame de Pontaut, O. Cist.* [4].

1449, 31 janvier. — **Bertrand de Davant.** — A. Stato, *Obl.* 1447-1455, fol. 57 r°, 8 février 1449.

1464, 15 juin. — **Bertrand**, évêque de Cytrum, en Macédoine, suffra-

---

1. C'est la date de la nomination royale.
2. Il n'y avait à cette époque que six chanoines dans ce monastère. La vraie valeur des fruits, après déduction des charges des menses conventuelle et abbatiale, était de 2.000 livres.
3. Archives départementales des Basses-Pyrénées, E 161.
4. Cette abbaye réservée seulement au xv° siècle fut taxée 50 florins.

gant de l'évêque d'Aire¹. A. Stato, *Obl.* 1464-1471, fol. 27 v°, 17 juillet 1465.

Il résigna, sous réserve d'une pension de 60 livres tournois², en faveur de

1483, 3 mars. — **Mathieu de Nargassie,** secrétaire et commensal de Pierre de Foix le Jeune, cardinal-diacre du titre des Saints-Côme-et-Damien³. *Reg. Lateran.* 824 fol. 259.

Il mourut en décembre 1485.

1485. **Jean Balue,** cardinal-évêque d'Albano.

Il résigna avant d'avoir pris possession en faveur de

1486, 18 janvier. **Guillaume de Vezins,** clerc du diocèse de Castres, protonotaire apostolique. — *Reg. Vat.* 715, fol. 113 r°.

1493, 18 mars. **André-Jean de Pazzi**⁴. — A. Stato, *Obl.* 1492-1498, fol. 40 r°, 29 mai 1493.

1499. 7 avril. — **Martin de Marsan,** abbé de Saint-Loubouer, diocèse d'Aire⁵. — A. Stato, *Obl.* 1498-1502, fol. 43 v°, 13 août 1499.

1515. **Arnaud d'Aydie,** évêque d'Aire. *Gallia Christiana,* I, col. 1184.

Il mourut le 22 décembre 1521.

Louis ou **Jean d'Arzac.**

L'abbaye, vacante par sa mort, fut conférée à

1545, 12 juin. — **Nicolas d'Angu,** évêque de Mende. A. Stato, *Obl.* 1540-1550, fol. 136 v°, 20 décembre 1545.

Il résigna en faveur de

1548, 7 décembre. — **Louis d'Albret.** — A. Stato, *Obl.* 1540-1550, fol. 207 v°, 24 décembre 1548.

1617, 7 juillet. — **Louis de Poyanne,** vicaire général et official de

---

1. Il s'obligea par l'intermédiaire de Sanche de Cazeneuve, clerc du diocèse d'Oloron, bachelier ès décrets, notaire du palais apostolique

2. *Reg. Lateran* 828, fol 282 v°

3 Mathieu de Nargassie possédait le monastère de Saint Pierre de Lézat, O Clun, diocèse de Rieux Le tiers des fruits de ce monastère était assigné au cardinal Pierre de Foix le Jeune Pour permettre à Mathieu de vivre selon la décence de son état, le cardinal lui fit donner le monastère de Pontaut dont les fruits sont exprimés à 180 livres petits tournois (*Reg Lateran* 824, fol 259)

4 L'abbaye était possédée par un intrus.

5 L'intrusion mentionnée à la note précédente avait cessé, car il paya tous les droits

l'évêque d'Aire. — A. Degert, *Histoire des Evêques d'Aire*, p. 214, note 6.

1667. — **Hugues de Bar**, évêque de Dax.
   Il mourut le 22 décembre 1691.

1692, 7 mai. **Jacques-Gilbert de Bayard.** — A. Stato, *Obl.* 1679-1697, non fol., 21 juin 1692.
   Il eut pour successeur

1709, 19 juin [1]. — **François de Poudenx**, du diocèse de Lescar, membre de la Maison de Sorbonne et, plus tard, évêque de Tarbes. A. Stato, *Obl.* 1706-1715, non fol., 7 février 1710.
   Il mourut le 21 juin 1716 et l'abbaye était encore vacante par sa mort, quand fut nommé

1727, 9 juin. **Joseph de Revol**, évêque d'Oloron. A. Stato, *Obl.* 1715-1728, non fol., 7 août 1727.

1739. **Jean-François de Montillet de Chastellard**, évêque d'Oloron. — *Almanach royal*, 1740.
   Nommé à l'archevêché d'Auch, il résigna cette abbaye en faveur de

1742. – **François de Revol**, évêque d'Oloron. *Almanach royal*, 1745, p. 63.
   Il mourut le 27 avril 1783 et eut pour successeur

1783. — **De Viella**, dernier abbé de Pontaut. *Almanach royal*, 1785, p. 82.

---

[1] La nomination royale était du 20 mai 1709 (Arch. Vat., *Nunziatura di Francia*, t. 221, non fol.)

CHAPITRE VII

§ 1ᵉʳ. — Evêques de Bazas [1].

1299. — **Arnaud.** Eubel, *Hierarchia catholica medii ævi*, t. I, p. 546.

Il mourut en 1302.

1303. — **Guillaume de la Mote.** Eubel, *id.*

Il fut transféré à Saintes.

1313, 27 avril. **Thibaud de Castillon**, préchantre de Bazas. — Eubel, *id.*

Il permuta avec

1318, 18 janvier. — **Guillaume de la Mote**, évêque de Saintes. — Eubel, *id.*

Il eut pour successeur

1319, 10 septembre. — **Guillaume**, préchantre d'Evora, chapelain du pape. — Eubel, *id.*

Il fut transféré à Saint-Bertrand de Comminges.

1325, 19 juillet. — **Pictavin de Montesquiou**, clerc, chanoine de Bazas. Eubel, *id.*

Il fut transféré à Maguelonne.

1334, 16 septembre. — **Gaillard de Farges**, archidiacre de Valpuerta, diocèse de Burgos, sous-diacre. — Eubel, *id.*

Il mourut à la curie [2].

---

1. Cet évêché était taxé 600 florins.

2. L'évêché de Bazas se trouva réservé et, en outre, le pape chargea Morère de Morère, chanoine d'Agen, de faire l'inventaire des biens meubles et immeubles du prélat défunt et de les mettre sous séquestre (*Reg Vat* 141, ep 1172, 17 février 1348). L'année suivante, il confia ce soin à Martin de Girard, recteur de l'église Saint-Etienne de Toulouse et aux officiaux de Bazas, Condom et Agen (*Reg Vat.* 143, fol 18, 25 mai 1349.)

1348, 19 mars. — **Raymond-Bernard de la Mote**, chanoine de Bazas [1]. — Eubel, *id.*

Il eut pour successeur

1358, 11 avril. — **Géraud du Puy**, sous-diacre, sacriste de Bordeaux. — Eubel, *id.*

Il mourut le 19 février 1360.

1360, 17 juillet. — **Pierre**, archidiacre de Bazas. — Eubel, *id.*

Il mourut à la curie peu de temps après sa promotion.

1361, 18 juillet. — **Guillaume**, sous-diacre, archidiacre de Gamage [2]. — Eubel, *id.*

Il eut pour successeur

1371, 3 septembre. — **Guillaume**, prieur de Saint-Cyprien, au diocèse de Sarlat, docteur ès décrets. — Eubel, *id.*

Il eut pour successeur

1374, 20 novembre. — **Jean de Caseton**, de l'ordre des Frères-Mineurs. — Eubel, *id.*

Obédience d'Avignon. — Au moment du Grand Schisme Jean de Caseton adhéra à Clément VII.

Il eut pour successeur

1395, 27 janvier. — **Guillaume d'Ortholan**, docteur ès lois, prévôt d'Apt, correcteur des lettres apostoliques et familier du pape. — Eubel, *id.*, p. 547.

Il fut transféré à l'évêché de Rodez le 28 mai 1397 [3].

1397, 27 août. — **Pierre Saupin**, de l'ordre des Frères-Mineurs, maître en théologie. — Eubel, *id.*

Obédience de Rome. — Boniface IX priva Jean de Caseton de l'évêché de Bazas et nomma

1393, avril. — **Maurice Usk**, de l'ordre des Frères-Prêcheurs, évêque d'Aire. — Eubel, *id.*

Il mourut avant l'expédition des bulles.

1. Le canonicat, la prébende et l'ouvrerie de l'église de Bazas qui devinrent vacants par la consécration de Raymond-Bernard furent conférés le 30 mai 1348 à Godefroy de Castillon, clerc du diocèse de Bordeaux (*Reg. Vat.* 179, ep. 771) et un personnat avec charge d'âmes dans l'église collégiale de Langon, vacant pour le même motif, fut donné à Jean d'Aurian, chanoine de Bazas et chapelain de Gaillard de la Mote, cardinal-diacre du titre de Sainte-Lucie-*in-Silice*. (*Reg. Vat.* 179, ep. 652.)

2. Il est appelé Guillaume-Amanieu dans une scheda de Garampi se rapportant à un volume d'obligations.

3. *Schede Garampi.*

1396, 31 juillet. **Jean de Herenco,** prêtre, profès de l'ordre des Ermites de Saint-Augustin, pénitencier apostolique. Eubel, id.

Il ne fut jamais mis en possession, et à la mort de Pierre Saupin, le chapitre de Bazas élut et Martin V confirma

1421, 2 avril. **Bernard d'Yvon,** prêtre, chanoine d'Albi, docteur ès décrets. — Eubel, id.

Il eut pour successeur

1433, 21 octobre. **Henri de Cavier,** chanoine de Bordeaux [1]. — Eubel, *Hierarchia catholica*, t. II, p. 288.

Il mourut le 18 novembre 1446.

1447, 14 février. — **Bernard Yvest de Roserge** [2], docteur *in utroque*, prévôt de Saint-Etienne de Toulouse. — Schede Garampi, *Vescovi*.

Il fut transféré à Montauban le 8 janvier 1450

1450, 9 janvier. — **Raymond I du Treuil,** évêque de Couserans. — Eubel, id.

Il eut pour successeur

1457, 1ᵉʳ avril. — **Raymond II du Treuil,** de l'ordre des Frères-Mineurs, maître en théologie [3]. — Eubel, id.

Il résigna, sous réserve d'une pension de 300 ducats, en faveur de

1486, 25 février. **Jean de Bonald,** docteur ès décrets, chancelier du Parlement de Bordeaux. Eubel, id.

Il eut pour successeur

---

1 L'année suivante il obtenait en commende le monastère de Sainte Croix de Bordeaux pour le commun service duquel il s'obligeait le 4 juillet 1435. *Schede Garampi*

2. Eubel traduit par du Rosier les mots de Rosergio. Il était à Rome lors de sa promotion. Il obtint la faculté de conserver sa prévôté, le gratis du commun service du pape et du Sacré Collège Le cardinal Camérier donne la raison de ce gratis : « Quod cum Rdus in Christo pater dominus Bernardus, episcopus Vasatensis, longis jam temporibus romanam curiam insecutus, diversos actus scripturarum publicos facultatibus variis peregerit in eadem, ob quod ipsum munere retributionis aliqualis, uti decens est, et favore tenemur prosequi gratioso, attendentes. » (*Obl et Sol.* 77, fol. 7 r°, 29 juillet 1447)

3 Les revenus de la mense épiscopale de Bazas étaient si amoindris que Calixte III, par une bulle datée du même jour, lui permettait de garder, sa vie durant, sa chaire à l'Université de Toulouse et les chapellenies qu'il possédait dans l'église de Saint Michel de Bordeaux, dans la maison des Frères Mineurs de Lesparre et dans la cathédrale de Condom (*Reg Vat* 460, fol 298 v°)

1504, 4 décembre. — **Amanieu d'Albret**, cardinal. Barb. lat. 2932, fol. 26 r°.

Il mourut le 20 décembre 1520.

1521, 14 janvier. — **Symphorien Bullioud**, évêque de Glandèves[1]. Arch. Vat., *Armarium XII*, t. 122, fol. 56 r°.

Il permuta avec

1528, 1er juillet. — **Foucaud de Bonneval**, évêque de Soissons[2]. Arch. Vat., *Acta Cancellarii*, II. fol. 140 v°.

Il permuta avec

1531, 4 août. — **Jean de Plas**, évêque de Périgueux[3]. — Arch. Vat., *Acta Cancellarii*, II, fol. 187 v°.

Il céda l'évêché de Bazas sous réserve de la collation de certains bénéfices et de quelques autres avantages à

1544, 22 octobre. — **Annet de Plas**, prêtre du diocèse de Bazas. Arch. Vat., *Acta Cancellarii*, IV, fol. 198.

Il eut pour successeur

1556, 24 août. **Jean-Baptiste de Alemans**, clerc du diocèse de Florence, aumônier de Catherine de Médicis et conseiller du roi[4]. — Arch. Vat., *Acta Cancellarii*, VII, fol. 16 r°.

Il fut transféré à Mâcon[5].

1563, 8 octobre. — **Jean de Balaguier**, prêtre du diocèse de Cahors, bachelier *in utroque*, recteur de l'église paroissiale de Langon, prieur de Tombebœuf, et abbé commendataire du monastère de Payrignac, diocèse d'Agen[6]. Arch. Vat., *Acta Cancellarii*, VIII, fol. 149 r°.

Il fut transféré à Cahors le 28 avril 1564[7].

---

1. Il pouvait garder pendant six mois l'évêché de Glandèves.

2. Il s'était réservé une pension de 700 livres sur la mense épiscopale de Soissons, et le pape lui permit de retenir le monastère de Bénévent, de l'ordre de Cîteaux, au diocèse de Limoges

3. Foucaud de Bonneval lui céda le prieuré de Layrac, de l'ordre de Cluny, diocèse de Condom, mais se réserva une pension de 500 livres tournois sur ce prieuré et une autre de 1.000 sur la mense épiscopale de Bazas.

4. Une pension de 2 000 livres fut assignée à un autre clerc florentin Charles Robert Strozzi.

5. Le pape nomma aussitôt Amanieu de Foix-Candale qui mourut avant d'avoir pris possession. L'évêché était donc vacant par le transfert de Jean-Baptiste de Alemans à Mâcon quand le pape promut Jean de Balaguier au siège de Bazas.

6. Le pape l'autorisa à conserver le monastère de Payrignac qu'il avait restauré, mais il devait se démettre du prieuré de Tombebœuf et de la paroisse de Langon

7. Arch Vat., *Acta Camerarii*, IX, fol. 96 r°.

1564, 21 juin. — **François de Balaguier,** docteur ès décrets, abbé du monastère d'Eysses, de l'ordre de Saint-Benoît, diocèse d'Agen [1]. — Arch. Vat., *Acta Camerarii*, IX, fol. 100 r°.

Il eut pour successeur

1572, 19 novembre. — **Arnaud de Pontac,** docteur, prêtre du diocèse de Bordeaux [2]. Arch. Vat., *Acta Camerarii*, X, fol. 117 r°.

Il mourut le 4 février 1605 et le siège fut vacant pendant 6 ans.

1611, 25 mai. — **Jean Jaubert de Barrau,** sous-diacre du diocèse de Bordeaux, bachelier en théologie, licencié *in utroque*. — Arch. Vat., fonds Borghèse, *Acta Consistorialia*, I, p. 313.

Il fut transféré à l'archevêché d'Arles [3].

1631, 25 mars. — **Nicolas de Grillié,** prêtre du diocèse de Sens. — A. Stato, *Obl.* 1623-1639, fol. 172 r°.

Il fut transféré à l'évêché d'Uzès.

1633, 28 novembre. — **Henri Listolfi Maroni,** prêtre du diocèse de Paris, aumônier du roi, abbé de Saint-Nicolas du Bois, diocèse de Laon [4]. — Arch. Vat., *Armarium XIII*, t. 54, fol. 61.

Il mourut à Toulouse le 18 mai 1645 [5].

1646, 23 avril. — **Samuel Martineau,** docteur de Sorbonne, chanoine de Notre-Dame de Paris. — Arch. Vat., *Armarium XII*, t. 131, fol. 78 v°.

Il mourut le 24 mai 1667 [6].

1668, 30 janvier. — **Guillaume de Boissonnade,** préchantre d'Agen. — Arch. Vat., *Armarium XIII*, t. 74, fol. 153.

Il mourut à Paris le 22 septembre 1684 et le siège fut vacant pendant neuf ans.

1693, 12 octobre. — **Jacques-Joseph de Gourgues,** prêtre, prévôt

---

1. Il pouvait, sa vie durant, retenir le monastère d'Eysses.
2. Il était à Rome au moment de sa promotion et il obtint remise du commun service du Sacré Collège
3. Il avait la faculté de retenir le monastère de Saint-Pierre de Solignac, au diocèse de Limoges, et le prieuré de Saint-Aubin, au diocèse de Bazas, sous réserve d'une pension de 2 000 livres pour Louis Oricellari, clerc du diocèse de Rome et d'une autre de 1 500 pour D. Perrone, pourvu toutefois que les revenus de l'évêque s'élèvent à 7.000 ducats
4. Il fut autorisé à retenir ce monastère
5. *Gallia Christiana*, I, col. 1213
6. *Gallia Christiana*, I, col. 1213.

de l'église collégiale Saint-Caprais d'Agen Arch. Vat., *Armarium* XIII, t. 78, non fol.

Il mourut dans les derniers mois de 1724.

1725, 29 janvier. **Edmond Mongin,** prêtre du diocèse de Langres, bachelier en théologie de la faculté de Paris, licencié *in utroque* de la faculté d'Orléans, abbé commendataire de Saint-Martin-lès-Autun, O. S. B., âgé de 50 ans [1]. — Bibl. Barb. lat. 2920, fol. 285 r°.

Il eut pour successeur

1746, 19 septembre. — **Jean-Baptiste-Amédée de Grégoire de Saint-Sauveur,** prêtre du diocèse de Mende, licencié en théologie [2]. Arch. Vat., *Acta Consistorialia Benedicti XIV*, 1746-1749, fol. 56 r°.

Il mourut le 16 janvier 1792 à Bazas [3].

§ 2. — *Abbés de Saint-Maurice de Blasimont. O. S. B.* [4].

Le pape ne s'occupa de l'élection des abbés de Blasimont qu'en 1443. Le monastère était vacant par la mort de Guillaume, et les moines nommèrent

1443, 5 avril. **Jacques de Veyriac,** prieur de Castillon, O. S. B., diocèse de Bordeaux [5]. — *Reg. Vat.* 361, fol. 157 r°.

Il résigna, sous réserve du tiers des fruits, en faveur de

1469, 22 avril. — **Bernard d'Aspremont**[6], docteur ès lois, recteur de l'église paroissiale de Saint-Genès, diocèse de Cahors, et

---

1 Il avait la faculté de retenir ce monastère

2 Le 10 janvier 1759, il recevait en commende le monastère de Saint Pierre de Medoc, de l'ordre de Saint Augustin, diocèse de Bordeaux (A. Stato, Obl 1756 1767, non fol., 2 septembre 1759)

3 *Inventaire des Archives de la Gironde*, série E, supplément, n 1675

4 Cette abbaye fut taxée 196 florins

5 Le 5 avril 1443, le pape Eugène IV ordonna à Christophe Garatoni, évêque de Coron, de faire une enquête au sujet de l'élection de Jacques de Veyriac à l'abbaye de Blasimont, et, s'il y a lieu, de confirmer cette élection La taxe exprimée dans cette bulle est de 100 livres petits tournois Cet abbé est appelé aussi Jean de Braniac

6 C'est à la demande d'Anne d'Armagnac, dame d'Albret, que le pape Paul II donne en commende le monastère de Blasimont à Bernard d'Aspremont (*Reg Vat* 531, fol 246 v°)

chanoine prébendé de la collégiale de Saint-Caprais d'Agen [1]. — A. Stato, *Obl* 1464-1471, fol. 154 v°, 18 mai 1469 [2].

Il résigna, sous réserve de tous les revenus à titre de pension, en faveur de

1492, 8 janvier. — **Antoine d'Aspremont**, grand archidiacre de Bazas. — A Stato, *Obl.* 1489-1492, fol. 111 r°, 21 janvier 1492 [3].

1525. — **Bernard de la Combe.** Bibl. nat. lat. 12751, fol. 386.

1540, 8 mars. — **Bernard de la Combe jeune**, clerc du diocèse d'Agen, aumônier de la reine, prieur de Saint-Caprais d'Agen. — A. Stato, *Obl.* 1540-1550, fol. 3 r°.

Il eut pour successeur

1599, 19 juillet. — **Pierre de Prugues**, membre du Parlement de Navarre [4]. — A. Stato, *Obl.* 1588-1603, fol. 162 v°, 9 août 1599. et Arch. Vat., *Acta Camerarii*, XII, fol. 26 v°.

Il résigna en faveur de

1614, 22 septembre. **Nicolas Dorgier**, sous-diacre du diocèse de Bazas [5]. — Arch. Vat., fonds Borghèse, *Acta Consistorialia*, I, p. 459.

Il eut pour successeur

1622, 28 février. — **Nicolas de Mégrini**. — A. Stato, *Obl.* 1613-1623, fol. 220 r°, 6 avril 1623.

Antoine de Clermont [6].

Il résigna en faveur de

---

1. Quand Bernard d'Aspremont aura pris possession, il perdra ses droits aux canonicat et prébende de Saint Caprais que le pape confère le même jour à Bernard de Constant, prêtre du diocèse de Rodez, recteur de l'église paroissiale de « Cynalio », même diocèse, et procureur de Jacques de Veyriac pour la résignation de son monastère en cour de Rome et de Bernard d'Aspremont pour l'obligation des communs et menus services.

2 En même temps qu'il s'oblige, il paie pour les communs et menus services la somme de 67 florins et 25 sols (A Stato, *Quittanzie communium servitiorum*, t 1469-1479, fol 6 r°).

3 Il était à Rome lors de sa promotion puisqu'il contracta lui-même l'obligation pour les communs services

4 On lit dans la cédule consistoriale « Cum decreto quod infra sex menses teneatur suscipere ordinem subdiaconatus et successivis [quatuor] temporibus ordinem diaconatus et presbyteratus »(Bibl Corsini, 50, fol 277 v°)

5 Il devait dans l'année se faire promouvoir aux ordres sacrés

6 D'après dom Estiennot, il aurait été abbé commendataire de 1603-1634 (Bibl nat. lat 12751, fol 386.)

1633, 29 avril. **Jacques de Gourri.** — A. Stato, *Obl.* 1623-1639, fol. 214 r, 16 septembre 1633.

Il mourut en 1688[1] et eut pour successeur

1694, 11 octobre. **Vital Rol,** prêtre du diocèse de Viviers[2]. — Barb. lat. 2901, fol. 241 v°.

Il résigna en faveur de

1703, 28 septembre. — **Jean Binet.** — A. Stato, *Obl.* 1697-1706, fol. 94 r°, 28 octobre 1703.

1721. — **De Villefroy.** *Almanach royal,* 1740.

Il eut pour successeur

1777. — **Hercule de Chapelain,** dernier abbé de Blasimont[3]. — *Almanach royal,* 1780, p. 69.

§ 3. — *Abbés de Saint Ferme, O. S. B.*[4].

1307. — **Guillaume.** — *Regestum Clementis V,* n° 1838.

Il eut pour successeur

1348, 3 octobre. — **Garsie de Saint-Michel,** diacre, moine de ce monastère, élu malgré la réserve, confirmé par le pape. — *Reg. Vat.* 187, ep. 228.

Il eut pour successeur

1363, 1er juin. — **Bertrand de Molère,** moine de ce monastère. — *Reg. Avenion.* 155, fol. 62 r°.

Il résigna en faveur de

1373, 16 mai. _ **Jean,** prieur de Vyre, O. S. B., diocèse de Bazas. _ *Reg. Vat.* 272, fol. 110.

Il résigna l'abbaye de Saint Ferme aux mains de Jean Dauty, sacriste de l'église de Bazas, vicaire général au spirituel et au temporel de Pierre, évêque de Bazas. Cette abbaye spécialement réservée fut conférée par Benoît XIII à

---

1 *Gallia Christiana,* I, col. 1217

2 La nomination royale datait du 13 août 1688.

3 Dans l'*Histoire de La Réole* de Gauban, p. 486, se trouve la liste suivante des abbés de Blasimont au XVIIIe siècle : Vital Rolle, 1688-1703 — Jean Binot, 1717 — De Villefroi, 1721-1728. — Hercule de Chapelain, 1730-1747 — Decamps, 1747-1777. L'abbaye fut supprimée en 1773 (Communication de M. Ducaunnès-Duval, archiviste de la ville de Bordeaux).

4 Cette abbaye était taxée 400 florins.

1404, 5 mars   **Pierre**, prieur claustral de Saint-Ferme. — *Reg. Avenion.* 308, fol. 424 r°.

1437, 8 juin.   **Elie du Bosc.** — *Obl. et Sol.* 70, fol. 177 r°.

1450. 20 avril.   **Jacques**, abbé de Clairac, O. S B., diocèse d'Agen [1]. *Obl. et Sol.* 76, fol. 38.

Il eut pour successeur

1462, 27 novembre.   **Bertrand de Boyrie**, chanoine de Bordeaux, bachelier ès décrets, familier et commensal de Louis d'Albret, cardinal-prêtre du titre des Saints-Pierre-et-Marcellin [2]. — *Reg. Vat.* 489, fol. 139 v°.

1467, 29 mai. — **Pierre de Suberbielle (Supravilla)** [3].   A. Stato, *Obl.* 1464-1471, fol. 85 r°, 29 août 1467.

1482, 14 août. — **Georges de Castellane** [4]. — *Obl. et Sol.* 84 *, fol. 96 r°, 7 octobre 1482.

1483, 19 février. — **Pierre de Brassac.** — *Obl. et Sol.* 84*, fol. 116 r°, 11 mars 1483 [5].

1490, 15 septembre. — **Gui de Saint-Amand**, abbé commendataire, archiprêtre de Brive [6]. — A. Stato, *Obl.* 1489-1492, fol. 131 r°, 27 juin 1492.

De ces trois derniers abbés, aucun ne put prendre possession. Les élus du chapitre du monastère furent :

---

1. Il eut pour compétiteur Raymond I du Treuil, évêque de Bazas, qui s'oblige au payement du commun service le 19 juin 1450. Il était en ce moment à la curie. Mais Jacques qui, le 22 avril, avait déjà payé 25 florins comme part de son commun service (Arch. Vat , *Introitus et Exitus* 415, fol. 8 v°) l'emporta sur l'évêque de Bazas , Nicolas V, le 13 mai 1452, adressait à Jacques, abbé du monastère de Saint-Ferme, une bulle qui validait une bulle précédente où avait été omise cette mention : que Jacques possédait le prieuré de Notre-Dame de Marmande. Or cette bulle, qui aurait pu être déclarée subreptice, permettait à Jacques, abbé de Saint Ferme, de retenir en commende le monastère de Clairac et nommait comme exécuteurs les évêques d'Agen et de Sarlat et l'archidiacre de Blaye. (*Reg Vat.* 421, fol 82 r°)

2 Le 14 mars 1463, il paye 30 florins pour partie de son commun service et obtient remise du reste. (Arch Vat , *Introitus et Exitus* 452, fol. 58 r°)

3 Il prit pour procureur Jean de Salette, recteur de l'église paroissiale de Montastruc au diocèse de Tarbes C'est probablement par erreur que le chiffre de la taxe est 480 florins.

4. Il paya 100 florins pour les communs services et le pape lui fit remise du reste.

5 Il s'obligea à payer tous les droits six mois après la prise de possession, car l'abbaye était possédée par un intrus.

6. Dans la bulle de provision il est fait mention d'un intrus.

1472. — **Georges de Madailhan**, moine de Saint-Ferme. — *Gallia Christiana*, I, col. 1218.

Il mourut le 8 octobre 1502 et eut pour successeur

1502, octobre. — **Georges de Guisson.** — *Gallia Christiana*, I, col. 1218.

Il mourut le 8 mars 1508 et le chapitre élut

1508. — **Pierre de Madailhan**, neveu de Georges de Madailhan, son anté-prédécesseur[1]. — *Gallia Christiana*, I, col. 1218.

Il eut pour successeur

1532. — **Amanieu de Foix**, évêque de Carcassonne. — *Gallia Christiana*, I, col. 1218.

1562. — **Etienne du Bouchet**, évêque de Quimper. — *Gallia Christiana*, I, col. 1219.

1562. 13 octobre. — **Edmond du Bouchet**, neveu du précédent. — *Gallia Christiana*, I, col. 1219.

1569. — **Nicolas Gaetani di Sermoneta**, cardinal. — *Gallia Christiana*, I, col. 1219.

Il résigna, sous réserve d'une pension de 400 écus d'or, en faveur de

1577, 11 septembre. — **Jean de Guasc**, clerc du diocèse de Bazas, licencié *in utroque*[2]. — Arch. Vat., *Acta Camerarii*, X, fol. 231 v°.

1597. — **Arnaud de Guasc.** — *Gallia Christiana*, I, col, 1219.

Il résigna, sous réserve d'une pension de 100 écus, en faveur de

1616, 18 juin. — **Jacques des Aigues l'Ancien.** — A. Stato, *Obl.* 1613-1623, fol. 72 v°, 7 août 1616.

Il résigna en faveur de

1617, 1er décembre. — **Jacques des Aigues le Jeune.** — A. Stato, *Obl.* 1613-1623, fol. 112 r°, 30 mai 1618.

Il résigna en faveur de

1622, 19 mai. — **Léon I de Lalanne**, conseiller du roi, doyen de

---

1. Bibl. nat., lat. 12751, fol. 240.
2. « Cum reservatione pensionis annuye 400 sculorum auri pro cedente et cum decreto quod [predictus Johannes infra annum omnes sacros et presbyteratus ordines suscipere teneatur et (Bibl. Barb., lat. 2932, fol. 459 v°)] quicquid erit in redditibus supra dictos 400, id totum expendatur in reparatione dicti monasterii quod dicitur esse valde dirutum quousque erit bene reparatum. Et fuit facta gratia expeditionis. »

Saint-Seurin et de Saint-André de Bordeaux. — A. Stato, *Obl.* 1613-1623, fol. 214 r°, 30 janvier 1623.

Il résigna en faveur de

1667. — **Léon II de Lalanne,** conseiller aux Requêtes, doyen de Saint-Seurin de Bordeaux et plus tard évêque de Bayonne. — *Gallia Christiana*, I, col. 1219.

Il mourut le 6 août 1700.

1700, 8 décembre. — **Adrien Descamps du Morel de Crécy** — A. Stato, *Obl.* 1697-1706, fol. 48 r°, 21 mars 1701.

Il eut pour successeur

1745, 13 septembre. — **Gaspard de Batz de la Peyre,** prêtre du diocèse de Condom [1]. [— Arch. Vat., *Armarium XIII*, t. 93, p. 515.

Il mourut le 25 septembre 1785 et eut pour successeur

1785, 1ᵉʳ décembre. — **Noé-Etienne de Vichy,** aumônier de la reine [2], dernier abbé de Saint-Ferme. — A. Stato, *Obl.* 1783-1798, non fol., 2 décembre 1785.

§ 4. — *Abbés de Notre-Dame du Rivet, O. Cist.* [3].

1468. — **Jean Ebrard de Saint-Sulpice.** — Bibl. nat., lat. 12752, p. 233.

1478. — **Bertrand de Sabathier.** — *Gallia Christiana*, I, col. 1219.

1486, 17 août. — **Michel de Caussade.** — Arch. Vat., *Introitus et Exitus*, 512, fol. 104 r°.

1504, 9 mars. — **Michel Baudri.** — Arch. Vat., *Introitus et Exitus*, 535, fol. 26 v°.

1528, 11 juin. — **Raymond de Saint-Clair.** — A. Stato, *Obl.* 1523-1531, fol. 143 v°, 29 octobre 1528.

1598. — **Jean de Carsalade,** moine de Bonnefont [4]. — *Gallia Christiana*, I, col. 1220.

---

1. Une pension de 800 livres tournois en faveur de Jean Trouvain et une autre de même somme en faveur d'un nommé Malet, tous deux prêtres du diocèse de Paris ou d'un autre diocèse, étaient réservées sur les revenus de la mense abbatiale.
2. Archives départementales de la Gironde, E, suppl. 3453.
3. Cette abbaye était taxée 66 florins 2/3.
4. Après avoir cédé l'abbaye du Rivet, Jean de Carsalade revint à Bonnefont où il mourut le 30 mai 1626.

Il résigna en faveur de

1624, 25 juin. — **Bernard de Monségur,** moine de Gimont. — A. Stato, *Obl.* 1623-1639, fol. 23 r°, 9 septembre 1624.

1660. — **Bernard Sarraméa de Montaredon,** moine de Bonnefont et coadjuteur de Bernard de Monségur. — Bibl. nat., lat. 12752, fol. 235.

1675. — **Pierre de Verdelin,** moine de L'Escale-Dieu. — Bibl. nat., lat. 12752, fol. 235.

Il eut pour successeur

1702, 3 février. — **Jean-Baptiste le Clerc de Vallon.** — A. Stato, *Obl.* 1697-1706, fol. 64 r°, 21 février 1702.

1712, novembre. — **Vite-Foulques-Gui-Jordan de Fleis** [1], moine de Cîteaux. — A. Stato, *Obl.* 1706-1715, non fol.

De Buffon.

L'abbaye de Rivet vacante par sa mort fut conférée à

1785, 27 juin. — **Laurent-François-Thomas d'Orvé.** — A. Stato, *Obl.* 1783-1798, non fol., 5 juillet 1785.

Debusson, dernier abbé du Rivet. — Bernadau, *Antiquités bordelaises,* p. 95.

§ 5. — *Abbés de Notre-Dame de Fontguilhem, O. Cist.* [2].

Jacques Martin.

L'abbaye vacante par sa mort fut conférée à

1464, 9 juin. — **Odon de Lasséran de Mansencôme,** chanoine de Bazas [3]. — A. Stato, *Annate,* 1464-1471, fol. 68 r°.

Il eut pour successeur

1474, 2 avril. — **Raymond II du Treuil,** évêque de Bazas. — *Reg. Vat.* 564, fol. 126 v°.

1486, 13 avril. — **Fernand de Castagnier.**

---

1. Dans l'acte d'obligation le monastère est dit vacant « per obitum cognominati Verdelin. » S'il n'y a pas erreur, Jean-Baptiste le Clerc de Vallon n'aurait jamais pris possession de ce monastère.
2. Cette abbaye était taxée 66 florins 2/3.
3. Il s'oblige le 15 juin 1464, et le même jour il paye 40 florins (Arch. Vat., *Introitus et Exitus* 456, fol. 90 v°).

Pierre Saulniet [1].

Il eut pour successeur

1544, 5 novembre. **Jean de Salignac.** A. Stato, *Obl.* 1540-1550, fol. 106 v°.

Nicolas Cellier.

Il résigna en faveur de

1599, 30 mai. — **Pierre Calup** [2]. — A. Stato, *Obl.* 1588-1603, fol. 177 r°, 4 mars 1600.

Vital Castagnet.

Il résigna en faveur de

1627, 16 avril. — **Louis de Rodas** [3]. A. Stato, *Obl.* 1623-1639, fol. 79 v°, 14 juin 1627.

Il devint abbé de Cadouin, diocèse de Sarlat, et résigna l'abbaye de Fontguilhem en faveur de

1660. — **Ignace de Secondat de Montesquieu.** *Gallia Christiana*, I, col. 1222.

Il eut pour successeur

1726, 21 octobre. — **Fleury de Campet de Saujon.** A. Stato, *Obl.* 1715-1728, non fol., 14 mai 1727.

Il eut pour successeur

1757, 3 octobre. **Joseph-Henri Dumas de Culture,** dernier abbé de Fontguilhem [4]. — A. Stato, *Obl.* 1756-1767, non fol., 7 octobre 1757.

---

1. Je n'ai pu trouver ni la bulle de provision, ni l'obligation de ce prélat. Mais ce dut être à l'occasion de sa nomination que le monastère de Fontguilhem devint consistorial. Tandis que l'annate s'élevait à 80 florins, le commun service fut fixé à 66 2/3.

2. Le 19 et le 26 février 1600, il avait payé tous les droits.

3. La *Gallia Christiana* l'appelle Darodes et dom Estiennot (Bibl. nat. lat. 12752, fol. 28) d'Arrode.

4. *Almanach royal*, 1790.

CHAPITRE VIII

§ 1er. — *Evêques de Tarbes* [1].

Raymond-Arnaud de Coarraze.
Il mourut le 4 mars 1307 [2].

1308, 20 février. — **Gérard Doucet,** chanoine et préchantre de Tarbes. — Eubel, *Hierarchia catholica medii ævi*, p. 500.
Il mourut le 14 février 1314 [3].

1316, 26 octobre. — **Guillaume Hunaud de Lanta,** abbé du monastère de Lézat, O. Clun., diocèse de Toulouse. — Eubel, *id.*
Il fut transféré à l'évêché d'Agde.

1339, 24 novembre. — **Pierre-Raymond de Montbrun,** prévôt d'Agde, docteur ès lois, chapelain du pape. — Eubel, *id.*
Il mourut en Avignon le 14 mars 1353 [4].

1353, 17 avril. — **Guillaume,** O. S. B., évêque, abbé du Mont-Cassin. — Eubel, *id.*
Il mourut à Tarbes en 1361 [5].

1363, 18 juin. — **Bernard,** évêque d'Aire. — Eubel, *id.*
Il mourut avant le 1er août 1374 ou ce jour même [6].

1374, 6 novembre. — **Gaillard de Coarraze,** archidiacre de Lavedan dans l'église de Tarbes, bachelier ès décrets, diacre, élu par le chapitre et confirmé par le pape. — Eubel, *id.*
Obédience d'Avignon. — Il adhéra à Clément VII.
Il mourut dans les derniers mois de 1398.

---

1. Cet évêché était taxé 1.200 florins.
2. G. Balencie, *Chronologie des Evêques de Tarbes* dans la *Revue de Gascogne* (années 1904 et 1905), 1904, p. 203.
3. *Revue de Gascogne*, 1904, p. 205.
4. *Revue de Gascogne*, 1904, p. 249.
5. *Revue de Gascogne*, 1904, p. 250.
6. *Revue de Gascogne*, 1904, p. 251.

1400, 25 février. **Bertrand**, notaire apostolique, familier du pape. — Eubel, id.

Il eut pour successeur

1404, 7 novembre. **Chrétien d'Hauterive**, de l'ordre de Saint-Augustin, maître en théologie. — Eubel, id.

Il permuta avec

1408, 17 septembre. — **Bernard du Peyron**, évêque de Tréguier. — Eubel, id.

Obédience de Rome. — Gaillard de Coarraze fut privé de son évêché par Urbain VI qui nomma en qualité d'administrateur

1388, 30 avril. — **Pierre d'Anglade**[1], de l'ordre des Frères-Prêcheurs, archevêque d'Auch.   Eubel, id.

1413, 14 décembre. **Bernard du Peyron**, de l'obédience d'Avignon, ayant adhéré au concile de Pise, fut confirmé par Jean XXIII dans la possession de l'évêché de Tarbes. — *Reg. Lateran.* 172, fol. 145 v°.

1418, 19 août. — **Bonhomme d'Armagnac**, chanoine de Tarbes, élu par le chapitre[2] et confirmé par Martin V, sacré à Auch par l'archevêque Bérenger Guilhot[3].   G. Balencie, *Chronologie des évêques de Tarbes*, dans la *Revue de Gascogne*, 1904, p. 259.

Il eut pour successeur

1427, 30 avril. **Raymond-Bernard**, sacriste du monastère de Saint-Volusien de Foix, O. S. A.[4]. — Eubel, id.

Quand il mourut, Martin V se réserva cet évêché et nomma

1430, 15 décembre. **Jean de Forton**, évêque de Pamiers. — Eubel, id.

Il mourut en 1439 et l'évêché de Tarbes, de nouveau réservé, fut conféré à

---

1 Pierre d'Anglade ayant été emprisonné par les partisans de Clément VII, Boniface IX nomma Raymond Garsie de Baron, chanoine de Bayonne, vicaire général pour les diocèses d'Auch et de Tarbes. (*Reg Lateran.* 17, fol 250 251)

2 Dans une bulle du 31 août 1418 prescrivant à l'archevêque de Toulouse et à l'évêque de Rieux de recevoir le serment de fidélité de Bonhomme, évêque de Tarbes, Martin V affirme qu'il a naguère confirmé son élection par le chapitre (*Reg Lateran.* 189, fol. 14)

3 Son frère, Bertrand d'Armagnac, curé de Rabastens, diocèse de Tarbes, souscrivit son obligation pour les communs services à Genève, le 3 septembre 1418. (*Diversa Cameralia* 3, fol. 121 r°.)

4 Il était à Rome le 16 mai 1427, date de son obligation pour les communs et menus services (A. Stato, *Obl.* 1422 1428, fol. 183 v°.)

1440, 14 janvier. **Roger de Foix-Castelbon,** évêque d'Aire.
Reg. Lateran. 365, fol. 250.

Il mourut le 8 juillet 1461.
Le chapitre de Tarbes procéda à l'élection de l'évêque et postula Pierre de Foix, notaire du Saint Siège, âgé de 14 ans. Le pape cassa cette élection et nomma

1462, 15 janvier. **Jean de Lescun,** prieur du prieuré des Saints-Côme-et-Damien, diocèse de Rodez. *Reg. Vat.* 484, fol. 175 r°.

Il ne voulut pas garder cet évêché. Pie II le nomma à Auch et donna l'évêché de Tarbes à

1463, 11 février. — **Pierre de Foix,** cardinal-évêque d'Albano [1].
Reg. Vat. 489, fol. 91 v°.

Il mourut le 13 décembre 1464.

1465, 9 janvier. **Louis d'Albret,** cardinal-prêtre du titre des Saints-Pierre-et-Marcellin. A, Stato, *Obl.* 1464-1471, fol. 13 r°, 16 janvier 1465.

Il mourut à Rome le 4 septembre 1465.

1466, 18 juillet. **Arnaud-Raymond de Palatz,** chanoine de Tarbes et archidiacre de Lavedan. — *Reg. Lateran.* 639, fol. 44 r°.

Il mourut à Orthez en 1474.

1474, 9 décembre. — **Manaud d'Aure,** chanoine de Comminges [2].
Obl. et Sol. 84, fol. 208 r°.

Il mourut en 1504.

1504, 4 décembre. — **Thomas de Foix ou de Lescun,** protonotaire du Saint-Siège [3]. — *Revue de Gascogne,* 1904, p. 340.

Il résigna en faveur de

---

1 Une pension de 1 500 écus d'or fut réservée en faveur de Pierre de Foix, clerc du diocèse de Lescar, notaire apostolique et neveu du cardinal d'Albano, que Pie II avait refusé de nommer évêque de Tarbes (*Reg Vat.* 490, fol 116 v°.)

2 Le même jour, Sixte IV conférait les bénéfices que sa promotion à l'évêché de Tarbes rendait vacants. C'étaient les canonicats et prébendes de Lombez, de Comminges, d'Aire, l'ouvrerie de cette dernière église et la paroisse du Plan (*Reg Lateran* 748, fol 116 r°, 214 v°, 210 v°), la vicairie perpétuelle de l'église Saint Michel de Gimont, diocèse de Lombez (*Reg Vat.* 566, fol 169 r°) et la scolarie de Saint Pierre de Castillon, diocèse de Couserans. (*Reg Vat.* 571, fol 63 r°)

3. Il eut pour compétiteur Roger de Montaut Bénac (*Revue de Gascogne,* 1904, p 338).

1514, 10 novembre. **Manaud de Martory**, diacre, profès de l'ordre de Saint-Augustin. *Revue de Gascogne*, 1904, p. 342.

Il permuta avec

1524, 19 septembre. — **Gabriel de Gramont**, évêque de Couserans, abbé de Saint-Sever-Cap-de-Gascogne. — Arch. Vat., *Acta Cancellarii*, II, fol. 40 r°.

Il mourut le 26 mars 1534[1].

1534, 2 septembre. **Antoine de Castelnau**, neveu du précédent, chanoine de Dax[2]. — Barb. lat., 2867, fol. 198 v°.

Il eut pour successeur son frère

1539, 29 octobre. — **Louis de Castelnau**[3]. — *Revue de Gascogne*, 1905, p. 72.

Il mourut le 1er septembre 1549.

1556, 27 juillet. — **Gentian d'Amboise**, clerc du diocèse de Chartres[4]. Arch. Vat., *Acta Cancellarii*, VII, fol. 40 v°.

Il mourut à Toulouse et son corps fut inhumé dans le cloître de Saint-Sernin le 14 janvier 1576.

1580, 29 février. — **Salvat I d'Iharse**, abbé d'Arthous[5]. — Arch. Vat., *Acta Camerarii*, X, fol. 286 r°.

1602, 3 juin. — **Salvat II d'Iharse**, abbé d'Arthous, neveu du précédent. — *Schede Garampi* et *Revue de Gascogne*, 1905, p. 77.

Il mourut le 7 octobre 1648.

1649, 1er février. — **Claude Malier du Houssay**, conseiller d'Etat et ambassadeur du roi à Venise, prêtre du diocèse de Paris et licencié ès décrets. — Arch. Vat., *Armarium XII*, t. 131, fol. 194.

Il résigna, sous réserve d'une pension de 600 livres tournois[6], son évêché en faveur de son fils

1668, 3 septembre. — **Marc Malier du Houssay**, premier aumônier

---

1. *Revue de Gascogne*, 1905, p 70.

2. Il n'était âgé que de 24 ans. Aussi fut-il député administrateur jusqu'à l'âge de 27 ans. Il devait ensuite se faire sacrer évêque.

3 Il eut pour compétiteur Antoine d'Apchon qui céda ses droits à l'évêché de Tarbes à Gentian d'Amboise. (*Revue de Gascogne*, 1905, p. 74 et 75.)

4. Une pension de 1.400 livres était réservée à Jean du Bellay, cardinal-évêque d'Ostie

5 Une pension de 3.500 livres petits tournois était réservée à Michel Stroccio.

6. Barb lat 1892, fol. 942 v°.

de la duchesse douairière d'Orléans. Arch. Vat., *Armarium XIII*, t. 66. non fol.

Il mourut à Auch le 4 mai 1675[1].

1677, 30 août. **Anne-Tristan de la Baume de Suze**[2]. *Schede Garampi.*

Il fut transféré à l'archevêché d'Auch.

1692, 24 mars. **François de Poudenx**[3]. — Arch. Vat., *Armarium XIII*, t. 77, non fol.

Il mourut à Tarbes le 24 juin 1716.

1719, 2 octobre. — **Anne-François-Guillaume du Cambout,** du diocèse de Nantes, abbé commendataire de l'abbaye de Saint-Menge de Châlons. agent du Clergé de France en 1714 et promoteur dans la réunion des évêques pour l'acceptation de la bulle *Unigenitus*[4]. — Arch. Vat., *Armarium XIII*, t. 79, fol. 599 r°.

Il mourut le 8 juillet 1729[5].

1730, 2 octobre. **Charles-Antoine de la Roche-Aymon,** évêque de Sarepta[6]. *Revue de Gascogne*, 1905, p. 271.

Il fut transféré à Toulouse le 4 septembre 1740.

1740, 19 décembre. **Pierre de Beaupoil de Saint-Aulaire,** prêtre, licencié en théologie de Sorbonne, vicaire général de Périgueux, âgé de 41 ans. *Revue de Gascogne*, 1905, p. 272.

Il mourut le 11 janvier 1751.

1751, 5 juillet. — **Pierre de La Romagère de Ronssecy,** prêtre du diocèse de Périgueux, licencié en théologie de Sorbonne, abbé commendataire du monastère de Notre-Dame de la Pe-

---

1. *Revue de Gascogne*, 1905, p 269.

2 Il fut transféré à l'évêché de Saint Omer en octobre 1677, mais il ne put obtenir les bulles. En 1685, le roi le nomma à l'archevêché d'Auch qui ne lui fut conféré canoniquement qu'en 1692 (*Revue de Gascogne*, 1905, p 270)

3 M. G Balencie, se référant au *Souvenir de Bigorre*, t V, p 377, assigne aux bulles de François de Poudenx la date du 9 avril 1692 L'auteur de l'article a dû confondre le 9 des calendes d'avril avec le 9 avril Une schéda de Garampi, qui renvoie à un volume d'Obligations, leur assigne la date du 24 mars comme le ms cité La nomination royale était du 17 janvier 1678

4. Barb lat 2917, fol 519 r°.

5 *Revue de Gascogne*, 1905, p 271

6 Sur les revenus de la mense étaient assignées diverses pensions 1 200 livres à François de Castellane, clerc du diocèse de Riez, 1 000 à Louis de Villetoit, prêtre du diocèse de Cambrai, 600 à Pierre Moly, clerc du diocèse de Rodez, 400 à Le Roy, prêtre du diocèse de Marseille (Barb lat 2922, fol 391")

lisse, O. S. B., diocèse du Mans, et vicaire général dans ce diocèse, âgé de 42 ans. — *Revue de Gascogne*, 1905, p. 272.

1769, 11 septembre. **Michel-François Couet du Vivier de Lorry,** évêque de Vence. — *Revue de Gascogne*, 1905, p. 272.

Il fut transféré à Angers le 4 août 1782.

1782, 23 septembre. — **François de Gain-Montagnac,** aumônier du roi, vicaire général de l'archevêque de Reims, abbé de Quarante, au diocèse de Narbonne, et de Saint-Vincent du Mans, âgé de 38 ans. — Louis Dantin, *François de Gain-Montagnac, évêque de Tarbes*, p. 5, 6, 7.

Il démissionna le 6 novembre 1801 et mourut à Londres en 1812.

§ 2. — *Abbés de Saint Sever de Rustan, O. S. B.* [1].

Pierre [2].

Il fut transféré à l'abbaye de Saint-Hilaire, O. S. B., diocèse de Carcassonne, et eut pour successeur à Saint-Sever

1357, 19 juillet. — **Pierre Barrau,** camérier du monastère de Simorre [3]. — *Reg. Avenion.* 137, fol. 262.

Il eut pour successeur

1364, 13 septembre. — **Bertrand de Palaya,** préchantre de l'église d'Agde [4]. — *Reg. Avenion.* 157, fol. 178.

Il résigna cette abbaye aux mains de Pierre de Bénac, cardinal prêtre du titre de Saint-Laurent-in Damaso, en faveur de

1369, 7 février. **Arnaud-Raymond d'Estaing,** moine du monastère de Saint-Hilaire, O. S. B., diocèse de Carcassonne [5]. — *Reg. Avenion.* 170, fol. 171 v°.

Il mourut le 4 juillet 1407.

1 Cette abbaye était taxée 133 florins 1/3.

2 Cet abbé est appelé par dom Estiennot Arnaud de Raymond. Il appartenait, dit il, à cette célèbre famille de Raymond d'où sortirent Bernard de Raymond, abbé de Lézat et plus tard évêque de Couserans, 1047, un autre Bernard de Raymond, évêque de Carcassonne en 1220, et Jean de Raymond, évêque de Saint Papoul en 1602 (Bibl nat., lat 12761, fol. 337).

3 Pierre d'Averaède lui succéda dans ce bénéfice le 9 septembre 1357 (*Reg Avenion.* 137, fol. 523 v°)

4. Le 10 avril 1367, ce monastère et celui de Saint Jacques de Jocou, diocèse d'Alet, furent unis au monastère de Saint-Victor de Marseille (*Reg Avenion* 163, fol. 361 v°)

5 La *Gallia Christiana* (I, col. 1245) l appelle Arnaud d'Astu

1407 — **Arnaud de Marrast.** *Gallia Christiana*, I, col. 1245.

Il fut transféré à l'abbaye de Simorre le 19 décembre 1425 [1].

1426, 16 janvier. — **Manaud de Barbazan,** chanoine et sacriste de Tarbes, O. S. A., transféré dans l'ordre de Saint-Benoît [2]. — Arch. Vat., *Armarium XII*, t. 121, fol. 196.

Il résigna ce monastère, sous réserve d'une pension de 100 écus d'or, en faveur de

1447, 4 mai. — **Carbon de Jussan**, bachelier ès décrets, recteur de l'église paroissiale d'Auriébat, diocèse de Tarbes [3]. *Reg. Lateran*. 435, fol. 117.

1462, 23 septembre. — **Dominique [du Pont]** [4]. — Arch. Vat., *Introitus et Exitus*, 452, fol. 51°.

A sa mort, trois prélats [5] sollicitèrent l'abbaye de Saint-Sever. L'un d'eux l'emporta, ce fut

---

1. *Reg Lateran* 264, fol 282 r°.

2 D'après Lodrn et Vallée, *La Maison de Faudoas*, t I, p. 31, il était fils de Manaud ou Menaud de Barbazan et de Rose de Manhaut. Le 18 mai 1426, il s'obligea, par l'intermédiaire de Vital de Capdeville, recteur de l'église paroissiale de Saint Sever de-Rustan, à payer le commun service et, le 22 du même mois, il payait un menu service, soit 3 florins 1 sol 11 deniers (A Stato, *Obl*. 1422-1428, fol. 149 r° et *Obl* 1423 1428, fol. 163 v°)

3 Il fut pourvu de ce monastère sur l'ordre du pape par l'abbé de Larreule, diocèse de Tarbes L'année suivante, le chapitre du monastère fit savoir au pape que l'acte de cession avait été arraché à Manaud de Barbazan par la force, car, depuis plusieurs années, Arnaud-Guillaume de Barbazan, seigneur de Visker, le détenait dans cette forteresse et percevait les revenus de la mense abbatiale. D'ailleurs, le chapitre préfère l'ancien abbé à un abbé commendataire et espère que la présence de Manaud dans le monastère lui sera utile. — Supplié en outre par Jeanne, comtesse d'Astarac, seigneuresse de Saint-Sever et parente de Manaud de Barbazan, Nicolas V ordonna à l'abbé de l'Escale Dieu, aux officiaux de Lombez et de Tarbes, d'ouvrir une enquête et, si les faits allégués plus haut sont vrais, d'annuler le choix fait de Carbon de Jussan, et d'excommunier Arnaud-Guillaume de Barbazan et ses complices si, 15 jours après le monitoire pénal, ils n'ont pas rendu la liberté à Manaud de Barbazan. (*Reg. Vat* 408, fol 44 r°, 18 décembre 1448).

4 Il paye le 23 septembre pour le commun service de son monastère par la banque des Baroncelli, 33 florins 16 sols 8 deniers. Devenu évêque titulaire de Sidon le 9 août 1476 (Eubel, *op. cit*., II, p 260), il s'obligea de nouveau le 4 septembre 1476 et c'est par erreur que le notaire de la Chambre a écrit dans l'acte d'obligation *ratione commende* au lieu de *ratione detentionis* (*Obl et Sol* 84, fol 152 v°). La bulle était du 12 août 1476

5. Ce furent : Pierre de Foix, cardinal diacre des Saints Côme et Damien, pourvu le 9 octobre 1489 (A Stato, *Obl*. 1489 1492, fol. 36 v°, 28 janvier 1490), Roger de Montaut de Navailles, chanoine de Tarbes, pourvu le 25 septembre 1489 (*id*., fol 85 r°, 9 mai 1491) et Pierre du Faur, clerc du diocèse d'Auch, docteur ès décrets (Bibl nat, lat 13080, fol. 20 r°), pourvu le 18 février 1491 (A Stato, *Obl*. 1489 1492, fol 96 v°, 27 août 1491)

1492, 22 juin. — **Roger de Montaut de Navailhes** [1], protonotaire du Saint-Siège.   Arch. Vat , *Acta Camerarii*, I, fol. 23, v°.

Il mourut à Rome en 1514.

1514.   **Jean de Bazillac,** conseiller au Parlement de Toulouse [2]. *Gallia Christiana*, I, col. 1245.

Il mourut en 1541 [3].

1542, 27 janvier.   **Philippe Trivulce,** archevêque de Raguse. Arch. Vat., *Acta Cancellarii*, IV, fol. 142 v°.

Il eut pour successeur son frère

1544, 5 mars. — **Augustin Trivulce,** cardinal.   Arch. Vat., *Acta Cancellarii*, IV, fol. 183 r°.

Il mourut en 1548.

Jean Bouchet.

Il eut pour successeur

1555, 18 décembre. — **Louis de Vaumonstreuil de Saigny,** recteur des églises paroissiales de Senuc et de Montigny et prieur des prieurés de Notre-Dame des Rosiers et d'Harcourt, de l'ordre de Cîteaux [4]. — Arch. Vat., *Acta Cancellarii*, VI, fol. 279.

Il résigna en faveur de

1560, 5 avril. — **Jacques Le Vassor,** recteur de l'église paroissiale d'Ardenay et prieur du prieuré de Saint-Lazare de Blois, O. S. A., diocèse de Chartres [5]. — Arch. Vat., *Acta Camerarii*, IX, fol. 18 v°.

---

1 L'acte du cardinal camérier est ainsi rédigé « Die veneris, 22 mensis junii, ad relationem cardinalis Senensis [François Todeschini Piccolomini, cardinal diacre du titre de Saint Eustache] admisit cessionem monasterii Sancti Severi de Rostagno, Tarviensis di , in manibus suæ sanctitatis factam per D Johannem de Magnavilla et Dominicum de Munio et illi de persona Rogerii de Montalto providit. » Les deux personnages cités dans cet acte étaient probablement les procureurs des prélats évincés. Le Parlement de Toulouse, auquel l'affaire avait été évoquée, attribua l'abbaye de Saint Sever à Roger de Montaut le 24 juillet 1500. (Arch départementales de la Haute Garonne, B 11, fol 258)

2. Il fut élu évêque de Carcassonne mais son compétiteur, soutenu par le roi, l'emporta.

3. Larcher place en 1552 la date de sa mort Les documents romains mentionnent sa mort en 1541 . l'acte d'obligation de son successeur porte que le monastère était vacant *per obitum Johannis de Bazillaco* (A. Stato, *Obl* 1540 1550, fol 59 v°.)

4 Il devait résigner dans les quatre mois une des deux cures et un des deux prieurés à son choix

5 Il n'était pas encore pacifique possesseur du prieuré, dès qu'il le serait devenu, il devait se démettre de son église paroissiale dans les six mois suivants.

1571. — **Jean de Sabathier,** clerc du diocèse de Toulouse. — Larcher, *Glanages*, IX, p. 331.

1576. — **Michel de Sabathier,** neveu du précédent. — Larcher, *Glanages*, IX, p. 331.

Il eut pour successeur

1608, 28 juillet.   **Charles de Roy,** licencié *in utroque*, clerc du diocèse de Nevers [1]. — Arch. Vat., fonds Borghèse, *Acta Consistorialia*, I, p. 181.

Il eut pour successeur

1624, 26 janvier.   **Robert Mascon.** — A. Stato, *Obl.* 1623-1639, fol. 17 r°, 3 juin 1624.

L'abbaye lui fut disputée par Hector Douvrier qui dut s'en rendre possesseur, car elle est déclarée vacante « *per obitum cognominati Roy ac juris cessionem Hectoris Douvrier* » dans l'acte consistorial nommant

1628, 21 février. — **Guillaume de Richard,** prêtre du diocèse de Toulouse, docteur *in utroque*, conseiller au Parlement de Toulouse [2]. A. Stato. *Obl.* 1623-1639, fol. 114 v°, 27 mars 1628).

Il résigna en faveur de

1649, 22 octobre.   **Amand de Senault,** conseiller au Parlement de Toulouse [3]. — A. Stato, *Obl.* 1640-1652, non fol., 17 janvier 1650.

Il mourut à Toulouse le 4 février 1679 [4].

1680 [5]. — **François du Château de la Barre,** prévôt de l'église collégiale Saint-Pierre d'Aire [6]   Archives départementales des Hautes-Pyrénées, B 125 et H 396.

Il mourut en avril 1712.

---

1 Il était obligé de recevoir dans l'année les ordres sacrés. L'abbaye de Saint Sever de Rustan était vacante *per obitum Michaelis*; donc, Jean de Berthier, évêque de Rieux, mentionné parmi les abbés de Saint Sever par Larcher (*Glanages*, IX, p. 331) n'aurait jamais été canoniquement pourvu de cette abbaye

2. Il put conserver les prieurés de Lansac, au diocèse d'Alet, et de Monteroy, diocèse de Montauban Il unit ce monastère à la congrégation de Saint-Maur En 1636, Pierre d'Asta, prieur claustral, était son vicaire général dans ce monastère (Archives départementales des Hautes Pyrénées, H 404.)

3 Il céda à Guillaume de Richard le prieuré séculier des Saints Julien et Saturnin de Croussels, au diocèse de Vabres (Arch. dép Hautes Pyrénées, H 124)

4 Bibl nat , lat 12751, fol 341

5 Cette date et les deux suivantes sont celles du brevet royal

6 Il ne s'est jamais fait buller (Arch dep Hautes Pyrénées. H 124)

1712, mai. — **Louis de Biaudos de Castéjas,** chanoine de Dax. — Arch. dép. Hautes-Pyrénées, H 124 et 129.

1727, 25 août.   **François d'Abbadie d'Arboucave,** docteur en théologie. — Arch. dép. Hautes-Pyrénées, H 395.

1735. — **Antoine -Vincent de Noguès de Gerderest,** prêtre du diocèse de Lescar, chanoine et vicaire général de Verdun [1]. Arch. dép. Hautes-Pyrénées, H 128.

1782 [2]. — **Marc-René-Marie de Sahuguet d'Espagnac.** — Arch. dép. Hautes-Pyrénées. H 397.

   Il fut guillotiné le 5 avril 1794 avec Danton, Camille Desmoulins et Fabre d'Eglantine [3].

§ 3. — *Abbés de Saint Savin de Lavedan, O. S. B.* [4].

Fortaner d'Avezan.

1316.   **Sanche de Luz.** — Larcher, *Glanages*, XXV, p. 302.
   Il eut pour successeur

1344. — **Bernard de Hus** [5], prieur de Sainte-Marie de Barèges, moine de Saint-Savin.   Archives départementales des Hautes-Pyrénées, H 95.
   Il eut pour successeur

1361, 2 août. — **Sanche d'Abadie,** prieur claustral de Saint-Savin, élu et confirmé par le pape. — *Gallia Christiana*, I, col. 1251.

Obédience d'Avignon. — Quand Sanche mourut, Clément VII nomma

1382, 8 avril.   **Jacques de Bégolle,** sacriste du monastère de Saint-Pé-de-Générez. — *Reg. Avenion*. 228, fol. 41 r°.
   Il eut pour successeur

1405, 6 novembre. — **Raymond-Arnaud de Bégolle,** bachelier ès décrets, prieur de Peyrissas, diocèse de Comminges. — *Reg. Avenion*. 325, fol. 77.

---

1. En 1737, le monastère comptait les religieux suivants : Joseph Nicolay, prieur, dom Jean Baptiste Cabanès, sous-prieur, dom Augustin Albin, dom Philippe Dutfaut, dom François Bernard, dom Christophe Lamothe et dom François Bédos.
2. 1781 d'après l'*Almanach royal*, 1785, p 87.
3. Edmond Biré, *Paris en 1793*, p 184, note 2
4. Cette abbaye était taxée 300 florins.
5. D'après dom Estiennot, il s'appelait d'Aure (Bibl. nat , lat. 12761, fol 325)

Obédience de Rome. — A la mort de Sanche d'Abadie, Urbain VI nomma

1382. **Dominique de Foix**, prieur de Gabaret, diocèse d'Auch [1], collecteur de la Chambre apostolique en Gascogne [2].

1419, 4 août. — **Raymond-Garsie de Lavedan**, chanoine et archidiacre de Tarbes [3]. — *Obl. et Sol.* 58, fol. 75 1°.

Il eut pour successeur

1441, 17 mai. — **Pierre de Foix**, cardinal-évêque d'Albano [4]. — *Reg. Lateran.* 279, fol. 312 v°.

Il résigna cette abbaye par l'intermédiaire de Guillaume de Sansac, chanoine d'Aire, sous réserve d'une pension de 250 ducats d'or, en faveur de son familier

1455, 31 janvier [5]. **Godefroy de Bazillac**, clerc du diocèse de Tarbes, bachelier ès décrets, prieur de Bénac [6]. — *Reg. Lat.* 436, fol. 218 v°.

Il résigna en faveur de

1462, 26 novembre. — **Pierre de Foix** [7], âgé de 14 ans [8], clerc du diocèse de Lescar, prieur de Saint-Lézer [9]. *Reg. Vat.* 488, fol. 201.

---

1. Larcher, *Glanages*, IX, 30

2 *Diversa Cameralia*, I, fol. 284 r°.

3. Il était fils d'Arnaud de Lavedan et de Sibille de Coarraze. (Bourdette, *Les Vicomtes du Labéda*, p 157)

4 Il devait, après la prise de possession de Saint Savin, céder la commende du monastère de Saint Volusien de Foix.

5 Les bulles ne furent pas expédiées avant la mort de Nicolas V Elles le furent par Calixte III en la forme *Ratione congruit* et en date du 20 avril 1455

6. Le 11 septembre 1455, en considération du cardinal Pierre de Foix l'Ancien, le pape lui accordait, pour une nouvelle période de 5 ans, le prieuré de Bénac qui, vacant par la mort de Bernard de Courrèges, lui avait été conféré 4 ans auparavant par Raymond-Aymeric, abbé de Saint Pé-de-Génerez (*Reg. Vat* 439, fol. 94 r°.) Dans cette bulle est mentionnée la dispense accordée par Eugène IV à Godefroy de Bazillac, âgé de 20 ans, par laquelle il l'autorisait à posséder quatre bénéfices incompatibles Le 30 avril 1462, il fut nommé évêque de Rieux (Eubel, *op cit*, II, p. 246), le 14 mai, il paya le commun service de son évêché (*Introitus et Exitus*, 449, fol. 77 v°), et le 20, celui du monastère de Saint Savin (*Introitus et Exitus*, 449, fol 80 v°)

7. Il était fils de Gaston, comte de Foix et d'Eléonore de Navarre, et petit neveu du cardinal Pierre de Foix l'Ancien.

8. Il nomma pour vicaire général dans son monastère Arnaud de Gerc, chanoine de Lescar et archidiacre de Saubestre (Larcher, *Glanages*, IX, 302)

9. Dans la suite, il posséda les abbayes de Sainte Croix de Bordeaux, de Lézat et de Sorde Nommé à l'évêché d'Aire le 31 juillet 1475, il conserva la commende de

Il résigna en faveur de

1485, 16 septembre. **Jean de Foix,** évêque de Comminges [1]. — *Revue de Comminges,* 1907, p. 80.

Il eut pour successeur

1499, 22 août. **Amanieu d'Albret,** évêque élu de Comminges [2]. — A Stato, *Obl.* 1498-1502, fol. 73 r°, 13 mars 1500.

Il résigna en faveur de

1500, 7 août. — **Paul de Béarn,** plus tard abbé de Boulbonne et évêque de Lescar [3]. Arch. Vat., *Acta Camerarii,* I, fol. 88 r°.

Il eut pour successeur

1534, 2 mai. **Antoine [François] de Roquefort,** clerc du diocèse de Pamiers [4]. A. Stato, *Obl.* 1531-1534, fol. 83 v°, 17 juin 1534.

Il eut pour successeur

1538, 6 février. **Nicolas d'Angu,** doyen de l'église de Chartres [5], lieutenant général et chancelier du roi de Navarre, évêque de Séez le 9 juin 1539 et transféré à Mende le 12 août 1545. — Arch. Vat., *Acta Cancellarii,* IV, fol. 52 v°.

Il résigna en faveur de

Saint-Savin et paya de nouveau le commun service de cette abbaye le 13 octobre 1475. (*Obl. et Sol.* 84, fol. 228 v°.)

1. Le 22 septembre 1485 il paye, par l'intermédiaire d'Antoine de Palatz, 71 florins 20 bolognini pour le commun service de Saint Savin (*Introitus et Exitus,* 512, fol. 3 r°). Mais il dut être inquiété dans la possession du monastère, car le 2 juin 1489, il était réintégré en sa possession (Archives départementales de la Haute Garonne, B 8, fol. 88.)

2. Le 1ᵉʳ janvier 1500, Alexandre VI lui avait conféré le monastère de Saint Amand, O. S. A. diocèse de Sarlat, et lui avait fait remise de tous les droits.

3. Il paya le commun service le 14 août 1500 et l'obligation n'est datée que du 17 (A. Stato, *Obl.* 1498-1502, fol. 90 r°) Sur ce personnage, on lit dans la *Revue de Comminges,* 1907, p 83 84 « Jean de Foix fit légitimer en juillet 1498 ses deux enfants naturels, Paul et Urbain. Il avait eu le premier avec Catherine de Beyria et le second avec Jeanne Vrasson, qui n'étaient point mariées Il est dit dans les lettres patentes qu'ils étaient fils de l'évêque de Comminges et ils sont nommés de Byarn *alias* de Comenge C'étaient probablement les enfants de son frère Bernard qui s'était retiré dans le Comtat où il mourut, étant sans doute disgracié de la cour de France. »

4. Il s'oblige par l'intermédiaire de Manaud Daignan, clerc du diocèse d'Oloron

5. Dans l'acte d'obligation (A. Stato, *Obl.* 1534-1540, fol. 105 v°, 11 février 1538), les bulles sont dites datées du 23 décembre 1537 et Antoine de Roquefort est appelé François.

1545, 26 août. — **François de Foix-Candale**, chanoine de Bordeaux [1], plus tard évêque d'Aire. — Barb. lat. 2932, fol. 208 r°.

Il mourut le 5 février 1594 et l'abbaye vaqua pendant 17 ans [2].

1611, 31 août. **Jean-Michel de Montaut de Saint-Sivié**, clerc du diocèse de Tarbes, chanoine et archidiacre de Saint-Etienne de Toulouse, et prieur de Saint-Maurice de Montbron [3]. Arch. Vat., fonds Borghèse, Acta Consistorialia, I, p. 329.

Il eut pour successeur

1651, 28 septembre. **Jean-Jacques de Tersac de Montberaud de Vernajon,** neveu du précédent, clerc tonsuré du diocèse de Pamiers [4]. A. Stato, Obl. 1640-1652, non fol., 18 mai 1652.

Il eut pour successeur

1683. — **Michel de Jonquières.** — Larcher, Glanages, IX, p. 303.

Il résigna en faveur de

1695, 14 avril. **Antoine Juif,** chanoine de Narbonne. — A. Stato, Obl. 1680-1697, non fol., 28 avril 1695.

Il eut pour successeur

1724, 26 juin. — **Vincent Baillif,** prêtre du diocèse de Vannes, licencié de Sorbonne, chanoine, précenteur et vicaire général de Tarbes [5]. Barb. lat. 2920, fol. 71 r°.

Il eut pour successeur

---

1. Dans l'acte d'obligation du 9 octobre 1545, les bulles sont datées du 2 juillet et le monastère est déclaré vacant par la cession de commende de Nicolas d'Angu. (A Stato, Obl 1540-1550, fol. 133 r°.) Dom Estiennot qu'a suivi M. Degert (cf. Revue de Gascogne, 1907, p 497), a commis une faute de lecture Il a pris le monasterium Sancti Severini (car Saint Savin est appelé ainsi en quelques endroits) pour Saint-Sever-de Rustan où, à la même époque en effet, le cardinal Trivulce succédait à son frère Philippe, archevêque de Raguse, comme abbé commendataire (Cf. Saint-Sever-de Rustan, p 107)

2 Le monastère de Saint Savin fut-il compris parmi les bénéfices que le duc d'Epernon sollicita et obtint d'Henri IV pour un de ses enfants ? C'est possible, car la vacance dura 17 ans et dans l'acte consistorial de Jean de Saint-Sivié le monastère est déclaré vacant « per obitum Francisci episcopi Adurensis ».

3 Il était obligé de se faire promouvoir aux saints ordres et avait la faculté de conserver le prieuré de Montbron pendant six mois.

4. Son oncle Jean Michel s'était démis en sa faveur du prieuré de Saint-Maurice de Montbron, de l'ordre de Cluny, diocèse d'Angoulême, de ses canonicat et archidiaconé de l'église métropolitaine de Toulouse, sous réserve d'une pension annuelle et viagère de 1.000 livres, payable tous les ans à la fête de Noël. (J. Bourdette, Notice des Seigneurs de Cohitte en Labéda, p 100)

5 Il souscrivit son obligation le 3 juillet 1724 (A Stato, Obl 1713-1728, non fol)

1731, 12 février [1]. — **Joseph de Monlezun de Saint-Lary**, vicaire général d'Auch [2]. — Barb. lat. 2922, fol. 313 r°

Il mourut le 11 mars 1782.

1782, 21 mai. — **Jacques Junot** [3], dernier abbé de Saint-Savin-de-Lavedan [4] — A. Stato, *Obl.* 1767-1783, non fol., 4 septembre 1782.

§ 4. — *Abbés de Saint Pé de Génerez, O. S. B.* [5].

1301. **Guillaume-Arnaud.** *Revue de Gascogne*, 1888, p. 39.

Il est suspendu de ses fonctions pour avoir dissipé les biens de l'abbaye par des aliénations arbitraires par bulle du pape Clément V, 25 mai 1310, confiant provisoirement l'administration du monastère à l'abbé de Saint Vincent du Lucq. *Annuaire du Petit-Séminaire de Saint-Pé*, t. XXI, p. 443.

1314, 4 mars. **Guillaume**, moine du monastère de Sainte-Quitterie d'Aire. — *Regestum Clementis* V, n° 10230.

Il eut pour successeur

1328, 20 juin. — **Bernard de la Garde**, abbé du monastère de Saint-Bénigne-du-Fruitier au diocèse d'Ivrée. *Reg. Vat.* 87, ep. 2812.

Il eut pour successeur

1335. 9 juillet. **Hugues de Laas** [6], moine de l'abbaye de Saint-Pé, élu par compromis par le chapitre et confirmé par Benoît XII. — J.-M. Vidal, *Benoît XII, Lettres communes*, n° 22.

Il eut pour successeur

1374, 11 janvier. — **Raymond-Arnaud de Bazillac**, sous-diacre,

---

1. La nomination royale dut être faite en 1729, date donnée par l'*Almanach royal*, 1740, p. 57
2. Il eut pour frères Henri de Monlezun, marquis de Monlezun, seigneur de Saint Lary, Laguian, Betplan, Haget et autres places, et un autre Henri de Monlezun, abbé de La Capelle. (Archives départementales des Hautes-Pyrénées, B 392, fol. 33.)
3. Il prit possession le 19 juillet 1782. (Archives départementales des Hautes-Pyrénées, H 387.)
4. *Almanach royal*, 1790
5. Cette abbaye était taxée 350 florins
6. Il est appelé Hugues de Laas par M. G. Balencie, *Annuaire de Saint-Pé*, 1888, p 340.

prieur de Bénac[1], diocèse de Tarbes, élu par les moines ignorant la réserve pontificale et confirmé par Grégoire XI ; il occupa le siège abbatial de Saint-Pé pendant le Grand Schisme d'Occident et fut fidèle aux papes d'Avignon. — *Reg. Avenion.* 193, fol. 36 r°.

Obédience de Rome. Raymond-Arnaud de Bazillac fut privé du monastère par Urbain VI qui nomma

Dominique de Foix, abbé de Saint-Savin, vicaire au spirituel et au temporel de l'abbaye de Saint-Pé. — *Reg. Vat.* 310, fol. 325.

Raymond-Arnaud de Bazillac résigna, sous réserve d'une pension de 100 florins d'or, en faveur de

1423, 27 juillet. **Raymond-Aymeric de Bazillac,** bachelier ès décrets, moine de l'ordre de Saint-Benoît[2]. — Arch. Vat., *Armarium XII*, t. 121, fol. 166.

Il eut pour successeur

1476, 13 février. **Théodore de Montferrat,** cardinal-diacre du titre de Saint-Théodore. — *Reg. Lateran.* 758, fol. 174 v°.

Il résigna en faveur de

1480, 31 janvier[3]. — **Anerot de Cohitte**[4]. - A. Stato, *Quittanzie*, 1471-1484, fol. 93 v°.

Il eut pour successeur

1507. — **Jean de Carrère.** — *Annuaire du Petit-Séminaire de Saint-Pé*, XI, 272.

1535. — **François d'Antin** possédait déjà le monastère de Saint-Pé qu'il obtint de garder quand il fut pourvu du monastère d'Eaunes, de l'ordre de Cîteaux, diocèse de Toulouse, le 15 janvier 1535. Arch. Vat., *Acta Camerarii*, II, fol. 1 v°.

A sa mort, vers 1559, deux compétiteurs obtinrent les bulles de ce monastère.

---

[1] Son successeur au prieuré de Bénac fut Vital d'Abbadie, moine de l'abbaye de Santa-Maria de Amer, diocèse de Gerona (*Reg. Vat.* 193, fol. 206 r°, 5 décembre 1374.)

[2] Le 12 août 1423, il s'oblige au payement du commun service par l'intermédiaire de son procureur Brunet de Palatz, archiprêtre de Monfaucon, diocèse de Tarbes. (A. Stato, *Obl.* 1422-1428, fol 57 v°.)

[3] C'est la date du payement de son commun service.

[4] C'était le quatrième fils de Bertrand de Labéda, seigneur de Cohitte (J. Bourdette, *Notice des seigneurs de Cohitte*, p. 59.)

1560, 5 avril.   **François de Bertrand,** moine de l'ordre de Saint-Benoît [1]. — Arch. Vat.. *Acta Camerarii*, IX, fol. 18 r°

Il fut évincé par

1560, 13 septembre.   **Bernard de la Porte,** clerc du diocèse de Tarbes.   Arch. Vat., *Acta Cancellarii*, VIII, fol. 60 v°.

Il eut pour successeur

1566, 15 novembre.   **Jean d'Estornes d'Angosse,** moine de Saint-Pé [2].   Arch. Vat., *Acta Camerarii*, IX, fol. 155 v°.

Il eut pour successeur

1611, 16 mars [3].   **Arnaud I de Maytie.**   Larcher, *Glanages*, IX, p. 295.

Il eut pour successeur

1623, 3 janvier.   **Arnaud II de Maytie,** évêque d'Oloron. — A. Stato, *Obl.* 1613-1623, fol. 214 r°.

Il eut pour successeur

1635, 3 janvier. — **Arnaud III de Maytie.** — A. Stato, *Obl.* 1623-1639, non fol., 18 avril 1637.

1659, 1ᵉʳ décembre. — **Jean de Barthet,** chanoine de Lescar. — Arch. Vat., *Armarium XIII*, t. 66, non fol.

Il mourut le 29 mai 1689 [4].

1691, 15 juillet [5]. — **Raymond Dalon** [6].   *Annuaire du Petit-Séminaire de Saint-Pé*, VI, 133 ; XI, 275.

Il eut pour successeur

1725, 23 juillet.   **Louis-Joseph de Lons,** prêtre du diocèse de Lescar, seigneur de Crouseilles.   Barb. lat. 2920, fol. 456 v°.

Il eut pour successeur

1746, 17 janvier.   **Jean-Baptiste Dejean de Lezons,** prêtre du diocèse de Lescar, docteur en théologie, prieur de Sainte-Foy de Morlaas, chanoine de la cathédrale de Lescar, chancelier de

---

1. Il pouvait, pendant six mois, conserver la paroisse d'Arnouville, diocèse de Rouen.
2. Il fut le dernier abbé régulier. Il fit son héritier noble Henri d'Angosse, seigneur de Saint-Germès (Archives départementales des Hautes-Pyrénées, B 162.)
3. C'est la date de la nomination royale
4. *Gallia Christiana*, I, col 1256.
5. La date de la nomination royale est le 14 août 1689
6. Il était le second fils de Raymond Dalon, premier Président au Parlement de Pau et de Catherine Durribeau (De Dufau de Maluquer et de Jaurgain, *Armorial de Béarn*, t I, p. 2)

l'Université de Pau (12 juin 1741) et vicaire général de Lescar [1].
— Arch. Vat., *Acta Consistorialia Benedicti XIV*, 1746-1749, fol. 3 r°.

Il mourut le 5 juillet 1769 et eut pour successeur.

1770, 16 janvier. — **Charles de Mun-Sarlabous,** archidiacre de l'église de Comminges et vicaire général du diocèse. — *Annuaire du Petit-Séminaire de Saint-Pé*, t. XIII, 262, 349.

Il démissionna et eut pour successeur

1782, 11 juillet [2]. — **Jean-Baptiste de Rey,** chanoine de Castres, dernier abbé de Saint-Pé. — *Annuaire du Petit-Séminaire de Saint-Pé*, t. XIII, 349.

§ 5. — *Abbés de Saint-Orens de Larreule ou de La Réole, O. S. B.* [3].

Bon d'Avéraède [4].

Il fut transféré au siège abbatial de Tabistoch, diocèse d'Exeter.

1329, 2 février. — **Guillaume Hunaud de Lanta,** évêque de Tarbes, administrateur. — *Reg. Vat.* 89, ep. 866.

Cette commende fut révoquée par Benoît XII qui nomma

1336, 30 avril. — **Arnaud de Tusaguet,** moine de Lézat. — J.-M. Vidal, *Benoît XII, Lettres communes*, n° 4064.

Il eut pour successeur

1362, 13 mai. — **Adémar [de Cariac]** [5], sacriste du prieuré conventuel de Saint-Lézer, de l'ordre de Cluny. — *Reg. Avenion.* 148, fol. 105 r°.

Il eut pour successeur

1375. — **Géraud.** — Larcher, *Glanages*, IX, p. 55.

Il eut pour successeur

---

1. De Dufau de Maluquer et de Jaurgain, *Armorial de Béarn*, t. II, p. 191-192.
2. C'est la date de la prise de possession. *Annuaire du Petit-Séminaire de Saint-Pé*, XIII, 349.
3. Cette abbaye était taxée 50 florins.
4. Il est appelé abbé de Larreule dans un acte du 31 mars 1318, afflèvement d'un casau et de 10 journaux de terre à W. de Peyrot. (Bibl. nat., lat. 12751, fol. 282 v°.)
5. Larcher (*Glanages*, IX, p. 55) l'appelle de Cariac et lui assigne comme dates 1362-1375.

1385, 1ᵉʳ mars. **Bertrand,** moine de ce monastère, élu par les religieux malgré la réserve pontificale portée du vivant de Géraud, confirmé par Clément VII [1]. *Reg. Avenion.* 239, fol. 130 v°.

Il résigna en faveur de

1428, 10 septembre. **Jean de Sos,** moine et sacriste de ce monastère. — *Reg. Lateran.* 280, fol. 181 v°.

1465, 6 janvier. — **Alain de Coëtivy,** cardinal-évêque de Palestrina. — A. Stato, *Obl.* 1464-1471, fol. 15 r°, 28 mai 1465.

Il résigna, sous réserve d'une pension de 60 écus de France payable à Toulouse et de la faculté du regrés, en faveur de

1466, 24 mai. — **Jean du Bourg l'Ancien,** bachelier ès décrets, prêtre du diocèse de Tarbes [2]. *Reg. Vat.* 525, fol. 255.

Il résigna en faveur de

1474, 7 septembre. — **Jean du Bourg le Jeune,** archiprêtre de Beaumarchès, diocèse d'Auch [3]. — *Obl. et Sol.* 84, fol. 202 r°.

Il eut pour successeur

1494, 16 février [4]. — **Dominique de Molias,** sacriste de Saint-Orens de Larreule, élu par le chapitre [5]. — Archives départementales des Hautes-Pyrénées, H 33.

Il eut pour successeur

---

1. Le 14 avril 1388 eut lieu le partage des biens du monastère de Larreule entre Bertrand, abbé dudit monastère, et les religieux et recteur dudit Larreule (Archives départementales des Basses Pyrénées, E 136, original parchemin.) — Il était peut être inquiété dans la possession de ce monastère quand il obtint une bulle par laquelle Clément VII ordonnait à l'évêque de Tarbes de le pourvoir du monastère de Larreule, vacant par la mort de Géraud et de l'absoudre des censures qu'il avait encourues en consentant à son élection faite contre la réserve ignorée, 17 mars 1393 (*Reg Vat.* 306, fol 17 v°.)

2 Jean du Bourg s'oblige personnellement le 16 juin 1466. (A Stato, *Obl.* 1464-1471, fol 52 v°.)

3 Dans l'acte d'obligation, Jean du Bourg s'oblige « ratione commende sibi faciende per bullas sub data Rome VII kal an. III *(sic)* ». La commende n'était pas ferme, elle ne devait sortir son effet qu'après la prise de possession de l'archidiaconé de Montaneres, diocèse de Tarbes, occupé par un intrus. Très probablement, Jean du Bourg le Jeune avait été pourvu de l'archidiaconé dont il n'avait pu prendre possession et il cédait ses droits à Jean du Bourg l'Ancien en échange du monastère de Larreule

4 Larcher donne comme date le 9 mars (*Glanages,* IX, p 55.)

5 Il y eut entre Dominique de Molias et Raymond-Garsie de Castelbajac, prieur séculier de Clarac et de Libaros, une transaction fort curieuse, ainsi mentionnée au vol 1492 1498 des *Obligationi per communi servizi* « Die X octobris 1496, Gregorius

1501, 9 mars. **Jean de Castelbajac.** A. Stato, *Obl.* 1498-1502, fol. 118 v°.

Il mourut en 1530 [1].

1530, 5 juin. — **Arnaud-Guilhem de Orte,** sacriste de ce monastère, élu par le chapitre. — Larcher, *Glanages*, IX, p. 55.

Il résigna le 23 juin 1530 [2] en faveur de

1530, 29 octobre. — **Jacques de Foix,** évêque d'Oloron [3]. — A. Stato, *Obl.* 1531-1534, fol. 12 r°, 12 juillet 1531.

1567. — **Roch Pellegrini.** — Archives départementales des Basses-Pyrénées, E 136, orig. parchemin.

Louis, cardinal d'Este.

Il eut pour successeur

1601, 29 mai. — **François Chabot,** chanoine de Niort. A. Stato, *Obl.* 1588-1603, fol. 199 v°, 9 juillet 1601.

Il eut pour successeur

1629, 31 mars. — **Philippe** [4] **de Baudéan.** — A. Stato, *Obl.* 1623-1639, fol. 157 v°, 30 août 1630.

Il résigna en faveur de

1637, 18 janvier. — **Jean de Baudéan.** — A. Stato, *Obl.* 1623-1639, non fol., 2 février 1637.

Il se maria et perdit ses droits à cette abbaye.

1644, 15 septembre. — **César de Baudéan.** — A. Stato, *Obl.* 1640-1652, non fol., 3 décembre 1644.

Il eut pour successeur

Larrive, clericus Lugdunensis, nomine Raymundi Garsie de Castrobajaco, prioris prioratus secularis de Claraco et [de Liberato, di Tarviensis, obtulit Camere pro communi servicio monasterii Sancti Orienti de Regula, O S B, dicte Tarviensis di ratione unionis ejusdem monasterii et prioratus de Claraco et de Liberato ad domini Dominici abbatis monasterii Sancti Orienti et ipsius domini Raymundi superstitis vitam invicem et superstite hujusmodi decedente perpetuo unitorum sub data Rome pridie idus septembris an. V concesse florenos auri di Camera 58 ad quod dictum monasterium taxatum reperitur » (A Stato, *Obl* 1492 1498, fol 155 v°.)

Ce ne fut pas Raymond Garsie qui profita de cette union, mais un de ses parents

1. Larcher, *Glanages*, IX, p 55
2. Larcher, *Glanages*, IX, p 55
3. Il contracta une nouvelle obligation le 30 janvier 1535 et paya une seconde fois le commun service de ce monastère, quand il fut transféré à l'évêché de Lescar par bulles en date du 11 novembre 1534 (A Stato, *Obl* 1535 1540, fol 8 v°.)
4 Il est appelé Henri dans la *Gallia Christiana*, I, col 1258, et dans Larcher (*Glanages*, IX, fol 56) Celui ci le dit fils d'Henri, seigneur de Parabère, et de Catherine de Pardeillan.

1678, 20 mars. — **Gilbert Flament,** aumônier du roi [1]. — *Gallia Christiana*, I, *Animadversiones*, col. LIII

Il résigna en faveur de

1700, 22 mai. — **Marie-Frédéric Green de Saint-Marsault de Chastellaillon,** docteur de Sorbonne, chanoine théologal dans la cathédrale de La Rochelle, prévôt de Saint-Justin dans l'église métropolitaine d'Auch. — A. Stato, *Obl.* 1697-1706, fol. 41 v°, 7 juin 1700.

Il eut pour successeur [2]

1744. **Charles de Beaupoil de Saint-Aulaire.** Archives départementales des Hautes-Pyrénées, C 137. Sa réception aux Etats de Bigorre.

Il eut pour successeur

1761, 12 décembre. — **Valentin de Casamajor de Charitte,** prêtre, docteur de Sorbonne, chanoine de Lescar, conseiller du Roi au Parlement de Navarre [3], dernier abbé de Saint-Orens de Larreule. — A. Stato, *Obl.* 1756-1767, non fol., 10 décembre 1761.

§ 6. — *Abbés de Saint Pierre de Tasque, O. S. B.* [4].

Pèlerin de Génos

eut pour successeur

1329, 18 mars. — **Raymond du Faur (de Fabro),** moine de Saint-Mont [5]. — *Reg. Vat.*, 90, ep. 1826.

---

1 Il avait pour vicaire général, dans ce monastère, le prieur Jean Lamon. (Archives départementales des Hautes-Pyrénées, B 297.)

2 Larcher (*Glanages*, IX, fol 56) mentionne parmi les abbés de Saint-Orens de Larreule, Marc Antoine de Beaupoil de Saint Aulaire, prieur de Sainte-Madeleine du Castéret, archidiacre de Rivière Basse et vicaire général de Pierre de Beaupoil de Saint-Aulaire, évêque de Tarbes, 1743 Il céda l'abbaye de Saint Orens de Larreule à Charles Denis-Jacques de Beaupoil de Saint Aulaire, du diocèse de Limoges, chanoine et archidiacre de Tarbes, nommé le 7 mai 1751

3. Il était le second fils de Charles de Casamajor de Charitte et de dame Marguerite-Françoise d'Andoins et fut baptisé à Pau le 14 février 1730. Par lettres royales du 20 juillet 1786, il fut nommé directeur ecclésiastique de l'Université de Pau Emigré à la Révolution, il mourut à Benevente (Espagne), le 9 août 1801 (Dufau de Maluquer, *op cit* I, p. 93)

4. Cette abbaye était taxée 50 florins

5. A la mort de Pèlerin, le chapitre ne put s'accorder pour l'élection Les uns nommèrent Auger, moine de l'abbaye de Figeac, de l'ordre de Cluny, diocèse de

Il eut pour successeur

1362, 27 avril. — **Pierre**, bachelier ès décrets, sous-diacre, camérier du monastère de Simorre. — *Reg. Avenion.* 146, fol. 109 v°.

Raymond. — *Le Souvenir de Bigorre*, t. III, fol. 297.

Brun. — *Le Souvenir de Bigorre*, t. III, fol. 297.

1392-1397. — **Pierre d'Aubarède.** — *Le Souvenir de Bigorre*, t. III, fol. 297.

1414. — **Guillaume d'Ossun.** — *Le Souvenir de Bigorre*, t. III, fol. 297.

Obédience d'Avignon. — **Bernard de Serranto.** — *Le Souvenir de Bigorre*, t. III, fol. 297.

Il fut privé de ce monastère par Benoît XIII [1] qui nomma abbé commendataire

1423, 17 octobre. — **Manaud**, abbé de Lézat [2]. — *Reg. Vat.*, 329, fol. 189 r°.

1433, 30 mai. — **Jean de Béon.** — *Obl. et Sol.*, 70, fol. 59 v°.

Pierre de Rivière.

Il fut transféré à l'abbaye de Montier-en-Der, diocèse de Châlons-sur-Marne, et eut pour successeur à Tasque son frère

Cahors, les autres Bernard de Génos, sacriste de Tasque. L'évêque de Tarbes, auquel il appartenait de confirmer dans sa charge le nouvel élu, cassa les deux élections, et les deux candidats en appelèrent au pape. Auger vint en personne en Avignon et fut pourvu de l'abbaye de Baignes, au diocèse de Saintes. Bernard ne se fit même pas représenter quoique canoniquement cité par Jean, cardinal du titre de Sainte-Croix-de-Jérusalem (il y a probablement erreur dans la bulle, car à cette époque aucun cardinal du nom de Jean n'avait le titre de Sainte-Croix-de-Jérusalem), spécialement chargé de cette affaire, et perdit tous les droits que l'élection avait pu lui conférer. Jean XXII nomma Raymond du Faur avec ordre de porter l'habit de l'ordre de Saint-Benoît.

1. La bulle est datée de Peniscola. Voici les motifs de la privation : « quod Bernardus abbas monasterii Sancti Petri de Tasqua, O. S. B., Tarviensis di. diabolico instigatus spiritu quamdam crucem argenteam magni valoris et alia nonnulla jocalia, res et bona ipsius monasterii furtive, propria temeritate sibi appropriavit, distraxit, dilapidavit et alienavit, ecclesieque dicti monasterii et majoris partis ipsius combustioni seu incendio causam dedit et alios quam plurimos excessus et crimina non absque divine majestatis offensa commisit, dictumque monasterium omnino deseruit vagusque per mundum et profugus incedendo, propter que monasterium ipsum devenit quamtotaliter ad ruinam... »

2. En 1415, le 14 novembre, Benoît XIII l'avait transféré du monastère de Clairac, O. S. B., au monastère de Lézat, O. Clun. (*Reg. Vat.* 328, fol. 30 r°). Huit ans plus tard, parce qu'il avait été dépouillé par les partisans de Martin V du monastère de Lézat, Benoît XIII lui donne la commende de Saint-Pierre de Tasque.

1461, 21 avril.   **Odet de Rivière**, clerc du diocèse de Tarbes[1].

1474, 5 juillet.   **Bernard de Gière**[2]. — *Obl. et Sol.* 84, fol. 199 v°, 15 juillet 1474.

1484.   **Auger de Pardeilhan**[3]. — *Le Souvenir de Bigorre*, t. III, p. 298.

1494, 31 juillet. — **Pierre d'Armagnac**, chanoine et archidiacre d'Anglès, protonotaire du Saint-Siège. A Stato, *Obl.* 1492-1498, fol. 85 v°, 13 août 1494.

1498.   **Bernard d'Armagnac**, prieur d'Eauze[4]. — Parfouru et de Carsalade du Pont, *Comptes consulaires de la ville de Riscle*, p. 512, note 1.

Il eut pour successeur

1534, 2 décembre.   **Pierre de Toujouse.** — A. Stato, *Obl.* 1534-1540, fol. 28 v°, 3 août 1535.

1574.   **Bernard de Bilhères.**   *Le Souvenir de Bigorre*, t. III, p. 299.

1582.   **Raymond « a Domina-Sancta ».** — *Le Souvenir de Bigorre*, t. III, p. 299.

Il résigna en faveur de

1585.   **Jean Portet.** — *Gallia Christiana*, I, col. 1259.

Il eut pour successeur

1597, 4 juillet. — **Guillaume Ducasse.**   A. Stato, *Obl.*, 1588-1603, fol. 133 v°, 30 avril 1598.

Il eut pour compétiteur

---

1 Louis d'Albret, évêque d'Aire et de Cahors, fut chargé de le faire recevoir comme moine et de le pourvoir de l'abbaye. Il devait dans l'année prendre l'habit et faire profession solennelle. Mais Odet de Rivière était moins pressé L'année écoulée il obtint un délai de quatre mois, puis un autre de cinq ans Ce délai allait expirer quand le 8 juin 1467, il obtenait de Paul II un nouveau délai de deux ans (*Reg Vat* 528, fol 71 v°) Dans cette bulle il est dit *de baronum genere procreatus* Les revenus des divers bénéfices qu'il possédait étaient estimés 190 florins

2 Le 2 août 1474, il paye par l'intermédiaire des Pazzi pour le commun service de la Chambre apostolique et pour les menus services 13 florins 19 sols 7 deniers, (A Stato, *Quittanzie*, 1469-1479, fol 122 v°)

3 En 1490, il fut commissaire pontifical pour juger le différend entre Pierre de Roserge, élu du chapitre, et Hector de Bourbon, compétiteurs à l'archevêché de Toulouse. (Larcher, *Glanages*, XX, p 307)

4 Il était le second fils de Bernard d'Armagnac, seigneur de Termes et de Blanche de Rivière de Labatut

1598, 1ᵉʳ novembre. — **Arnaud-Michel d'Armagnac.** A. Stato, *Obl.* 1588-1603, fol. 164 v°, 24 août 1599.

Guillaume Ducasse et Arnaud-Michel renoncèrent à leurs droits sur l'abbaye en faveur de

1619, 24 août. **Michel I d'Armagnac** [1]. A. Stato, *Obl.* 1613-1623, fol. 147 r°, 15 janvier 1620.

Il eut pour successeur

1637, 22 novembre. — **Michel II d'Armagnac.** A. Stato, *Obl.* 1623-1639, non-fol., 29 janvier 1638.

Il résigna en faveur de son neveu

1662. — **Antoine-Michel de Monferran d'Armagnac de Termes.** — *Le Souvenir de Bigorre*, t. III. p. 299.

Il mourut en 1691 [2]

1703, 1ᵉʳ novembre. — **Nicolas-Simon de Solemy,** religieux de Saint-Victor de Marseille [3]. A. Stato, *Obl.* 1697-1706, fol. 96 r°, 19 novembre 1703.

Il résigna en faveur de

1752, 28 juillet. — **Jean-César de Cours du Vignau** [4]. *Le Souvenir de Bigorre*, t. III, p. 300.

Il eut pour successeur

1773, 2 novembre. **Antoine de Pollet de Pouilly,** chanoine et sacriste de Lyon. A Stato, *Obl.* 1767-1783, non fol., 11 novembre 1773.

Il eut pour successeur

---

1. Il était fils de Bertrand d'Armagnac, seigneur de Termes, et frère d'Hector, dit le baron de Termes, et de Jacques (*Le Souvenir de Bigorre*, III, 299)

2 La *Gallia Christiana*, (I, col 1260) donne, comme successeur à Antoine Michel, Noel Gaillard de Chaudon, natif d'Aix. Il fut en 1702 transféré à l'abbaye d'Arles-sur-Tech en Roussillon Il ne dut jamais expédier les bulles de Tasque car dans la bulle de nomination de Solemy, l'abbaye est déclarée vacante par la mort d'Antoine d'Armagnac

3 Il fut bénit à Tarbes, le 8 décembre 1703. (*Le Souvenir de Bigorre*, III, p 300)

4. C'est sous le gouvernement de cet abbé que l'évêque de Tarbes, en vertu de lettres patentes du roi du 11 mai 1770 enregistrées au Parlement de Toulouse le 29 du même mois, rendit une ordonnance par laquelle il supprima la mense conventuelle de l'abbaye de Tasque et la réunit à la mense abbatiale, à la charge par les abbés de Tasque de payer annuellement à la communauté de Tasque la somme de 120 francs pour l'honoraire d'un régent ou maître d'école (Archives départementales du Gers, L 139, n° 1965, fol. 183 v°)

1777, 6 avril[1]. **François de Labarthe-Termes,** chanoine et préchantre de Sarlat[2], dernier abbé de Saint-Pierre de Tasque, *Almanach royal*, 1780, p. 86.

§ 7. — *Abbés de L'Escale Dieu, O. Cist.* [3].

1322. **Roger de Mauléon.** — Archives départementales des Hautes-Pyrénées, II 36.
Il eut pour successeur

1347, 29 octobre. **Arnaud**[4], abbé d'Eaunes, diocèse de Toulouse. *Reg. Avenion.* 97, fol. 52 v°.
Il eut pour successeur

1356, 27 mai. **Garsie-Arnaud,** moine de L'Escale-Dieu. *Reg. Avenion.* 132, fol. 56 r°.
Il eut pour successeur

1366, 11 août. — **Arnaud,** moine de L'Escale-Dieu. — *Reg. Avenion.* 1162, fol. 70 r°.

1373 [5]. — **Arnaud de Lordat.** Larcher, *Glanages,* IX, p. 50.
Grégoire XI se réserva spécialement ce monastère et à la mort d'Arnaud de Lordat il nomma

1379, 16 février. — **Arnaud Raymond de Ferro,** moine de Boulbonne. *Reg. Avenion.* 216, fol. 516 v°.
Il fut transféré à l'abbaye de Bonnecombe, ordre de Citeaux, diocèse de Rodez et Benoît XIII nomma

1400, 12 avril. **Bernard**[6], prêtre, bachelier ès décrets, moine de L'Escale-Dieu. — *Reg. Avenion.* 307, fol. 77.
Il fut transféré à Berdoues le 2 mai 1403.

---

1 C'est la date de la prise de possession (Archives départementales des Hautes-Pyrénées, Latapie, notaire à Tarbes)

2 Dans un document daté du mois de mai 1792, il est parlé du traitement de M François de Labarthe-Termes, habitant de Termes, ci devant abbé commendataire de l'abbaye royale de Saint Pierre de Tasque, chanoine, grand-chantre de l'église de Sarlat (Archives départementales du Gers, L 239, n° 1935, fol. 179)

3. Cette abbaye etait taxée 450 florins

4. Larcher, *Glanages,* IX, p 50, l'appelle Arnaud II de Marrast

5. Il accorde, le 29 avril 1373, les habitants de Tournay et ceux de Bordes

6 Il devait s'appeler Guillaume Bernard, car dans la bulle de provision de L'Escale Dieu, il est appelé Bernard et le même personnage nommé à Berdoues est appelé Guillaume (*Reg Avenion* 307, fol 63)

1403   **Arnaud de Hachan.** — Larcher, *Glanages*, IX, p. 50.
Il fut transféré à Berdoues.

1437, 17 mai.   **Raymond**[1], élu par les moines ; dès qu'Arnaud de Hachan fut paisible possesseur de Berdoues, il fut confirmé dans la possession de cette abbaye par Eugène IV [2]. — *Reg. Lateran.* 354, fol. 299.
Il eut pour successeur

1475, 22 novembre. — **Richard Nantier,** chanoine d'Oloron, maître ès arts, conseiller de Madeleine, princesse de Béarn et comtesse de Foix, qui avait supplié le pape d'accorder cette abbaye. *Reg. Vat.* 574. fol. 69 r°.
Il eut pour concurrent

1476, 8 mars. — **Pierre-Jean de Marestaing,** qui l'emporta sur Richard Nantier [3]. — *Obl. et Sol.* 84, fol. 238 v°, 18 mars 1476.
Quand il mourut, le chapitre postula et le pape nomma

1505, 12 février.   **Thomas de Foix,** évêque élu de Tarbes [4] Barb. lat. 2932, fol. 26 r°.
Il eut pour successeur

1515, 16 janvier [5]. — **Gaspard de Montpezat,** plus tard évêque de Rieux.   A. Stato, *Obl.* 1513-1516, fol. 74 v°.
Il eut pour successeur [6]

---

1. Larcher (*Glanages*, IX, p 50) l'appelle Raymond de Foix

2 Bernard Raymond, moine de L'Escale Dieu, et quelques complices empêchaient l'abbé de prendre possession Eugène IV, par une bulle en date du 18 janvier 1438, ordonne à l'abbé de Berdoues, au doyen de La Romieu et à l'archidiacre de Rustan, au diocèse de Tarbes, de mettre Raymond en possession des biens de L'Escale Dieu et de lui faire rendre par les moines le respect et l'obéissance qui lui sont dus (*Reg. Lateran* 352, fol 163 r°)

3 Le 31 juillet 1486, Richard payait 42 florins pour la pension annuelle qui lui était réservée sur les revenus du monastère de L'Escale Dieu (Arch Vat, *Introitus et Exitus*, 512, fol 98 v°)

4 Il eut pour concurrent Gaspard de Montpezat qui lui céda ses droits le 8 septembre 1506 (*Reg Vat*, 983, fol 53) et qui lui succéda neuf ans plus tard

5 C'est la date du payement des communs services

6 Larcher (*Glanages*, IX, p 50) mentionne Jean d'Ozon comme successeur de Gaspard de Montpezat Rien dans l'acte d'obligation de Jean de Bazillac ne laisse soupçonner la présence d'un intrus Le 22 décembre 1528, il paye tous les droits, déduction faite du sixième d'une pension annuelle de 250 florins Avec cette pension il avait probablement désintéressé Jean d'Ozon et trouvé le moyen de devenir pacifique possesseur de L'Escale-Dieu L'acte par lequel Jean de Bazillac constituait Jean Baron, clerc du diocèse de Verdun, son procureur pour l'affaire de sa nomination, est du 16 février 1526 (A Stato, *Obl* 1523 1531, fol 149 v°).

1527, 30 janvier. **Jean de Bazillac,** abbé de Bordoues, de Saint-Sever-de-Rustan, de Saint-Hilaire au diocèse de Carcassonne [1], et conseiller au Parlement de Toulouse. — A. Stato, *Obl.* 1523-1531, fol. 149 v°, 22 décembre 1528.

Il eut pour successeur

1541, 14 novembre. **Bernardin Ruthie,** clerc du diocèse d'Oloron ou de Paris, abbé de Saint-Pierre-de-Nesle-la-Reposte, O. S. B., diocèse de Troyes. — Arch. Vat., *Acta Cancellarii,* IV, fol. 137 v°.

Il résigna en faveur de

1541, 28 novembre. **Louis d'Anjou,** qui, en échange des monastères de l'Escale-Dieu [2] et de Saint-Pierre de Nesle-la-Reposte, céda à Bernardin Ruthie l'abbaye de Pontlevoy [3] au diocèse de Chartres. — Barb. lat. 2932, fol. 178 r°.

Jean du Bellay, cardinal-évêque d'Ostie.

Il résigna en faveur de

1556, 27 juillet. — **Mellin de Saint-Gelais,** clerc du diocèse d'Angoulême, conseiller du roi, abbé du monastère de la Frenade, diocèse de Saintes, et prieur de Saint-Germain-en-Laye, dispensé du défaut de naissance illégitime [4]. — Arch. Vat., *Acta Cancellarii,* VII, fol. 40 v°.

Il eut pour successeur

1560, 19 juin. — **Jean des Moutiers du Fresse,** évêque de Bayonne [5]. — Arch. Vat., *Acta Cancellarii,* VIII, fol. 41 r°.

---

1 A Stato, *Obl* 1523 1531, fol 94 v°.

2. Nous connaissons deux des vicaires généraux de Louis d'Anjou au monastère de L'Escale Dieu en 1542, Raymond d'Anté, bachelier en théologie (Arch. départ des Hautes Pyrénées, H2) et Gentian d'Amboise, protonotaire d'Aubussy (*Revue de Gascogne,* 1905, p. 75, note 1).

3 Dans l'acte consistorial, il était stipulé « quod cum primum per obitum dicti Bernardi commenda monasterii de Pontelevio cessaverit, in titulum et non in commendam detur, providatque monasteriis S. Petri de Nigella et B. Mariæ Scale Dei de persona predicti Ludovici cum decreto quod teneatur uti habitu monasterii in quo contigerit eum pro tempore moram trahere. »

4 Il était probablement le fils d'Octovien de Saint Gelais, évêque d'Angoulême, sous les yeux et dans le palais duquel il fut élevé (Cf H. J Molinier, *Essai biographique et littéraire sur Octovien de Saint-Gelais, évêque d'Angoulême,* 1468 1502, p 135 et suiv.) Le preconium avait eu lieu le 7 juillet (*Rev. de Gascogne,* 1904, p. 122), mais la provision proprement dite eut lieu le 27.

5 Il pouvait conserver le prieuré de Saint Angol, O S B, diocèse de Limoges, mais, après la prise de possession de L'Escale Dieu, il devait résigner le prieuré de

Il résigna en faveur de

1567.   **Raymond de Courtade.** — Larcher, *Glanages*, IX, p. 51.

Il eut pour successeur

1571, 16 janvier.   **Pierre de Sibert**, docteur en théologie, chanoine et archidiacre de Châlons-sur-Marne [1]. Arch. Vat., *Acta Camerarii*, X, fol. 84 v°.

Il eut pour successeur

1585, 19 juin.   **Bertrand de la Coste**, prêtre, licencié en théologie [2]. — Arch. départ. des Hautes-Pyrénées, H I.

Il eut pour successeur

1616, 13 juin.   **Bernard de Sariac** [3]. — Arch. Vat., fonds Borghèse, *Acta Consistorialia*, I, p. 538.

Il mourut le 12 octobre 1672.

1675, 24 mars.   **Henri de la Mothe-Houdancourt**, archevêque d'Auch.

Il mourut le 9 février 1684

1684, 11 juillet.   **Simon Castan.**   A. Stato, *Obl.* 1680-1697, non fol., 16 avril 1685.

Etienne de Bidal d'Asfelt.

Il eut pour successeur

Manot, diocèse de Limoges, et la paroisse de Saint Martin de Prailles au diocèse de Poitiers.

1. Larcher ne mentionne pas Pierre de Sibert dans sa liste des abbés de L'Escale-Dieu au t. IX des *Glanages*. Il ne l'ignore pas cependant, car au t. I (page 81), il mentionne un bail à ferme de l'abbaye de L'Escale Dieu où il est dit que noble Louis des Quesmes, procureur du R P en Dieu Messire Pierre Sibert, docteur en la S Théologie et abbé de L'Escale-Dieu, a baillé les revenus à M° Jehan Pujol, notaire et Arnaud de Pintre, trésorier de Nébouzan, pour le temps et espace des trois années, pour le prix et somme de 600 écus tolzas pour chaque année payable dans Toulouse, « et les fermiers promettent de fournir aux religieux de quoi vivre »

2. Larcher l'appelle Bernard II Bataille qui fut abbé de 1586-1615. Il faut l'identifier avec Bernard de la Coste. Il était de Samaran au diocèse d'Auch où il fonda la chapelle de Saint-Georges (*Glanages*, IX, p. 51)

3. Il garda cette abbaye quand il fut nommé évêque d'Aire (Bibl Corsini, 55, fol 168 v°, 1ᵉʳ septembre 1659) On lit dans une lettre de M de Froidur du 20 septembre 1667 « Cette abbaye a beaucoup de renom tant parce qu'elle vaut dix mil livres de rente à l'abbé que parce qu'elle se trouve au voisinage de Bagnères et de Capbern où les eaux sont fort salutaires .. Il y doit avoir 14 religieux que l'abbé pensionne . Mais il n'y en a ordinairement que 8 ou 10 et ce qui se donne pour les religieux qui manquent s'emploie aux dépenses extraordinaires qui se font pour recevoir les hôtes »

1723, 12 mai. **François de Michel,** chanoine de Grenoble et prieur de Saint-Didier-de-la-Tour. Barb. lat., 2919, fol. 645.

Il eut pour successeur

1753, 12 mars. **Marc-Alexandre Geneste de Malromé,** sous-diacre du diocèse de Condom, âgé de 32 ans [1]. — Arch. Vat., *Armarium XIII*, t. 94, fol. 95.

Il fut le dernier abbé de l'Escale-Dieu. Le 2 avril 1793, âgé de 72 ans, il demeure chez Achille d'Uzès à Bagnères où il est déclaré reclus le 9 mai. (Communication de M. L. Ricaud, chanoine de Tarbes.)

---

1. Il fut reçu aux Etats de Bigorre en 1759 (Arch dép.: des Hautes Pyrénées, C 144).

CHAPITRE IX

§ 1er.   Evêques d'Oloron [1].

1290.   **Bernard.** — Eubel, *Hierarchia catholica medii ævi*, 1, p. 394.

1308. — **Gaillard de Leduix.**   Eubel, *id.*

1308, 10 août.   **Guillaume-Arnaud dit Dodans** [2]. — Eubel, *id.*

Il eut pour successeur [3]

1342, 4 mars   **Bernard,** de l'ordre de Saint-Augustin, prieur de Sainte-Christine au diocèse de Huesca, docteur ès décrets — Eubel, *id.*

Il mourut à la curie.

1347.   **Bernard de Richan,** de l'ordre des Frères Mineurs. — Eubel, *id.*

Il mourut à la curie avant d'avoir fait expédier ses bulles et reçu la consécration épiscopale

1348, 14 août.   **Pierre de Saron,** prêtre, docteur ès lois, chanoine de Lescar.   Eubel, *id.*

Quand il mourut, le chapitre nomma

1371, 10 février.   **Guillaume Assat,** licencié ès décrets, recteur de l'église paroissiale de Castetarbe, dont l'élection fut confirmée par Grégoire XI. — Eubel, *id.*

---

1 Durant le xiv° siècle, la taxe de l'évêché d'Oloron fut de 200 florins, au xv° et au xvi° de 500 et au xvii° de 600 florins

2 Il avait été élu par le chapitre d'Oloron Cette élection fut accusée de simonie Le 10 août 1308, le pape ordonna à l'évêque de Tarbes de faire une enquête sur cette élection et sur l'emprisonnement d'un clerc d'Oloron qui ne put ainsi en appeler à l'archevêque d'Auch. Le 30 juin 1309, le pape ordonnait au même prélat de faire une nouvelle enquête, et, si elle est favorable, de consacrer au plus tôt Guillaume Arnaud, car il n'y a pas en Béarn, à cause de la maladie de l'évêque de Lescar, d'évêque capable d'administrer les sacrements de confirmation et d'ordre (*Regestum Clementis* 1, n°° 3334 et 4840)

3 A la mort de Guillaume Arnaud, le chapitre élut, par compromis, Pierre de Capdepont qui ne voulut point consentir à son élection. Pendant ce temps, le pape réservait l'évêché d'Oloron Ignorant cette réserve, les chanoines nommèrent Arnaud de Cadalhon Benoît XII annula cette élection.

Obédience de Rome. Urbain VI priva Guillaume du titre de cet évêché et le donna à

1380. **Garsie Menendez,** des Frères Mineurs, évêque de Cordoue, administrateur. Eubel, *id.*

Il fut transféré ensuite à Bayonne mais conserva l'administration d'Oloron jusqu'à ce que Boniface IX nomma

1394, 16 janvier. — **Pierre,** patriarche de Grado, administrateur. — Eubel, *id.*

Cette administration dut être révoquée vers 1400, car l'évêché d'Oloron est dit vacant lorsque Boniface IX nomma

1401, 21 mai. **Guillaume-Raymond** [1], évêque élu d'Aire, administrateur d'Oloron. *Reg. Lateran.* 94, fol. 249.

1408, 10 décembre. — **Pierre Assalbit de Limoges,** de l'ordre de Saint-Augustin, sacriste du pape. — A. Stato, *Obl.* 1408-1417, fol. 17 r°.

Obédience d'Avignon. A la mort de Guillaume Assat, Clément VII nomma

1394, 19 décembre [2]. **Arnaud-Guillaume** [3], chanoine et précenteur de Jacca. — *Reg. Vat.* 322, fol. 495 et *Obl. et Sol.* 49, fol. 85 r°.

Il mourut de mort violente en 1402 [4].

1402. **Sanche Muller,** maître en théologie, profès des Frères-Prêcheurs [5]. Eubel, *id.*

Il mourut en février 1418 et son rival demeura seul évêque d'Oloron.

1418, 14 février. **Pierre Assalbit,** évêque urbaniste d'Oloron depuis 1408. Eubel, *id.*

Il fut transféré à l'évêché de Condom.

---

1 Ce Guillaume Raymond ne peut être qu'Arnaud Guillaume de Lescun, évêque élu d'Aire.

2 Cette date est celle de l'obligation pour le commun service.

3 En lui accordant l'indult de consécration, Benoît XIII rappelle sa nomination à l'évêché d'Oloron par Clément VII (*Reg. Avenion.* 280, fol. 170 v°, 8 janvier 1395).

4 Bérenger Guilhot, vicaire général d'Auch, excommunia Jean, baron de Domin, accusé du meurtre de l'évêque. Il en appela au pape Benoît XIII qui confia cette affaire à l'évêque et à l'official de Lescar, 6 août 1402 (*Reg. Avenion* 306, fol. 484 v°).

5 Le 22 mai 1411, il obtint de Benoît XIII la permission de tester et de disposer de ses biens jusqu'à concurrence de 3 000 écus d'or (*Reg. Avenion* 337, fol. 295 v°). Le 7 février 1418, il obtenait la même permission de Martin V qui, six jours plus tard, nommait son successeur, ce qui autorise à croire que Sanche Muller mourut à Constance.

1419, 6 septembre. — **Garsie-Arnaud d'Abbadie**, prêtre, docteur ès décrets, archidiacre de Batbielle dans l'évêché de Lescar[1].
— *Reg. Lateran.* 204, fol. 100 r°.

Il eut pour successeur

1425, 5 décembre. **Géraud d'Araux (d'Orbignac)**, bachelier ès décrets, chanoine d'Oloron, élu malgré la réserve pontificale et confirmé. Eubel, *id.*

Il eut pour successeur

1434, 1er octobre. — **Arnaud-Raymond d'Espagne**, bachelier ès décrets, archidiacre de Rivière dans l'évêché de Comminges.
— *Reg. Lateran.* 328, fol. 207 r°.

Il fut transféré à l'évêché de Comminges.

1451, 5 juillet. — **Guillaume-Arnaud de la Borde**, évêque de Dax[2]. *Reg. Lateran.* 467, fol. 95 r°.

Il mourut avant d'avoir pris possession, et l'évêché d'Oloron est déclaré vacant « per translationem Arnaldi Raymundi ad ecclesiam Convenarum et per obitum Guillelmi Arnaldi » quand fut nommé

1451, 20 septembre. — **Guillaume de Fondera**, docteur *in utroque*, chanoine d'Oloron, chapelain du pape et auditeur des causes du palais apostolique[3]. *Reg. Lateran.* 467, fol. 44 v°.

Il eut pour successeur

1465, 24 juillet. — **Garsie de la Mote**[4], docteur ès décrets, chanoine d'Oloron[5]. Eubel, *op. cit.*, II, p. 228.

Il eut pour successeur

---

1 Il était le 7 août 1422 transféré à Lescar, mais il ne consentit pas à cette translation et Jean de Fabrica fut nommé évêque de Lescar

2 Eubel appelle l'évêque d'Oloron nommé le 5 juillet 1451 Bertrand, évêque de Dax C'est une erreur l'évêque de Dax était Guillaume-Arnaud de la Borde (A Degert, *Histoire des Evêques de Dax*, p 230-232) — Une pension de 400 ducats d'or payable le 1er juin à Lescar fut assignée au cardinal Pierre de Foix l'Ancien sur les revenus de la mense épiscopale d'Oloron (*Reg. Lateran.* 472, fol. 227 r°)

3. Avant de mourir, Guillaume Arnaud avait payé le commun service d'Oloron Aussi Guillaume de Fondera en fut dispensé *quia naravit bis in anno* (A. Stato, *Obl* 1447-1455, fol. 127 r°, 24 septembre 1451).

4 Sur les revenus de la mense d'Oloron, le pape assigna une pension annuelle de 200 écus d'or de France à Garsie Arnaud de Moncin, sacriste de Carpentras, protonotaire apostolique, nommé en même temps abbé de Larreule, O S B, diocèse de Lescar, 24 juillet 1465 (*Reg. Vat* 525, fol 14 r° et *Reg Lateran* 617, fol 44 v°)

5 Le canonicat et la prébende d'Oloron, vacants par cette promotion, furent conférés à Pierre de Montégut, bachelier ès décrets, recteur de l'église paroissiale de Quillan, diocèse d'Alet, et neveu de Guillaume de Fondera (*Reg Lateran.* 610, fol. 50 r°).

1474, 9 décembre [1]. — **Sanche de Casenave** [2], chanoine et sacriste d'Oloron [3], et abbé de Sainte-Engrâce de Port [4]. — Eubel, *id.*

Il mourut avant le mois d'octobre 1491 [5].

1492, 10 décembre. — **Cosme de Pazzi**, diacre, chanoine de la basilique de Saint-Pierre de Rome, âgé de 27 ans [6]. — Eubel, *id.*

Il fut transféré à l'évêché d'Arezzo.

1497, 17 avril. — **Jean Lopez**, cardinal du titre de Sainte-Marie-du-Transtévère, dit cardinal de Pérouse [7]. — Eubel, *id.*

Il résigna en faveur de

1498, 28 mai. — **Jean de Pardeilhan**, déjà élu par le chapitre à la mort de Sanche de Casenave [8]. — Eubel, *id.*

Il mourut en 1500. Jean Lopez redevenu administrateur de l'évêché d'Oloron et abbé de Lézat céda avec faculté de regrès ces deux bénéfices à

1500, 4 mai. — **Amanieu d'Albret**, à titre d'administrateur. — Eubel, *id.*

Il céda, sous réserve de la moitié des revenus, l'évêché d'Oloron à son compétiteur, élu par le chapitre, confirmé par l'archevêque d'Auch [9]

---

1. Le volume 84 des *Obl. et Sol.*, fol. 209, fixe au V des ides de décembre la date de la provision de Sanche, par conséquent le 9 décembre et non le 8.
2. Il est appelé de Castelpugon par Menjoulet, *Chronique du diocèse et du pays d'Oloron*, t. II, p. 10.
3. Le canonicat, la prébende et la sacristie d'Oloron furent conférés à Jean de Labetz, clerc du diocèse d'Oloron, familier, continuel commensal et palefrenier du pape. La prébende était estimée 30 livres petits tournois et la sacristie 18. (*Reg. Lateran.* 741, fol. 131 r°).
4. L'abbaye de Sainte-Engrâce fut conférée à Jean du Puy, clerc du diocèse de Lescar, familier et continuel commensal du pape (*Reg. Vat.* 566, fol. 202 r°).
5. Le chapitre élut Jean de Pardeilhan, chanoine d'Auch et archidiacre d'Anglès, qui n'aura l'institution canonique que six ans plus tard (Menjoulet, *op. cit.*, t. II, p. 17).
6. Il est fait mention d'un intrus dans l'obligation de Cosme de Pazzi (A. Stato, *Obl.* 1492-1498, fol. 19 v°, 2 janvier 1493).
7. Le pape lui accorda sur les revenus d'Oloron une pension de 400 ducats d'or, avec faculté de regrès à cet évêché, *cedente vel decedente episcopo*, et promesse de la commende du monastère de Lézat (A. Stato, *Obl.* 1492-1498, fol. 225 v°, 26 juillet 1498).
8. Il obtint de retenir en commende le monastère de Lézat, O. Clun., diocèse de Rieux (A. Stato, *Obl.* 1498-1502, fol. 12 v°, 31 octobre 1498).
9. Le 7 octobre 1502, le pape l'avait sommé d'abandonner cet évêché, mais il n'en avait rien fait (Arch. départ. des Basses-Pyrénées, E 94, original parchemin).

1506, 23 décembre. **Raymond-Arnaud de Béon**, abbé de Sère. *Obl. et Sol.* 88, fol. 106 r°, 27 mars 1507.

Il mourut en 1518 [1].

1521, 24 août. — **Jean Salviati**, cardinal du titre des Saints-Côme-et-Damien, neveu de Léon X, à titre d'administrateur [2]. — Arch. Vat., *Armarium XII*, t. 122, fol. 64 v°.

Il résigna cet évêché sous réserve d'une pension de 300 ducats et de la faculté de regiès, et le pape le conféra à

1523, 18 mars. — **Jacques de Foix** [3], parent du roi de Navarre, élu par le chapitre. — Arch. Vat., *Acta Cancellarii*, II, fol. 208.

Il fut transféré à l'évêché de Lescar.

1534, 13 novembre. — **Pierre d'Albret**. — A. Stato, *Obl.* 1534-1540, fol. 6 r°, 16 janvier 1535.

Il eut pour successeur

1536, 4 février. **Gérard Roussel**, aumônier du roi de Navarre, abbé de Clairac, diocèse d'Agen. A. Stato, *Obl.* 1534-1540, fol. 117 r°, 25 septembre 1538.

Il eut pour successeur

1555, 2 octobre. **Claude Régin**, docteur ès décrets, prieur du prieuré séculier de Saint-Hilaire d'Apcher, diocèse de Mende [4]. Arch. Vat., *Acta Cancellarii*, VI, fol. 263 v°.

Il fut déclaré hérétique et privé de son évêché le 11 décembre 1556. (A. Degert, *Procès de huit évêques français suspects de Calvinisme*. Extrait de la *Revue des Questions historiques*, juillet 1904, p 39). Il

---

1. Menjoulet, *op. cit.*, t. II, p. 33.

2 Adrien VI inquiéta le cardinal Salviati dans la possession de l'évêché d'Oloron comme en fait foi la note du vice chancelier « Die 6 februarii 1523, proposuit S. S. quod volebat expedire ecclesiam Olorensem quia dicebat tuisse depositam per ill. rec Leonem X in persona Rmi Dni de Salviatis et ex quo fuerat deposita quia licebat sibi repetere depositum et de illa disponere et quia debebat illi providere de persona quondam domini Petri de Pallis jam defuncti, quod volebat decernere vacare duo beneficia que promovendus obtinebat, ad effectum ut illa conferrentur duobus fratribus dicti domini Petri studentibus Et quia Rmus Dnus de Salviatis pretendebat jus suum esse bonum fuit per vota Dominorum conclusum quod informaretur pro primo consistorio et tunc votaretur causa » (Arch Vat, *Acta Cancellarii*, II, fol 198 r°).

3. Menjoulet (*op cit*, II, p 36), le dit fils de Corbaran comte de Rabat et marquis de Foix

4 Trois pensions de 100 écus d'or chacune étaient réservées à Blaise Gallo de Spolète et à Jean Charles Caponesco, camériers secrets et familiers du pape, et à Nicolas Marc Sylvio de Rome, âgé de huit ans. Ce dernier percevra sa pension dès qu'il sera tonsuré.

garda néanmoins le siège d'Oloron malgré les décisions de l'Inquisition, et il mourut vers 1597 selon M. Degert [1], en 1592 selon Menjoulet (II, p. 159).

1597, 21 mai. — **Arnaud I de Maytie**, prieur d'Ordiarp et chanoine d'Oloron [2]. — Arch. Vat., *Acta Camerarii*, XII, fol. 99 r°.

Il eut pour successeur son neveu

1623, 11 janvier. — **Arnaud II de Maytie**, évêque de Beyrouth et coadjuteur de son oncle depuis le 15 janvier 1618 [3]. — A. Stato, *Obl.* 1613-1623, fol. 213 v°, 27 janvier 1623.

Il mourut le 20 juin 1646 [4].

1648, 13 janvier. — **Pierre de Gassion**, docteur en théologie, nommé le même jour abbé du Lucq. — Arch. Vat., *Armarium XII*, t. 131, fol. 146 v°.

Il mourut à Pau le 24 avril 1652.

1652, 13 novembre. — **Jean de Miossens-Sansons**, docteur ès décrets, chanoine de Lescar [5]. — Arch. Vat., *Armarium XII*, t. 131, fol. 442.

Il mourut le 8 février 1658 [6].

1659, 1er septembre. — **Arnaud-François de Maytie**, neveu d'Arnaud II de Maytie, abbé de Saint-Pé [7]. — Arch. Vat., *Armarium XIII*, t. 66, non fol.

Il mourut le 2 juillet 1681 [8].

1682, 20 avril. — **François-Charles de Salettes**, docteur en théologie de l'Université de Bordeaux, chanoine et official de Lescar, abbé du Lucq. — Barb. lat. 2896, fol. 312 r°.

Il mourut le 22 juillet 1704 [9].

---

1. *Revue de Gascogne*, 1905, p. 64.
2. Menjoulet, *op. cit.*, II, p. 159-161.
3. Outre l'évêché d'Oloron, il possédait le prieuré de Sainte-Christine et les abbayes de Saint-Pé, du Lucq et de Sauvelade (Menjoulet, *op. cit.*, II, p. 254).
4. Louis de Bassompierre, nommé par le roi, fut transféré à l'évêché de Saintes avant d'avoir reçu les bulles d'Oloron (Menjoulet, *op. cit.*, II, p. 257).
5. Une pension de 4.000 livres était réservée à François-Amanieu d'Albret, clerc du diocèse de Sens.
6. Menjoulet, *op. cit.*, t. II, p. 276.
7. Une pension de 3.000 livres était réservée à Henri de Gramont et une autre de 1.000 à Bernard de Claverie.
8. Menjoulet, *op. cit.*, t. II, p. 301.
9. Menjoulet, *op. cit.*, t. II, p. 330.

1705, 9 février. — **Antoine-Simon de Magny,** prêtre du diocèse de Chartres, docteur de Sorbonne, doyen de Saint-Martin de Tours et abbé commendataire du monastère de Saint-Crépin-en-Chaie, de l'ordre de Saint-Augustin, diocèse de Soissons. — Barb. lat. 2911, fol. 191 v°.

Il mourut le 26 février avant d'avoir pris possession.

1705, 7 septembre. **Joseph de Révol,** prêtre du diocèse de Belley, maître en théologie de l'Université de Bourges, official et vicaire général de Belley et de Poitiers, membre de l'Académie de dogme de la Sapience à Rome. — Barb. lat. 2911, fol. 308 r°.

Il résigna en faveur de son neveu [1].

1731, 27 juillet. **Jean-François de Montillet de Chastellard,** vicaire général d'Oloron. — Bibl. Corsini 2077, fol. 59.

Il fut transféré à Auch.

1742, 9 juillet. — **François de Révol,** petit-neveu de Joseph de Révol, prêtre du diocèse de Vienne, docteur en théologie et vicaire général d'Oloron. — Arch. Vat., *Armarium XIII*, t. 93, fol. 228.

Il mourut le 25 avril 1783 [2].

1783. **Jean-Baptiste-Auguste Villoutreix de Faye,** prêtre du diocèse de Limoges, neveu de Loménie de Brienne, archevêque de Toulouse, et son vicaire général, chancelier de l'Université de Toulouse. — Menjoulet, *Chronique du diocèse et du pays d'Oloron,* t. II, p. 414.

Il fut le dernier évêque d'Oloron et mourut en Angleterre en 1792.

§ 2. *Abbés de Saint Vincent du Lucq. O. S. B.* [3].

1323. **Guilhem Brun.** — Archives départementales des Basses-Pyrénées, E 300 [4].

Il était encore abbé en 1347 [5].

[1] Il mourut le 21 mars 1739 (Menjoulet, op cit., t. II, p 360 et 367)
[2] Menjoulet, op. cit, t II, p 411
[3] Cette abbaye était taxée 150 florins
[4] D'après une charte passée à Orthez le dimanche après la fête de Saint Mathieu, 1323, il rend hommage sous la redevance d'un épervier pour les terres possédées à Lucq par son monastère (Arch. départ Basses Pyrénées, E 354)
[5] V Dubarat, *Mélanges d'archéologie et d'histoire locale,* t. VI, p. 69.

Pierre.

L'abbaye est déclarée vacante *per obitum Petri* quand Clément VI la conféra à

1350, 12 mai. — **Raymond-Athon de Castillon**, moine de l'abbaye de Lézat, *Reg. Vat.* 195, fol. 74.

Il eut pour successeur

1357, 24 avril. **Géraud**, prieur de Lagor [1], au diocèse de Lescar. — *Reg. Avenion.* 137, fol. 220 r°.

Il eut pour successeur

1377, 6 avril. **Arnaud-Guillaume**, prieur de Puymirol, O. Clun., diocèse d'Agen. — *Reg. Avenion.* 202, fol. 43 r°.

Il eut pour successeur

1397, 13 novembre. — **Arnaud de Navailhes**, sacriste de ce monastère [2]. — V. Dubarat, *Mélanges d'archéologie et d'histoire locale*, VI, p. 70.

Il eut pour successeur

1415, 23 février. **Pierre de Navailhes**, moine de ce monastère. — *Reg. Avenion.* 345, fol. 233.

Il eut pour successeur

1427, 24 septembre [3]. — **Pierre de Foix l'Ancien**, cardinal du titre de Saint-Etienne-au-Mont-Celius, abbé commendataire [4]. — A. Stato, *Obl.* 1422 1428, fol. 199 v°.

Il résigna en faveur de

1432, 8 mai. — **Jean de Miossens**, de famille noble, clerc du diocèse de Lescar, parent de l'évêque d'Oloron [5]. — *Reg. Lateran.* 316, fol. 38 r°.

---

1 Ce prieuré dépendant de l'abbaye du Lucq et vacant par la promotion de Géraud fut conféré le même jour à Arnaud Guillaume de Benque, prieur de Villemade, O. S. B., diocèse de Montauban (*Reg Vat.* 232, fol 43 r°).

2 Il exerçait cette charge depuis 1368 (cf. Dubarat, *Mélanges...*, t VI, p 79).

3 C'est la date de l'obligation

4. Il prit possession par son procureur Navarre de Minvielle, chanoine de Sainte-Marie d'Oloron, le 30 novembre 1427 (Arch. départ. Basses Pyrénées, E 1407, fol 65 v°)

5 L'évêque d'Oloron était chargé d'accepter la résignation de ce monastère que devait faire entre ses mains le cardinal Pierre de Foix et de le conférer ensuite à Jean de Miossens Celui ci s'obligeait éventuellement au payement du commun service par l'intermédiaire de Guillaume du Prat, archiprêtre de Marignac, diocèse de Comminges, le 21 mai 1432 (*Obl. et Sol.*, 70, fol. 32 r°).

À sa mort, l'abbaye du Lucq fut spécialement réservée et conférée en commende à

1441, 28 mars. **Pierre de Foix l'Ancien,** cardinal-évêque d'Albano. — *Reg. Lateran.* 379, fol. 303.

Il résigna en faveur de son neveu

1455, 26 avril. — **Pierre de Béarn,** clerc du diocèse de Bordeaux[1]. — *Reg. Lat.* 436, fol. 140 v°.

1499, 17 avril. **Amanieu d'Albret,** protonotaire du Saint-Siège. — A. Stato, *Obl.* 1498-1502, fol. 30 r°.

Bernard de Lordat. — Arch. départ. Basses-Pyrénées, E 1415, 1982.

Il résigna en faveur de

1523, 29 avril. — **Arnaud-Guillaume de Montpezat,** dispensé du défaut de naissance illégitime. Arch. Vat., *Acta Cancellarii,* I, fol. 215 v°.

1524, 20 décembre. **Pierre de Mailhos**[2]. — A. Stato, *Obl.* 1523-1531, fol. 61 r°.

1529, 18 mars[3]. **Aner de Maraval**[4]. A. Stato, *Obl.* 1523-1531, fol. 159 r°.

1529, 17 octobre. **Pierre de Biaix**[5], chancelier de Foix et de Béarn. A. Stato, *Obl.* 1523-1531, fol. 182 r°, 2 juin 1530.

1534, 16 juillet. **Jacques d'Arros.** A. Stato, *Obl.* 1531-1534, fol. 98 r°, 15 novembre 1534.

Il céda ce monastère sous réserve de tous les revenus et avec faculté de regrès à

1549, 26 juillet. **- Arnaud d'Avezan.** — A. Stato, *Obl.* 1540-1550, fol. 222 r°, 27 septembre 1549.

Il eut pour successeur

---

1 Calixte III charge l'évêque de Zamora et les officiaux d'Avignon et de Tarbes de conférer à Pierre de Béarn le monastère du Lucq et le prieuré de Lagor qui en dépendait. — En qualité d'administrateur de l'abbaye du Lucq, il rendit hommage à François Phébus, le 24 juin 1482 (Arch. départ. Basses Pyrénées, E 325)

2 Il est affirmé dans l'acte d'obligation que le monastère était en possession d'intrus

3. Date de l'obligation

4 L'intrusion mentionnée plus haut avait dû cesser, car Aner paya tous les droits.

5 Dans l'acte d'obligation, il est appelé de Braxio, mais dans les documents locaux (Arch. départ., E 1417, 1474), il est appelé Biaix.

1550, 1er septembre — **Arnaud de Foix**, chanoine d'Oloron, étudiant à l'Université de Toulouse, âgé de 24 ans, cousin du roi de Navarre, postulé par le chapitre et dispensé du défaut de naissance illégitime [1]. Arch. Vat., *Acta Cancellaru*, VI, fol. 58 r°.

1605, 5 mars[2]. **Arnaud I de Maytie**, évêque d'Oloron. — V. Dubarat, *Mélanges...*, t. VI, p. 245.

Arnaud II de Maytie, évêque d'Oloron.

Il eut pour successeur

1648, 16 janvier. — **Pierre de Gassion**, docteur de Sorbonne, commandeur et prieur de Saint-Loup à Départ et curé de Saint-Vincent de Salies. A. Stato, *Obl.* 1640-1652, non fol., 23 janvier 1648.

Il eut pour successeur

1652. — **Jean d'Olce**, évêque de Bayonne. — Arch. départ. Basses-Pyrénées, E 1449, C 722.

Il eut pour successeur

1681. — **Antoine de Fénis**. — Arch. départ. Basses-Pyrénées, E 2057.

Il eut pour successeur

1690, 14 janvier. — **François-Charles de Salettes**. — A. Stato, *Obl.* 1680-1697, non fol., 24 avril 1690.

Il eut pour successeur

1705, 31 janvier. **Bernard d'Abbadie d'Arboucave**, évêque de Dax, nommé par le roi le 14 août 1704[3]. — A. Stato, *Obl.* 1697-1706, fol. 119 v°, 28 février 1705.

---

1 L'abbé Arnaud de Foix traitre à sa foi et à ses engagements religieux conserva la possession des revenus du monastère dont les religieux avaient été chassés lorsque la saisie des biens ecclésiastiques fut décrétée par Jeanne d'Albret en 1569 Il acheta aux commissaires de la reine ce qui fut mis en vente et, le 11 mai 1592, il céda la ferme de l'abbaye à la commune du Lucq pour 110 francs

A la mort d'Arnaud survenue vers 1595, le comte de Gramont obtint un brevet d'Henri IV portant don de l'abbaye du Lucq et d'une commanderie dépendante de Sainte Christine

Dans le brevet d'Henri IV à Arnaud de Maytie, l'abbaye est dite « longtemps y a vacante par le décès du dernier et paisible titulaire d'icelle » (cf Menjoulet, *op cit*, II. p 185) L'abbaye du Lucq fut supprimée par bulle de Paul V du 14 avril 1610 et les Bénédictins remplacés par les Barnabites (Sur cette affaire, cf Dubarat, *Mélanges d'archéologie et d'histoire locale*, t III, p 247 et seq)

2 C'est la date du brevet royal

3 V. Dubarat, *Etudes historiques et religieuses de Bayonne*, t VI, p 104

Il mourut en 1732.

1733. — **Jean-Baptiste de Surian,** évêque de Vence. — Larcher, *Glanages,* XXIV, p. 395.

Il eut pour successeur

1754. — **Anne-Marie-Joseph de Faucon de Ris,** vicaire général de Laon. — Larcher, *Glanages,* XXIV, p. 395.

Il résigna en faveur de

1773, 2 novembre. **Jean-Marie de Maillé de La Tour-Landry,** âgé de 30 ans, vicaire général du Mans. — A. Stato, *Obl.* 1767-1783, non fol., 11 novembre 1773.

En 1777 il devint évêque de Gap, fut en 1784 transféré à Saint Papoul et conserva l'abbaye du Lucq jusqu'à la Révolution. Après le Concordat de 1801, il fut nommé évêque de Rennes et mourut à Paris le 27 novembre 1824 [1].

---

[1] Ambroise Ledru et Denis, *La Maison de Maillé,* t. I, p. 410

D'après l'*Almanach royal,* 1785, p. 88, l'abbaye de Saint Vincent du Lucq aurait été vacante par la mort de Maillé de La Tour Landry, évêque de Gap, décédé en 1783, et le roi y aurait nommé en 1784 un autre de Maillé de la Tour Landry qui en aurait été le dernier abbé.

CHAPITRE X

§ 1ᵉʳ. — *Evêques de Lescar* [1].

Raymond Ogier.
   A sa mort, le chapitre nomma

1311, 12 mai. — **Arnaud d'Arbouse,** diacre, de l'ordre de Saint-Augustin, archidiacre de Rustan, dans la cathédrale de Tarbes, dont l'élection fut confirmée par Clément V.   Eubel, *Hierarchia catholica medii ævi*, I, p. 307.
   Il mourut à la curie.

1320, 31 mai.   **Raymond I d'Andoins,** archidiacre de Rivière dans l'église de Tarbes [2].   Eubel, *id.*
   Il eut pour successeur

1348, 18 août.   **Arnaud-Guillaume d'Andoins,** prêtre, archidiacre de Lomagne dans l'église de Lectoure.   Eubel, *id.*
   A sa mort, malgré la réserve pontificale, les chanoines élurent

1362, 16 mars [3].   **Raymond II d'Andoins,** clerc tonsuré, chanoine de Dax. — *Reg. Avenion.* 118, fol. 7.
   Il mourut avant d'avoir été sacré.

---

1. Cet évêché était taxé 1.300 florins.
2. Il avait été élu par le chapitre malgré la réserve pontificale. Le pape cassa cette élection, puis le nomma de sa propre autorité.
3. Dans sa *Hierarchia catholica medii ævi*, t. I, p 307, le P. Eubel donne comme date de cette provision l'année 1362, sans désigner ni le mois ni le jour, et comme référence : Innocentius VI, an 10, Av, t 29, fol 2 Or, au fol 2, il y a seulement la rubrique. La bulle se trouve dans le registre 63 de Clément VI, série d'Avignon, n 118 de la numérotation nouvelle, et est datée du 16 mars 1362 Quand on a relié ces volumes, on a inséré dans l'année 10 de Clément VI le premier cahier de l'année 10 d'Innocent VI Ayant trouvé cette bulle dans le t 63 de Clément VI je l'avais d'abord attribuée à ce pape Mais la lecture des *Obligationes et Solutiones* d'Innocent VI m'a prouvé que la bulle était de lui. En effet, au t. 35, fol 22 des *Obl. et Sol*, on lit · « Die 31 martii 1362, Raymundus, ep us Lascurrensis, pro suo communi servicio promisit per dnum Bertrandum de Andoinis, infirmarium hujus ecclesie, et dnum Petrum de Lauro. flor. 300 » Les dates concordent Il est donc acquis que Raymond fut pourvu le 16 mars 1362.

1363, 18 janvier. — **Odon,** sacriste d'Aire. — Eubel, *id.*
Obédience d'Avignon.

Il eut pour successeur

1403, 21 novembre. — **Pierre,** licencié ès décrets, abbé du monastère de Saint-Jean de Peña, O. S. B., diocèse de Huesca. — Eubel, *id.*

Il fut transféré à Maguelonne.

1405, 20 novembre. — **Jean,** docteur ès décrets, doyen de l'église Sainte-Marie de Villeneuve-lès-Avignon. — Eubel, *id.*

Obédience de Rome.

1409, 23 octobre. — **Pierre de Foix,** de l'ordre des Frères-Mineurs, dispensé du défaut d'âge canonique. — Eubel, *id.*

Promu au cardinalat en 1414, il conserva cet évêché à titre d'administrateur jusqu'à la nomination de

1422, 11 décembre. — **Jean de Fabrica,** prêtre, docteur ès lois, chanoine de Rodez, chapelain du pape et auditeur des causes apostoliques. — *Reg. Lateran.* 233, fol. 277.

Il permuta avec

1425, 18 mars. — **Arnaud d'Abbadie,** évêque de Couserans. — Eubel, *id.*

Il eut pour successeur

1433, 24 janvier. — **Pierre de Foix l'Ancien,** cardinal du titre de Saint-Étienne-au-Mont-Celius [1], à titre d'administrateur. — Eubel, *Hierarchia catholica*, II, p. 191.

Il résigna en faveur d'

Arnaud de Salinis.

Il mourut avant d'avoir expédié ses bulles, et l'évêché de Lescar est déclaré vacant par la mort d'Arnaud de Salinis et la cessation de la commende de Pierre de Foix, cardinal-évêque d'Albano, quand fut nommé

1465, 21 juin. — **Arnaud d'Abbadie,** prêtre, chanoine de Lescar, abbé commendataire de Saint-Jean de Sorde. — *Reg. Lateran.* 617$_A$, fol. 228 r° [2].

---

1. Le 20 avril 1433, cette commende fut révoquée et Roger, évêque d'Aire, fut transféré à Lescar ; le 4 août de la même année, Pierre de Foix obtenait une seconde fois l'évêché de Lescar en commende, car Roger était de nouveau placé sur le siège d'Aire. (Cf. Eubel, *op. cit.*, II, p. 191, note 1, *Lascurren.*)

2. Eubel n'a pas connu la bulle de provision d'Arnaud d'Abbadie, il n'a connu que la bulle conférant l'abbaye de Saint-Jean de Sorde, vacante par la promotion d'Arnaud d'Abbadie à l'évêché de Lescar, à Pierre de Foix, clerc du diocèse de Lescar et neveu du cardinal.

Il eut pour successeur

1467, 22 mai[1]. — **Jean de Lévis,** évêque de Mirepoix. *Reg. Lateran.* 648, fol 115 v°.

Il eut pour successeur[2]

1482, 19 août. — **Robert d'Epinay,** préchantre de l'église de Rennes[3]. — *Reg. Lateran.* 810, fol. 15 v°. — Eubel, *id.*

Il fut transféré à Nantes.

1488, 1ᵉʳ octobre. — **Boniface de Peruzzi.** — Eubel, *id.*

Il eut pour successeur[4]

1507, 6 octobre. — **Amanieu d'Albret,** cardinal-diacre du titre de Saint-Nicolas-in-Carcere-Tulliano, administrateur, *Obl. et Sol.* 88, fol. 127 r°, 9 octobre 1507.

Il résigna sous réserve d'une pension de 1.000 écus[5] en faveur de

1515, 20 juin. — **Jean de la Salle,** évêque de Couserans. G van Gulick et Eubel, *Hierarchia catholica,* III, p. 236.

L'évêché de Lescar vacant par sa mort[6], fut donné à

---

1. La date du 20 mai donnée par Eubel est celle de l'obligation et non de la provision.

2 Après la mort de Jean de Lévis, Sixte IV nomma, le 2 août 1482, Pierre de Suberbielle (de Supravilla) qui mourut peu de temps après à la curie

3 Une pension de 1.200 livres était réservée au cardinal Pierre de Foix le Jeune

4. Le 14 octobre 1502, au consistoire secret, le pape réserva l'évêché de Lescar à la prochaine vacance pour Charles de Gramont, fils de l'ambassadeur de France (Arch Vat , *Acta Camerarii,* I, fol. 111 v°)

5 Bibl nat , coll. Doat, II, fol 62 r°

6 M Degert, dans une note de la *Revue de Gascogne,* an. 1904, p 160, signale un évêque inconnu de Lescar, Pierre de Pazzi, qui serait le successeur du cardinal d'Albret et aurait été préconisé le 8 avril 1521 ; il donne comme référence les *Acta Consistorialia* de la Bibl nat , fonds latin 12556, fol 142 v° Je crois pouvoir affirmer que jamais Pierre de Pazzi n'a été évêque de Lescar La pension de 1 000 écus accordée le 12 juillet 1515 au cardinal d'Albret prouve qu'à cette date, il n'était plus administrateur de Lescar Mais il avait, suivant la coutume, conservé le droit de regrès, c'est à dire d'être de nouveau remis en possession de cet évêché si le titulaire actuel venait à mourir ou à résigner ce bénéfice C'est ce droit de regrès à l'évêché de Lescar qui avait cessé par la mort du cardinal que le pape fit revivre et conféra à Pierre de Pazzi, comme on fait foi l'acte suivant « Cum regressus ad ecclesiam Lascurren per obitum Reverendissimi de Lebreto expiraverit, Sanctitas Sua accessum vel regressum ad dictam ecclesiam *per cessum moderni episcopi* Lascurrensis D Petro de Patus affini suo concessit. » (Arch Vat , *Trimarium XII,* t. 122, fol 58 v°, 8 avril 1521) Il y avait donc un nouvel évêque à Lescar quand mourut le cardinal d'Albret, c'était Jean de la Salle. Le regrès en faveur de Pierre de Pazzi n'était valable que dans le cas où Jean de la Salle aurait résigné cet évêché. Or, il mourut évêque de Lescar, et lorsque Paul de Béarn fut nommé, l'évêché est dit vacant *per obitum Johannis episcopi Lascuriensis* L'accès ou regrès accordé à Pierre de Pazzi n'eut donc pas d'effet.

1522, 9 octobre[1]. — **Paul de Béarn.** — Arch. Vat., *Acta Cancellarii*, I, fol. 189[2].

Il eut pour successeur

1534, 13 novembre. — **Jacques de Foix**, évêque d'Oloron, abbé de Saint-Volusien de Foix et de Saint-Orens de Larreule. — Arch. Vat., *Acta Cancellarii*, III, fol. 116 r°.

1554. — **Jean de Capdeville.** — *Gallia Christiana*, I, col. 1298.

1555. — **Georges d'Armagnac**, cardinal, administrateur. — *Gallia Christiana*, I, col. 1298.

Il résigna, sous réserve du tiers des revenus comme pension, en faveur de

1555, 25 octobre. — **Louis d'Albret**, clerc du diocèse de Condom, docteur ès décrets, dispensé du défaut de naissance illégitime. — Arch. Vat., *Acta Cancellarii*, VI, fol. 265 v°.

Il fut déclaré privé de son évêché pour cause d'hérésie le 11 décembre 1566[3]. Il mourut le 21 août 1569, et l'évêché de Lescar fut dit vacant « per privationem ob lapsum in heresim Ludovici d'Albret qui postea extra Romanam Curiam diem clausit extremum » quand fut nommé

1572, 3 mars. — **Jean de Fagot**, clerc du diocèse de Cahors. — Arch. Vat., *Acta Camerarii*, X, fol. 104 r°.

Il résigna en faveur de[4]

1599, 4 juin. — **Jean-Pierre d'Abbadie.** — *Schede Garampi*, Lascurren.

Il eut pour successeur

1609, 20 juillet[5]. — **Jean de Salettes**, prêtre du diocèse de Lescar, vicaire général du cardinal du Perron dans l'archevêché de Sens. — Arch. Vat., fonds Borghèse, *Acta consistorialia*, I, p. 229.

Il résigna le 29 janvier 1629 en faveur de son neveu

---

1. D'après Garampi et le manuscrit latin 2932 de la Bibliothèque Barberine, fol. 65 v°, Paul de Béarn aurait été pourvu le 3 octobre, et le 10 d'après le ms. lat. 13080, fol. 79 v°, de la Bibliothèque nationale.

2. Le pape avait *in petto* réservé une pension sur les revenus de cet évêché.

3. A. Degert, *Procès de huit évêques français suspects de calvinisme*, p. 39. Extrait de la *Revue des Questions historiques*, juillet 1904.

4. Garampi signale ainsi la nomination de Jean-Pierre d'Abbadie : « 4 junii 1599, Petrus fit episcopus Lascurrensis per cessionem Johannis. Cons. 128, p. 35. »

5. Garampi assigne comme date le 6 juillet 1609 à la nomination de Jean de Salettes et l'évêché était vacant *per obitum Johannis*. (*Schede Garampi*, Lascurren.)

1629, 12 février. — **Jean-Henri de Salettes.** — *Schede Garampi,* Lascurren.

Il eut pour successeur

1658, 30 septembre. — **Jean du Haut de Sallies**, abbé de Lahonce, diocèse de Bayonne [1]. — Arch. Vat., *Armarium XIII,* t. 66, non fol.

Il eut pour successeur

1681, 1ᵉʳ décembre. — **Dominique Desclaux de Mesplès**, prêtre du diocèse de Dax, docteur en théologie et *in utroque* de l'Université de Bordeaux, doyen du chapitre de Bidache, membre du Parlement de Navarre [2]. — A. Stato, *Obl.* 1680-1697, non fol., 16 décembre 1681.

Il mourut en 1718.

1718, 5 décembre. — **Martin de la Cassagne,** prêtre du diocèse de Lescar, docteur en théologie de l'Université de Bordeaux, vicaire capitulaire de Lescar, âgé de 67 ans [3]. — Barb. lat. 2917, fol. 339 r°.

Il mourut le 13 janvier 1729.

1729, 23 décembre. — **Harduin de Chalon,** prêtre du diocèse de Bazas, docteur en théologie, vicaire général de l'archevêque de Sens. — Barb. lat. 2921, fol. 1077 r°.

Il eut pour successeur

1763, 16 mai. — **Marc-Antoine de Noé,** abbé de Simorre, dernier évêque de Lescar [4]. A. Stato, *Obl.* 1756-1767, non fol. 17 mai 1763.

1 Une pension de 3 000 livres fut assignée à Henri de Gramont, clerc du diocèse de Dax.

2 On lit dans une note du P. Léonard (Archives nationales, L 735) « L'evesque se nomme Dominique de Mesplès Il était auparavant conseiller au Parlement de Pau On dit qu'il est à Paris pour quelques affaires Madame sa tante, qui était riche, mourut, qui laissa aux P. Jésuites 40 000 livres Ce qu'ayant appris, il fit du bruit et voulut faire casser la donation On l'apaisa en lui offrant l'évesché de Lescar qui vaut 30 000 livres de rente Mais l'évesque n'en a que 20 000, car les dix autres sont pour le collège des Jésuites à Pau »

3 Il conserva la commende du monastère de Saint-Pierre de Larreule, mais le pape greva les revenus de sa mense d'une pension de 2.000 livres en faveur de Jean-Jacques de Mesplès, prêtre du diocèse de Lescar

4 Le 22 septembre 1802, il fut nommé évêque de Troyes Il mourut dans cette ville après avoir reçu la nouvelle de sa promotion au cardinalat. V. Dubarat, *Etudes historiques et religieuses du diocèse de Bayonne,* t. II, p. 111.

§ 2. — *Abbés de Saint-Pierre et Saint-Vincent de Larreule,*
O. S. B. [1].

1389. — **Raymond de Lanussans.** — Archives départementales des Basses-Pyrénées, E 1923.

Il eut pour successeur

1424, 7 février. — **Pierre de Foix l'Ancien,** cardinal du titre de Saint-Etienne-au-Mont-Celius [2]. — *Reg. Lateran.* 239, fol. 233 r°.

L'abbaye est dite vacante *per cessionem Petri et obitum Raymundi* quand elle fut conférée à

1427, 8 décembre. — **Arnaud-Guillaume de Gayrosse,** prieur de Gabarret, O. S. B., diocèse d'Auch [3]. — *Reg. Lateran.* 280, fol. 151 r°.

Pierre.

Il eut pour successeur

1443, 21 août. — **Jean de Lescun,** postulé par les moines et dispensé du défaut de naissance illégitime. — *Reg. Vat.*, 362, fol. 17 r°.

Il eut pour successeur

1465, 24 juillet. — **Garsie Arnaud de Monein,** protonotaire du Saint-Siège. — *Reg. Lateran.* 617, fol. 44 v°, 2 août 1465.

Le monastère était vacant *certo modo* [4] quand fut nommé

1478, 16 décembre. — **Jean de Lévis,** évêque de Lescar. — *Obl. et Sol.* 84ᵃ, fol. 20 v°.

Il eut pour successeur

---

1. Cette abbaye était taxée 133 florins d'or 1/3.

2. Dans la bulle de provision, cette abbaye est dite réservée au Siège apostolique et dans l'obligation le procureur de Pierre de Foix, Pierre de *Vicecomitatu*, promet 133 florins d'or 1/3 « vel plus aut minus quod reperietur per informationem fiendam. » C'était la première fois que cette abbaye était réservée, et avant cette époque, elle n'avait pas été inscrite au livre des Taxes. (A, Stato, *Obl.* 1422-1428, fol. 77 v°, 14 mars 1424.)

3. La mention du double mode de vacance dans cette bulle semblerait indiquer que Pierre de Foix n'avait pas pris possession. Bien plus, Arnaud-Guillaume, nommé par les moines, aurait été en possession de l'abbaye de Larreule aussitôt après la mort de Raymond de Lanussans, car le 15 juin 1423, il rendit hommage à Jean, comte de Foix. (Arch. départ. Basses-Pyrénées, E 231, p. 7.)

4. *Reg. Lateran.* 789, fol. 303.

1482, 2 août. **Jean de Salette,** prêtre du diocèse de Lescar, bachelier ès décrets. *Reg. Vat.* 621, fol. 302 r°.

Il eut pour successeur

1483, 1ᵉʳ novembre. — **Gratien d'Arette,** licencié ès décrets, chanoine d'Oloron, dispensé du défaut de naissance illégitime, conseiller de Madeleine, princesse de Viane, et de Catherine, sa fille, reine de Navarre, qui l'avaient recommandé à la faveur pontificale. *Reg. Vat.* 637, fol. 101 r°.

1486, 31 juillet. — **Jean.** — Arch. Vat., *Introitus et Exitus*, 512, fol. 97 v°.

1497, 19 avril. — **Jean d'Aule,** évêque de Couserans. — A. Stato, *Obl.* 1492-1498, fol. 172 v°, 22 avril 1497.

1527, 30 avril. — **Jean de Bilhères.** — A. Stato, *Obl.* 1523-1531, fol. 118 v° [1].

Il résigna en faveur de

1563, 14 juillet. — **Jean de Casanabe,** protonotaire apostolique, recteur de l'église paroissiale d'Ambax, diocèse de Lombez. - *Reg. Vat.* 1915, fol, 164 r°.

Jean de Sales.

Il résigna en faveur d'

1617, 27 septembre. — **Apollon d'Albret.** — A. Stato, *Obl.* 1613-1623, fol. 165 v°, 16 janvier 1621.

Il résigna, sous réserve d'une pension de 500 livres tournois, en faveur de

1630, 12 août. — **Nicolas Courtin.** A. Stato, *Obl.* 1623-1639, fol. 157 r°, 26 août 1630.

Il eut pour successeur

1642, 6 décembre. — **Antoine de Guillon.** A. Stato, *Obl.* 1640-1652, non fol., 27 avril 1643.

Il eut pour successeur

1644, 31 janvier. — **Arnaud Lamouroux.** — A. Stato, *Obl.* 1640-1652, non fol., 17 mars 1645.

[1] Au registre d'Obligations, l'acte est incomplet Il y a seulement le nom du monastère, la date, et en marge Solvit collegio, 7 février 1527 133 1/3 D'après un document des Archives départementales des Basses Pyrénées, E 1118, l'abbé de Larreule, Jean de Bilhères, accorda en fief des terres à la communauté de Mazerolles entre 1536 et 1539, je propose de regarder ce Jean de Bilhères comme abbé de Larreule depuis le 30 avril 1527

1672[1]. — **Gaspard de la Roque de Priellé**[2]. Archives départementales des Basses-Pyrénées, C 733, 1672-1673.

Il mourut à Peyrehorade le 19 juin 1688, et l'abbaye vaqua cinq ans.

1693, mai. — **Martin de la Cassagne,** prêtre, docteur en théologie, chanoine de Lescar[3]. — Archives départementales des Basses-Pyrénées, C 744, fol. 8 r°.

Il résigna ce monastère en faveur de son neveu

1724, 23 août. — **Jean Soulé de la Cassagne-Maucor,** chanoine de Lescar[4]. A. Stato, *Obl.* 1715-1728, non fol., 16 septembre 1724.

Il eut pour successeur

1770, 16 janvier. — **Jean-Antoine de Noguès,** chanoine de Verdun, aumônier de Madame, dernier abbé de Larreule. - A. Stato, *Obl.* 1767-1783, non fol., 2 février 1770.

---

1. C'est la date de sa réception aux Etats de Béarn en qualité d'abbé de Larreule
2. Il conserva la commende de ce monastère après sa nomination à l'évêché de Bayonne (Barb lat 2896, fol 163 v°)
3. Il fut reçu aux Etats de Béarn en 1694 Dans le compte rendu des mêmes Etats en 1716, il est appelé évêque nommé de Lescar (Arch départ des Basses-Pyrénées, C 894) Il ne fut préconisé que le 5 décembre 1718 et obtint de retenir la commende dudit monastère (Barb. lat 2917, fol. 339 r°)
4. De Dufau de Maluquer, *Armorial de Béarn*, t. I, p 265.

CHAPITRE XI

Evêques de Bayonne [1]

Dominique de Mans.

1304. **Arnaud-Raymond de Mont ou de Montagne.** — Dubarat et Daranatz, *Recherches sur la ville et sur l'Eglise de Bayonne*, p. 103.

1309. — **Pierre de Maremne.** Dubarat et Daranatz, *op. cit.*, p. 105.

Il eut pour successeur

1314, 29 mars. **Bernard de Ville,** sous-diacre, official du chapitre de Bayonne, élu le 29 mars 1314 et confirmé par Clément V [2]. Eubel, *Hierarchia catholica medii ævi*, I, p. 127 et Dubarat et Daranatz, p. 106, note 2.

Il mourut en Avignon avant d'avoir pris possession et l'évêché de Bayonne fut déclaré vacant *apud sedem apostolicam*

1316, 20 décembre. — **Pierre de Maslac,** profès des Frères-Prêcheurs. Eubel, *id.*

Il eut pour successeur

1319, 27 juin. **Pierre de Saint-Jean,** prêtre, profès des Frères-Prêcheurs. — Eubel, *id.*

Il eut pour successeur

1357, 8 février. **Guillaume du Pin.** Eubel, *id.*

1358. **Guillaume-Vital de Saint-Jean** [3]. Dubarat et Daranatz, *op. cit.*, p. 121.

---

[1] Cet évêché était taxé 100 florins

[2] Le 13 octobre 1316, il obtenait un indult lui permettant de recevoir, de tout évêque choisi par lui, le diaconat, la prêtrise et la consecration épiscopale C'est ce qui a fait croire à MM Dubarat et Daranatz qu'il avait été confirmé comme évêque de Bayonne par Jean XXII Or, dans l'indult cité, on lit « ad eandem ecclesiam per Clementem V promoto » (G Mollat, *Jean XXII, Lettres communes*, n° 1447)

[3] MM. Dubarat et Daranatz donnent pour successeur à Guillaume du Pin, Guillaume Vital de Saint Jean Eubel ne mentionne pas cet évêque N'ayant pas trouvé sa

Il eut pour successeur

1371, 20 juin. — **Pierre d'Oraich,** de l'ordre des Frères-Mineurs, professeur de théologie. — Eubel, *id.*

Obédience d'Avignon.

Il mourut en 1382.

1383, 22 avril. — **Pierre de Sumalaga,** de l'ordre des Frères-Mineurs, maître en théologie. — Eubel, *id.*

Il eut pour successeur

1384, 12 février. — **Garsie Engui,** profès de l'ordre des Ermites de Saint-Augustin. — Eubel, *id.*

Il mourut en 1408[1].

1409, 3 juillet. — **Guillaume-Arnaud de la Borde,** prêtre, profès des Frères-Mineurs, maître en théologie. — Eubel, *id.*

Obédience de Rome.

1383. — **Barthélemy d'Arribeire,** pourvu par Urbain VI. — Eubel, *id.*

Il eut pour successeur

1393, 11 février. — **Garsie Menendez,** des Frères-Mineurs, évêque de Cordoue. — Eubel, *id.*

Il mourut en 1405.

1406, 20 janvier. — **Pierre de Bernet,** chanoine de Bayonne. — Eubel, *id.*

Il mourut en 1416. Les chanoines avaient probablement nommé Pierre de Mauloc qui se démit ou mourut peu de temps après, et le concile de Constance confirma dans la possession de l'évêché de Bayonne

Guillaume-Arnaud de la Borde. — Eubel, *id.*

Il fut transféré à Dax.

1444, 9 décembre. — **Garsie-Arnaud de la Sègue,** évêque de Dax. — Eubel, *op. cit.,* II, p. 113.

Il eut pour successeur

---

bulle de provision, il n'a vu que celle de son successeur dans laquelle l'évêché était déclaré vacant par la mort de Guillaume. Cette similitude de noms l'a induit en erreur. La référence fournie par les nouveaux historiens de l'église de Bayonne autorise à mentionner Guillaume-Vital de Saint-Jean dans la liste des évêques de ce siège (Dubarat et Daranatz, *op. cit.,* p. 121, note 3).

1. L'évêché était vacant au moins depuis le 31 août 1408, car, à cette date, Benoît XIII instituait pour son vicaire général dans l'évêché de Bayonne Jean Doyti, prêtre du même diocèse (Eubel, *op. cit.,* I, p. 128, Baionen, note 4).

1454, 1ᵉʳ juillet. **Jean de Maruilh,** élu par le chapitre de Bayonne, confirmé par l'archevêque d'Auch et pourvu en consistoire par le pape [1]. Eubel, id.

Il fut transféré à Uzès.

1463, 28 septembre. — **Jean du Laur,** chanoine et archidiacre de Couserans [2]. Eubel, id.

Il résigna en faveur de

1484, 5 mai. — **Pierre de Foix le Jeune,** cardinal-diacre du titre des Saints-Côme-et-Damien, à titre d'administrateur. — Eubel, id.

Il eut pour successeur

1490, 8 juin. **Philippe de Lévis** [3]. A. Stato, Obl. 1489-1492. fol. 89 r°, 18 juin 1491.

Il céda ses droits à l'évêché de Bayonne à

1495, 3 juillet. — **Jean de la Barrière,** chanoine de Dax [4], docteur *in utroque* [5]. Eubel, id.

Il mourut le 5 juillet 1504.

1504, 8 juillet. **Bertrand de Lahet,** chanoine de Bayonne et vicaire général. Dubarat et Daranatz, *op. cit.*, p. 144.

Il mourut le 5 août 1519.

1519, 24 décembre [6]. — **Hector de Rochefort d'Ailli,** chanoine de

---

1. Il s'obligea au payement du commun service par son procureur Jean de Lévis, abbé commendataire du monastère de Saint Jacques de Jocou, diocèse d'Alet (Obl et Sol 76, fol 104 r°)

2 Sa promotion à l'évêché de Bayonne rendit vacants un canonicat avec prébende dans l'église de Lombez, un canonicat avec prébende et un archidiaconé dans l'église de Couserans Le canonicat de Lombez valant 10 livres petits tournois fut conféré à Pierre Ecuyer, clerc du diocèse de Périgueux et étudiant en droit canonique à l'Université de Paris (Reg Vat., 497, fol. 49 v°), le canonicat et l'archidiaconé de Couserans d'une valeur de 100 livres petits tournois furent conférés à Yves Prévôt, clerc du diocèse de Paris, étudiant en droit canonique à l'Université de cette ville (Reg Vat, 514, fol. 127)

3 Il paya tous les droits le 18 juin 1491, eut des difficultés pour entrer en possession, car le 13 mars 1492, il obtenait une nouvelle bulle.

4 Bibl nat, lat 13080, fol 21 v°.

5 Il avait été élu par le chapitre ou en 1489, juillet-septembre (Dubarat et Daranatz, op cit, p. 140, note 4), car le cardinal Pierre de Foix le Jeune n'avait pu peut être prendre possession (id, p 141, note 2), ou à la mort du même cardinal survenue en juillet ou août 1490

6 Il est étrange que le Bullaire de Léon X auquel se réfèrent MM. Dubarat et Daranatz fixe au 21 janvier 1519 la nomination d'Hector de Rochefort à l'évêché de Bayonne qui ne fut vacant que le 5 août Il est fort probable que le Bullaire fait

Saint-Julien de Brioude, diocèse de Saint-Flour. — Barb. lat. 2932, fol. 52 v° [1].

Il fut transféré à Toul.

1524, 12 février. — **Jean du Bellay,** clerc du diocèse du Mans, licencié ès lois, âgé de 26 ans, plus tard cardinal. Gulick et Eubel, *Hierarchia Catholica*, t. III, p. 142.

Il fut transféré le 20 septembre 1532 à l'évêché de Paris vacant par la mort de François Poncher [2] et l'évêché de Bayonne fut conféré au neveu de ce dernier

1532, 25 septembre [3]. — **Etienne Poncher** [4]. Arch. Vat., *Acta Cancellarii*, III, fol. 89 v°.

Il fut transféré à l'archevêché de Tours.

1551, 6 avril. **Jean des Moutiers du Fresse,** clerc du diocèse de Limoges, docteur *in utroque* [5]. Arch. Vat., *Acta Cancellarii*, VI, fol. 79.

Il résigna en faveur de

1566, 13 mars. — **Jean de Sossionde,** chanoine et vicaire général de Bayonne. Gulick et Eubel, *op. cit.*, t. III, p. 142.

Il mourut le 23 novembre 1578.

1579, 4 novembre. **Jacques de Maury,** prêtre du diocèse de Toulouse, docteur en droit canon, chanoine de Saint-Antoine-

---

commencer l'année pontificale le 25 mars, et dans ce cas le 21 janvier 1519, suivant la manière de compter de la curie, est en réalité le 21 janvier 1520 (Dubarat et Daranatz, *op cit*, p. 159, note 2).

1. Le 14 mai 1520, le pape lui donnait un suffragant en la personne de Jean Salazar nommé évêque de Constantia, en Afrique, province de Carthage, avec pouvoir d'exercer les fonctions pontificales dans la cité et le diocèse de Bayonne du consentement de l'évêque (Arch Vat, *Armarium* XII, t 122, fol 46 v°) C'est ce qui lui permit de ne pas venir dans son diocèse (cf. Dubarat et Daranatz, *op. cit.*, p. 163, note 1)

2 Barb. lat 2867, fol. 153 v°.

3. Dans le registre d'Obligations, les bulles sont datées du 16 septembre 1532. (A Stato, *Obl* 1531 1534, fol 52 r°)

4. Etienne Poncher n'avait que 26 ans Il obtint dispense d'âge et fut autorisé à garder en commende le monastère de Notre Dame de la Roe, de l'ordre de Saint Augustin, au diocèse d'Angers, ses canonicats avec prébendes de Paris et de Saint-Martin de Tours, la prévôté de Courçay, dans cette dernière église, le doyenné de Saint-Germain d'Auxerre, les prieurés de Saint Julien de Sézanne, de l'ordre de Saint Augustin, diocèse de Troyes, de Sainte Marie de l'Enfantement, ordre de Grandmont, diocèse de Rouen (A. Stato, *Obl* 1531 1534, fol. 52 r°).

5. MM Dubarat et Daranatz (*op cit*. p 169, note 4), ont donné de nombreux détails biographiques sur ce personnage.

de-Viennois, âgé de 48 ans [1]. — Arch. Vat., *Acta Camerarii*, X, fol. 278 v°.

Il mourut le 17 janvier 1593.

1599, 17 mars. — **Bertrand d'Echaux,** sous-diacre du diocèse de Bayonne [2]. — Dubarat et Daranatz, *op. cit.*, p. 189, notes 3 et 4.

Il fut transféré à l'archevêché de Tours le 14 octobre 1618.

1621, 15 novembre. — **Claude de Rueil-Desmaretz,** prêtre du diocèse de Paris, licencié en droit, aumônier et conseiller du roi, âgé de 45 ans. — Dubarat et Daranatz, *op. cit.*, .p. 204, note 3 et 4. Stato, *Obl.* 1613-1623, fol. 187 v°, 23 novembre 1621.

Il fut transféré à Angers en 1626 [3].

1630, 4 mars [4]. — **Raymond de Montaigne,** prêtre du diocèse de Bordeaux [5]. — Arch. Vat., *Armarium XII*, t. 130, fol. 15 r°.

Il mourut le 23 octobre 1637.

1639, 28 février. — **François Fouquet,** frère de Nicolas Fouquet, surintendant des finances. — Arch. Vat., *Armarium XII*, t. 130, fol. 123 v°.

Il fut transféré à l'évêché d'Agde [6].

---

1. Il obtint la faculté de retenir en commende le prieuré conventuel de Notre-Dame-de-Pinel, de l'ordre de Grandmont, diocèse de Toulouse, mais il fut obligé de résigner la préceptorie de Saint-Antoine
C'est la première fois que dans l'acte du Camérier, j'ai remarqué la note suivante : « *et cum decreto quod bulle apostolice non relaxentur antequam constet electum fidei professionem fecisse juxta formam* »

2. Au moment de sa promotion, il n'était que sous diacre (Bibl. Corsini, 50, fol. 269 v°)

3. Le roi lui donna pour successeur à Bayonne, en 1626, Henri de Béthune, premier aumônier de Gaston de France, frère de Louis XIII, qui ne fit jamais expédier ses bulles et fut nommé ensuite à Maillezais Aussi l'évêché de Bayonne fut déclaré vacant par le transfert de Claude de Rueil à Angers et la cession que fit de ses droits Henri de Béthune, quand fut nommé Raymond de Montaigne.

4. C'est 1630 et non 1629, car dans l'obligation souscrite par le procureur de Raymond de Montaigne, les bulles de provision sont datées du 4 des nones de mars an VII d'Urbain VIII. L'an VII de ce pontificat commença le 6 août 1629 (Cf. *Revue de Gascogne*, 1871, p. 565).

5. Il pouvait garder, sa vie durant, le prieuré de Saint Martin de Brie-sous Chalais, diocèse de Saintes, et, pour 3 ans, le prieuré de l'église collégiale de Saint-Vincent du Mas, diocèse de Condom. Le 4 mars 1630, le pape lui conférait en commende l'abbaye des Alleux, O S B , diocèse de Poitiers (A Stato, *Obl* 1623-1634, fol 150 v°, 11 avril 1630)

6. 10 novembre 1643 (Bibl. Corsini, 54, fol. 27 v°)

1643, 31 août **Jean d'Olce,** neveu de Bertrand d'Echaux, évêque de Boulogne [1]. Arch. Vat., *Armarium XII,* t 130, fol. 170 r°.

Il mourut le 8 février 1681 à Ossès [2].

1681, 22 septembre. — **Gaspard de la Roque de Priéllé,** prêtre du diocèse de Tarbes, bachelier en théologie, abbé de Larreule [3] (Lescar), âgé de 50 ans. — Dubarat et Daranatz, *op. cit.,* p. 242.

Il mourut à Peyrehorade le 19 juin 1688 et le siège de Bayonne demeura vacant pendant quatre ans.

1692, 10 mars. **Léon de Lalanne,** prêtre, évêque nommé de Dax [4]. Arch. Vat., *Armarium XIII,* t. 77, non fol.

Il mourut le 6 août 1700 [5].

1701, 18 avril. — **René-François de Beauvau du Rivau** [6], prêtre du diocèse de Tours, vicaire général de Sarlat [7], âgé de 36 ans. — A. Stato, *Obl.* 1696-1706, fol. 50 r°, 30 avril 1701.

Il fut transféré à l'évêché de Tournai.

1707, 7 novembre **André Druilhet,** prêtre du diocèse de Toulouse, maître en théologie de la Faculté de Paris, official et vicaire général du Mans, âgé de 43 ans [8]. — Barb. lat. 2912, fol. 389 v°.

Il mourut à Saint-Jean-de-Luz le 27 novembre 1727 [9].

1728, 14 juin. **Pierre-Guillaume de la Vieuxville,** prêtre du diocèse de Paris, docteur en théologie de la Maison de Sor-

1. Il pouvait retenir en commende le monastère de Notre-Dame de La Bussière en Anjou, de l'ordre de Cîteaux.
2 Dubarat et Daranatz, *op. cit*, p. 239, note 4.
3 Il fut autorisé à retenir la commende de ce monastère Barb. lat. 2896, fol 103 v°
4. Il conserva le monastère de Saint Ferme, diocèse de Bazas, et le prieuré de Saint Martin d'Hure dépendant de ce monastère qu'il possédait en commende, sous réserve d'une pension de 3 000 livres sur les revenus de son évêché en faveur de Paul Philippe de Chaumont, ancien évêque de Dax
5 Dubarat et Daranatz, *op cit*, p 246
6 Dans la cédule lue au consistoire du 14 mars 1701 où René de Beauveau fut préconisé, il est dit . *in sacramentorum susceptione frequens* ce qui montre bien la préoccupation de Rome de choisir des prélats non entachés de jansénisme (Arch Vat, *Armarium XIII,* t 72, non fol, 14 mars 1701)
7 Il eut la faculté de conserver le monastère de Saint-Victor en Caux, O S B, diocèse de Rouen, le prieuré de Saint Hilaire de Melle, diocèse de Poitiers, et les prieurés simples de Ploermel, Guer et Tridon, diocèse de Saint Malo, qu'il possédait en commende
8 Avec faculté de conserver les prieurés de Saint Blaise et de La Milesse au diocèse du Mans qu'il possédait en commende.
9 Dubarat et Daranatz, *op. cit.,* p. 257.

bonne, doyen et vicaire général du diocèse de Nantes, puis du diocèse de Chartres, âgé de 45 ans [1]. — Barb. lat. 2921, fol. 748 et 759.

Il mourut à Paris le 30 juin 1734 [2].

1736, 26 février [3]. — **Jacques Bonne Gigault de Bellefont**, prêtre du diocèse de Tours, aumônier du roi, abbé commendataire de l'abbaye de la Cour-Dieu, ordre de Cîteaux, diocèse d'Orléans, vicaire général de l'archevêque de Tours, âgé de 38 ans. — Bibl. Corsini 2078, fol. 13.

Il fut transféré à l'archevêché d'Arles le 27 novembre 1741.

1741, 27 novembre. — **Christophe de Beaumont**, prêtre du diocèse de Sarlat, licencié en théologie de Sorbonne, chanoine et comte de Lyon, vicaire général et official de Blois [4], abbé commendataire de l'abbaye de N.-D. de Vertus, de l'ordre des chanoines réguliers de Saint-Augustin, diocèse de Châlons, âgé de 39 ans. — Arch. Vat., *Armarium XIII*, t. 93, fol. 164.

Il fut transféré à l'archevêché de Vienne.

1745, 19 juillet. — **Guillaume d'Arche**, doyen du chapitre de Saint-André et vicaire général de Bordeaux, docteur en théologie de l'Université de cette ville, âgé de 43 ans. Arch. Vat., *Armarium XIII*, t. 93, fol. 486.

Il mourut le 13 octobre 1774 [5].

---

1. Avec faculté de conserver le prieuré conventuel de Notre Dame de Fontaine-Geard, O. S. B., diocèse du Mans, dont il était commendataire, et sous réserve d'une pension de 800 livres tournois en faveur de Jean Gillibert, prêtre du diocèse de Bayonne.

2. Dubarat et Daranatz, *op. cit.*, p. 207.

3. D'après MM. Dubarat et Daranatz, les bulles seraient datées du 26 février 1735. C'est une erreur. Elle provient de ce qu'ils ont oublié que l'année à la curie commençait le 25 mars (cf. p. 149, note 6). Dans le volume des Procès consistoriaux, année 1735, la lettre du roi signifiant au pape la nomination de Bellefont à l'évêché de Bayonne est du 8 octobre 1735. Le procès consistorial fut fait à la nonciature de Paris et présenté au consistoire du 26 novembre 1735. Jacques de Bellefont fut promu au consistoire du 26 février 1736 et sacré le 25 mars suivant.

4. Dans le procès consistorial, il n'est pas fait mention de son titre de vicaire général de Lyon que lui donnent MM. Dubarat et Daranatz en se basant sans doute sur le document G 60, fol. 97, des Archives départementales des Basses Pyrénées.

5. Dubarat et Daranatz, *op. cit.*, p. 186. Le roi nomma Henri François de Barrière de Taillefer, vicaire général et chanoine de Périgueux, mais il ne fut pas promu par le pape et l'évêché de Bayonne était encore vacant par la mort de Guillaume d'Arche quand fut nommé Ferron de la Ferronays.

1775, 13 mars. **Jules-Basile Ferron de la Ferronays,** évêque de Saint-Brieuc. — Dubarat et Daranatz, *op. cit.*, p. 292.

Il fut transféré à Lisieux en novembre 1783.

1783, 15 décembre. — **Etienne-Joseph de Pavée de Villevieille,** prêtre du diocèse de Nîmes, docteur de Sorbonne, vicaire général d'Albi depuis 17 ans, âgé de 44 ans. Dubarat et Daranatz, *op. cit.*, p. 299.

Il mourut en Espagne en novembre 1793.

CHAPITRE XII

Evêques de Condom [1].

1317, 13 août. **Raymond de Galard,** abbé du monastère de Saint-Pierre de Condom, O. S. B. — Eubel, *Hierarchia catholica medii ævi*.

Il mourut à Paris le 23 mars 1340.

1340, 25 octobre. **Pierre de Galard,** prêtre, prieur de Nérac, O. S. B., diocèse de Condom, élu par le chapitre malgré la réserve pontificale, confirmé par l'archevêque de Bordeaux, fut maintenu par le pape. — Eubel, *id.*

Il eut pour successeur

1369, 3 décembre. — **Bernard Alaman,** docteur ès décrets, précenteur de l'église de Mende [2]. — Eubel, *id.*

Il mourut le 9 mars 1401.

1401. — **Hugues Raimbaud.** — Eubel, *id.*

Il mourut le 11 octobre 1405 [3].

1408, 10 mars. — **Aymeric Noël,** docteur ès décrets, référendaire du pape, abbé du monastère de Saint-Sernin de Toulouse, O. S. A. [4]. — Eubel, *id.*

1419, 23 août. — **Pierre Assalbit,** évêque d'Oloron. — Eubel, *id.*

Il fut transféré à Alet.

---

1 Cet évêché fut érigé par Jean XXII le 13 août 1317 et taxé 2 500 florins. Il dépendait de l'archevêché de Bordeaux.

2. Le 2 avril 1370, il obtenait une dispense d'âge, car il n'avait alors que 28 ans.

3. Il faut placer un autre évêque dont le nom est inconnu, entre Hugues Raimbaud et Aymeric Noël, car l'évêché était vacant *certo modo* quand ce dernier fut promu.

4 Le 5 juin 1409, Benoît XIII l'autorisait à percevoir les arrérages qui lui étaient dus comme abbé de Saint Sernin dans les paroisses de Caumont, Martres, Nérac, Saverdun et Larroque d'Olmes des diocèses de Rieux, Lombez et Mirepoix (*Reg Avenion* 330, fol 621.)

1421, 8 janvier. **Jean Coursier,** licencié ès décrets, camérier de la cathédrale d'Alet [1]. Eubel, id.

Il eut pour successeur [2]

1454, 8 mars. — **Guillaume d'Estampes** [3], évêque de Montauban. — *Reg. Lateran.* 484, fol. 52.

Il mourut avant d'avoir été paisible possesseur [4] et Pie II nomma

1461, 27 mars. **Guy de Montbrun,** prêtre, docteur ès décrets, protonotaire apostolique, abbé commendataire du monastère d'Eysses [5]. *Reg. Vat.* 480, fol. 33 v°.

Il eut pour successeur

1486, 15 décembre. — **Antoine de Pompadour,** licencié ès décrets, chanoine de Paris, protonotaire apostolique. Eubel, *op. cit.*, II, p. 149.

Il mourut le 11 octobre 1496.

---

1 Le chapitre d'Alet l'avait choisi pour son évêque, mais le pape ne confirma pas cette élection

2 A la mort de Jean Coursier, le chapitre de Condom procéda à l'élection de son successeur Louis d'Albret, protonotaire apostolique, fut postulé par 5 voix Amanieu de Lomagne, chanoine d'Auch, obtint 8 suffrages, Antoine de Grossoles, bachelier ès décrets et Bernard de Castillon, moines du chapitre de Condom, en eurent, le premier 4 et le second 1. Bernard de Castillon se désista en faveur de Louis d'Albret. L'affaire fut appelée à Rome. Le pape cassa et la postulation de Louis d'Albret et l'élection de ses deux concurrents comme anticanoniques, et nomma Guillaume d'Estampes

3 C'était un des opposants à l'élection de Godefroy de Bazillac au siège de Carcassonne. Il avait voix dans ce chapitre car, avant sa promotion à Montauban, il était archidiacre de Montlaur et chanoine de Carcassonne (Bibl. nat., coll. Doat, II, p 271 r°)

4 Aussitôt après la nomination de Guillaume d'Estampes, Amanieu de Lomagne se fit élire une seconde fois, fit confirmer son élection par l'archevêque de Bordeaux et cita Guillaume d'Estampes devant ce prélat et devant le Parlement de Paris Les procès n'étaient pas terminés quand mourut Guillaume d'Estampes. Amanieu de Lomagne se fit élire, par voie de compromis et pour la troisième fois, évêque de Condom Cette troisième élection, soumise à la curie à l'examen du cardinal d'Estouteville, fut annulée et Pie II nomma Guy de Montbrun Par une bulle en date du même jour, il défendit à l'archevêque de Bordeaux de confirmer l'élection du chapitre de Condom sous peine de voir l'évêché de Condom soustrait à sa juridiction (*Reg Vat* 480, fol 30) L'archevêque ne tint nul compte de cette défense, favorisa les agents d'Amanieu de Lomagne et opprima ceux de Guy de Montbrun Aussi le pape délia Guy de ses devoirs de suffragant envers Blaise de Gréelle par une bulle en date du 19 mars 1463 (*Reg Vat* 480, fol. 14 v°)

5 *Revue de Gascogne*, 1873, p 137 — Le 21 mars 1463, le pape révoqua le transfert qu'il avait fait de Guy de Montbrun à l'évêché de Cahors, et du cardinal Louis d'Albret, évêque de Cahors, à l'évêché de Condom (*Reg Vat* 480, fol. 3 r°)

1496, 26 octobre   **Jean de Bilhères de Lagraulas,** cardinal du titre de Sainte-Sabine. — Eubel, id.

Il mourut le 6 août 1499.

1499, 13 septembre.   **Amanieu d'Albret,** protonotaire apostolique, administrateur. — Eubel, id.

Ces deux derniers prélats ne semblent pas avoir été paisibles possesseurs. A la mort d'Antoine de Pompadour le chapitre nomma

1497, 23 janvier [1]. — **Jean Marre,** moine de Simorre.

A la mort de Jean Marre, 15 octobre 1521, sur la présentation du roi le pape nomma

1523, 1er juin. — **François du Moulin de Rochefort,** chanoine de Bayeux [2].

Il céda ses droits à l'élu que le chapitre de Condom avait nommé à la mort de Jean Marre,

1521, 19 octobre.   **Hérard de Grossoles de Flamarens,** religieux infirmier du couvent de Condom, vicaire général de Jean Marre, élu par le chapitre le 19 octobre 1521 [3]. *Revue de Gascogne,* 1873, p. 530.

Il mourut le 19 février 1544.

1545, 15 juin.   **Charles de Pisseleu,** évêque nommé de Mende, administrateur de l'évêché de Condom jusqu'à ce qu'il ait atteint l'âge de 27 ans [4]. — A. Stato, *Obl.* 1540-1550, fol. 121 v°, 19 juin 1545.

Il eut pour successeur

---

[1] C'est la date donnée par *Gams,* cité par Eubel Jean Marre passa plusieurs années sur le siège de Condom sans avoir les bulles de cet évêché Dans une bulle du 14 octobre 1510 dans laquelle Jean Marre est appelé *intrus* à l'évêché de Condom, Jules II défend au chapitre de Condom, sous peine d'excommunication latæ sententiæ et de la privation de tous les bénéfices possédés par ses membres, de procéder, à la vacance de l'évêché, à aucune élection ou postulation (Archives départementales des Basses Pyrénées, E 99) Probablement après 1510, Jean Marre régularisa sa situation, car dans l'acte du vice-chancelier mentionnant la nomination de son successeur, l'évêché de Condom est dit vacant *per obitum Johannis Ma episcopi Condomiensis* (Arch Vat , *Acta Cancellarii,* I, fol. 221 r°)

[2] Il prêta serment de fidélité à Saint Germain-en-Laye le 17 juillet 1523 (*Catalogue des actes de François Ier,* t VII, n° 23782)

[3] Des lettres de la régente Louise de Savoie, datées de Saint Just de Lyon, 5 février 1524, portaient déclaration de son serment de fidélité pour le temporel de l'évêché de Condom (*Catalogue des actes de François Ier,* t VII, n° 23840)

[4] Il avait la faculté de retenir les monastères de Saint Aubin d'Angers et de Saint-Pierre de Bourgueil, O S B , diocèse d'Angers.

1565, 6 juillet. — **Robert de Gontaut-Biron**, prêtre du diocèse de Cahors [1], docteur *in utroque* [2]. Arch. Vat., *Acta Camerarii*, IX, fol. 123 v°.

Il mourut le 25 août 1569.

1570, 11 décembre. **Jean de Monluc**, chevalier de Saint-Jean-de-Jérusalem, avec dispense d'âge [3]. — Arch. Vat., *Acta Camerarii*, X, fol. 79 r°.

Pour cause de maladie, il céda l'évêché de Condom sous réserve d'une pension de 3 000 ducats d'or à

1581, 10 juillet. — **Jean du Chemin**, clerc du diocèse de Limoges, docteur *in utroque* [4]. Arch. Vat., *Acta Camerarii*, X, fol. 310 r°.

Il mourut à Cassaigne en 1616.

1616. — **Antoine de Coues**, évêque titulaire d'Auria, neveu et coadjuteur du précédent depuis le 15 mars 1604 [5]. — *Revue de Gascogne*, 1873, p. 130.

Il céda son évêché sous réserve d'une pension annuelle de 12.000 livres tournois et de la jouissance du château de Cassaigne à

1648, 10 février. **Jean d'Estrades.** Arch. Vat., *Irmarium XII*, t. 131, fol. 149 r°.

Il résigna en faveur de

1659, 10 novembre. **Charles-Louis de Lorraine**, prieur de Layrac [6], cardinal en 1667. — Arch. Vat., *Irmarium XIII*, t. 66, non fol.

Il mourut subitement à Auteuil le 1er juillet 1668 [7].

1670, 2 juin. — **Jacques-Bénigne Bossuet**, maître en théologie,

---

1. Une pension de 6 000 livres était réservée au cardinal de Guise, mais Robert de Gontaut retenait un prieuré conventuel et ses pensions (Barb. lat. 2032, fol. 378 v°.) Le 18 mai 1565, Blaise de Monluc écrit au cardinal de la Bourdaisière pour qu'il sollicite auprès du pape le gratis des bulles de Condom. (*Revue de Gascogne*, 1888, p. 41.)

2. Bibl. Barb., lat. 2884, fol. 15 v°.

3. Il avait seulement 28 ans.

4. Il était fils de Guy, seigneur du Chemin, près Treignac en Limousin. Un de ses oncles fut chanoine et vicaire général de Robert de Gontaut Biron. En 1567, ce parent résigna son canonicat en faveur du jeune du Chemin qui avait depuis peu achevé ses études au collège de Guyenne (*Revue de Gascogne*, 1873, p. 50.)

5. *Schede Garampi.*

6. Il retint en sa possession ce prieuré.

7. Bibl. nat., lat. 17025, fol. 114.

doyen de Saint-Sulpice, diocèse de Chartres. Arch. Vat., *Armarium XIII*, t. 74, fol. 16 [1].

Il résigna son évêché [2].

1672, 22 février. — **Jacques de Goyon de Matignon**, prêtre du diocèse de Coutances, licencié ès décrets. — Arch. Vat., *Armarium XIII*, t. 74, fol. 152.

Le 23 novembre 1693 il recevait en commende le monastère de Foigny, de l'ordre de Cîteaux, diocèse de Laon, mais il avait auparavant résigné son évêché en faveur de

1693, 26 octobre. — **Mathieu Isaure d'Hervault**, prêtre, abbé du monastère de Saint-Jean d'Angély, diocèse de Saintes [3]. — Barb. lat. 2900, fol. 215 r°.

Il fut transféré à Tours.

1693, 22 décembre. **Louis Milon**, prêtre [4]. — Arch. Vat., *Armarium XIII*, t. 78, non fol.

Il mourut en février 1734.

1735, 19 décembre. — **Emmanuel-Henri-Timoléon de Cossé de Brissac**, prêtre du diocèse de Paris, abbé commendataire du monastère de Fontfroide, de l'ordre de Cîteaux, diocèse de Narbonne. Schede Garampi.

Il eut pour successeur

1758, 13 mars. **Louis-Joseph de Montmorency-Laval**, abbé commendataire de Sainte-Croix de Bordeaux [5], évêque d'Orléans [6]. — Arch. Vat., *Armarium XIII*, t. 95, fol. 58 v°.

---

1. Le texte de cet acte consistorial a été publié dans la *Revue de Gascogne*, 1904, p. 149, note 1. Des pensions s'élevant à 8.300 livres étaient réservées pour des personnes à nommer.

2. Il ne fut nommé au siège de Meaux que le 17 novembre 1681. Il possédait alors le monastère de Saint-Lucien de Beauvais et deux prieurés conventuels. (Barb. lat. 2896, fol. 193 v°.)

3. Il conserva la commende de ce monastère.

4. « M. l'abbé Milon, fils d'un homme d'affaires, bourgeois de Paris, fort dévot et véritable bon amy de l'abbé Fénelon qui le fit supérieur des Nouvelles Catholiques après lui. C'est l'abbé Fénelon qui lui a procuré cet évêché qui vaut 36 000 livres. Il parut fort surpris et tout consterné quand l'abbé Fénelon lui vint le soir annoncer la nouvelle de sa promotion » (Note du P. Léonard, 1ᵉʳ novembre 1693. Archives nationales, L 730.)

5. Cette abbaye, qu'il résigna au moment de sa nomination à Condom, fut donnée en commende à Louis-Charles-Vincent de Salaberry, sous-diacre du diocèse de Paris, ex-conseiller d'Etat.

6. Les revenus de l'évêché de Condom étaient grevés des pensions suivantes : 2.000 livres pour Joseph Aymard Guignard Dufons, 1 500 pour Jérôme de Verdalle,

Il démissionna le 6 avril 1760.

1760, 15 décembre. — **Etienne-Charles de Loménie de Brienne,** prêtre du diocèse de Paris, docteur en théologie et membre de la Maison de Sorbonne. — Arch. Vat., *Armarium XIII*, t. 96, fol. 414 v°.

Il fut transféré à l'archevêché de Toulouse le 21 mars 1763.

1763, 16 mai. — **Alexandre-César d'Anterroches,** chanoine de Brioude et vicaire général de Cambrai. — A. Stato, *Obl.* 1756-1767, non fol., 17 mai 1763.

Il mourut à Londres en 1792.

1.200 pour Etienne Huard, 1.200 pour Charles Fortuné Dezèdes, 800 pour Jean Bonnet, 800 pour Pierre Robioulle, 600 pour Guillaume Durand et 500 pour Bonaventure Bastier, clercs et prêtres de divers diocèses.

CHAPITRE· XIII

Évêques de Lombez [1].

1317, 9 juillet. — **Arnaud de Roger,** clerc tonsuré, âgé de 29 ans, abbé du monastère de Lombez, de l'ordre des chanoines de Saint-Augustin. — Eubel, *Hierarchia catholica medii ævi*, I, p. 323.

Il fut transféré à l'évêché de Clermont.

1328, 28 mai. **Jacques Colonna,** clerc tonsuré, âgé de 27 ans [2], chanoine de Noyon [3]. — Eubel, *id.*

Il mourut en septembre 1341.

1341, 1" octobre. **Antoine,** abbé du monastère de Fontfroide, de l'ordre de Cîteaux, diocèse de Narbonne [4]. — Eubel, *id.*

L'évêché de Lombez fut spécialement réservé par Clément VI qui, à la mort d'Antoine, nomma

1348, 17 septembre. — **Bertrand de Cosnac,** prieur de Brive, O. S. A., diocèse de Limoges, docteur ès décrets, trésorier du pape. Eubel, *id.*

Il fut transféré à l'évêché de Comminges

---

1. Cet évêché fut érigé par Jean XXII le 9 juillet 1317 et taxé 2.500 florins. Il dépendait de l'archevêché de Toulouse.

2. Sur sa demande, le pape le dispense de l'obligation de recevoir la prêtrise dans le courant de l'année pourvu qu'il soit ordonné sous diacre et pourvoie à l'administration temporelle et spirituelle de son évêché (*Reg. Vat.* 87, ep 2215, 19 juin 1328) Parce que, à l'époque de sa promotion, Jacques Colonna se trouvait éloigné de son évêché et qu'il ne pouvait nommer des administrateurs, Jean XXII en confia l'administration à son frère Jean Colonna, cardinal diacre du titre de San-Angelo-in Pescheria (*Reg Vat* 87, ep 2224, 1" juillet 1328)

3 Il possédait en outre un canonicat dans la basilique de Saint Jean de Latran (*Reg. Vat* 89, ep 18), un canonicat avec prébende dans l'église de Cambrai qui furent conférés à Nicolas Pecorari de Tivoli, et une prébende dans l'église de Liège qui fut donnée à Guillaume Rufi. (A Fayen. *Lettres de Jean XXII*, t II, p. 214, n° 1124 et p. 260, n° 1308)

4 Il reçut la consécration épiscopale des mains d'Annibal de Ceccano, cardinal évêque de Frascati.

1352, 17 octobre. — **Roger,** prévôt du chapitre de Toulouse [1]. — Eubel, *id.*

Il eut pour successeur

1362, 10 juin. — **Jean de Saya,** bachelier ès décrets, chanoine de Bordeaux. — Eubel, *id.*

Il fut transféré à l'évêché de Dax.

1363, 18 janvier. — **Guillaume de Durfort,** licencié ès lois, archidiacre de Saint-Antonin, diocèse de Rodez, chapelain du pape, auditeur des causes du palais apostolique. — Eubel, *id.*

Il mourut à la fin de 1378.

1379, 11 juillet. — **Arnaud,** évêque de Famagouste [2]. — Eubel, *id.*

Obédience d'Avignon.

Il eut pour successeur

1382, 21 avril. — **Pierre Paris,** docteur ès lois, doyen de Gap, auditeur général de la Chambre apostolique, chapelain du pape et son familier. — Eubel, *id.*

Il eut pour successeur

1389, 10 mars. — **Jean Hiltalinger de Bâle,** maître en théologie, prieur général des Ermites de Saint-Augustin. — Eubel, *id.*

Il eut pour successeur

1392, 10 octobre. — **Pierre,** licencié ès lois, doyen de Châlons-sur-Marne, chapelain du pape, auditeur des causes de la Chambre apostolique. — Eubel, *id.*

Obédience de Rome.

Il eut pour successeur

1413, 28 juin. — **Raymond de Bretenoux,** évêque de Périgueux, nommé par Jean XXIII [3]. — Eubel, *id.*

1. Par une bulle en date du 22 octobre 1352, Clément VI l'autorisait à garder la prévôté du chapitre de Toulouse tant que Centulle d'Astarac serait dans les pays d'outre-mer. (*Reg. Vat.* 213, fol. 321.)

2. Avant sa promotion à l'évêché de Famagouste, il était précenteur de la cathédrale de Lombez. (Cf. Eubel, *Hierarchia catholica*, t. 1, p. 254.)

3. Dans une de ses notes, Garampi mentionne que l'évêché était vacant par la mort de Pierre Paris. C'est une erreur. Dans la fiche où il a consigné l'obligation de Pierre, prédécesseur de Raymond de Bretenoux, sous la date du 18 octobre 1392, il écrit qu'il s'obligea aussi : *et pro Johanne predecessore obligato*, 20 martii 1389 (c'est Jean Hiltalinger), *et pro Petro obligato*, 20 maii 1382 (c'est Pierre Paris), *et pro Arnaldo obligato*, 19 julii 1379 (c'est l'évêque de Famagouste). D'ailleurs, dans la bulle de provision (*Reg. Lateran.* 174, fol. 195), l'évêque défunt est appelé Pierre, sans addition de nom patronymique.

Il eut pour successeur

1417, 17 février. **Arnaud de Mirepoix.** Eubel, id.

Il eut pour successeur [1]

1425, 1ᵉʳ avril. — **Géraud d'Aure** [2], bachelier ès décrets, archidiacre de Rivière, dans l'église de Comminges. Eubel, id.

Il eut pour successeur son neveu

1463, 22 avril. **Sanche Garsie d'Aure** [3], âgé de 24 ans, sous-diacre, bachelier ès décrets, archidiacre de Lombez, à titre d'administrateur jusqu'à ce qu'il ait atteint l'âge canonique [4]. Eubel, id.

Il eut pour successeur

1473, 5 juillet. — **Jean de Bilhères de Lagraulas**, abbé de Pessan [5]. — Eubel, id.

Il résigna l'administration de l'évêché de Lombez à son neveu

1499, 4 août. **Denis de Bilhères de Lagraulas.** — Eubel, id.

Il eut pour successeur

1 Quand il mourut en 1424, le chapitre, malgré la réserve pontificale, nomme Géraud d'Aure (qu'Eubel appelle Géraud de Charno, tandis que Garampi, dans une note du 30 mars 1425, l'appelle d'Aure) Ce dernier fit proposer au consistoire l'affaire de son élection Mais le pape avait déjà donné l'évêché de Lombez en administration au cardinal Pierre de Foix pour deux ans Martin V annula cette administration, réserva tous les revenus de l'évêché pendant deux ans en faveur du cardinal et confirma l'élection de Géraud d'Aure.

2. Bertrand de Garros, bachelier ès décrets, clerc du diocèse de Comminges, établi son procureur par acte de Raymond de Samouilhan, notaire, s'obligea en son nom le 6 juin 1425 et paya seulement un menu service. Le reste des droits devait être payé quand aurait cessé la réserve des revenus en faveur du cardinal de Foix. (A Stato, Obl 1422 1428, fol 114 v°)

3 Il est ainsi appelé dans une bulle datée du même jour conférant à Raymond de Garravet, familier et commensal de Tristan d'Aure, évêque d'Aire, l'archidiaconé de Lombez valant 40 livres petits tournois « quem vacare speratur per assecutionem administrationis in spiritualibus et temporalibus ejusdem ecclesie Lomberiensis per Sancium Garsiam de Aura quem nos hodie administratorem deputavimus »(Reg. Vat 490, fol 188 r°)

4 Un canonicat avec prebende dans la cathédrale de Saint Bertrand-de-Comminges, un bénéfice simple dans l'église paroissiale de Castillon, un bénéfice perpétuel dans l'église paroissiale d'Antras, au diocèse de Couserans, vacants par la promotion de Sanche Garsie, furent conférés à Manaud d'Aure, clerc du diocèse de Comminges et neveu de Tristan d'Aure, évêque d'Aire (Reg. Vat 510, fol 15 v°, 17 r° et v°)

5 Le 31 juillet 1473, Guillaume d'Estouteville, cardinal évêque d'Ostie, résigna en sa faveur le monastère de Saint Denis de Paris (Obl et Sol 83, fol 38) Le 2 décembre 1491, il devenait coadjuteur de l'évêque de Saintes, Louis de Rochechouart (Eubel, op cit, II, p 297), et le 20 septembre 1493, cardinal du titre de Sainte Sabine (id, p. 23).

1511, 12 décembre. **Savaric d'Ornézan,** prévôt du chapitre de Lombez. — *Schede Garampi.*

Il résigna sous réserve de certains bénéfices [1] en faveur de

1528, 3 avril. — **Bernard d'Ornézan,** abbé du monastère de Nizors [2]. — Arch. Vat., *Acta Cancellarii*, II, fol. 139 r°.

Il eut pour successeur

1553, 12 septembre. **Antoine Olivier,** évêque de Digne. Arch. Vat., *Acta Cancellarii*, VI, fol. 132 v°.

Pour des raisons de santé et de vieillesse et sous réserve d'une pension de 3.000 livres, il résigna son évêché en faveur de

1566, 20 mars. **Pierre de Lancrau,** licencié *in utroque*, âgé de 45 ans. Gulick et Eubel, *Hier. cath.*, III, p. 244.

Il résigna son évêché, sous réserve de la moitié des revenus, en faveur de

1597, 10 décembre. **Jean I Daffis,** évêque d'Auria, coadjuteur du précédent depuis le 19 janvier 1594 [3], et auparavant prévôt du chapitre de Saint-Etienne de Toulouse. Bibl. Corsini, 50, fol. 217 v°.

Il eut pour successeur son neveu

1614, 17 mars. **Bernard Daffis,** prêtre du diocèse de Bordeaux, docteur *in utroque*, abbé de La Case-Dieu [4]. Arch. Vat., fonds Borghèse, *Acta Consistorialia*, I, p. 447.

Il eut pour successeur son neveu

1628, 21 août. **Jean II Daffis.** diacre du diocèse de Bordeaux [5]. — Arch. Vat., *Armarium* XII, t. 130, fol. 1.

L'évêché était déclaré vacant [6] par la mort de Jean Daffis quand fut nommé

---

1 C'étaient les bénéfices de Martisserre, l'Isle en Dodon, Ambax et ses annexes, Montpezat, le Pin, Sabonères et ses annexes, Seysses et ses annexes, Endoufielle, Marestaing, Castillon, Cadours et ses annexes, Cologne et Sirac

2. Le 27 avril 1539, il obtenait en commende le monastère de Feuillant, ordre de Cîteaux, diocèse de Rieux. (A. Stato, *Obl* 1534-1540, fol 145 r°)

3. A Stato. *Obl.* 1588-1603, fol 64 r°, 28 février 1594.

4 Il lui fut permis de conserver ce monastère et trois prieurés conventuels qu'il possédait en commende, sous réserve d'une pension annuelle de 200 livres en faveur de Nicolas Coeffeteau, et d'une autre d'égale valeur en faveur de François Ferrier, clerc du diocèse de Nimes

5. Une pension de 3 000 livres était réservée à un clerc du diocèse de Paris nommé Testius et une autre de 600 livres à Henri de la Tour du Pin

6 A la mort de Jean Daffis, le roi nomma Charles du Bouzet de Roquépine, prêtre, docteur en théologie, chanoine de Metz et aumônier de la reine, qui ne fit jamais

1662, 27 février. **Jean-Jacques Séguier,** chanoine théologal de Paris et abbé de la Lire [1] Arch. Vat., *Armarium XIII*, t. 66, non fol.

Il fut transféré à l'évêché de Nîmes le 24 août 1671 [2].

1671, 14 décembre. **Cosme Roger,** général de la Congrégation des Feuillants. Bibl. Corsini 56, fol. 281 v°.

Il eut pour successeur

1712, 16 mars. **Antoine Fagon,** prêtre du diocèse de Paris, docteur en théologie, abbé commendataire de Notre-Dame de Bohéries, ordre de Cîteaux, diocèse de Laon, et de Saint-Méen, ordre de Saint-Benoît, diocèse de Saint-Malo, âgé de 45 ans [3]. Barb. lat. 2914, fol. 171 v°.

Il fut transféré à l'évêché de Vannes

1721, 16 juin. **Charles-Guillaume de Maupeou,** prêtre du diocèse de Paris, docteur en théologie, âgé de 36 ans [4]. Barb. lat 2919, fol 60 1°.

Il mourut le 17 février 1751

1751, 4 avril [5]. **Jacques Richier de Cerisy,** prêtre du diocèse de Coutances, licencié en théologie de la faculté de Paris, grand archidiacre et vicaire général de Rouen depuis 10 ans, âgé de

---

expédier ses bulles et mourut en 1660 Le roi nomma alors Nicolas Le Maistre, docteur en théologie, professeur à la Sorbonne et prédicateur ordinaire du roi Il ne fut jamais préconisé et mourut le 14 octobre 1661.

2 Plusieurs pensions étaient réservées sur les revenus de cet évêché une de 4 000 livres en faveur de Gabriel de Cassagnet de Tilladet, chevalier de Malte (cf. F Mauquié, *Les Suzerains de Fimarcon*, p 103), une de 2 000 pour Jean Baptiste Michel Colbert de Saint Pouange, clerc du diocèse de Lombez, et une autre de 1 000 livres pour Charles Nicoletti, clerc du diocèse de Sinigaglia

2 Bibl Corsini 56, fol 265 v°.

3 Il conserva la commende de ces monastères mais le pape assigna sur les revenus de l'évêché de Lombez plusieurs pensions quatre de 500 livres chacune en faveur de François Gon, prêtre du diocèse de Genève, de Jean Pierre de Monteils, prêtre du diocèse de Cahors, de Hugues Merle, prêtre du diocèse d'Autun, de La Boulardier, prêtre du diocèse de Paris, et une de 1 000 en faveur de Joachim Le Grand, clerc du diocèse de Coutances (Barb lat. 2914, fol 154 v, 2 mars 1712)

4 Le 17 novembre 1730, il obtenait en commende le monastère de Lézat, O S B, diocèse de Rieux, vacant par la mort de Pierre Jean Martin de Berulles (Barb lat 2923, fol 249 1°) Les revenus de la mense abbatiale de ce monastère étaient de 8 000 livres et ceux de la mense conventuelle de 10 000 (id, fol 243 v°)

5 Date de la nomination royale Il fut sacré le 22 août

42 ans [1]. Arch. Vat., *Procès consistoriaux*, année 1751, 1ᵉʳ mai.

Il mourut à Montpellier le 15 juillet 1771.

1771, 23 septembre. **Ferdinand-François-Léon de Salignac de La Mothe-Fénelon,** chanoine de Paris, aumônier du roi, abbé commendataire des abbayes de Ressons et de Carennac, âgé de 38 ans [2]. A. Stato, *Obl.* 1767-1783, non fol., 24 septembre 1771.

Il mourut à Bagnères-de-Bigorre le 19 novembre 1787.

1788, 10 mars. **Alexandre-Henri de Chauvigny de Blot,** chanoine et comte honoraire au chapitre noble de Brioude, âgé de 37 ans. — A. Stato, *Obl.* 1783-1798, non fol., 17 janvier 1788.

Il fut le dernier évêque de Lombez. Il chercha un refuge à Londres où il mourut en février 1805 après avoir refusé de donner sa démission au moment de la signature du Concordat entre Pie VII et Napoléon 1ᵉʳ.

[1] L'évêché de Lombez était grevé de 2.200 livres de pensions annuelles, savoir 1 000 livres à François de Narbonne, prêtre du diocèse de Condom, 600 livres à Joseph Moysset, prêtre et curé dans le diocèse d'Auch, et 600 livres à François Destarac, curé dans le diocèse de Lombez.

[2] Il amena l'abbé Maury à Lombez en qualité de vicaire général.

INDEX ALPHABÉTIQUE

ABADIE (Sanche d'), prieur et abbé de Saint Savin de Lavedan, 109, 110

ABBADIE (Arnaud d')), abbé de Pimbo, évêque de Couserans, 65, 65 n 1, évêque de Lescar, 140

— (Arnaud d'), chanoine et sacriste de Lescar et de Tarbes, archidiacre de Montesquiou, abbé de Sorde, 39, 40, 40 n 1, — évêque de Lescar, 140, 140 n 2

— (Bernard d'), chanoine et évêque d'Aire, 75

— (Garsie Arnaud d'), archidiacre de Bathielle, évêque d'Oloron, 130, 130 n 1

— (Jean Pierre d'), évêque de Lescar, 142, 142 n 4

— (Vital d'), moine de Santa Maria de Amer, prieur de Bénac, 114 n 1

ABBADIE D'ARBOUCAVE (Bernard d'), archiprêtre de Maslacq, évêque de Dax, 38, — abbé du Lucq, 137

(François d'), abbé de Saint Sever de Rustan, 109

Abondance (Haute Savoie, arr Thonon, chef l cant), monastère Notre Dame, O S B , 3 n 5; abbé Savoie (François de).

ABRECORNE (David), chanoine de Dax, abbé de Sorde, 42

ABSAC DE LA DOUZE (Pierre d'), abbé de la Grasse, évêque de Rieux, de Lectoure, archevêque de Narbonne, 48, 48 n 4, 5

ADRIEN VI, pape, 132 n 2

Agde (Herault, arr Béziers, chef l cant), évêché, administrateur Guilhot (Bérenger) ; — évêques Lanta (Guillaume Hunaud de), Lévis (Philippo I de), — préchantre Palaya (Bertrand de), — prévôt Montbrun (Pierre Raymond de)

Agen (Lot et Garonne), évêché ; — chanoines Galard de Brassac (Antoine de), Manhaut (Viguier de), Morère (Morère de) ; diocèse, 23, — évêque, 95 n 1, Saya (Jean de), official, 87 n 2 ; — préchantre Boissonnade (Guillaume de), — vicaire général Narbonne Lara (François de)

Eglise collégiale Saint Caprais, 92, 93, 93 n 1 ; chanoines : Aspremont (Bernard d'), Constant (Bernard de), — prieur : Combe (Bernard de la)

AIGUES (Jacques des), l'Ancien, abbé de Saint Ferme, 96

— (Jacques des), le Jeune, abbé de Saint Ferme, 96

Aire (Landes, arr Saint-Sever, chef-l cant), évêché, 73 , — cathédrale, 82 n 1; — chanoines : Abbadie (Bernard d'), Aure (Manaud d'), Bats (Bernard de), Fau (Garsie du), Faur (Arnaud du), Sansac (Guillaume de), Toujouse (Anésanche de) ; — diocèse, 43 , — évêques, 66, 73 78, 129, 129 n 1 ; — official, 82 n 4 , — sacriste · Odon

Monastère Sainte Quitterie, 113 ; — moine : Guillaume.

Aire-sur la Lys (Pas de-Calais, arr Saint-Omer, chef l. cant) ; église collégiale de Saint Pierre, 108, — prévôt Château de la Barre (François du).

Aix (Bouches du Rhône, chef l arr) archevêché ; — archevêque . Brancas.

ALAMAN (Bernard), précenteur de Mende, évêque de Condom, 155, 155 n. 2.

Alan (Haute Garonne, arr Saint-Gaudens, cant Aurignac), 55 n 6

Albano (Italie), évêché suburbicaire , cardinaux évêques . Foix (Pierre de) l'Ancien, Balue (Jean)

Albi (Tarn) , chanoine Yvon (Bernard d'), — préchantre Pierre, — vicaires généraux . Noé (Marc Antoine de), Pavée de Villevieille (Etienne Joseph de).

— Sénéchal d' Tric (Jean de).

ALBIN (Augustin), moine de Saint Sever de Rustan, 109 n 1.

ALBRET (Amanieu d'), protonotaire du Saint Siège, abbé de la Castelle, 83 , du Lucq 141 , — administrateur de Comminges, 53, 54 , abbé de Saint-

Savin de Lavedan, de Saint-Amand, 111, 111 n 2 ; — administrateur de Condom, 137, d'Oloron, 131, — cardinal du titre de Saint Nicolas in Carcere Tulliano, abbé de Flaran, 22 n 5, 23 ; administrateur de Bazas, 90 ; de Lescar, 141.

— (Apollon d'), abbé de Saint Pierre de Larreule, 145.

— (Bernard d'), O F M , évêque de Dax, 33

— (François-Amanieu d'), clerc du diocèse de Sens, 133 n 5

— (Jean d'), roi de Navarre, 55

— (Jean d'), recteur d'Asson ou de Coarraze, abbé de Pessan, 8

— (Jeanne d'), reine de Navarre, 137 n 1.

— (Louis I d'), protonotaire apostolique, évêque d'Aire, 11 n 4, 74, 74 n 1, 121 n 1 ; — prieur de Saint-Mont, 3 n 4, 11 n 4, — administrateur de Cahors, 66 n 5, 75, 156 n 5 , de Condom, 156 n 2, 5 ; — cardinal du titre des Saints Pierre et Marcellin, évêque de Tarbes, 102

— (Louis II d'), clerc du diocèse de Condom, abbé de Pontaut, 85 , évêque de Lescar, 141

— (Pierre I d'), évêque d'Oloron, 132.

— (Pierre II d'), évêque de Comminges, 55, 55 n 3.

ALEMANS (Jean-Baptiste de), évêque de Bazas, de Mâcon, 90, 90 n 5

ALENÇON (Charles II d'), 1

— (Philippe d'), patriarche de Jérusalem, administrateur d'Auch, cardinal, 1, 2.

Alet (Aude, arr. et cant Limoux), évêché ; — camérier de la cathédrale Coursier (Jean) ; — chapitre, 156 n. 1 ; — évêques : Assalbit (Pierre), Robert.

ALEXANDRE VI, pape, 36 n. 3.

Alexandrie (Egypte), patriarcat; patriarches. Brénac (Pierre-Ameil de), Cardaillac (Jean de).

ALPHONSE, voy Rosetti,

Ambax (Haute Garonne, arr Saint Gaudens, cant. L'Isle-en Dodon), église paroissiale ; — bénéfice, 164 n. 1, recteur Casanabe (Jean de)

AMBIELLE (Antoine d'), chanoine d'Oloron, 82 n 2.

AMBOISE (Gentian d'), protonotaire d'Aubussy, clerc du diocèse de Chartres, vicaire général au monastère de L'Escale Dieu, 125 n 2, — évêque de Tarbes, 103, 103 n. 3

Amou (Landes, arr Saint Sever, chef l cant), — curé Navailles (Garsie Arnaud de)

Amiens (Somme) ; — préchantre . Au relzer (Pierre)

Ancône (Italie), — évêque Arnaud ,

ANDIGNÉ (François d'), prêtre du diocèse d'Angers, vicaire général de Luçon, évêque de Dax, 38.

ANDOINS (Arnaud Guillaume d'), archidiacre de Lomagne. évêque de Lescar, 139

— (Bertrand d'), infirmier de Lescar, 139 n 3

— (Marguerite Françoise d'), 119 n 3

— (Raymond I d'), archidiacre de Rivière, évêque de Lescar, 139, 139 n 4.

— (Raymond II d'), chanoine de Dax, évêque de Lescar, 139

ANDRE (Bernard d'), chanoine de Lectoure, doyen de l'Isle Jourdain, recteur de Bourg Saint Bernard, évêque de Lectoure. 47, 47 n 4

ANGAIS (Dominique d'), abbé de La Case Dieu, 28, 28 n. 5

Angers (Maine et Loire) ; diocèse, 19, 38, 69, 69 n 4, 150 n 4, 151, 151 n 3

— Abbaye Saint Aubin, O S. B , 157 n 4 ; abbé Pisseleu (Charles de)

ANGLADE (Jean d'), abbé de Pessan, 7

(Pierre d'), O F P., archevêque d'Auch, 1 ; — évêque de Tarbes, 101, 101 n 1 ; de Dax, de Rieux, 35, 35 n 1

Angles (diocèse de Tarbes) archidiaconé, 35 n 2

Anglès ou Angle (Vienne, arr Montmorillon, cant Saint Savin), abbaye O S A , abbé Sacé de la Chesnaye.

Anglès (Gers, contrée), archidiaconé dans l'église d'Auch , archidiacre Pardeilhan (Jean de).

Angleterre, 134

ANGLURE DE BOURLEMONT (Charles François d'), prêtre du diocèse de Toul, abbé de N D de la Cresto, de Saint Pierre, de la Sainte Trinité de Beauchamp, évêque d'Aire, de Castres, 76, 76 n 6

ANGOSSE (Henri d'), seigneur de Saint Germès, 119 n 2

Angoulême (Charente) , — diocèse, 19. 125 , — évêque Saint Gelais (Octovien de)

ANGL (Nicolas d'), doyen de Chartres, évêque de Séez, de Mende, abbé de Saint Savin de Lavedan, 111, 112 n 1, de Pontaut, 85

ANJOU (Louis d'), abbé de Pontlevoy, de L'Escale Dieu et de Nesle la Reposte, 125, 125 n 2, 3

ANSELME (Antoine), abbé de Saint-Sever Cap de Gascogne, 81.

INDEX ALPHABÉTIQUE

Anté (Raymond d'), vicaire général au monastère de L'Escale Dieu, 125 n 2

Anterroches (Alexandre-César d'), chanoine de Brioude, vicaire général de Cambrai, évêque de Condom, 160

Anticamerata (de), commissaire du sénéchal de Toulouse, 31 n 1

Anfin (Antoine d'), protonotaire du Saint Siège, 31 n. 1.

— (François d'), abbé de Saint Pé et d'Eaunes, 114

Antorve, abbé de Fontfroide, évêque de Lombez, 161, 161 n 4.

Antras (Ariège, arr. Saint Girons, cant Castillon), église paroissiale, 163 n 4

Apchon (Antoine d'), 103 n 3

— (Claude Marc Antoine d'), évêque de Dijon, archevêque d'Auch, 6

Apt (Vaucluse, chef. 1 arr), évêché ; — évêque : Géraud , — prévôt Ortholan (Guillaume d')

Aragon (Le roi d'), 34 n 1.

Araux (Géraud d'), chanoine d'Oloron, 130.

Arbaud de Jougues (François Casimir d'), abbé de Combelongue, 72, 72 n. 5, 6

Arbouse (Arnaud d'), O S. A , archidiacre de Rustan, évêque de Lescar, 139.

Arche (Guillaume d'), doyen de Saint-André et vicaire général de Bordeaux, 153, 153 n 4

Ardenay (Sarthe, arr Le Mans, cant Montfort le Rotrou), paroisse , — recteur Le Vassor (Jacques)

Arette (Gratien d'), chanoine d'Oloron, abbé de Saint Pierre de Larreule, 140

Arezzo (Italie), évêché, 131 ; — évêque · Pazzi (Cosme de)

Argenteuil (Seine et Oise, arr Versailles, chef 1. cant.), prieuré ; — prieur: Faudoas (Jean de)

Arias (Arnaud d'), abbé de Combelongue, 70.

Arles (Bouches-du-Rhône, chef-l arr), archevêché, 3 n. 3, — archevêques Gigault de Bellefont (Jacques Bonne), Jaubert de Barran (Jean), Lévis (Philippe II de), chanoine . Grille de Robiac ; — vicaire général Narbonne Pelet (Claude François de)

Arles sur Tech (Pyrénées Orientales, arr Céret, chef l cant), abbaye, 122 n 2, — abbé Gaillard de Chaudon (Noel)

Armagnac (Amanieu d'), archevêque d'Auch. 1

(Anne d'), dame d'Albret, 92 n 6

(Arnaud Michel d'), abbé de Tasque, 122.

— (Bernard d'), prieur d'Eauze, abbé de Tasque, 121, 121 n 4

— (Bernard d'), seigneur de Termes, 121 n 4

— (Bertrand d'), curé de Rabastens, 101 n. 3

— (Bertrand d'), seigneur de Termes, 122 n 1

— (Bonhomme d'), chanoine et évêque de Tarbes, 101, 101 n 2, 3.

— (Georges d'), cardinal, administrateur de Lescar, 142.

— (Hector d'), baron de Termes, 122 n. 1

— (Jacques d'), 122 n 1

— (Jean, comte d'), 11 n. 4, 29 n 4.

— (Jean d'), archidiacre de Lomagne, évêque de Mende, archevêque d'Auch, 2

— (Michel I d'), abbé de Tasque, 122.

— (Michel II d'), abbé de Tasque, 122

— (Pierre d'), archidiacre d'Anglès, 3 n. 4 , -- abbé de Tasque, 121.

Armagnac (Gers, contrée) ; sénéchal Faudoas (Béraud de).

Arnaud, abbé de Bonnefont, de Boulbonne, 58

Arnaud, abbé de Bouillas, 21 n. 3.

Arnaud, abbé de Divielle, 44.

Arnaud, abbé de Flaran, 21.

Arnaud, abbé d'Eaunes, de L'Escale-Dieu, 123, 123 n 4.

Arnaud, cellerier et abbé de Flaran, 21, 21 n 4

Arnaud, évêque d'Ancône, 34 n 1.

Arnald, évêque de Bazas, 87

Arnaud, moine et abbé de L'Escale-Dieu, 123.

Arnaud, précenteur de Lombez, évêque de Famagouste, de Lombez, 162, 162 n 2, 3

Arnaud Bernard, abbé de Nizors, 61.

Arnaud Guillaume, précenteur de Jacca, évêque d'Oloron, 129, 129 n. 3, 4.

Arnaud Guillaume, prieur de Puymirol, abbé du Lucq, 135.

Arnauto, prieuré ; — prieur, v. Balzac (Antoine de)

Arnouville (Seine et Oise, arr. et cant. Mantes), paroisse du diocèse de Rouen, 115 n. 1, — recteur Bertrand (François de)

Arribeire (Barthélemy d'), évêque de Bayonne, 148.

Arros (Jacques d'), abbé du Lucq, 136.

Arthous (Landes, arr Dax. cant Peyrehorade, com Hastingues), abbaye O. Praem., 29 n. 3, 103 ; — abbés Iharse (Salvat I d', Salvat II d').

170 INDEX ALPHABÉTIQUE

ABZAC (Louis ou Jean d'), abbé de Pontaut, 85

ASPREMONT (Antoine d'), archidiacre de Bazas, abbé de Blasimont, 93

— (Bernard d'), recteur de Saint Genès, chanoine de Saint Caprais d'Agen, abbé de Blasimont, 92, 92 n 6, 93 n 1

— (Pierre d'), abbé de Flaran, 23

— (Pons I d'), clerc du diocèse d'Agen, abbé de Flaran, 23

— (Pons II d'), moine de Clairac, abbé de Flaran, 23

— (Roger d'), abbé de Saint Sever-Cap de Gascogne, 80, 80 n 1

ASSAILLI DE LIMOGES (Pierre), O S A, évêque d'Oloron, 129, de Condom, d'Alet, 155

ASSAT (Bernard d'), évêque élu de Couserans, 60 n 2

— (Guillaume), recteur de Castetarbe, évêque d'Oloron, 128, 129

ASSIN (Fortanier d'), prieur de Sainte Dode, abbé de Saramon, 15.

Asson (Basses Pyrénées, arr Pau, cant. Nay Ouest), église, 8, 8 n 2

ASTA (Pierre d'), prieur de Saint Sever de Rustan, 108 n 2

ASTARAC (Bernard, comte d'), 1 n 3

— (Bernard d'), abbé de Simorre, 10 n 4

— (Bertrand d'), abbé de Simorre, 10

— (Centulle d'), 162 n 1.

— (Jeanne, comtesse d'), 106 n 3, voy Foix (Marguerite de)

Astarac (Gers, contrée), archidiaconé dans l'église d'Auch, archidiacre, 11 n 1, — comté, 18 n 2

ATTAVANTI (Louis d'), clerc du diocèse de Florence, 22 n 2

AUBAREDE (Pierre d'), abbé de Tasque, 120

AUBERT (Arnaud), évêque de Carcassonne, archevêque d'Auch, camérier d'Urbain V, 1, 21 n 3,

AUBIGNAC (Hugues d'), abbé de Pessan, 7

Aubrac (Aveyron, diocèse de Rodez), prieuré O S A, 68 n 2, prieur Bellegarde (Octavien de),

AUBUSSON (Guichard d'), archidiacre de Sauviat, administrateur de Couserans, de Cahors, 66, 66 n 3

AUBUSSY (Protonotaire d'), voy Amboise (Gentian d')

Auch (Gers), archevêché, 1, 2, 3, 4, archevêques, 1 6, 11 n 1, 65 n 2, 128 n 2, 149, chanoines Barbazan (Manaud de), Labarthe (Arnaud Guillaume de), Lomagne (Amanieu de), Pardeilhan (Jean de), chapitre, 4 n 2, — collecteur Peyrac (Arnaud de), — diocèse, 106 n 3, 166 n 1, official, 11 n 1, — vicaires généraux Baron (Raymond Garsie de), Chaulnes (Paul de), Maignan (Aymeric de), Pujet (Henri de)

Prieuré Saint Orens O Clun ; — prieur Faur (Jacques du)

AUGER, moine de Figeac, abbé élu de Tasque, abbé de Baine, 119 n 5

AULIE (Jean d'), voy Salle (Jean de la)

AULIN (Othon d'), abbé de Saramon, 14.

Aulon (Haute-Garonne, arr Saint Gaudens, cant Aurignac), prieuré ; prieur Bise (Vital de)

Aunis (Charente Inférieure, contrée), archidiaconé dans l'église de Saintes, 33 n 3, archidiacres Beyries (Jean de), Liposse (Bernard de)

AURE (Géraud d'), chanoine de Comminges, 53 n 3, — archidiacre de Rivière, évêque de Lombez, 163, 163 n 1 2

— (Jean d'), chanoine et abbé de la Castelle, 82

— (Jourdain d'), évêque de Mirepoix, de Couserans, 66, 66 n 1

— (Manaud d'), clerc du diocèse de Comminges, 163 n 4, chanoine de Comminges, évêque de Tarbes, 102, 102 n 2, — abbé de Nizors, 61, 61 n 1

— (Sanche Garsie d'), archidiacre et évêque de Lombez, 163, 163 n 3, 4

— (Tristan d'), abbé de Faget, évêque de Couserans, 66, d'Aire, 75, 163 n 3, 4, abbé de la Castelle, 82

Aure, évêché, voy. Auria.

Aure (Hautes Pyrénées), vallée, sénéchal Labarthe (Jean de)

AURELZER (Pierre), préchantre d'Amiens, évêque de Lectoure, 46, 46 n 4

— (Robert), recteur de Fausgarde, 46 n 4

Auria (Mauritanie), évêché titulaire, évêques Coues (Antoine de), Daffis (Jean I), Sault (Philibert du)

AURIAN (Jean d'), chanoine de Bazas, 88 n 1

Auriébat (Hautes Pyrénées, arr Tarbes, cant Maubourguet), 106, — recteur Jussan (Carbon de)

Aurillac (Cantal), decanat, 67 n 2

AURIOLE (Jean d'), évêque de Montauban, 54 n 1

AUSIO (Jean d'), sous-prieur de La Case-Dieu, 29 n 3

Auteuil (Seine), 158

AUTRICHE (Anne d'), 72

Autun (Saône et Loire, chef l arr), diocèse, 69 n 3, 161 n 3

Auxerre (Yonne), évêché, archevêque évêque Tour du Pin Montauban (Louis Apollinaire de la), évêque Donnadieu de Griet (François de), vicaire général Osmond de Médard (Charles Antoine Gabriel d')

Abbaye Saint Germain, O S B, 68 n 2, abbé Bellegarde (Octavien de), — doyen Poncher (Etienne)

AVERAÈDE (Bon de), abbé de Saint Orens de Larreule, de Tabistoch, 116, 116 n 4

— (Pierre d'), camérier de Simorre, 105 n 3

AVEZAN (Arnaud d'), abbé du Lucq, 136
— (Fortaner d'), abbé de Saint Savin de Lavedan, 109

Avignon (Vaucluse), 100, 147, chanoine Suarez d'Aulan (Louis Marie de), — diocèse, 28, official, 136 n 1

Avranches (Manche, chef l arr), évêché, — diocèse, 6 n 2, évêque Boislève (Gabriel).

AVRIL (Jean), archidiacre de Médoc, 48 n 2

AYDIE (Arnaud Guillaume d'), doyen de Saint Seurin de Bordeaux, abbé de Saint Sever Cap de Gascogne, 79, 79 n 4, — évêque d'Aire, 75, abbé de Pontaut, 85

— (Gui d'), évêque de Sarlat, abbé de Berdoues, 18

— (Raymond d'), abbé de Saint Girons de Hagetmau, de Saint Louboner et de Saint-Sever Cap de Gascogne, 79, 79 n 5

AYMERIC NOEL, abbé de Saint Sernin de Toulouse, évêque de Condom, 155, 155 n 3, 4

Azereix (Hautes-Pyrénées, arr. Tarbes, cant. Ossun), église Saint Fructueux, 67 n 3, recteur : Ossun (Hector d')

Bagnères de Bigorre (Hautes Pyrénées, chef l arr), 126 n 3, 127, 166

Baignes (Charente, arr Barbézieux, chef l cant), abbaye Saint Etienne, 119 n 5 ; abbé Auger

BAILLIF (Vincent), prêtre du diocèse de Vannes, vicaire général de Tarbes, abbé de Saint Savin de Lavedan, 112, 112 n 5

BALAGUIER (François de), abbé d Eysses, évêque de Bazas, 91, 91 n. 1

— (Jean de), recteur de Langon, prieur de l'ombeboeuf, abbé de Payrignac, évêque de Bazas, de Cahors, 90, 90 n 6

BALUE (Jean), cardinal évêque d'Albano, 85

BIZAC (Antoine de), prieur de Saint Martin d Ambrule et d Arnauto, abbé de Savigny et de Gimont, évêque de Valence, 55

BAR (Denis de), évêque de Saint Papoul, 54 n 1

— (Hugues de), prêtre du diocèse de Tulle, abbé de Notre Dame de Vertus, de Saint André de Vienne, prieur de Saint Jean de Trisay, de Brivessac, de Saint Victor de Cahors, évêque de Dax, 38, 38 n 1, abbé de Pontaut, 86, évêque de Lectoure, 50, 50 n 2

BARBAZAN (Arnaud Guillaume de), seigneur de Visker, 106 n 3

— (Manaud de), chanoine d'Auch, 47 n 1, archidiacre de Magnoac, évêque de Comminges, 53, 53 n. 1

— (Manaud de), chanoine et sacriste de Tarbes, abbé de Saint Sever de Rustan, 106, 106 n 2, 3

Barcelonne (Espagne), 34, 34 n. 1, — évêque Capera (François)

BAREAU DE GIRAC (François), évêque de Saint Brieuc, abbé de Saint Sever Cap de Gascogne, 81

Barèges (Hautes Pyrénées, arr Argelès, cant. Luz), prieuré Sainte Marie, 109 ; prieur Hus (Bernard de)

BARÈS DE SAINT MARTIN (Daniel de), abbé de La Case Dieu, 32

BARNABITES (Les), 137 n 1

BARON (Jean), clerc du diocèse de Verdun, 134 n 6

BARON (Raymond Garsie de), chanoine de Bayonne, vicaire général d'Auch et de Tarbes, 101 n. 1

BARRAU (Pierre), camérier de Simorre, abbé de Saint Sever de Rustan, 105, 105 n 3

BARRIÈRE (Jean de la), chanoine de Dax, évêque de Bayonne, 149.

BARRIÈRE DE TAILLEFER (Henri François de), vicaire général de Périgueux, évêque nommé de Bayonne, 153 n 5

BARRIEU (Bonaventure), acolythe du diocèse de Langres, 50 n 8

BARROMÈRES (Auger de), chanoine de Dax, abbé de la Castelle, 82, 82 n 7

BARTET (Guillaume de), abbé de L'Escale Dieu, 17, 123, 123 n. 6, de Berdoues, 17, 17 n 3

BARTHET (Jean de), chanoine de Lescar, abbé de Saint Pé, 113

BARTON (Guillaume de), évêque de Lectoure, 49, 49 n. 1

— (Jean de), abbé de Saint Augustin de Limoges, évêque de Lectoure, archevêque d'Athènes, 49, 49 n 1

Basse Fontaine, abbaye O Præm , dio

cèse de Troyes, abbé Choiseul (Gilbert de)

BASSOMPIERRE (Louis de), évêque nommé d'Oloron, de Saintes, 133 n 4

BASTARD (Jean Gaspard de), vicaire général de Lectoure, 69 n. 4

BASTIDE (Guillaume de la), moine de Feuillant, abbé de Gimont, 15

BASTIER (Bonaventure), 169 n 6

Balbielle (diocèse de Lescar), archidiaconé, 35 n 2, 130. — archidiacres Abbadie (Garsie Arnaud d'), Saint Avit (Bernard de)

BATS (Bernard de), chanoine d'Aire. archidiacre de Marsan, évêque d'Aire, 73

BAZ DE LA PEYRE (Gaspard de), prêtre du diocèse de Condom, abbé de Saint Ferme, 97.

BAUDÉAN (César de), abbé de Saint Orens de Larreule, 118

— (Henri de), seigneur de Parabère, 118 n 4.

— (Jean de), abbé de Saint Orens de Larreule, 118

— (Philippe de), abbé de Saint Orens de Larreule), 118

BAUDRI (Michel), abbé du Rivet, 97

BAUME DE SUZE (Anne Tristan de la), évêque de Tarbes, 104, archevêque d'Auch, 5, 13 n 3, 104, évêque nommé de Saint Omer, 104 n 2

BAYARD (Jacques Gilbert de), abbé de Pontaut, 86.

Bayeux (Calvados, chef 1 arr), évêché, chanoine Moulin de Rochefort (François du), évêque Rochechouart Montigny ; — vicaire général Cugnac (Louis Emmanuel de)

BAYLENS (Bertrand de), abbé de Divielle, 44

— (Nicolas de), abbé de Cagnotte, 43, 43 n 3.

Bayonne (Basses Pyrénées, chef l arr), évêché, 21 n 2, — cathédrale), 33 n 3, chanoines Baron (Raymond Garsie de), Bayonne (Pierre Garsie de), Bornet (Pierre de), Beyries (Jean de), Caupenne (Garsie Arnaud de), Laussac de Roquetaillade (Alphonse de), Liposse (Bernard de), Sossionde (Jean de), diocèse 41, 68 n 10, 151, église collégiale Saint Esprit, évêques, 16, 125, 129, 147 154, official du chapitre Ville (Bernard de), vicaire général Dosti (Jean)

— Eglise collégiale Saint Esprit, doyen Salle (Philibert de la)

Bazas (Gironde, chef l arr), évêché, — archidiacre Aspremont (Antoine d'), — chanoines Lasseran de Massencôme (Odon de), Montesquiou (Pictavin de),

Mote (Raymond Bernard de la), Toujouse (Anesanche de), — chapitre, 89, — diocèse, 143, évêques, 74, 87 92 ; official, 87, — vicaire général Dauty (Jean)

BAZILLAC (Godefroy de), prieur de Bénac, abbé de Saint Savin de Lavedan, évêque de Rieux, 110, 110 n 5, 6, évêque nommé de Carcassonne, 150 n. 3

— (Jean de), abbé de Saint Sever de Rustan, 107, 107 n 2, 3, de Berdoues, 19, 19 n 2, de Saint Hilaire, de l'Escale Dieu, 124 n 6, 125

— (Raymond Arnaud de), prieur de Bénac, abbé de Saint Pé, 113, 114, 114 n 1

— (Raymond-Aymeric de), abbé de Saint Pé, 114, 114 n 2

BAZIN DE BESONS (Armand), clerc du diocèse de Montpellier, évêque d'Aire, archevêque de Bordeaux, 77

BÉARN (Jean de), voy Foix

— (Madeleine, princesse de), 124

— (Paul de), abbé de Saint Savin de Lavedan, 111, 111 n 3 ; abbé de Boulbonne, évêque de Lescar, 141 n 6, 142 142 n 1

— (Pierre de), abbé de Saint Sever Cap de Gascogne, de Sainte Croix de Bordeaux, 78, du Lucq, 136, 136 n 1

Béarn (Basses Pyrénées), principauté, chancelier Biais (Pierre de), Les Etats de , 146 n 1, 3.

Beaucaire (Gard, arr Nimes, chef-l cant), église collégiale, 50, doyen Narbonne Pelet (Claude François de)

<BEAUFFÈS (Jean), chanoine d'Evreux évêque de Dax, 34, de Vich, 35

BEAUPU (Philibert de), évêque de Bethléem, abbé de Saint Sever Cap de Gascogne et de la Faise, 79

Beaulieu, voy. Bonlieu.

BEAU MAISTRI (Guillaume), archidiacre de Val de Vire, évêque de Couserans, 61

Beaumarchès (Gers, air Mirande, canl Plaisance), archiprêtre, archiprêtre Bourg (Jean du) le Jeune

BEAUMONT (Christophe de), prêtre du diocèse de Sarlat, chanoine de Lyon, vicaire général de Blois, abbé de Notre Dame de Vertus, évêque de Bayonne, archevêque de Vienne, 153

Beaune (Côte-d Or, chef l arr), abbaye Sainte Marguerite O S A, 69 n 3, — abbé Macheco de Premeaux (Jean François de)

BEAUPOIL DE SAINT AULAIRE (Charles de), abbé de Saint Orens de Larreule 119, 119 n 3

— (Marc Antoine de), prieur de Sainte Madeleine du Castéret, archidiacre de

Rivière Basse, vicaire général de Tarbes, abbé de Saint Orens de Larreule, 119 n 2.

(Pierre de), vicaire général de Périgueux, évêque de Tarbes, 104

Beaupuy ou *Belpuig* (Espagne, prov Lérida di Urgel,) abbaye O Præm, 29, 29 n 3, — abbé Morlon (Arnaud de).

BEAUSSET DE ROQUEFORT (Emmanuel François de), chanoine de Béziers, abbé de Flaran, évêque de Fréjus, 94.

Beauvais (Oise), évêché, chanoine Boyries (Jean de)

BEAUVAU DU RIVAU (René François de), prêtre du diocèse de Tours, vicaire général de Sarlat, prieur de Saint-Hilaire de Molle, de Ploermel, de Guer, de Tridon, abbé de Saint Victor en Caux, évêque de Bayonne, de Tournay, 152, 152 n 6, 7

BÉDOS (François), moine de Saint Sever-de-Rustan, 109 n 1.

BÉGOLLI (Jacques de), sacriste de Saint-Pé de Générez, abbé de Saint Savin de Lavedan, 109.

(Raymond Arnaud de), prieur de Peyrissas, abbé de Saint Savin de Lavedan, 109

BELLAY (Jean du), clerc du diocèse du Mans, évêque de Bayonne, de Paris, 150, — cardinal évêque d'Ostie. 103 n 4, — abbé de L'Escale Dieu, 125.

Bellefontaine (Maine-et Loire, arr Cholet, cant Beaupréau, com Bégrolles), abbaye O. S. B ; — abbé · Illiers de Balsac d'Entragues (Louis d')

BELLEGARDE (Octavien de), prêtre du diocèse de Saintes), prieur d'Aubrac, abbé de Saint Germain d'Auxerre, évêque de Couserans, 68. 68 n 2 ; — archevêque de Sens, abbé de Nizors, 62

BELLEGARDE, voy Saint Lary de Bellegarde

Belley (Ain, chef l arr), évêché ; diocèse. 134, — vicaires généraux Magny (Antoine Simon de), Osmond de Médary (Charles Antoine-Gabriel d').

BENAC (Pierre de), cardinal du titre de Saint Laurent in Damaso, 105.

— (Pons de), abbé de Flaran, 23.

Benac (Hautes Pyrénées, arr Tarbes, cant. Ossun), prieuré, 110 n 6, prieurs. Abbadie (Vital d'), Bazillac (Godefroy, Raymond Arnaud de), Courrèges (Bernard de)

BÉNECH (Arnaud). vicaire à la cathédrale d'Aire, 82 n 1

BÉNÉDICTINS (Les), 137 n 1

Bénévent (Italie), archevêché, — archevêque : Cibo (Laurent).

Bénévent (Creuse, arr Bourganeuf, chef l cant), abbaye O. Cist , abbé Bonneval (Foucaud de).

Benevente (Espagne), 119 n 3.

BENOIT XII, pape, 113. 116, 128 n. 3

BENOIT XIII, pape, 2, 14, 17, 17 n 3, 35, 35 n 2, 70, 94, 120, 120 n 2, 149 n 3, 4, 5, 148 n 1, 153 n 4.

BENQUE (Arnaud Guillaume de), prieur de Villemade et de Lagor, 135 n 1

— (Jean de), moine et abbé de Bonnefont, 58

BENVIVOGLIO, archevêque de Carthage, nonce à Paris, 6 n 1

BEON (Arnaud Guillaume de), chevalier, 11 n 1.

— (Bertrand de), abbé de Saramon, 10 n 6, 11 n 1, 14.

— (Jean de), abbé de Tasque, 120

(Raymond Arnaud de), abbé de Sère, évêque d'Oloron, 132

(Seignoret de), damoiseau, 11 n. 1.

BEON MASSES DE LAMEZAN (Jean de), abbé de Simorre, 13

BERARD (Jean de), abbé de Cagnotte, 43, 43 n 2

Berdoues (Gers, arr et cant. Mirande), abbaye Notre Dame O Cist , abbés 17 21, 24 n 3, 27 n 2, 124 n 2, prieur Idrac (Bernard d')

BÉRENGER, archidiacre de Lodève, évêque de Couserans, 65

BERNARD, abbé de Flaran, 21.

BERNARD, abbé de Fontfroide, évêque d'Aire, 73, — de Tarbes, 100

BERNARD, abbé de la Castelle, 82

BERNARD, abbé de Nizors, 61.

BERNARD, évêque d'Oloron, 148

BERNARD, O F P , évêque de Comminges, 59.

BERNARD, prieur de Sainte-Christine, évêque d'Oloron, 128.

BERNARD, prieur et abbé de Flaran, 21

BERNARD, sacriste et abbé de Flaran, 21, 21 n 3.

BERNARD ou GUILLAUME BERNARD, moine et abbé de L'Escale Dieu, de Berdoues, 123,*123 n 6 ; voy. Bartet (Guillaume de)

BERNARD RAYMOND, moine de L'Escale-Dieu, 124 n. 2

BERNET (Pierre de), chanoine de Dax, collecteur dans la province d'Auch et le diocèse de Dax, 34 n 1 , - chanoine et évêque de Bayonne, 148

BERTHIER (François de), abbé de Saint Sever-Cap de Gascogne, 81.

— (Jean de), évêque de Rieux, 108 n. 1.

BERTIE (M. de), clerc du diocèse de Rome, 62.

BERTIN (Blaise de), chanoine de Lectoure, recteur de Bourg-Saint-Bernard, 47 n. 4.

BERTRAND, abbé de Bonnefont, 58.

BERTRAND, abbé de Saint-Orens de Larreule, 117, 117 n. 1.

BERTRAND, évêque de Cytrum, abbé de Pontaut, 84.

BERTRAND, évêque de Tarbes, 101.

BERTRAND (François de), recteur d'Arnouville, abbé de Saint-Pé, 115, 115 n. 1.

— (Jean de), clerc du diocèse de Toulouse, garde des sceaux d'Henri II, évêque de Comminges, 54, 54 n. 5 ; — abbé de Bonnefont, cardinal du titre de Saint-Chrysogone, 58 ; — archevêque de Sens, 54.

— (Pierre de), abbé de Saramon, 15.

BÉRULLES (Pierre-Jean-Martin de), abbé de Lézat, 165 n. 4.

Béryle, voy. Beyrouth.

Besançon (Doubs) ; — Université, 69.

BÉTHUNE (Henri de), évêque nommé de Bayonne, évêque de Maillezais, 151 n. 3.

Betplan (Gers, arr. Mirande, cant. Miélan), 113 n. 2 ; — seigneur : Moulezun de Saint-Lary (Henri de).

BEYRIA (Catherine de), 111 n. 3.

BEYRIES (Jean de), archidiacre d'Aunis, chanoine de Bayonne, de Beauvais, de Furnes, 33 n. 3.

Beyrouth (Syrie), évêché titulaire ; — évêque : Fagot (Pierre).

Béziers (Hérault, chef-l. arr.), évêché ; — diocèse, 78 ; — chanoine : Beaussel de Roquefort (Emmanuel-François de).

BIAIX (Pierre de), chancelier de Foix et de Béarn, abbé du Lucq, 136, 136 n. 5.

BIAUDOS DE CASTÉJAS (Louis de), chanoine de Dax, abbé de Saint-Sever-de-Rustan, 109.

Bidache (Basses-Pyrénées, arr. Bayonne, chef-l. cant.) ; doyen du chapitre : Desclaux de Mesplès (Dominique).

BIDAL D'ASFELT (Etienne de), 116.

BINOS (Aymeric de), abbé de Gimont, 26, 26 n. 3.

— (Pierre de), abbé de Gimont, 26.

Bigorre (Hautes-Pyrénées, contrée) ; - Les États de , 119, 127.

BILHÈRES DE LAGRAULAS (Bernard de), abbé de Pessan, 7 ; de Saint-Denis, de Fagel, prieur de Montesquiou, 7 n. 3.

— (Bernard de), abbé de Tasque, 121.

— (Denis de), évêque de Lombez, 163.

— (Jean de), abbé de Saint-Pierre de Larreule, 145, 145 n. 1.

— (Jean de), moine de Condom, abbé de Pessan, 7, 7 n. 2, 3, 8 ; — évêque de Lombez, 163, 163 n. 5 ; — cardinal du titre de Sainte-Sabine, administrateur de Condom, 157.

BINET ou BINOT (Jean), abbé de Blasimont, 94, 94 n. 3.

BINET (Paul), curé au diocèse de Mirepoix, 69 n. 4.

BISE (Guillaume de), prieur de Sarrancolin, abbé de Pessan, 7.

— (Vital de), prieur d'Aulon, abbé de Pessan, 7.

BISTERRE (Gaillard de), prieur de Villemur, abbé de Pessan, 6.

BLACAS (de), clerc du diocèse de Fréjus, 6 n. 2.

Blarqueville (Seine-Inférieure, arr. Rouen, cant. Pavilly), collégiale Saint-Georges, 64 n. 2 ; — doyen : Durand.

Blasimont (Gironde, arr. La Réole, cant. Sauveterre), abbaye Saint-Maurice, 92 ; — abbés, 92, 93, 94.

Blaye (Gironde, chef-l. arr.), abbaye Saint-Sauveur, O. S. B., 39 n. 4 ; — abbé : Laveran (Guillaume de), Padies (Antoine de), Polastron (François-Louis de) ; — archidiacre, 95 n. 1.

Blois (Charles de), 77 n. 1.

Blois (Loir-et-Cher), évêché ; — vicaire général : Beaumont (Christophe de).

— Abbaye Saint-Laumer O. S. B. ; — abbés : Pot (Louis), Tournon (François de).

— Prieuré Saint-Lazare de Blois, 107 ; — prieur : Le Vassor (Jacques).

BLONDEAU (Bénigne de), abbé de Nizors, 62.

BODEQUIN (Patrice), prêtre irlandais, 69 n. 3.

Bohéries (Aisne, arr. Vervins, cant. Guise, com. Vadencourt-et-Bohéries), abbaye Notre-Dame, O. Cist., 165 ; - abbé : Fagon (Antoine).

BOISLÈVE (Gabriel), évêque d'Avranches, abbé nommé de Berdoues, 20 n. 1.

BOISSONNADE (Guillaume de), préchantre d'Agen, évêque de Bazas, 91.

BOIVIN DE VEAU-ROUY (Antoine-Jérôme de), abbé de Saramon, 16.

BONALD (Jean de), évêque de Bazas, 89.

BONIFACE IX, pape, 34 n. 1, 88, 101 n. 1, 129.

Bonlieu (Gironde, arr. Bordeaux, cant. et com. Carbonblanc), abbaye Notre-Dame, O. Cist., 60 ; — abbé : Mégret (Joseph de).

INDEX ALPHABÉTIQUE

Bonnard (Balthasar) abbé de Gimont, 27
— (Jean François), O F M, abbé de Gimont, 27, — évêque de Couserans. 67
Bonnefont (Haute Garonne, arr Saint Gaudens, cant Saint Martory, com Proupiary), abbaye Notre-Dame, O Cist, 57, abbés, 54, 54 n 5, 57 60, moines Carsalade (Jean de), Sarraméa de Montaredon (Bernard)
BONNEGARDE (Etienne de), abbé de Sorde, 43, 43 n 4
— (Sanche de), moine de Cagnotte, 43 n 1
BONNET (Jean), 159 n 6
BONNEVAL (Foucaud de), abbé de Bénévent, évêque de Soissons, de Bazas, prieur de Layrac, 90, 90 n 2, 3
Bonneval (diocèse de Rodez), abbaye, O Cist, 17, — moine Taurines (Raymond de)
BONNILLIER (Hugues de), archidiacre de Magnoac, évêque de Lectoure, 47
BORDE (Guillaume Arnaud de la), O F M, évêque de Bayonne, 148, de Dax, 36, d'Oloron, 130, 130 n 2, 3.
Bordeaux (Gironde), archevêché, 155 n 1, archevêques, 155, 156 n 4, Grécllo (Blaise de), Uguccione (François), chanoines de Saint André de — Bosc (Pierre du), Boyrie (Bertrand de), Cavier (Henri de), Salette (Jean de), — collecteur Peyrac (Arnaud de), diocèse, 31, 39, 55, 76, 88 n 1, 91, 136, 151, doyens Arche (Guillaume d'), Boyrie (Bertrand de), Lalanne (Léon I de), — sacriste Puy (Géraud de), vicaires généraux Arche (Guillaume d'), Le Quen de Lancuteville (Charles Auguste), Planche (Bernard de la),
Abbaye Sainte Croix O S B, 110 n 9, — abbés Foix (Pierre de), le Jeune, Montmorency Laval (Louis-Joseph de), Salaberry (Louis Charles Vincent de), — sacriste. Planche (Bernard de la).
Eglise Saint Michel, 89 n. 3
Eglise collégiale Saint Seurin, — chanoine Bosc (Pierre du), doyens Arche (Arnaud Guillaume d'), Lalanne (Léon I de, Léon II de), Sault (Jean Jacques du), Secondat de Montesquiou (Joseph de), prévôt Sègue (Garsie Arnaud de la), trésorier Galabertan (Pierre Arnaud de)
Parlement, 89
Université, 133, 143, 153
BORDENAVE (Pierre de), chanoine de Toulouse, archidiacre de Couserans, vicaire general de Comminges, 55 n 1
BORDES (Alexandre de), prêtre du diocèse de Couserans, abbé de Saint Crépin de Soissons, abbé de Bonnefont, 59

(Guillaume de), précenteur et évêque de Lectoure, 46
Bordes (Hautes Pyrénées, arr Tarbes, cant Tournay), 123 n 5
Bosc (Elie du), abbé de Saint Ferme, 95
(Pierre du), chanoine de Saint André et de Saint Seurin de Bordeaux, évêque de Dax, 34, 34 n 1.
BOSCAUDON (Antoine de), abbé de Flaran, 72
BOSSUET (Jacques Bénigne), doyen de Saint Sulpice, évêque de Condom, 158, évêque de Meaux et abbé de Saint Lucien de Beauvais, 159 n 1
BOUCHEL (Edmond du), abbé de Saint Ferme, 96
(Etienne du), évêque de Quimper, abbé de Saint Ferme, 96
(Jean), abbé de Saint-Sever de Rustan, 107
BOUDIÉ DE BEG DE LILANE (de), abbé de Cagnotte, 44.
Bouillas (Gers, arr Lectoure, cant. Fleurance, com Pauilhac), abbaye, O Cist, abbés Arnaud, Roquelaure (Bertrand de)
BOUILLAS (Louis de), évêque de Riez, abbé de Berdoues, 19
Boulbonne (Haute Garonne, arr Muret, près Cintegabelle), abbaye Notre Dame, 58, abbé Arnaud
Boulencourt, abbaye O Cist, diocèse de Troyes, abbé Choiseul (Gilbert de)
Boulogne (Pas de Calais, chef l arr), évêché, évêque : Henriau (Jean Marie)
BOURBON (Charles de), 55 n 3
— (Hector de), 121 n 3
BOURDAISIÈRE (Le cardinal de la), 76 n 3, 158 n 1.
BOURG (Etienne du), prêtre du diocèse d'Avignon, abbé de Gimont, 28.
(Jean du) l'Ancien, prêtre du diocèse de Tarbes, abbé de Saint Orens de Larreule, 117, 117 n 2, 3
— (Jean du) le Jeune, archiprêtre de Beaumarchés, abbé de Saint Orens de Larreule, 117, 117 n. 3
— (Pierre du), abbé de Cagnotte, 43
Bourg (Gironde, arr Blaye, chef l cant), — abbaye Saint Vincent O S A, 38 n 1, abbé Chaumont (Paul Philippe de)
BOURLADE (François de), abbé de Combelongue, 71
Bourges (Cher), — archevêque Pierre, — diocèse, 57

Université, 134

BOURGOGNE (Bernard de), archidiacre des Vés, 40

Bourg Saint-Bernard (Haute Garonne, arr Villefranche de Lauraguais, cant Lanta), paroisse, — recteurs André (Bernard d'), Bertin (Blaise de)

Bourgueil (Indre et Loire, arr Chinon) chef l. cant); — abbaye Saint Pierre O S. B , 157 n. 4 ; abbé Pisseleu (Charles de)

BOUSQUET (Gaucelin de), évêque de Rieux, 35 n. 2

BOUTAULT (Gilles), archidiacre de Tours, abbé de Saint-Rémy de Sens, évêque d'Aire, d'Evreux, 76

BOUTHILLIER (Sébastien), doyen du chapitre de Luçon, évêque d'Aire, 76.

BOUX (Guillaume le), évêque de Dax, de Périgueux, 37

BOUZET DE ROQUÉPINE (Charles du), chanoine de Metz, évêque nommé de Lombez, 164 n. 6

BOYER (Jean de), archiprêtre de Valence, abbé de Flaran, 23.

BOYRIE (Arnaud de), évêque de Dax, 36.

— (Bertrand de), chanoine, doyen de Saint André de Bordeaux, abbé de Saint Ferme, 95, 95 n. 2, — évêque de Dax, 36.

BRANCAS (Mgr de), archevêque d'Aix, 9

BRANIAC (Jean de), abbé de Blasimont, 91 n 5

BRASSAC (Pierre de), abbé de Saint Ferme, 95, 95 n 5

BRÉNAC (Pierre Ameil de), patriarche d'Alexandrie, administrateur de Dax, 34

BRETENOUX (Raymond de), évêque de Périgueux, de Lombez, 162, 162 n. 3.

BRETON (Jean), prêtre du diocèse de Maillezais, abbé de Bonnefont, 59

— (Jean de), abbé de Nizors, 62

Brie sous Chalais (Charente, arr Barbezieux, cant Chalais), — prieuré Saint-Martin, 151 n 5, — prieur Montaigne (Raymond de).

BRIHON (Jacques), abbé de Cagnotte, 43 n 2.

Brioude (Haute-Loire, chef-l. arr), collégiale Saint Julien, 149, — chanoines, Anterroches (Alexandre-César d'), Chauvigny de Blot (Alexandre Henri de), Rochefort d'Ailly (Hector de).

Brive (Corrèze, chef l arr), archiprêtré ; — archiprêtre : Saint-Amand (Gui de), — prieuré, 161, — prieur : Cosnac (Bertrand de).

Brivessac ou *Brivezac* (Corrèze, arr Brive, cant. Beaulieu), prieuré, 38 n 1 , prieur Bar (Hugues de)

BRIZAY DE DENONVILLE (Jean François de), vicaire général de Chartres, abbé de La Bussière, évêque de Comminges, 56

BROCA (Sanson de), abbé de Saint Sever-Cap-de Gascogne, 80, 80 n 3.

BRUN, abbé de Tasque, 120

BRUN (Bernard de), évêque d'Aire, 74

BRUN (Guilhem), abbé du Lucq, 134.

— (Pierre), O F P , évêque de Couserans, 64

BRUNEL (Pierre), chanoine de Cambrai, 28 n. 5

BUFFARD (Michel), prêtre du diocèse de Paris, 20 n. 6

BUFFON (de), abbé du Rivet, 98

BUISSON (N du), chanoine de Saint Victor de Paris, abbé de la Castelle. 84

— (Pierre de), abbé de Combelongue, 71

BULIOUD (Symphorien), évêque de Glandèves, de Bazas, de Soissons, 90, 90 n 1.

BURGUIROLES (Sicard de), chanoine de Narbonne, évêque de Couserans, 65.

BUIRETTE (François), abbé de la Castelle, 84

CABANES (Jean Baptiste), sous-prieur de Saint-Sever-de-Rustan, 109 n 1

CADALHON (Arnaud de), évêque élu d Oloron, 128 n 3.

CADENET DE CHARLEVAL (Joseph-François), conseiller au Parlement de Provence, vicaire général d'Aix, abbé de Pessan, 9 ; évêque d'Agde, 9 n 4

Cadouin (Dordogne, arr. Bergerac, chef l cant), abbaye O Cist., 99, abbé Rodas (Louis de)

Cadours (Haute-Garonne, arr Toulouse, chef l cant), 164 n 1

Cagnotte (Landes, arr Dax, cant Pouillon), abbaye Notre Dame O S. B , abbés : 42, 43, 44

Cahors (Lot), évêché, 156 n 5 , — administrateur Albret (Louis d') — chanoine Valon (Pierre de) ; diocèse 71, 165 n. 3 ; — évêque Aubusson (Guichard d')

Prieuré Saint Victor, 38 n 1 , prieurs Bar (Hugues de), Coquart de la Mothe (Charles)

— Université, 57

CAHUZAC DE CAUX (Sébastien Charles-Philibert Roger de), évêque d'Aire, 78.

CALIXTE III, pape, 11 n 4, 39 n 3, 81 n 3, 4, 89, 110 n. 5, 136 n. 1

CALLP (Pierre), abbé de Fontguilhem, 99

CAMBAVELHA (Raymond de), chanoine et évêque de Lectoure, 47

CAMBOUT (Anne-François Guillaume du), abbé de Saint Menge de Châlons, évêque de Tarbes, 104

Cambrai (Nord, chef l. arr.), évêché, — chanoines Brunel (Pierre), Colonna (Jacques), Cospéan (Philippe), Pecoraru (Nicolas), — diocèse, 104 n. 6, — vicaire général Anterroches (Alexandre César d')

CAMPEL DE SALJON (Fleury de), abbé de Fontguilhem, 99

CANDALE, voy Foix (Marguerite de)

CANDEAU (Jean Jacques de), vicaire général d'Oloron, abbé de Bonnefont, 59

CANEL (Raymond de), moine et abbé de Bonnefont, 58.

CANILLAC, sacriste de Comminges, évêque de Couserans, 64, 64 n. 2

CANONVILLE DE RAFLETOT (Antoine Alexandre de), abbé de Sorde, 41.

CAPARROAU (Bernard de), abbé de Berdoues, 19

CAPDEVONT (Pierre de), évêque élu d'Oloron, 128 n. 3.

CAPDLQUI (Jean de), chanoine et abbé de la Castelle, 83, 83 n 1

CAPDEVILLE (Firminet de), prévôt de Rieux, 70, 70 n. 6

— (Jean de), évêque de Lescar, 142

— (Vital de), recteur de Saint Sever de Rustan, 10 n. 6, 106, n. 2.

Capelle (La) (Haute Garonne, arr Toulouse), abbaye O Præm, — abbés Montezun (Henri de), Morlon (Arnaud de)

CAPELLI (Pierre), vicaire général de Comminges, 52 n 5

CAPERA (François), évêque de Barcelone 35 n. 2

CAPONSFCO (Jean Charles), camerier secret, 139 n 4

Capvern (Hautes Pyrénées, arr Bagnères de Bigorre, cant Lannemezan), 136 n 3

CARAFFA (Carlo), cardinal du titre des Saints Vite et Modeste, évêque de Comminges, 54.

Carcassonne (Aude), évêché, — chanoine Estampes (Guillaume d'), diocèse, 50 n 7, évêques Bazillac (Godefroy de), Raymond (Bernard de)

CARDAILLAC (Guillaume de), abbé de Pessan, évêque de Montauban, 6

— (Jean de), patriarche d'Alexandrie, administrateur d'Auch, 2

CARDUCHESNE (Paul de), prêtre du diocèse de Narbonne, abbé de La Case-Dieu, 32

Carennac (Lot, arr Gourdon, cant Vayrac), abbaye, 166, — abbé Salignac de La Mothe Fénelon (Ferdinand François Léon de)

CARIAC (Adémar de), sacriste de Saint Léger, abbé de Saint Orens de Larreule, 116, 116 n. 5.

CARMÉLITES DE FRANCE (Les), 39, visiteur apostolique des Le Quien de Laneufville (Charles Auguste).

Carpentras (Vaucluse, chef l. arr.), évêché, évêques Flandrin (Jean), Moncin (Garsic-Arnaud de), Roger (Jean)

CARSALADE (Jean de), moine de Bonnefont, abbé du Rivet, 97, 97 n 4

CARRLRE (Jean de), abbé de Saint Pé, 114

Carthage (Tunisie), archevêché titulaire, — archevêque Bentivoglio

CASALIERS (Jean de), abbé d'Eaunes, abbé de Berdoues, 18, 18 n. 4.

CASAMAJOR DE CHARITTE (Charles de), 119 n 3

— (Valentin de), chanoine de Lescar, abbé de Saint Orens de Larreule, 119, 119 n 3

CASANABE (Jean de), recteur d'Amban, abbé de Saint Pierre de Larreule, 145

Casanova (Italie, Piémont), abbaye ; — abbé Saint Julien (Jacques de)

CASNAVE (Sanche de), chanoine d'Oloron, abbé de Sainte Engrâce de Port, évêque d'Oloron, 131, 131 n 1, 2

CASET DE VAUORFE (Louis de), évêque de Lectoure, 50

CASLION (Jean de), O F M., évêque de Bazas, 88

CASSAGNE (Martin de la), prêtre et chanoine de Lescar, abbé de Saint Pierre de Larreule, 146, 146 n 3 ; — vicaire capitulaire et évêque de Lescar, 143, 143 n 3.

CASSAGNI (Vital de), abbé de Berdoues, 17

CASSAGNET DE FIMARCON (Charles Henri de), abbé de Bonnefont, 59

CASSAGNET DU TILLADET (Gabriel de), chevalier de Malte, 165 n 1

CASSAGNOLIS (Pierre de), abbé élu de La Case-Dieu, 31 n 2

Cassaigne (Gers, arr et cant. Condom), 158

CASTAGNET (Marchot de), abbé de Cagnotte, 42.

CASTAGNET (Vital), abbé de Fontguilhem, 99.

CASTAGNIER (Fernand de), abbé de Fontguilhem, 98.

CASTAN (Simon), abbé de L'Escale Dieu, 126.

CASTANET (Raymond de), moine de Gimont, abbé de Nizors, 60.

CASTEL (Vincent de), abbé de Sorde, 41.

CASTELBAJAC (Jean de), abbé de Saint-Orens de Larreule, 118.

— (Raymond-Garsie de), prieur de Clarac et de Libaros, 117 n. 5.

CASTELBON (Jean, vicomte de), 35 n. 2.

— (Roger de), abbé de Pimbo, évêque d'Aire, 74 ; de Tarbes, 102.

CASTELLANE (François de), clerc du diocèse de Riez, 104 n. 6.

— (Georges de), abbé de Saint-Ferme, 95.

Castelle (La) (Landes, arr. Saint-Sever, cant. Aire, com. Duhort-Bachen), abbaye Saint-Jean O. PRAEM., 29 n. 3, 81 ; — abbés, 81-84.

CASTELNAU (Antoine de), chanoine de Dax, évêque de Tarbes, 103, 103 n. 2.

— (Louis de), abbé de Cagnotte, 43 ; — évêque de Tarbes, 103, 103 n. 3 ; — abbé de Divielle, 44.

CASTELNAU DE CLERMONT-LODÈVE (François-Guillaume de), archevêque d'Auch, 4, 4 n. 1.

CASTÉRÈS (Jean de), camérier de Simorre, 12 n. 2, n. 3.

Casteltarbe (Basses-Pyrénées, arr. et cant. Orthez), église paroissiale ; — recteur : Assat (Guillaume).

CASTILLON (Bernard de), moine de Condom, 156 n. 2.

— (Godefroy de), clerc du diocèse de Bordeaux, 88 n. 1.

— (Raymond-Athon de), moine de Lézat, abbé du Lucq, 135.

— (Rigaud de), voy. Saint-Séverin.

— (Thibaud de), préchantre et évêque de Bazas, 87.

Castillon (Ariège, arr. Saint-Girons, chef-l. cant.), église paroissiale, 163 n. 4 ; — scolanie Saint-Pierre de —, 102 n. 2.

Castillon (Gers, arr. Lombez, cant. L'Isle-Jourdain), 164 n. 1.

Castres (Tarn, chef-l. arr.), évêché ; — chanoine : Rey (Jean-Baptiste de) ; — évêques : Anglure de Bourlemont (Charles-François d'), Maupeou (Augustin de), Pierre.

CASTRIES (Jean de), clerc du diocèse de Bordeaux, 37 n. 4.

CATHERINE, reine de Navarre, 145.

CAULET DE LABARTHE (François de), abbé de Nizors, 62.

Caumont (Gers, arr. Mirande, cant. Riscle), paroisse ; — recteur, : Villeneuve (Jean de).

Caumont, paroisse du diocèse de Rieux, 155 n. 4.

CAUPENNE (Garsie-Arnaud de), chanoine de Dax et de Bayonne, évêque de Dax, 33.

— (Pierre de), abbé de Feuillant, évêque de Dax, 36.

CAUSSADE (Michel de), abbé de Rivet, 97.

CAVIER (Henri de), chanoine de Bordeaux, évêque de Bazas, 89.

CAYROL DE MADAILLAN (Jean de), abbé de Sorde, évêque de Sarepta, de Vence, de Grenoble, 42.

CECCANO (Annibal de), cardinal-évêque de Frascati, 161 n. 4.

Celle-Notre-Dame (Loir-et-Cher, arr. Romorantin, cant. Selles-sur-Cher), abbaye O. S. A., 3 n. 6 ; — abbé : Trémoille (Jean de la).

Celle-sur-Belle (Deux-Sèvres, arr. Melle, chef-l. cant.), abbaye O. S. A., 49 n. 4 ; — abbé : La Rochefoucauld (Louis de).

CELLIER (Nicolas), abbé de Fontguilhem, 99.

Cenon (Gironde), arr. Bordeaux, cant. Carbon-Blanc, 39.

CHABANES (Antoine de), évêque de Lectoure, 49.

CHABOT (François), chanoine de Niort, abbé de Saint-Orens de Larreule, 118.

CHALON (Harduin de), prêtre du diocèse de Bazas, vicaire général de Sens, évêque de Loscar, 143.

Châlons-sur-Marne (Marne), évêché ; — chanoine et archidiacre : Sibert (Pierre) ; — doyen : Pierre.

CHAMBRE (Claude de la), abbé de Saint-Sever-Cap-de-Gascogne, 80.

— (Louis de la), chevalier de Saint-Jean de Jérusalem, 75 n. 3.

Chantemerle, abbaye O. S. A., diocèse de Troyes ; — abbé : Choiseul (Gilbert de).

CHAPELAIN (Hercule de), abbé de Blasimont, 94, 94 n. 3.

CHAPELLE (Guillaume de), abbé de Saramon, 16.

CHAPELLE DE JUMILHAC DE CUSAC (Pierre), prêtre du diocèse de Périgueux, évêque de Lectoure, 51.

CHARLES, roi de Navarre. 35 n 2
CHARLES V, roi de France. 1
CHARLES IX, roi de France, 26 n 3, 83 n 1
CHARTIER (Louis), prêtre du diocèse de Paris, recteur de Montceau, 6 n 2
Chartres (Eure et Loir), évêché, diocèse, 80, 134, — vicaires généraux Brizay de Denonville (Jean François de), Vieuxville (Pierre Guillaume de la)
CHASTRE (Louis Claude de la), abbé de Saint Sever Cap de Gascogne, 81
CHAPLAU DE LA BARRE (François du), prévôt de Saint Pierre d'Ariés, abbé de Saint Sever de Rustan, 108, 108 n 6.
CHATILLON (Hugues de), chanoine et évêque de Commenges, 57
CHALLIAC (Antoine Joseph de), prêtre, 6 n 2
CHAULNES (Claude de), 9.
— (Paul de), conseiller au Parlement de Grenoble, vicaire général d'Auch, abbé de Possan, évêque de Sarlat, 9, 9 n 3
CHAUMONT (Paul Philippe de), prêtre du diocèse de Paris, abbé de Saint Vincent de Bourg, évêque de Dax, 38, 38 n 2, 152 n 4
CHAUVIGNY DE BLOT (Alexandre Henri de), chanoine de Brioude, évêque de Lombez, 166
CHEMIN (Guy, seigneur du), 158 n 4
— (Jean du), prêtre du diocèse de Limoges, évêque de Condom, 158, 158 n 4
CHOISEUL (Gilbert de), prêtre du diocèse de Sens, évêque de Comminges et de Tournay, 56, — abbé de Boulencourt, de Basse Fontaine, de Chantemerle et de Saint Martin, 56 n 3
CHOISY (Timoléon de), clerc du diocèse de Paris, 5 n 3
CHYPRE (Anne de), 3
CIBO (Laurent), cardinal du titre de Sainte Suzanne, archevêque de Bénévent, abbé de Sorde, 40
Citeaux (Côte d'Or, arr Beaune), moine Martin (Nicolas)
Clairac (Lot et Garonne, arr Marmande, cant Tonneins), abbaye O S B, 93, 93 n 1, 170 n 1, —abbés Jacques, Manaud, Roussel (Gérard), — moine Aspremont (Pons II d')
Clarac (Hautes Pyrénées, arr Tarbes, cant Tournay), prieuré séculier, 117 n 5 prieur Castelbajac (Raymond Garsie de).
CLAVERA, abbé de la Sauvelade. 61 n 4
CLAVERIE (Bernard de), 133 n 7
CLEMENT IV, pape, 52 n 3

CLEMENT V, pape. 51 n 2, 52 n 2, 139, 147, 147 n 2
CLEMENT VI, pape, 1, 70 n 3, 135, 139 n 3, 161, 161 n 1
CLEMENT VII, pape d'Avignon, 1, 2, 35, 52, 53, 53 n 2, 61, 73, 88, 100, 109, 117, 117 n 1, 139 n 3
CLERGÉ DE FRANCE, — agent général du —, Bazin de Besons (Arnaud); — Assemblée du —, 57, — procureur Poudenx (Bernard de)
CLERMONT (Antoine de), abbé de Blasimont, 93, 93 n 6
— (Jacques de), abbé de Saint Florent et de Candeil, 4 n 1
Clermont (Puy de Dôme), évêché; — chanoine Douville (Louis), — diocèse, 57, 77, évêque Roger (Arnaud de); évêque nommé Illiers de Balzac d'Entragues (Louis d').
Cluny (Saône et Loire, arr Mâcon, chef l cant), abbaye; — abbé Odon.
COARRAZE (Gaillard de), archidiacre de Lavedan, évêque de Tarbes, 100, 101
— (Raymond Arnaud de), évêque de Tarbes, 100
— (Sibille de), 110 n. 3.
Coarraze (Basses Pyrénées, arr Pau, can t Nay Est), église, 8.
COLLETEAU (Nicolas), 164 n 4
COETIVY (Alain de), cardinal évêque de Palestrina, abbé de Saint Orens de Larreule, 117
COHITTE (Anerot de), abbé de Saint Pé, 114, 114 n. 4.
— (Pierre de), O F P, abbé de la Cagnotte, 39 n 3, 4
COHON (Authyme Denis de), évêque de Dol, abbé de l'ronchet et prieur de Saint Luperque, abbé de Flaran, 23, 23 n. 1.
COLBERT DE SAINT POLANGE (Jean Baptiste Michel), clerc du diocèse de Lombez, 165 n 1.
COLIBEAU (André), prêtre du diocèse d'Avranches, 6 n 2
Cologne (Gers, arr Lombez, chef l cant), 164 n 1.
CORONGES (Guillaume de), abbé de Saramon, 15.
— (Pierre de), abbé de Saramon, 15.
COLONNA (Jacques), chanoine de Noyon, de Saint Jean de Latran, de Cambrai, de Liège, évêque de Lombez, 161, 161 n 2, 3
— (Jean), cardinal du titre de San Angelo in Pescheria, 161 n 2
COLRE (Pierre le), chanoine et évêque de Dax, 33.

Combe (Bernard de la), abbé de Blasimont, 93.
— (Bernard de la) jeune, prieur de Saint-Caprais, abbé de Blasimont, 93.
Combelongue (Ariège, arr. et cant. Saint-Girons, com. Rimont), abbaye Notre-Dame et Saint-Laurent O. Præm., 29 n. 3, 70 ; — abbés, 70, 71. 72.
Comminges (Comte de), voy. Foix (Matthieu de).
Comminges (Jean-Roger de), abbé de Combelongue, 71.
Comminges ou *Saint-Bertrand-de-Comminges* (Haute-Garonne, arr. Saint-Gaudens, cant. Barbazan), évêché ; — archidiacre : Mun-Sarlabous (Charles de) ; — chanoines : Aure (Gérand d', Manaud d', Sanche-Garsie d'), Chatillon (Hugues de), Gémit (Pierre), Hôpital (Gaillard de l') ; — diocèse, 48, 161, 163 n. 2 ; — évêques, 11 n. 4, 52-57, 82 n. 4 ; — sacriste : Cailhard ; — vicaires généraux : Aure (Manaud d'), Bordenave (Pierre de), Capelli (Pierre), Gémit (Pierre), Lastic (Pierre-Jean-Joseph de).
Comminges-Bruniquel (Manfred-Roger de), abbé de Combelongue, 71, 71 n. 1.
Comminges-Guitaud (Bertrand de), abbé de Pessan, 9.
Comtat-Venaissin, 111 n. 3
Condom (Gaillard de), chanoine et abbé de La Case-Dieu, 29.
Condom (Gers, chef-l. arr.), évêché ; — abbaye Saint-Pierre, 155 ; — cathédrale, 89 n. 3 ; — chanoine et archidiacre : Coues (Antoine de) ; — chapitre 24, 156 n. 4 ; — collecteur : Peyrac (Arnaud de) ; — diocèse, 97, 142, 151 n. 5, 166 n. 1 ; évêques, 155-160.
Constance (Allemagne, Bade) ; concile, 35 n. 2, 74, 129 n. 5.
Constant (Bernard de), chanoine de Saint-Caprais d'Agen, 93 n. 1.
Constantia (Afrique, prov. Carthage), évêché titulaire ; — évêque : Salazar (Jean).
Contades (Pierre-Charles-Érasme de), chevalier du Mont-Carmel et de Saint-Lazare, 6 n. 2.
Coquart de la Motte (Charles), prieur de Saint-Victor de Cahors et abbé de Vertus, 38 n. 1.
Corbara, comte de Rabat et marquis de Foix, 139 n. 3.
Cordoue (Espagne), évêché ; — évêque : Pierre.
Corinthe (Grèce), archevêché titulaire ; — archevêque : Vic (Dominique de).
Coron (Morée), évêché titulaire ; — évêque : Garatoni (Christophe).

Corriger (Bertrand de), curé de Belloc-Lisare, abbé de Simorre, 12, 13, 13 n. 1.
Cossac (Bertrand de), prieur de Brive, évêque de Lombez, 161 ; de Comminges, 52.
Cospéan (Philippe), chanoine de Cambrai, évêque d'Aire, de Nantes, 76, 76 n. 4.
Cossé de Brissac (Emmanuel-Henri-Timoléon de), prêtre du diocèse de Paris, abbé de Fontfroide, évêque de Condom, 159.
Coste (Bertrand de la), abbé de L'Escale-Dieu, 126, 126 n. 2.
Coues (Antoine de), évêque titulaire d'Auria, évêque de Condom, 158.
Court du Vivier de Lorry (Michel François), évêque de Vence, de Tarbes, d'Angers, 105.
Couitte, voy. Cohitte.
Courçay (Indre-et-Loire, arr. Tours, cant. Bléré) ; — prévôt : Poncher (Etienne).
Cour-Dieu (Loiret, arr. Orléans), abbaye O. Cist., 153 ; — abbé : Gigault de Bellefont (Jacques-Bonne).
Cours du Vignau (Jean-César de), abbé de Tasque, 122, 122 n. 4.
Coursier (Jean), évêque de Condom, 156, 156 n. 1, 2.
Courtade (Raymond de), abbé de L'Escale Dieu, 126.
Courtin (Nicolas), abbé de Saint-Pierre de Larreule, 145.
Cous (Antoine de), chanoine et archidiacre de Condom, abbé de Bonnefont, 59.
Couserans ou *Saint-Lizier-de-Couserans* (Ariège, arr. Saint Girons, chef-l. cant.), évêché ; — archidiacres : Bordenave (Pierre de), Laur (Jean du), Prévôt (Yves) ; — évêques, 53, 64-69, 82 n. 4, 105 n. 2 ; — official, 82 n. 4.
Coutances (Manche, chef-l. arr.), diocèse, 159, 165 n. 3.
Covadeau (Jacques de), abbé de Pessan, 8.
Creissels (Aveyron, arr. et cant. Millau), prieuré des Saints-Julien-et-Saturnin, 108 n. 3 ; — prieurs : Richard (Guillaume de), Senault (Amand de).
Crémone (Italie), évêché ; — évêque : Sfondrati (Nicolas).
Creste (La) (Haute-Marne, arr. Chaumont, cant. Andelot), abbaye Notre-Dame, 76 n. 6 ; — abbé : Anglure de Bourlemont (Charles-François d').
Croilly (Philippe de), prieur de

Solignac, abbé de Pessan, de Sorèze, vicaire général d'Arnaud Aubert, 7, 7 n 1

CROIX DE CHEVRIÈRES DE SAINT VALIER (Jean Baptiste de la), évêque de Québec, 27

Crouseilles (Basses Pyrénées, arr Pau, cant. Lembeye), seigneur Louis (Louis Joseph de)

CUGNAC (Louis Emmanuel de), chanoine de Notre Dame de Paris, vicaire général de Bayeux, abbé de Longues, évêque de Lectoure, 51.

— (Pierre de), moine de Grandselve, abbé de Gimont, 25

DARRIS (Bernard), clerc du diocèse de Bordeaux, abbé de La Case Dieu, 31, — évêque de Lombez, 31 n 3, 164, 164 n 4

— (Jean Ier), prévôt de Saint-Etienne de Toulouse, évêque d'Auria, de Lombez, 164, 164 n 3

— (Jean II), clerc du diocèse de Bordeaux, évêque de Lombez, 164, 164 n 5, 6.

DAIGNAN (Manaud), clerc du diocèse d'Oloron, 111 n 4

DALON (Raymond), abbé de Saint Pé, 115

— (Raymond), premier président au Parlement de Pau, 115 n 6

DANET (Pierre), conseiller au Parlement de Paris, abbé de Pessan, 9

DANTON, 109.

DARBERIO (Arnaud de), chanoine de La Case Dieu, abbé de Combelongue, 70 n 6

DAUTI (Jean), sacriste et vicaire général de Bazas, 94

DAVAN (Bertrand de), abbé de Pontaut, 84.

Dax (Landes, chef l arr), évêché, chanoines Abrecorne (David), Audoins (Raymond d), Barrière (Jean de la), Bernet (Pierre de), Biaudos de Castéjas (Louis de), Cauponne (Garsie Arnaud de), Colre (Pierre le), — diocèse, 7?, 143, — évêques, 33 39, 44, 148, vicaires généraux, 42 Duriche (Nicolas), Ladouze (Jacques de)

DEBUSSON, abbé du Rivet, 98

DECAMPS, abbé de Blasimont, 94 n 3

DEJEAN DE LEZONS (Jean Baptiste), prieur de Sainte Foy de Morlaas, chanoine de Lescar, abbé de Saint Pé, 115

DESCAMPS DU MOREL DE CRÉGY (Adrien), abbé de Saint Ferme, 97

DESCLAUX (Jacques), curé d'Ygos, évêque de Dax, 37

DESCLAUX DE MESPLÈS (Dominique), prêtre du diocèse de Dax, doyen de Bidache, évêque de Lescar, 143, 143 n 2

— (Jean Jacques), prêtre du diocèse de Lescar, 143 n 3

DESMARETZ (Jacques), évêque de Riez, archevêque d'Auch, 6.

DESMARETZ DE CHATEAUNEUF (Louis), chevalier du Mont Carmel et de Saint Lazare, 6 n 2

DESMARETZ DE MASVILLE (Henri), chevalier du Mont Carmel et de Saint-Lazare, 6 n 2

DESMOULINS (Camille), 109.

DESPIAUX, procureur de Jean Bernard de Vienne, 82 n 4.

DESTRAC (François), curé au diocèse de Lombez, 166 n 1.

DEZÈDES (Charles Fortuné), 159 n. 6

Digne (Basses - Alpes), évêché ; — évêques Olivier (Antoine), Pujet (Henri de).

Dijon (Côte d'Or), évêché, — évêque Apchon (Claude Marc Antoine d')

Divelle (Landes, arr. Dax, cant. Montfort, com Goos), abbaye Notre-Dame, O. Præm , 29 n 3 , — abbés, 44, 45.

Doasit (Landes, arr Saint Sever, cant Mugron), archiprêtré ; — archiprêtre Granhon (Raymond Arnaud de).

Dol (Ille et-Vilaine, arr. Saint-Malo, chef l cant.), évêché, — diocèse, 23 n 1, évêque Cohon (Anthyme Denis de)

DOMIN (Jean, baron de), 109 n 4

DOMINA SANCTA (Raymond de), abbé de Tasque, 121

DOMINIQUE (Guillaume de), abbé de Combelongue, 70 n. 6

DONNADIEU DE GRIET (Barthélemy de), prêtre du diocèse de Rieux, abbé de Saint Hilaire, 55 n 7, — évêque de Comminges, 55

— (François de), évêque d'Auxerre, évêque nommé de Comminges, 55

DORGIER (Nicolas), abbé de Blasimont, 93

DOUCET (Gérard), préchantre et évêque de Tarbes, 100

DOUVILLE (Louis), chanoine de Clermont, abbé d'Issoire, évêque de Comminges, 54, 54 n 2.

DOURIEU (Hector), abbé de Saint Sever de Rustan, 108

DOYEN (Jean), vicaire général de Bayonne, 148 n. 1.

INDEX ALPHABÉTIQUE

Druilhet (André), prêtre du diocèse de Toulouse, vicaire général du Mans, prieur de Saint Blaise et de La Milesse, évêque de Bayonne, 152

Dublin (Irlande), archevêché, archevêque Waldeby (Robert)

Ducasse (Guillaume), abbé de Tasque, 121.

Duffaut (Philippe), moine de Saint-Sever de Rustan, 109 n. 1

Dulac, abbé de Saint Sever Cap de Gascogne, 81

Dumas de Cutture (Joseph Henri), abbé de Fontguilhem, 99

Dumestre (Jean), abbé de La Case Dieu, 30

Dupuis de Cressonville (Henri), chanoine de Saint Martin de Laon, abbé de la Castelle, 84.

Dupuy (Bernard), moine de Faise, abbé de Nizors, 61

— (Daniel), abbé de Cagnotte, 43, 43 n 2, 3.

Durance (Lot et Garonne, arr. Nérac, cant. Houeilhès), grange O. Præm., 82 n 6.

Durand, préchantre de Rouen, doyen de Saint Georges de Blacqueville, évêque de Couserans, de Rieux, 64, 64 n. 2

Durand (Guillaume), 159 n. 6.

Durfort (Guillaume de), archidiacre de Saint Antonin, évêque de Lombez, 162.

Duriche (Nicolas), vicaire général et évêque de Dax, 35, 35 n 2

Durribeau (Catherine), 115 n 6.

Duval (Arnaud Jean), abbé de Sarramon, 16.

Eaunes (Haute Garonne, arr. et cant Muret), abbaye abbés Antin (François d'), Arnaud

Eauze (Gers. arr Condom, chef-l. cant.), prieuré, O S B, 121, — prieur Armagnac (Bernard d')

Ebrard de Saint Sulpice (Jean), abbé du Rivet, 97

Echaux (Bertrand d'), évêque de Bayonne, archevêque de Tours, 151, 151 n. 2, 152

Ecuyer (Pierre), clerc du diocèse de Périgueux, 149 n 2

Endoufielle (Gers, arr Lombez, cant L'Isle Jourdain), 164 n 1

Engui (Garsie), O S A, évêque de Bayonne, 148

Epernon (Jean Louis, duc d'), 19 n 3, 112 n 2.

Epinay (Robert d). préchantre de Rennes, évêque de Lescar, de Nantes, 141

Esme (Louis de), voy. Sacé de la Chesnaye

Espagne (Arnaud Raymond d'), archidiacre de Rivière, évêque d'Oloron, 130 ; de Comminges 53, 53 n 5

(Guillaume d), évêque de Pamiers et de Comminges, 52

(Hugues d'), clerc du diocèse de Comminges ou du diocèse de Rieux, doyen de Saint André de Bordeaux, 53 n 5, archidiacre de Médoc, 48 n 2 ; — abbé de Saint Sever Cap de Gascogne, 48 n 3, 79, 79 n 1, — évêque de Lectoure, 48

Espagne, 6, 39, 154.

Esprit (Antoine), abbé de Combelongue, 72

Esquilles (Jacques d'), abbé de Divielle, 45.

Estaing (Arnaud Raymond d), moine de Saint Hilaire, abbé de Saint Sever de Rustan, 105, 105 n 5.

Estampes (Guillaume d'), archidiacre de Montlaur et chanoine de Carcassonne, évêque de Montauban, 156, 156 n 2, 4

Este (Hippolyte d'), cardinal de Ferrare, archevêque d'Auch, 4, 27 n. 1, 61 n. 3

— (Louis d'), cardinal, archevêque d'Auch, 4, 5 n 1, — abbé de Saint-Orens de Larreule, 118

Estornes d'Angosse (Jean d'), moine et abbé de Saint Pé, 115, 115 n 2

Estouteville (Guillaume d'), évêque élu d'Angers, évêque de Couserans, 66, 66 n 2, — cardinal évêque d'Ostie, archevêque de Rouen, abbé de Gimont, 26, de Saint Denis de Paris, 163 n 5.

Estrades (Jean d'), évêque de Condom, 158

Estresses (Jean d'), évêque de Laodicée, de Lectoure, 49

Eugène IV, pape, 11 n. 2, 66, 66 n 1, 81, 81 n. 2, 82, 110 n 6, 124, 124 n 2.

Euspes (Pierre d'), abbé de Berdoues, 18, 18 n 1

Eustase (Jean d'), abbé de Nizors, 61

Evreux (Eure), évêché, — chanoines Beauffès (Jean), Hanecourt (Jean de)

Eysses (Lot et Garonne, arr , cant. et com Villeneuve sur Lot), abbaye O. S. B , 91, 91 n 1.

Fabas (Arnaud Guillaume de), abbé de Gimont, 25

(Michel-Victor de), archiprêtre de

Gardouch, archidiacre de Tarbes, abbé de Simorre, 13

(Pierre de), abbé de Sorde, 39

FABRE BERDESSE (Jules César de), abbé de Gimont, 27 n 3

FABRE D'ÉGLANTINE, 109

FABRICA (Jean de), chanoine de Rodez, évêque de Lescar et de Couserans, 65 n. 2, 66, 130 n 1, 140

FABRISSA (Arnaud de), abbé de Simorre, 10, 10 n 6

FAGET (Pierre), O. F. M., évêque de Beyrouth, 4

Faget (Gers, arr Auch, cant Saramon), abbaye ou collégiale Saint Sauveur, 66, — abbés Aime (Tristan d'), Bilhères (Bernard de), Vedelli (François de).

FAGON (Antoine), abbé de Bohéries et de Saint Méen, évêque de Lombez, de Vannes, 165

FAGOT (Jean de), clerc du diocèse de Cahors, évêque de Lescar, 142.

Faise (Gironde, arr Libourne, cant et com Lussac), abbaye O Cist, 79, — abbés Beaujeu (Philibert de), Genest (Jean), Secondat de Montesquiou (Joseph de).

Famagouste (Chypre), évêché, — évêque Arnaud

FARGES (Gaillard de), archidiacre de Valpuerta, évêque de Bazas, 87, 87 n 2

FAU (Garsie du), chanoine et évêque d'Aire, 73.

— (Pèlegrin du), conseiller du comte de Foix, évêque de Dax, 34, 34 n 1, 35 n 1

FAUCON DE RIS (Anne Marie Joseph de), vicaire général de Laon, abbé du Lucq, 138

FAUDOAS (Béraud de), sénéchal d'Armagnac, 29 n. 4

— (Jean de), moine de Condom, prieur d'Argenteuil, abbé de Pessan, 8.

FALGAS (Arnaud de), abbé de Bonnefont, 57

FAUR (Arnaud du), chanoine d'Aire, abbé de Sorde, 40, 40 n 3

(Bernard du), abbé de la Case Dieu, 31.

(Fortius du), abbé de Cadouin, de Gimont, 25

(Jacques du), prieur de Saint Orens d'Auch, abbé de La Case Dieu, 31

(Jean du), abbé de La Case Dieu, 31

(Pierre du), abbé de La Case Dieu, évêque de Lavaur, 31

(Pierre du), clerc du diocèse d'Auch, 106 n 5

— (Raymond du), moine de Saint-Mont, abbé de Tasque, 119, 119 n. 5.

FAYDIT (Géraud), évêque de Montauban, de Couserans, 66

Faye (Maine et Loire, ar Angers, cant Thouarcé), prieuré, 35 n 2

FAYSSAN, voy Hachan

FÉNELON (L'abbé), 159 n. 4.

FENIS (Antoine de), abbé du Lucq, 137

Ferrare (Italie), cardinal de —, voy Este (Hippolyte d'), — évêché, 4 n 3, — évêques Este (Louis d'), Rosetti (Alphonse).

FERRIER (François), clerc du diocèse de Nîmes, 164 n 4

FERRIÈRES (Pierre de), doyen du Puy, évêque de Lectoure, de Noyon, 46.

FERRO (Arnaud-Raymond de), moine de Boulbonne, abbé de L'Escale Dieu et de Bonnecombe, 123.

FERROY DE LA FERROYAYS (Jules Basile), abbé de Saint Sever Cap-de Gascogne, 81 ; évêque de Saint Brieuc, de Bayonne, de Lisieux, 163, 163 n 3,

FEUILLANTS, congrégation, 165, = général Roger (Cosmo)

Feuillant (Haute Garonne, arr Muret, près de Rieux), abbaye O Cist, 164 n. 2, abbés Caupenne (Pierre de), Ornézan (Bernard d') ; — moine Bastide (Guillaume de la).

FIEUBET DE CAUMONT (Bernard de), abbé de Simorre, 13.

FILHOUSE (Pierre), clerc du diocèse de Lombez, recteur de l'église de Gimont, abbé de Gimont, 26, 27 n 1.

FLAMENT (Gilbert), abbé de Saint Orens de Larreule, 119

FLANDRIN (Jean), doyen de Laon, archevêque d'Auch, 2, 2 n 1

Flaran (Gers, arr Condom, cant. et com Valence sur Baise), abbaye Notre Dame O Cist, — abbés, 21 24, cellerier Arnaud, — prieurs Bernard, Pierre, sacriste Bernard.

FLAVACOUR (Guillaume de), évêque de Carcassonne, archevêque d'Auch, 1.

FLEIS (Vite Foulques Gui Jordan de), abbé du Rivet, 98

FLEURIAU D'ARMENONVILLE (Louis Gaston), trésorier de la Sainte Chapelle, évêque d'Aire, d'Orléans, 77

FLISQUE (Urbain de), évêque de Fréjus, 67 n 1

Florence (Italie), diocèse, 72 n. 2, 90, 90 n 4, 5

Foigny (Aisne, près Vervins), abbaye O Cist, 159, — abbé Goyon de Matignon (Jacques de)

Foix (Amanieu de), évêque de Carcassonne, abbé de Saint Ferme, 96.
— (Arnaud de), chanoine d'Oloron, abbé du Lucq, 137, 137 n 1.
— (Bernard de), 111 n. 3
— Corbaran, marquis de), 132 n 3.
— (Dominique de), prieur de Gabarret, abbé de Saint Savin de Lavedan, 110, de Saint Pé, 114
— (Gaston, comte de), 110 n 7.
— (Jacques de), évêque d'Oloron, 132, 132 n 3 ; abbé de La Castelle, 83, de Saint-Orens de Larreule, 118 ; de Saint Volusien de Foix, 142, —évêque de Lescar, 142.
— (Jean, comte de), 144 n 3.
— (Jean de), ou de Béarn, clerc du diocèse de Toulouse, abbé de Saint Sever Cap de Gascogne, 78, 78 n. 2, 3, 79 n. 1, — évêque de Dax, 36, 36 n 1 ; de Comminges, 53. 53 n. 5, 6, 7 ; — abbé de Saint Savin-de-Lavedan, 111 n 1, 3
— (Jean de), archevêque de Bordeaux, abbé de Bordoues, 18, 18 n 5
— (L'abbé de), voy. Nogaret de La Valette
— (La Comtesse de), 34, 34 n. 1.
— (Le Comte de), 34, 34 n 1.
— (Madeleine, comtesse de), 124.
— (Marguerite de), comtesse de Candale et d'Astarac, 19 n 3
— (Mathieu de), comte de Comminges, 36.
— (Pierre de) l'Ancien, O. F. M. évêque de Lescar 140, 140 n. 1, cardinal du titre de Saint Grégoire au Mont Cœlius, administrateur de Comminges, 53, 53 n 3, 4, de Lombez, 163 n 1, 2, abbé de Saint Pierre de Larreule, 144, 144 n 2, 3 ; du Lucq, 135, 135 n 4, 5, 136 ; — cardinal évêque d'Albano, 2 n. 2, 3 n 3, 39 n. 3, 40, 130 n. 2, — abbé de Saint-Savin de Lavedan, 110, 110 n. 6, de Saint Sever Cap de Gascogne, 78, administrateur de Dax, 36, de Tarbes, 3 n. 3, 102, 102 n 1
— (Pierre de) le Jeune, clerc du diocèse de Lescar, 3 n 3, 102, 102 n 1 ; prieur de Saint Lézer, abbé de Saint Savin de Lavedan, 110, 110 n. 7, 8, 9. de Sainte Croix de Bordeaux, de Lézat, de Sorde, 40, 140 n 2, évêque d'Aire, 40 n 2, 75, 75 n 2, 85, 85 n 3, 141 n.3, — cardinal diacre du titre des Saints Côme et Damien, administrateur de Bayonne, 149, 149 n. 5, — abbé de Flaran, 22, 22 n 3, de Saint Sever de Rustan, 106 n 5
— (Thomas de), évêque de Tarbes, 102, 102 n. 2, abbé de L Escale Dieu, 124, 124 n 4, de Nizors, 61

— (Urbain de), 111 n. 3
Foix (Ariège), abbaye Saint-Volusien O S A, abbés Aule ou de la Salle (Jean d'), Foix (Jacques de), chanoine Pujol (Raymond Bernard de), — sacriste Raymond Bernard
— Chancelier de Biaix (Pierre de)
Foix Candale (Amanieu de), évêque nommé de Bazas, 90 n 5
— (Christophe de), clerc du diocèse de Bordeaux, prieur de Port Dieu, évêque d'Aire, 76, 83 n 1
— (François de), prieur de Saint Mont, 76 n 2, abbé de Saint Savin de Lavedan, 112, — évêque d'Aire, 76, 76 n 2
Foix Castelbon, voy Castelbon
Fondera (Guillaume de), chanoine et évêque d'Oloron, 130, 130 n 3, 5
Font (Aime de la), abbé de Saint Martin de Laon, 70 n 6
— (Géraud de la), abbé de Combelongue, 70
Fontaine Péan (Alexis de), abbé de Nizors, 62.
Fontanier de Pélisson (Paul), abbé de Gimont, 28
Fontcalde (diocèse de Saint Pons), abbaye O. Præm, — abbé Lacour (Jean de)
Fontfroide (Aude, près Narbonne), abbaye O Cist ; — abbés Antoine, Bernard, Cossé de Brissac (Emmanuel Henri Timoléon de)
Fontguilhem (Gironde, arr. Bazas, cant Grignols, com Masseilles), abbaye Notre Dame, O Cist, 98 ; abbés, 98, 99
Forton (Jean de), évêque de Pamiers, de Tarbes, 101, 101 n 4
Fouquet (François), évêque de Bayonne, d'Agde, 151, 151 n 6
— (Nicolas), surintendant des finances, 151
Four (Pascal du), chanoine de Tarbes, archidiacre de Lavedan, conseiller de Gaston, comte de Foix, 39, 39 n 5.
France (Gaston de), frère de Louis XIII, 151 n. 3
— (La cour de), 111 n 3
Fredeii (Arnaud), O F P, évêque de Couserans, 64
Fréjus (Var, arr Draguignan, chef-l. cant), évêché, diocèse, 6 n 2, évêques Beausset de Roquefort (Emmanuel François de), Fisque (Urbain de)
Froidmont (diocèse de Beauvais), abbaye O Cist, 5 n. 3, abbé Mothe-Houdancourt (Henri de la).
Fromentières (Jean Louis de), abbé du Jard, évêque d'Aire, 77 ; —abbé nom-

nié de Saint-Sever-Cap de Gascogne, 81 n 1

Furnes (Belgique, prov. Flandre Occidentale, diocèse de Thérouanne), — chanoine Beyries (Jean de).

Gabarret (Landes, arr. Mont de Marsan, chef l cant), prieuré O S B , — prieurs Foix (Dominique de), Gayrosse (Arnaud Guillaume de)

GACHEPRET (Pierre de), archidiacre de Rustan, évêque d'Aire, 74

GAETANI DI SERMONETA (Nicolas), cardinal, abbé de Saint Ferme, 96

GAILLARD (Amaury de), O F M, évêque de Lectoure, 48.

GAILLARD DE CHAUDON (Noel), abbé de Tasque, d'Arles sur Tech, 122 n 2

GAIN-MONTAGNAC (François de), vicaire général de Reims, abbé de Quarante et de Saint Vincent du Mans, évêque de Tarbes, 105

GALABERTAN (Pierre Arnaud de), trésorier de Saint Seurin, 34 n 1

GALARD (Jean de), abbé élu de La Case-Dieu, 31 n. 2.

— (Jean de), infirmier et abbé de Simorre, 12, 12 n 3.

— (Pierre de), prieur de Nerac, évêque de Condom, 21 n. 3, 155

— (Raymond de), abbé de Saint Pierre de Condom, évêque de Condom, 155

GALARD DE BRASSAC (Antoine de), chanoine d'Agen, abbé de Simorre, 12, 12 n 4

— (Octavien de), moine de Condom, abbé de Simorre, 12, 12 n 4

Galiax (Gers, arr Mirande, cont Plaisance-du-Gers); seigneur Montesquiou (Jean Paul de)

GALLET (Claude), prêtre du diocèse de Lyon, 50 n 8

. GALLO (Blaise), de Spolète, camérier secret, 132 n 4

Gamage (Gironde, arr Libourne, cant Pujols, com Sainte Florence), archidiaconé ; — archidiacre Guillaume.

Gap (Hautes Alpes), évêché, 138, 138 n 1, doyen Paris (Pierre), évêque Maille de La Tour Landry (Jean Marie de)

GARATONI (Christophe), évêque de Coron, 92, n 5

GARDE (Bernard de la) abbé de Saint-Benigne du Fruitier, de Saint Pé, 113

— (Vital de la), abbé de La Case Dieu, 28, 70 n. 2.

Gardouch (Haute Garonne, arr et cant Villefranche de Lauraguais), archiprêtré, archiprêtre Fabas (Michel Victor de).

GARRAVET (Raymond de). archidiacre de Lombez. 163 n 3

GARROS (Bertrand de), clerc du diocèse de Comminges, 163 n 2

GARSIE ARNAUD, moine et abbé de L'Escale Dieu, 123

GASSION (Pierre de) prieur de Saint Loup, curé de Saint Vincent de Salies, abbé du Lucq, 137 , évêque d'Oloron, 133

GASTON, moine et abbé de Gimont, 15

GAUJAN (Pierre IV de), moine de Berdoues, abbé de Gimont, 24, 24 n 3, 4, de Berdoues, 17, 17 n 3

GAYROSSE (Arnaud-Guillaume de), prieur de Gabarret, abbé de Saint Pierre de Larreule, 144, 144 n 3

GELAS (Pierre André de), abbé de Flaran, 23.

GELAS DE LEBERON (Charles Jacques de). évêque de Valence, abbé de Flaran, 23

GEMIL (Pierre), chanoine et vicaire général de Comminges, 55 n 2

GENEST (Jean), abbé de Faise et de Saint Sever Cap de Gascogne, 80, 80 n 1.

GENESTE DE MALROMÉ (Marc Alexandre), sous diacre du diocèse de Condom, abbé de L'Escale Dieu, 127, 127 n. 1.

Genève (Suisse), 101 n. 3 , diocèse, 165 n 3.

GENOS (Bernard de), sacriste, abbé élu de Tasque, 119 n 5

— (Pèlerin de), abbé de Tasque, 119, 119 n 5.

GIRAUD, abbé de Saint Orens de Larreule. 116. 117 n 1.

GERAUD, évêque d'Apt, de Conserans, d'Uzès, 63

GIRAUD, prieur de Lagor, abbé du Lucq. 135, 135 n 1

GIRE (Arnaud de), chanoine de Lescar, archidiacre de Saubestre, 110 n 8.

— (Tristan de), 66 n 3.

GILEL (Bernard de), abbé de Gimont, 24 n 4

GIGAULT DE BELLEFONT (Jacques Bonne), prêtre du diocèse de Tours, abbé de la Cour Dieu, vicaire général de Tours, évêque de Bayonne, archevêque d'Arles, 153, 153 n 3.

Gignac (Lot, arr Gourdon, cant. Souillac), archiprêtré Saint Martin , — archiprêtre Noailles (François de)

Gimont (Gers, arr Auch, chef l cant), abbaye Notre Dame O Cist , 19, 24 ; — abbés, 17, 24 28, moines Castanet (Raymond de), Monségur (Bernard de)

— Église paroissiale, 26, 27 n 1
Église Saint Michel, 102 n 2.
GIRARD (Martin de), recteur de Saint Etienne de Toulouse, 87 n 2
GISLAIN DE CERNAY (Jean Baptiste de), vicaire général d'Évreux, abbé de Pessan, 9
GODIN (Guillaume Pierre), cardinal évêque d'Ostie, 33 n 3
GONTAUT-BIRON (Robert de), prêtre du diocèse de Cahors, évêque de Condom, 158, 158 n 1, 4.
Gou (François), prêtre du diocèse de Genève, 103 n 3
Goujon (Gers, arr Lombez, cant L'Isle Jourdain, com Auradé), abbaye cistercienne de femmes, 24 n 2,
GOUMARD (Jean), clerc du diocèse de Saintes, abbé de Sorde, 41
GOURGUES (Jacques Joseph de), prévôt de Saint Caprais d'Agen, évêque de Bazas, 91
GOURDU (Jacques de), abbé de Blasimont, 94
GOUZINE (Dominique de), moine et abbé de Berdoues, 18, 18 n 4
— (Jean de), abbé de Berdoues, 18, 18 n 4
GOYON DE MATIGNON (Jacques de), prêtre du diocèse de Coutances, évêque de Condom, abbé de Joigny, 159
Grado (Autriche, Illyrie), patriarcat, patriarche Pierre
GRAMONT (Arnaud Guillaume de), évêque élu d'Oloron, abbé de Sorde, 40, 40 n 3
— (Charles de), 141 n 4, évêque de Couserans, 67, d'Aire, 75, abbé de Sorde, 41, 41 n 1, archevêque de Bordeaux, 75
— (Gabriel de), évêque de Couserans, 67
— abbé de Saint Sever Cap de Gascogne, 79, 79 n 3, évêque de Tarbes, 103
— (Henri de), 133 n 7, 143 n 1
— (Jacques de), abbé de Divielle, 45
— (Le comte de), 137 n 1
— (Philibert de), abbé de Sorde, 41
Grandselve (Haute Garonne, près Grenade sur Garonne, abbaye O Cist , 19, 27 n 2, abbés Nogaret de La Valette, Pierre, moines Cugnac (Pierre de), Gris (Jean de)
GRANION (Raymond Arnaud de), archiprêtre de Doasit, vicaire général de Pierre de Foix l'Ancien, 39 n 3
GRANVILLE (Pierre de), 68 n 8
GREEN DE SAINT MARSAULT DE CHASTEL LAILLON (Marie Frédéric), chanoine de La Rochelle, prévôt de Saint Justin, abbé de Saint Orens de Lavedan, 119.
GRÉGOIRE XI, pape, 21, 21 n 4, 25 n 1, 114, 123, 128
GRÉGOIRE XIV, 80
GRÉGOIRE DE SAINT SAUVEUR (Jean-Baptiste Amédée de), évêque de Bazas, abbé de Saint Pierre de Médoc, 92, 92 n 2
Grenoble (Isère), évêché , — chanoines Michel (François de), Vorance (Louis Jacques François de), — doyen du chapitre Monastey (Antoine du), évêque Cayrol de Madaillan (Jean de).
Parlement, 9
GRIS (Jean de), moine de Grandselve, abbé de Flaran, 21
GRILLE DE ROBIAC (de), chanoine d'Arles, 91 n 3
GRILLE (Nicolas de), évêque de Bazas, 91
GROSSOLES (de), abbé de Saint Sever Cap de Gascogne, 81
— (Antoine de), moine de Condom, 156 n 2
GROSSOLES DE FLAMARENS (Hérard de), vicaire général de Condom, abbé de Simorre, 12, 12 n 2, 3 , — évêque de Condom 157, 157 n 3
— (M de), prêtre du diocèse de Lectoure, préchantre et vicaire général de Narbonne, 13 n 4
GUASC (Arnaud de), abbé de Saint Ferme, 96.
— (Jean de), clerc du diocèse de Bazas, abbé de Saint Ferme, 96, 96 n 2
Guer (Morbihan, arr Ploermel, chef l cant), prieuré, 152 n 7, prieur Beauvau du Rivau (René-François de)
GUIGNARD DUFONS (Joseph Aymard), 159 n 6
GUILHOT (Bérenger), archidiacre de Frontignan en Comminges, vicaire général d'Auch, 129 n 3, — archevêque d'Auch, de Tyr et administrateur d'Agde, 2, 101
GUILLAUME, abbé de Blasimont, 92.
GUILLAUME, abbé de L'Escale Dieu, 21 n 3
GUILLAUME, abbé de Saint Ferme, 94
GUILLAUME, abbé du Mont Cassin, évêque de de Tarbes, 100
GUILLAUME, archidiacre de Gamage, évêque de Bazas, 88, 88 n 2
GUILLAUME, moine de Sainte Quitterie d'Aire, abbé de Saint Pé, 113
GUILLAUME, préchantre d'Evora, évêque de Bazas, 87 , — évêque de Comminges, 92

INDEX ALPHABÉTIQUE 187

Guillaume, prieur de Saint Cyprien, évêque de Bazas, 88

Guillaume (Jean de), 82, 82 n 4, 6

Guillaume-Arnaud, abbé de Saint Pé, 113

Guillaume Arnaud dit Dodans, évêque d'Oloron, 128, 128 n 2, 3.

Guillaume Raymond, évêque d'Auc, administrateur d'Oloron, 129, 129 n 1

Guiton (Antoine de), abbé de Saint Pierre de Larreule, 145.

Guise (Le cardinal de), 158 n 1

Glisson (Georges de), abbé de Saint Ferme, 96

Guillemez (Martin), O F M, évêque de Lectoure, 47, 47 n 3

Guieriz (Jean), évêque de Dax, 34.

Guyenne (France), province, — chancelier de — Waldeby (Robert)
Collège de —, 158 n 4.

Hachan (Arnaud de), abbé de L'Escale-Dieu, 104, de Berdones, 18, 18 n 1

Haget (Gers, arr. Mirande, cant Miélan), 113 n 2, — Seigneur de —, voy. Monlezun de Saint Lary (Henri de).

Hagetmau (Landes, arr Saint Sever, (chef l cant), abbaye Saint Girons , — abbés Aydie (Raymond d'), Va vailhes (Garsie Arnaud de).

Hainaut, archidiaconé dans l'église de Cambrai, 65 , archidiacre Rochechouart (Jean de)

Harcourt, prieuré O Cist , 107 ; prieur Vaumonstreuil de Saigny (Louis de)

Haut de Salies (Jean du), abbé de Lahonce, évêque de Loscar, 143

Hautrive (Chrétien d'). O S A , évêque de Tarbes, 101

Hebrard (Jean de), O S A, évêque de Bazas, 89

Henri II, roi de France, 54

Henri IV, roi de France, 5, 112 n 2, 137 n 1

Henriau (Jean Marie), évêque de Boulogne, abbé nommé de Berdoues, 20 , — abbé de Valoire, 20 n 5.

Hertault de Beaufort (Paul Robert), vicaire général d'Ypres, abbé de Faremoustier, 50 n 7, 8 , — évêque de Lectoure, 50

Hillatinger (Jean), de Bâle, évêque de Lombez, 162, 162 n 3

Hopital (Gaillard de l'), chanoine de Saint Gaudens, de Saint Bertrand de Comminges, évêque de Comminges, 54, 54 n 1

Hosti (Jacques), clerc du diocèse de Sens, 77 n 2

Huard (Etienne), 15 n 6

Hure (Gironde, arr et cant. La Réole) ; — prieuré Saint Martin, 152 n 4, — prieur Lalanne (Léon de)

Hus (Bernard de), prieur de Sainte-Marie de Barèges, moine et abbé de Saint Savin de Lavedan, 109, 109 n 5

Inrac (Bernard d'), prieur de Berdoues, abbé de Gimont, 24, 24 n 4

Iharse (Salvat I* d'), abbé d'Arthous, évêque de Tarbes, 103

— (Savat II d'), abbé d'Arthous, évêque de Tarbes, 103

Illiers de Baisac d'Entragues (Louis d'), abbé de Bellefontaine, évêque nommé de Clermont, évêque de Lectoure, 50

Innocent VI, pape, 14, 28 n 5, 139 n 3

Innocent VIII, pape, 18

Innocent X, pape, 19

Isaure d'Ifernault (Mathieu), abbé de Saint Jean d'Angely, évêque de Condom, archevêque de Tours, 159

Issoire (Puy de Dôme, chef-l. arr), — abbaye Saint Austremoine, 54, — abbé Douville (Louis)

Itier (Pierre), évêque de Dax, 33.

Jacca (Espagne, prov Huesca), évêché , — précenteur Arnaud Guillaume

Jacques, abbé de la Capelle, de Combelongue, 70

Jacques, prieur de Marmande, abbé de Clairac et de Saint Ferme, 95, 95 n 1

Jancac (Bertrand de), moine et abbé de Nizors, 61.

Jaqueloi (Jean de), conseiller au Parlement de Paris, abbé de Saramon, 15

Jard (Le), (Seine et Marne, près Melun), abbaye O S A , abbé Fromentières (Jean-Louis de)

Jaubert de Barrau (Jean), abbé de Solignac, prieur de Saint Aubin, évêque de Bazas, archevêque d'Arles, 91, 91 n 3

Jean XXII, pape, 120, 155 n 1, 161 n 1

Jean XXIII, pape, 10, 14, 65, 101, 162

Jean, abbé de Combelongue, 70

Jean, abbé de Morimond, 17 n. 3.

Jean, abbé de Saint-Pierre de Larreule, 145.

Jean, abbé de Saint-Sever-Cap-de-Gascogne, 78.

Jean, doyen de Sainte-Marie-de-Villeneuve-lès-Avignon, évêque de Lescar, 140.

Jean, prieur de Vyre, abbé de Saint-Ferme, 94.

Jean (Bernard), clerc du diocèse de Verceil, 40 n. 3.

Jeanne, comtesse d'Astarac, seigneuresse de Saint-Sever, 106 n. 3.

Jérusalem (Palestine), patriarcat ; — patriarche : La Palu (Pierre de).

Joci (Galin), moine et abbé de Gimont, 25, 25 n. 1.

Jonquières (Michel de), abbé de Saint-Savin-de-Lavedan, 112.

Jû (Bernard de), abbé de La Case-Dieu, 29, 29 n. 4.

Juif (Antoine), chanoine de Narbonne, abbé de Saint-Savin-de-Lavedan, 112.

Jules II, pape, 48 n. 6, 157 n. 1.

Jussan (Carbon de), recteur d'Auriébat, abbé de Saint-Sever-de-Rustan, 106, 106 n. 3.

Laas (Hugues de), moine et abbé de Saint-Pé, 113, 113 n. 6.

Labarthe (Arnaud-Guillaume de), baron de Moncorneil, 15.

— (Arnaud-Guillaume de), chanoine d'Auch, 46.

— (Bernard de), vicaire perpétuel de Simorre, prieur de Sainte-Dode et de Sarrancolin, abbé de Saramon, 15.

— (Bertrand de), prieur de Saint-Mont, 10 n. 6 ; — abbé de Simorre, 11, 11 n. 2, 3, 4.

— (Jacques de), abbé de Nizors, 61.

— (Jean de), abbé de Simorre, 11, 11 n. 4.

— (Jean de), sénéchal d'Aure, 29 n. 4.

— (Roger de), abbé de Simorre, 12 ; de Saramon, 15.

Labarthe-Termes (François de), chanoine et préchantre de Sarlat, abbé de Tasque, 123, 123 n. 2.

Labatut (Hugues de), chanoine et évêque de Comminges, 56.

— (Michel de), abbé de Nizors, 62.

— (Michel-Raymond de), abbé de Nizors, 62.

. *Labatut* (Hautes-Pyrénées, arr. Tarbes, cant. Maubourguet) ; — seigneur de — : Rivière (Bertrand de).

Labéda (Bertrand de), seigneur de Cohitte, 114 n. 4.

La Bénisson-Dieu, voy. Nizors.

Labetz (Jean de), chanoine et sacriste d'Oloron, 131 n. 3.

La Boulardier (De), prêtre du diocèse de Paris, 165 n. 3.

La Bussière (Côte-d'Or, arr. Beaune), abbaye O. Cist. ; — abbé : Brizay de Denonville (Jean-François de), Olce (Jean d').

La Case-Dieu (Gers, arr. Mirande, cant. Plaisance, com. Beaumarchés), abbaye O. Præm. ; — abbés : 28-32, 82 n. 4 ; — chanoines : Marenque (Odon de), Molère (Bertrand de) ; — prieur : Rigaud (Pierre de) ; — sous-prieur : Ausio (Jean d').

Lachenate (Guillaume de), abbé de Berdoues, 19.

Lacour (Jean de), abbé de Fontcalde, de La Case-Dieu, 28.

Ladouze (Jacques de), vicaire général de Dax, abbé de Divielle, 44.

La Frenade (Charente, arr. et cant. Cognac, com. Merpins), abbaye O. Cist. ; — abbé : Saint-Gelais (Mellin de).

Lagor (Basses-Pyrénées, arr. Orthez, chef-l. cant.), prieuré, 135, 136 n. 1 ; — prieurs : Benque (Arnaud-Guillaume de), Géraud.

Lagons ou Lagorze (N. de), abbé de La Case-Dieu, 32.

La Grasse (Aude, arr. Carcassonne, chef-l. cant.), abbaye O. S. B., 48 n. 4 ; — abbé : Absac de la Douze (Pierre d').

Laguian (Gers, arr. Mirande, cant. Miélan), 113 n. 2 ; — seigneur de — : Montezun de Saint-Lary (Henri de).

Lahas (Gers, arr. Lombez, cant. Samatan) ; — curé : Saint-Julien (Jacques de).

Lahet (Bertrand de), chanoine et évêque de Bayonne, 149.

Lahonce (Basses-Pyrénées, arr. et cant. Bayonne), abbaye O. Præm., 29 n. 3, 143 ; — abbé : Haut de Sallies (Jean du).

Lalanne (Léon I*er* de), doyen de Saint-Seurin et de Saint-André de Bordeaux, abbé de Saint-Ferme, 96.

— (Léon II de), doyen de Saint-Seurin de Bordeaux, prieur de Saint-Martin d'Hure, 152 n. 4 ; — abbé de Saint-Ferme, 97 ; — évêque nommé de Dax, 38 n. 2 ; — évêque de Bayonne, 152.

Lallemand (Claude-François), abbé de Divielle, 45.

Lamaguère (Bernard de), abbé de Berdoues, 17.

INDEX ALPHABÉTIQUE 189

Lamarthonie (Gaston de) trésorier de Saint André de Bordeaux, évêque de Dax, 37

— (Jean de), abbé de La Pérouse, évêque de Dax, 37

Lamazère (Odon de), abbé de Simorre, 10

La Milesse (Sarthe, arr et cant Le Mans), prieuré, 152 n 8, prieur Druilhet (André)

Lamon (Jean), vicaire général au monastère de Saint Orens de Larreule, 119 n 1

Lamothe (Christophe), moine de Saint Sever de Rustan, 109 n 1

Lamouroux (Arnaud), abbé de Saint Pierre de Larreule, 145

Lancrau (Pierre de), évêque de Lombez, 104.

Langladl (Jacques de), clerc du diocèse de Périgueux, abbé de Simorre, 13

Langle (Mathieu René de), vicaire général d'Évreux, abbé de Pessan, 9

Langon (Gironde, arr Bazas, chef l cant), église, 88 n 1, 90, 90 n 6

Langres (Haute Marne, chef l au), diocèse, 50 n 8, 69.

Lansac (Pyrénées Orientales, arr Perpignan, cant La Tour de France), 108 n 4, — prieur Roy (Charles de)

Lansac de Roquetaillade (Alphonse de), chanoine de Bayonne, abbé de Bonnelont, 60

Lania (Guillaume Hunaud de), abbé de Lézat, évêque de Tarbes, transféré à Agde, 100, — administrateur de Saint Orens de Larreule, 116

Lanessans (Raymond de), abbé de Saint Pierre de Larreule, 144, 144 n 3

Lanville (Charente, arr Angoulême, cant Rouillac, com. Marcillac), prieuré O S A, 49 n 4, — prieur La Rochefoucauld (Louis de)

Laodicée (Phrygie), évêché titulaire, évêque Estresses (Jean d')

Laon (Aisne), évêché, — vicaire général Faucon de Ris (Anne-Marie Joseph de)

Abbaye Saint Martin O Præm, abbé Font (Aimé de la), — chanoine Dupuis de Cressonville (Henri)

La Payu (Pierre de), patriarche de Jérusalem, administrateur de Couserans, 64

La Pérouse ou *La Peyrouse* (Dordogne, arr. Nontron, cant Saint Pardoux de la Rivière, com Saint Saud), abbaye O Cist, — abbé Lamarthonie (Jean de)

La Réau (Vienne, arr Civray, cant Availles, com Saint Martin l'Ars), abbaye. O S A, 49 n 4, abbé La Rochefoucauld (Louis de)

La Retorte (Espagne), abbaye O Præm, 29 n. 3.

La Roche Aymon (Vital de), abbé de Berdoues, 19, 19 n. 3

La Rochefoucauld (Louis de), prêtre du diocèse de Poitiers, abbé de La Réau, de Celle sur Belle, de Saint Jean d'Angély, prieur de Lanville, évêque de Louloure, 49, 49 n 4

La Roe (Mayenne, arr Château-Gontier, cant Saint Aignan sur Roe), abbaye Notre Dame O S A, 150 n 4, — abbé Poncher (Etienne)

La Romagère de Ronssici (Pierre de), abbé de Notre Dame de la Pelisse, vicaire général du Mans, évêque de Tarbes, 104

La Romieu (Gers, arr et cant. Condom), église collégiale, — doyen, 124 n 1

Larreule (Basses Pyrénées, arr Orthez, cant Arzacq), abbaye Saint Pierre et Saint Vincent, 144, abbés, 144, 145, 146,

Larreule (Hautes Pyrénées, arr Tarbes, cant Maubourguet), abbaye Saint Orens, 116, abbés, 116 119

Larruel (Jean de), sacriste de la Souterraine, abbé de Saramon, 15

— (Philippe de), chanoine de Limoges, 15 n 1

Larrive (Grégoire), clerc du diocèse de Lyon, 117 n 5

Larroque d'Olmes (Ariège, arr Pamiers, cant Mirepoix), 155 n 4

Lasbordes (Pierre V de), abbé de Berdoues, 17 n 3

Lissiray de Manslacome (Odon de), chanoine de Bazas, abbé de Fontguilhem, 98, 98 n 3

Lassic (Antoine de), prêtre du diocèse de Saint Flour, vicaire général de Tarbes, abbé de Saint Guilhem le Désert, évêque de Comminges, 57, 57 n 9

— (de), dernier abbé de Nizors, 63

— (Dominique de), évêque de Couserans, 69

— (Pierre Jean Joseph de), vicaire général de Comminges, abbé de Nizors, évêque de Rieux, 63

Laur (Jean du), chanoine de Lombez et de Conserans, archidiacre de Couserans et évêque de Bayonne, 149, 149 n 2.

— (Pierre du), 139 n 3

Lausanne (Suisse), diocèse, 3 n. 5

Laurec (Amélius de), chancelier de l'église de Toulouse, évêque de Conserans, 6), de Comminges, 53, cardinal, 53 n 1.

Laval (François de), ancien évêque de Québec, 77 n 3

La Vallee, voy Nogaret de La Vallette

Lavaur (Tarn, chef l arr), evêche ; — évêque . Faur (Pierre du)

Lavedan (Arnaud de), 110 n 3

(Raymond Garsie de), archidiacre de Tarbes, abbé de Saint Savin de Lavedau, 110

Lavedan (Hautes Pyrénées, contrée), archidiaconé dans l'église de Tarbes, archidiacres Coarraze (Gaillard de), Palatz (Arnaud Raymond de),

Lavelel (François de), abbé de la Castelle, 84

Laveran (Guillaume de), abbé de Saint Sauveur de Blaye, de Sorde, 39, 39 n 3, 4

Layrac (Lot et Garonne, arr Agen, cant. Astaffort), prieuré O Clun, — prieurs Bonneval (Foucaud de), Lorraine (Charles Louis de), Plas (Jean de, Léger de)

Le Blond (Denis), clerc du diocèse de Vannes, abbé de Berdoues, 10

Le Clerc de Valfon (Jean Baptiste), abbé du Rivet, 98, 98 n 1

Lectoure (Gers, chef l arr), évêché, — chanoines André (Bernard d'), Berlin (Blaise de), Cambavelha (Raymond de), Saint-Géri de Magnas (Alain de), — chapitre, 48, 48 n 5, — diocèse, 13 n 4, — evêques 46 51, précenteur Bordes (Guillaume de), — préchantre Peyrac (Arnaud de), vicaire général Bastard (Jean Gaspard de)

Leduix (Gaillard de), évêque d'Oloron, 128

Légier (Alphonse), abbé de Cagnotte, 43

Le Grand (Joachim), clerc du diocèse de Coutances, 105 n. 3

Le Maistre (Nicolas), évêque nommé de Lombez, 164 n 6

Le Mans (Sarthe), évêché, — diocèse, 104, vicaires généraux Druilhet (André), La Romagère de Ronssecy (Pierre de), Maillé de La Tour Landry (Jean Marie de)

Abbaye Saint Vincent O S B, 105, — abbé Gain Montagnac (François de)

Le Mas d'Agenais (Lot et Garonne, arr Marmande, chef l cant), église collégiale Saint Vincent, 151 n 3, — prieur Montaigne (Raymond de).

Léon X, pape, 132.

Le Plan (diocèse d'Aire), église, 102 n 2

Le Quieu de Lanteville (Charles Auguste), vicaire général de Bordeaux, évêque de Dax, — abbé de Mas Grenier, 38, 39 n 1

Le Rivet (Gironde, arr Bazas, cant et com Auros), abbaye Notre-Dame, O Cist 97, abbés, 97, 98

Le Roy, prêtre du diocèse de Marseille, 104 n 6

Les Alleuds (Deux Sèvres, arr Melle, cant Sauzé Vaussais), abbaye O S B, 151 n 6, — abbé Montaigne (Raymond de)

L'Escale Dieu (Hautes Pyrénées, arr Bagnères de Bigorre, cant Lannemezan. com Bonnemazon), abbaye Notre Dame O Cist . 123, abbés, 77, 106 n 3, 123 127, moine Verdelin (Pierre de)

Lescar (Basses Pyrénées, arr Pau, chef l cant), évêché, 139, — chanoines Abbadie (Arnaud d'), Baillet (Jean de), Casamajor de Charitte (Valentin de), Cassagne (Martin de la), Dejean de Lezons (Jean Baptiste), Salettes (François Charles de), Saron (Pierre de), Soulé de la Cassagne Mauror (Jean), diocèse, 3 n 3, 40, 59, 68, 69 n 4. 109, 115, 135, 143, évêques 14, 14 n 2. 128 n 2, 129 n 4, 139 144, — infirmier Andoins (Bertrand d'), — official, 129 n 4, 133, — vicaire capitulaire Cassagne (Martin de la)

Prieuré Saint Julien O S A, 35 n 2, prieurs Duriche (Nicolas), Saint Avit (Bernard de)

Lescun (Arnaud Guillaume de), évêque d'Aire, 74

— (Jean de), abbé de Saint Pierre de Larreule, 144, prieur de Saint Côme, de Saint Mont, évêque de Tarbes, 102, — archevêque d'Auch, 2 n 2, 3, 3 n 1, 2, 3, 4, abbé de La Case Dieu 30, 30 n 1, 2, 3

Lesparre (Gironde, chef l arr), maison des Frères Mineurs, 89 n 3.

Lesving (André de), prêtre du diocèse de Paris, 50 n 8

Les Vés (Calvados, diocèse de Bayeux), archidiaconé, — archidiacre Bourgogne (Bernard de)

Le Vassor (Jacques), recteur d'Ardenay, prieur de Saint Lazare de Blois, abbé de Saint Sever de Rustan, 107

Levis (Jean de), chanoine de Mirepoix, 39 n 3, abbé de Locou, 78 n 3, 149 n 1, évêque de Mirepoix, de Lescar, 141, 141 n 2, abbé de Saint-Pierre de Larreule, 144.

(Philippe I⁰ˢ de), évêque d'Agde, archevêque d'Auch, 2

(Philippe II de), archevêque d'Auch, d'Arles, abbé de Montmajour, 1, 2 n 2, 3 n 2, 3

(Philippe de), évêque de Bayonne, 149, 149 n 3

Lézat sur Lèze (Ariège, arr Pamiers, cant Le Fossat), abbaye Saint-Pierre, 130 n 2, 165 n 4, — abbés Berulles (Pierre Jean Martin de), Foix (Pierre de) le Jeune, Lanta (Guillaume Hunaud de), Lopez (Jean), Manaud, Maupeou (Charles Guillaume de), Nargassie (Mathieu de), Raymond (Arnaud de), Vitlemur (Ponce de), moine Fusaguet (Arnaud de)

Libaros (Hautes Pyrénées, arr Tarbes, cant Galan), prieuré séculier, 117 n 5, prieur Castelbajac (Raymond Garsie de)

Liège (Belgique), évêché, — chanoine Raigecourt (Playsard de), — prébendés dans l'église de — Colonna (Jacques), Ruh (Guillaume)

Lieu Dieu (Somme, arr Abbeville, près de Gamaches), abbaye O Cist , abbé Sariac (Bernard de)

Lieu Dieu en Jard (Vendée), arr. Les Sables, cant Talmont), abbaye O Præm, 3 n 6, — abbé Trémoille (Jean de la)

Limoges (Haute Vienne), évêché, chanoine Larrieu (Philippe de), diocèse, 15, 49 n 3, 69, 150, — évêque Rouffignac (Hugues de)

Abbaye Saint Augustin O S. B , — abbé Barton (Jean de)

Abbaye Saint Martial O S B , 5 n 3, abbés Mothe Houdancourt (Henri de la), Vieuxville (Charles François de la)

Linçou (Jérôme de), O F M , évêque de Couserans, 67

LINTERLS (Sicart de), chanoine de Toulouse, évêque de Comminges, 52

Lirosse (Bernard de), archidiacre d'Aunis, chanoine de Bayonne, évêque de Dax, 33

Lire (Eure, arr Evreux), abbaye O S B , — abbé Séguier (Jean Jacques)

Lisieux (Calvados, chef 1. arr), évêché, 154 , évêque Ferron de la Ferronays (Jules Basile)

LISLE (Jean de), abbé de Nizors, 61

L'Isle en Dodon (Haute Garonne, arr Saint Gaudens, chef 1 cant), 164 n. 1

L'Isle-Jourdain (Gers, arr Lombez, chef l. cant), église collégiale Saint Martin , doyens Audio (Bernard d'), Textor (Jean)

LISTOLI MARONI (Henri), abbé de Saint Nicolas du Bois, évêque de Bazas, 91

Loc Dieu d'Inard, voy Lieu Dieu en Jard

Lodève (Hérault), chef l arr), évêché, archidiacre Bérenger

LOGORSAN (Bernard de), sacriste et abbé de Berdones, 17

LOMAGNE (Amanieu de), chanoine d'Auch, 156 n. 2, 4

Lomagne, archidiaconé dans l'église de Lectoure , archidiacres Andoins (Arnaud Guillaume d'), Armagnac (Jean d')

Lombez (Gers, chef l arr), évêché, 161 , archidiacres Aure (Sanche Garsie d'), Garravet (Raymond de), chanoines Aure (Manaud d'), Canhard, Ecuyer (Pierre), Laur (Jean du), Ornézan (Bernard d'), Palatz (Arnaud Raymond de), Valetica (Bertrand de), diocèse 132, n 4, — évêques, 8, 33, 52, 161 166, official, 105 n 3, précenteur de la cathédrale Arnaud , vicaires généraux Manry (l abbé), Polastron (François Louis de), Vicques (de).

— Monastère O. S A , 161

LOMENIE DE BRIENNE (Étienne Charles de), prêtre du diocèse de Paris, évêque de Condom, archevêque de Toulouse, 160

LOMPEIGRE (Jean 1ᵉʳ de), chanoine et abbé de la Castelle, 83, 83 n 1

— (Jean II de), abbé de la Castelle, 84

— (Pierre I⁰ˢ de), abbé de la Castelle, 83, 83 n. 1

— (Pierre II de), chanoine et abbé de la Castelle, 84

Londres (Angleterre), 105, 160, 166.

Longues (Calvados, arr. Bayeux, cant Ryes), abbaye Notre Dame, 166, abbé Cugnac (Louis Emmanuel de)

LONGUEIL DE GIVRY (Claude de), cardinal du titre de Sainte Agnès in Circo Agonale, abbé de Saint Sever Cap de Gascogne, 79

Lons (Louis-Joseph de), prêtre du diocèse de Lescar, seigneur de Crouseilles, abbé de Saint Pé, 115

LOPEZ (Jean), cardinal du titre de Sainte Marie du Transtévère, dit de Pérouse, administrateur d'Oloron et abbé de Lezat, 131, 131 n 7

LORDA (Guillaume de), abbé de Combelongue, 70.

LORDAT (Arnaud de), abbé de L'Escale-Dieu), 123

— (Bernard de), abbé du Lucq, 156.

— (Jean Ignace de), prêtre du diocèse de Saint Papoul, vicaire général de Narbonne, abbé de Berdoues, 20

LORRAINE (Camille de), clerc du diocèse de Paris, 3 n 4

— (Charles Louis de), prieur de Layrac, évêque de Condom, 158, 158 n. 6

— (Philippe de), 56 n 5

Louis, dauphin de Vienne, 11 n 4.

Louis XI, roi de France, 30 n. 2, 53 n 5, 79

Louis XIII, roi de France, 68 n 5,

LOUVET (Claude de), clerc du diocèse de Grenoble, 68 n 8

LUBAT, abb· de la Castelle, 81

LUBIÈRES DU BOUCHET (Olivier-Gabriel de), prêtre du diocèse de Clermont, vicaire général de Rodez, évêque de Comminges, 57

Luçon (Vendée, arr Fontenay le Comte, chef l cant), évêché, — vicaire général Andigné (François d')

Lucq (Basses Pyrénées, arr Oloron, cant Monein), 134 n 4, — abbaye Saint Vincent O S B, 134, abbés, 134-138

LURBE (Catherine de), 20 n 3

LUSIGNAC (Bertrand de), abbé de Saint Martin d'Agen, évêque de Lectoure, 49

LUZ (Sanche de), abbé de Saint Savin de Lavedan, 109

Lyon (Rhône), archevêché, archevêque Tournon (François de), — chanoines Beaumont (Christophe de), Pollet de Pouilly (Antoine de), Saluces (Gabriel de), diocèse, 25, 50 n 8

Abbaye d'Ainay O S B. 4, — abbé Tournon (François de)

— Eglise Saint Just, 107 n 3

MACHECO DE PRÉMEAUX (Jean François de), vicaire général de Narbonne, abbé de Sainte Marguerite de Beaune, évêque de Couserans, 69, 69 n 3

MADAILHAN (Georges de), abbé de Saint Ferme, 96

(Pierre de), abbé de Saint Ferme, 96

MADELEINE, princesse de Béarn et comtesse de Foix, 124.

MAGNAVILLA (Jean de). 107 n 1.

Magnoac (Hautes Pyrénées, contrée), archidiaconé du diocèse d'Auch ; — archidiacre Bonvillier (Hugues de)

MAGNY (Antoine Simon de), prêtre du diocèse de Chartres, doyen de Saint Martin de Tours, abbé de Saint Crépin en Chaie, évêque d'Oloron, 134

Maguelonne (Hérault, arr. Montpellier), évêché, 140, — évêques Montesquiou (Pardiac de), Pierre

MAIGNAN (Aymeric de), vicaire général d'Auch, 54 n 1

MAILHOS (Pierre de). abbé du Lucq, 136

MAILLÉ DE LA TOUR LANDRY (Jean Marie de), vicaire général du Mans, abbé du Lucq, évêque de Gap. de Saint Papoul, de Rennes. 138, 138 n 1.

Maillezais (Vendée, arr Fontenay le Comte, chef l cant), évêché, 131 n 3, — évêque Béthune (Henri de)

MALET. prêtre du diocèse de Paris, 97 n. 1

MALIER DU HOUSSAY (Claude), ambassadeur à Venise, évêque de Tarbes, 103.

(Marc), évêque de Tarbes, 103

MANAS (Bernard de), chevalier, 11 n 1,

(Dominique de), abbé de Gimont. 25

MANAUD, abbé de Clairac, de Lézat, de Tasque, 120, 120 n. 2

MANCIP, abbé de Saramon, 14

MANHAUT (Rose de), femme de Manaud de Barbazan, 106 n. 2.

— (Viguier de), chanoine d'Agen, évêque de Lectoure, 47

Manot (Charente. arr. et cant. Confolens), prieuré, 125 n 5, prieur Moutiers du Fresse (Jean des)

MANS (Dominique de), évêque de Bayonne, 147

MARAVAL (Aner de), abbé du Lucq, 136, 136 n. 4

MARCA (Pierre de), président au Parlement de Navarre, évêque de Couserans, archevêque de Toulouse, 68.

MAREVINE (Pierre de), évêque de Bayonne, 147

MARENQUES (Odon de), chanoine de La Case Dieu, 29 n 3

MARESTAING (Pierre Jean de), abbé de L'Escale Dieu, 174

Marestaing (Gers, arr Lombez, cant L'Isle Jourdain), 164 n 1

Marignac (Haute Garonne, arr Saint Gaudens, cant Saint Béat), archiprêtré au diocèse de Comminges, archiprêtre Prat (Guillaume de)

Marmande (Lot et Garonne. chef l. arr), prieuré Notre-Dame, 95 n 1 ; — prieur Jacques

MARMIESSE (Bernard de), chanoine de Toulouse, évêque de Couserans, 68

Marmoutiers (Indre et Loire, arr et cant Tours, com. Sainte Radegonde), abbaye O S B, abbés: Pot (Louis), Sforza (François).

MARQUEFAVE (Arnaud Bernard de), abbé de Nizors, 60, — de Bonnefont, 58

— (Dauphin de), prévôt de Rieux, évêque d'Aire, 73

MARQUI I DE VILLELONG, dernier abbé de Bonnefont, 60

— (Jacques-Mathieu), abbé de Bonnefont, 60.

MARHAS1 (Arnaud de), abbé de Saint Sever de Rustan, 10 n 6, 106, abbé de Simorre, 11, 11 n 1

(Bernard de), abbé de Pessan, 7

(Bertrand de), abbé de Berdoues, 17 n 3

MARRE (Jean), moine de Simorre, évêque de Condom, 12, 12 n 2, 137, 157 n 1

MARSAN (Martin de), abbé de Saint Loubouer et de Pontaut, 85

Marsan, archidiaconé dans l'église d'Aire, 73, — archidiacre Bats (Bernard de).

Marseille (Bouches du Rhône), évêché, — diocèse, 104 n 6, évêque Poudenx (Bernard de)

Abbaye Saint-Victor O. S. B, 10 n 4, 122, — moine Solemy (Nicolas Simon de).

MARTIN V, pape, 10 n 6, 14, 35 n 2, 39, 53 n 3, 74, 89, 101, 101 n 2, 129 n 5, 163 n 1

MARTIN, évêque d'Aire, 73

MARTIN (Jacques), abbé de Fontguilhem, 98

MARTIN (Nicolas), moine de Citeaux, abbé de Flaran, 22, 22 n 2.

MARTINEAU (Samuel), chanoine de Notre Dame de Paris, évêque de Bazas, 91

Martisserre (Haute Garonne, arr Saint-Gaudens, cant l'Isle en Dodon), 164 n 1

MARTORY (Manaud de), O S A, évêque de Tarbes, 67.103, de Couserans, 67, 67 n 1

Martres (Haute Garonne, arr Muret, cant Cazeres), paroisse, 155 n 4

MARUEIL (Jean de), évêque de Bayonne, 149, 149 n 1

MASCON (Robert), abbé de Saint Sever de Rustan, 108

MASSAC (Pierre de), O F P., évêque de Bayonne, 147

Maslacq (Basses Pyrénées, arr Orthez, cant Lagor), archiprêtre, archiprêtre Abbadie d'Arboucave (Bernard d')

MASSAS (Sanche de), préchantre de Moissac, abbé de Combelongue, 71, 71 n 1.

MASSIMO (Paul de), banquier romain, 7 n 2

MAULLON (Arnaud Guillaume de), abbé de Bonnefont, 58

(Arnaud Guillaume de), abbé de Combelongue, 71 n 1

(Jean de), moine de Valcabrère, abbé de Bonnefont, 58, — évêque de Comminges, 54.

— (Jean Antoine de), abbé de Combelongue, 71

(Roger de), abbé de L'Escale Dieu, 123

MAULLON DE DURBAN (Jean François de) abbé de Combelongue, 70, 72 n 1

MAUPEOU (Augustin de), évêque de Castres, archevêque d'Auch, 5

(Charles Guillaume de), évêque de Lombez, 165, — abbé de Lézat, 165 n. 4

MAURY (Jacques de), prêtre du diocèse de Toulouse, chanoine de Saint Martin de Viennois, prieur de Notre Dame de Pinel, évêque de Bayonne, 150, 151 n 1.

MAURY (L'abbé), vicaire général de Lombez, 166 n. 2.

MAXTIR (Arnaud I de), prieur d'Ordiarp, chanoine et évêque d'Oloron, 133, 137, abbé du Lucq, 137; de Saint Pé, 115.

(Arnaud II de), évêque de Beyrouth, abbé de Saint-Pé, 115, évêque d'Oloron, 133 ; abbé du Lucq, de Sauvelade, prieur de Sainte Christine, 133 n. 3, 137

— (Arnaud III ou Arnaud François de), abbé de Saint Pé, 115, — évêque d'Oloron, 133.

Mazeralles (Basses Pyrénées, arr Orthez, c. Arzacq), — la communauté de, 145 n 1

MÉDICIS (Catherine de), 55 n 4, 90.

(Jean de), 40 n. 4.

(Jules de), 67 n 1

(Laurent de), 67 n 1

— (Les), banquiers, 25 n, 4

— (Pierre de), 42 n 4

Médoc (Gironde, contrée), archidiaconé, - archidiacres Avril (Jean), Espagne (Hugues d'), Salignac (Boson de).

MÉGREL ou MEYREL (Joseph de), vicaire général de Laon, abbé de N.-D. de Bonlieu, de Bonnefont, 60

MÉGRINI (Nicolas de), abbé de Blasimont, 93.

MÉLIANDRE (Jean VIII), abbé de Pessan, 8 n 3

(Sanche de), abbé de Pessan, 8

Melle (Deux Sèvres, chef l arr), prieuré

Saint-Hilaire, 152 n. 7 ; — prieur : Beauvau du Rivau (René-François de).

Mende (Lozère), évêché ; — diocèse, 92 ; — évêques : Augu (Nicolas d'), Armagnac (Jean d'), Robert.

MENDOUSSE (Pierre de), abbé de Saramon, 14.

MENENDEZ (Garsie), O. F. M., évêque de Cordoue, administrateur d'Oloron, 129 ; de Bayonne, 148.

MER DE MATHA (François-Gaspard de la), prêtre du diocèse de Clermont, abbé de Saint-Cyran, évêque d'Aire, 77, 77 n. 5.

MERLE (Hugues), prêtre du diocèse d'Autun, 165 n. 3.

Metz (Alsace-Lorraine) : chanoine : Bouzet de Roquépine (Charles du).

Mézin (Lot-et-Garonne, arr. Nérac, chef-l. cant.), prieuré ; — prieur : Monlezun de Besmaux (Jean-Charles de).

MICHEL, abbé de Combelongue, 70.

MICHEL (François de), chanoine de Grenoble, prieur de Saint-Didier-de-la-Tour, abbé de L'Escale-Dieu, 127.

Milan (Italie), 3.

MILON (Louis), supérieur des Nouvelles Catholiques, évêque de Condom, 159, 159 n. 4.

MINVIELLE (Navarre de), archidiacre de Chalosse, 11 n. 3 ; — chanoine de Sainte Marie d'Oloron, 135 n. 4.

MIOSSENS (Jean de), clerc du diocèse de Lescar, abbé du Lucq, 135, 135 n. 5.

MIOSSENS-SANSONS (Jean de), chanoine de Lescar, évêque d'Oloron, 133.

Miradoux (Gers, arr. Lectoure, chef l. cant.), 49.

MIRAMBEAU (Gailhard de), prieur de Montaut, abbé de Simorre, 10.

Mirande (Gers, chef-l. arr.), 17 n. 3.

MIREPOIX (Arnaud de), évêque de Lombez, 163.

Mirepoix (Ariège, arr. Pamiers, chef-l. cant.), évêché ; — diocèse, 69 n. 4. 155 n. 4 ; — chanoine : Lévis (Jean de).

MIROIR (Dominique du), abbé de Flaran, 22 n. 5.

MOLÈRE (Bertrand de), chanoine de La Case-Dieu, 28 n. 5.

— (Bertrand de), moine et abbé de Saint-Ferme, 94.

MOLIAS (Dominique de), sacriste et abbé de Saint-Orens de Larreule, 117, 117 n. 5.

MOLY (Pierre), clerc du diocèse de Rodez, 104 n. 6.

MONASTEY ou D'ALPIMAC (Antoine du), doyen du chapitre de Grenoble, évêque d'Aire, 75.

MONDIN (André), abbé de Berdoues, 19, 20, 20 n. 1.

MONEIN (Garsie-Arnaud de), sacriste de Carpentras, 130 n. 4 ; — abbé de la Castelle, 82, 82 n. 4, 5 ; de Saint-Pierre de Larreule, 130 n. 4, 144.

Monfaucon (Hautes-Pyrénées, arr. Tarbes, cant. Rabastens), archiprêtré ; — archiprêtre : Palatz (Brunet de).

MONFERRAN D'ARMAGNAC DE TERMES (Antoine Michel de), abbé de Tasque, 122, 122 n. 2.

MONGIN (Edmond), abbé de Saint-Martin lès Autun, évêque de Bazas, 92, 92 n. 1.

MONLEZUN (Jean de), abbé de Flaran, 22, 22 n. 5.

Monlezun (Gers, arr. Mirande, cant. Marciac), 32 n. 4, 113 n. 2 ; — marquis de - : Monlezun de Saint-Lary (Henri de).

MONLEZUN DE BESMAUX (Jean-Charles de), prieur de Mézin, abbé de Saramon, 16.

— (Jean-Jacques de), abbé de Saramon, 16.

MONLEZUN DE SAINT-LARY (Henri de), marquis de Monlezun, seigneur de Saint-Lary, Laguian, Betplan, Hagel, 113 n. 2.

— (Henri de), abbé de La Capelle, 113 n. 2.

— (Joseph de), vicaire général d'Auch, abbé de Saint-Savin-de-Lavedan, 113, 113 n. 3.

MONLUC (Blaise de), 26 n. 3, 158 n. 1.

MONSÉGUR (Bernard de), moine de Gimont, abbé du Rivel, 98.

Monségur (Landes, arr. Saint-Sever, cant. Hagetmau) ; — recteur : Toujouse (Anésanche de).

MONT ou de MONTAGNE (Arnaud-Raymond de), évêque de Bayonne, 147.

MONTAGUT (Jean de), abbé de La Case-Dieu, 11.

MONTAIGNE (Raymond de), prieur de Saint-Martin-de-Bric-sous-Chalais, de Saint-Vincent-du-Mas, abbé des Alleux, évêque de Bayonne, 151, 151 n. 3, 4, 5.

MONTAIGU (Bernard de), évêque de Couserans, 64.

— (Raymond de), chanoine et évêque de Couserans, transféré à Clermont, 64.

MONTAIGUT (Dominique de), chanoine et abbé de La Case-Dieu, 29.

MONTALEMBERT (Jean de), évêque de Montauban, prieur de Saint-Gildard, abbé de Gimont, 26, 26 n. 1.

*Montaner*ès (Hautes Pyrénées, contrée), archidiaconé dans l'église de Tarbes, 117 n 5

Montastruc (Hautes Pyrénées, arr. Tarbes, cant Galan). 95 n 3, recteur Salette (Jean de)

Montauban (Tarn et Garonne), évêché, évêques Annole (Jean d'), Estampes (Guillaume d'). Montalembert (Jean de)

Montaut (Auger de), abbé de Simorre, 10

Montaut (Haute Garonne, arr Muret, cant Carbonne), prieuré O Clun, — prieur Mirambeau (Gailhard de)

Montaut de Bénac (Jean de), chanoine de Tarbes, évêque d'Aire, 73, 74

(Roger de), 102 n 3

Montaut de Navailhes (Roger de), chanoine de Tarbes, abbé de Saint Sever de Rustan, 106 n 5. 107, 107 n 1

Montaut de Saint Sivié (Jean Michel de), chanoine de Toulouse, prieur de Saint Maurice de Montbron, abbé de Saint-Savin de Lavedan, 112, 112 n 2, 3, 4

Montbardon (Bernard de), damoiseau, 11 n 1.

Montbron (Charente, arr Angoulême, chef l cant), prieuré Saint Maurice, 112, 112 n 3, 4, — prieurs Montaut de Saint Sivié (Jean Michel de), Tersac de Montberaud de Vernajon (Jean Jacques de)

Montbrun (Guy de), abbé d'Eysses, évêque de Condom, 156, 156 n 4, 5.

Mont Cassin (Italie, prov Caserte), abbaye O S B, abbé Guillaume

Montceau, église paroissiale à Paris, recteur Chartier (Louis)

Mont de Marsan (Landes), 76

Mont Désert (Guillaume de), abbé de Gimont, 24, 24 n 4.

Montdidier (Somme, chef l arr), prieuré conventuel, 5 n 3, prieur Mothe Houdancourt (Henri de la)

Montléger (Pierre de), recteur de Quillan, chanoine d'Oloron, 130 n 5

Montteils (Jean Pierre de), prêtre du diocèse de Cahors. 165 n 3

Monteros (diocèse de Montauban), prieuré. 108 n 2, prieur Roy (Charles de).

Montespieu (Haute Garonne, arr Muret, chef l cant), archidiaconé dans l'église de Toulouse, 40, 40 n 1; — archidiacre Abbadie (Arnaud d')

Montesquiou (Jean Paul de), seigneur de Préchac et de Galiax, 20 n 3

(Montasin de), moine et abbé de Berdoues, 17

(Pictavin de), chanoine et évêque de Bazas, transféré à Maguelonne, 87

Montesquiou (Gers, arr Mirande, chef l cant), prieuré ; — prieur. Bilhères (Bernard de).

Montesquiou d'Artagnan (Louis de), abbé de Sorde, 42

Montesquiou de Préchac (Clément de), chanoine d'Oloron, prieur de Saint-Félicien, abbé de Valbonne, abbé de Berdoues, 20, 20 n 3.

(Jean Paul de), seigneur de Préchac et de Galiax, 20 n 3

Montfaucon (Auger de), évêque de Couserans, 64.

Montferrat (Théodore de), cardinal du titre de Saint Théodore, abbé de Saint-Pé, 114

Montgomery (Jean de), clerc du diocèse d'Avranches, 5 n 4

Montier en Der (Haute Marne, arr. Vassy, chef l cant.), abbaye, 120, abbé Rivière (Pierre de)

Montigny, église paroissiale, 107, — recteur Vaumonstreuil de Saigny (Louis de)

Montillet de Chasteilard (Jean-François de), vicaire général et évêque d'Oloron, 134 ; archevêque d'Auch, 6, — abbé de Pontaut, 86.

Montlaur (Aude, arr Carcassonne, cant Lagrasse), archidiaconé, — archidiacre Bazillac (Godefroy de).

Montmajour (Bouches du Rhône, arr., cant, com Arles sur Rhône), abbaye O S B, abbé Lévis (Philippe II de).

Montmorency Laval (Louis Joseph de), abbé de Sainte Croix de Bordeaux, évêque d'Orléans, évêque de Condom, 159.

Montmorin de Saint Hérem (Gilbert de), évêque de Sidon, d'Aire, 78

— (Joseph Gaspard de), prêtre du diocèse de Clermont, vicaire général de Vienne, évêque d'Aire, 77.

Montpellier (Hérault), 166

Montpezat (Arnaud Guillaume de), abbé du Lucq, 136

(Gaspard de), abbé de L'Escale Dieu, évêque de Rieux, 124, 124 n 4, 6

Montpezat (Gers, arr et cant Lombez), 164 n 1

Montpezat de Carbon (Joseph de), archevêque de Toulouse, 27

Montreuil (Jules Robert Gauthier de), sous diacre du diocèse de Paris, 69 n 3.

Montrevel (Pierre de), archidiacre de Pont Audemer, évêque de Lectoure, 46,

Monts (Pierre de), abbé de La Case-Dieu, 30, 30 n. 3.

Montserrat (Espagne), 6.

Moreaux (Vienne, arr. Civray, cant. Gençay, com. Champagné-Saint-Hilaire), abbaye Notre-Dame O. S. B. : - abbé : Rechigne-Voisin de Guron (Louis de).

Morène (Morère de), chanoine d'Agen, 87 n. 2.

Morimond (Haute-Marne, près de Langres), abbaye O. Cist. ; — abbé : Jean.

Morlaas (Basses-Pyrénées, arr. Pau, chef-l. cant.) : — prieuré Sainte-Foy, 115 ; — prieur : Dejean de Lezons (Jean-Baptiste).

Moulon (Arnaud de), abbé de Capelle, de Beaupuy, de La Case-Dieu, 29, 29 n. 3.

Mortault (Jean), prieur de Quérigut, abbé de Combelongue, 72.

Mote (Gaillard de la), cardinal du titre de Sainte-Lucie-in-Silice, 88 n. 1.

— (Garsie de la), chanoine et évêque d'Oloron, 130, 130 n. 4, 5.

— (Guillaume de la), évêque de Bazas, de Saintes, 87.

— (Raymond-Bernard de la), chanoine et évêque de Bazas, 88, 88 n. 1.

Mothe-Houdancourt (Henri de la), évêque de Rennes, archevêque d'Auch, abbé de Saint-Martial de Limoges, de Souillac, de Froidmont, prieur de Montdidier et de Saint-Léger, 5, 5 n. 3 ; — abbé de L'Escale-Dieu, 126.

Mouchan de Mauvesin (Joseph), prévôt du chapitre de Condom, abbé de Flaran, 24.

Moulas (Mancip de), abbé de Saramon, 14.

Moulin (Bernard du), abbé de Berdoues, 17, 17 n. 3.

— (Bernard du), abbé élu de la Castelle, 82 n. 4.

Moulin de Rochefort (François du), chanoine de Bayeux, évêque de Condom, 157 n. 1, 2.

Mourède (Gers, arr. Condom, cant. Eauze), 29 n. 4.

Mouret (Simon-François), clerc du diocèse de Paris, 77 n. 3.

Moutiers du Fresse (Jean des), clerc du diocèse de Limoges, prieur de Saint-Angel, de Manot, recteur de Saint-Martin de Prailles, 125 n. 5 ; — évêque de Bayonne, 150 ; — abbé de L'Escale-Dieu, 125.

Moysset (Joseph), prêtre au diocèse d'Auch, 166 n. 1.

Mullen (Sanche), O. F. P., évêque d'Oloron, 129.

Mun (Dominique de), 107 n. 1.

Mun-Sarlabous (Charles de), archidiacre de Comminges, abbé de Saint-Pé, 116.

Münster (Allemagne, Westphalie), 69.

Muret (Haute-Garonne, chef-l. arr.), prieuré, 75 n. 2 ; — prieur : Nargassie (Mathieu de).

Murra (M. de), abbé de Nizors, 63.

Nalajo (Guillaume de), évêque de Couserans, 65.

Nancy (Meurthe-et-Moselle), évêché ; — évêque : Tour du Pin Montauban (Louis-Apollinaire de la).

Nantes (Loire-Inférieure), évêché ; — évêque : Cospéan (Philippe) ; — vicaire général : Vieuxville (Pierre-Guillaume de la).

Nantier (Richard), chanoine d'Oloron, abbé de L'Escale-Dieu, 124, 124 n. 3.

Napoléon 1ᵉʳ, 166.

Narbonne (François de), prêtre du diocèse de Condom, 166 n. 1.

Narbonne (Aude, chef-l. arr.), archevêché ; - archevêques : Absac de la Douze (Pierre d'), Tournon (François de) ; — chanoine : Juif (Antoine) ; — diocèse, 161 ; — vicaires généraux : Lordat (Jean-Ignace de), Macheco de Prémeaux (Jean-François de).

Narbonne-Lara (François de), vicaire général d'Agen, abbé de Pessan, évêque de Gap, 9, 9 n. 5.

Narbonne-Pelet (Claude-François de), vicaire général d'Arles, doyen de Beaucaire, abbé de Belleville, 51 n. 1 ; — évêque de Lectoure, 50.

Nargassie (Mathieu de), abbé de Lézat, prieur de Muret et abbé de Pontaut, 75 n. 2, 85, 85 n. 3 ; — évêque d'Aire, 75.

Navailles (Arnaud de), sacriste et abbé du Lucq, 135.

— (Garsie-Arnaud de), curé d'Amou et abbé de Saint-Girons d'Hagetmau, 34 ; — évêque d'Aire, 74.

— (Henri de), abbé de Divielle, 45.

— (Pierre de), moine et abbé du Lucq, 135.

Navarre (Catherine, reine de —), 145.

— (Charles, roi de —), 35 n. 2.

— (Éléonore de), 110 n. 7.

— Parlement de —, 45 n. 1, 68, 93, 119, 143.

Nébouzan (Hautes-Pyrénées, contrée) ; — trésorier de — : Pintre (Arnaud de).

INDEX ALPHABÉTIQUE

Nérac, paroisse du diocèse de Lombez, 155 n 4

Nesle la Reposte (Marne, arr Epernay, cant Esternay), abbaye Saint Pierre, 125, — abbés Anjou (Louis d'), Ruthie (Bernardin)

Nevers (Nièvre), évêché, — diocèse, 5, 108, — vicaire général Osmond de Médary (Charles Antoine Gabriel d')

NICOLAS V, pape, 11 n 4. 78 n 3, 82 n 4. 106 n 3, 110 n 5.

NICOLAY (Joseph), prieur de Saint Sever de Rustan, 109 n 1

NICOLETTI (Charles), clerc du diocèse de Sinigaglia, 165 n. 1

Nîmes (Gard), évêché, diocèse, 154, 164 n 4, évêque Seguier (Jean Jacques)

Niort (Deux Sèvres), chanoine Chabot (François).

Nisors (Haute Garonne, arr Saint Gaudens, cant Boulogne), abbaye Notre Dame O Cist. 60, abbés, 60 63

NOAILLES (François de), archiprêtre de Saint Martin de Gianac, évêque de Dax, 37 ; abbé de Divielle, 44

(Gilles de), évêque nommé de Dax, 37.

Noé (Marc Antoine de), vicaire général d'Albi, abbé de Simorre, 14, 14 n 2, évêque de Lescar, 14 n 3, 143, de Troyes 6, 143 n 4

NOGARET DE LA VALETTE (Louis de). clerc du diocèse d Angoulême, abbé de Berdoues, 19, 19 n 3, 27 n 2, de Gimont et de Grandselve, 27, 27 n 2, 3

Nogaro (Gers, arr Condom, chef 1. cant), église collégiale ; chanoine Toujouse (Anésanche de).

NOGUÈS (Jean Antoine de), chanoine de Verdun, abbé de Saint Pierre de Laréole, 146

NOGUÈS DE GRUDENEST (Antoine Vincent de), prêtre du diocèse de Lescar, vicaire général de Verdun, abbé de Saint Sever de Rustan, 109

Noumoutiers (Vendée, arr Les Sables d'Olonne, chef 1 cant), monastère O Cist, 3 n 6, — abbé Trémoille (Jean de la)

Nozret (Aimé du), abbé de Nizors, 62

Notre Dame de Fontaine Géard (diocèse du Mans), prieuré O S B, 153 n 1, prieur Vieuxville (Pierre Guillaume de la)

Notre Dame de Garaison (Hautes Pyrénées, arr Bagnères de Bigorre, cant Castelnau Magnoac, com. Monléon Magnoac), chapelle, 31 n 4

Notre Dame de Pinel (diocèse de Toulouse), prieuré de l'ordre de Grandmont, 151 n 1, prieur Maury (Jacques de)

Notre Dame des Rosiers, prieuré O Cist, 107, prieur Vaumonstreuil de Saigny (Louis de)

Noyon (Oise, arr Compiègne, chef l cant), évêché, — chanoine Colonna (Jacques)

ODON, abbé de Cluny, 11 n 4.

ODON, sacriste d'Aire, évêque de Lescar, 140.

OLCE (Jean d'), abbé de La Bussière, évêque de Bayonne, 152, 152 n 1 : abbé du Lucq, 137.

OLIVIER (Antoine), évêque de Digne, de Lombez, 164

OLLÉ (Jean), chanoine de Saint Gaudens, abbé de Nizors, 63

Oloron (Basses Pyrénées, chef 1 arr.), évêché ; chanoines Araux (Géraud d'), Casenave (Sanche de), Fondera (Guillaume de), Labetz (Jean de), Monielle (Navarre de), Montégut (Pierre de), Mote (Garsie de la), — chapitre, 128 n 2, 3 ; diocèse, 67, évêques, 43, 53, 82 n 4, 128 135 ; — official, 82 n 4 ; — vicaire général Candeau (Jean Jacques de)

ORAICH (Pierre d'), O F M., évêque de Bayonne, 148

ORGUEIL (Gordon d'), abbé de Simorre, 10

ORICELLARI (Louis), clerc du diocèse de Rome, 91 n. 3

ORLÉANS (La duchesse douairière d'), 104.

Orléans (Loiret), évêque Montmorency Laval (Louis Joseph de).

ORNÉZAN (Bernard d'), chanoine de Lombez, abbé de Nizors, 61, 61 n 3 ; évêque de Lombez, 164, abbé commendataire de Feuillant, 164 n 2

(Pierre d'), damoiseau, 11 n 1

(Savaric d'), prévôt et évêque de Lombez, 164, 164 n 1

ORSINI (Jourdain), cardinal évêque d'Albano, 10 n 6

ORTE (Arnaud Guilhem de), sacriste et abbé de Saint Orens de Laréole, 118

Orthez (Basses Pyrénées, chef l arr), 134 n 4

ORTHOLAN (Guillaume d'), prévôt d'Apt, évêque de Bazas, 88

ORVÉ (Laurent François Thomas d'), abbé du Rivet, 98

OSMOND (Antoine Eustache d'), vicaire général de Toulouse, évêque de Comminges, 57, 57 n 3.

Osmond de Medavi (Charles Antoine Gabriel d'), prêtre du diocèse de Séez, vicaire général de Troyes, Nevers, Belley, Auxerre, évêque de Comminges, 57

Ossès (Basses Pyrénées), arr Mauléon, cant Saint Étienne de Baïgorry), 152

Osses (Guillaume d'), abbé de Tasque, 120

— (Hector d'), prêtre du diocèse de Tarbes, recteur de Saint Fructueux d'Azereix, évêque de Couserans, 67, 67 n 3.

Ostie (Italie, prov Rome), titre cardinalice, — cardinal évêque Bellay (Jean du), Estouteville (Guillaume d')

Ozon (Jean d'), abbé de L'Escale Dieu, 124 n. 6.

Pachinis (Jean de), abbé de Saramon, 15

Padies (Antoine de), abbé de Saint Sauveur de Blaye, 50 n 4

Page (Jean de), abbé de Saramon, 15

Palatz (Antoine de), 111 n 1

— (Arnaud Raymond de), chanoine de Tarbes, archidiacre de Lavedan, évêque de Tarbes, 102

— (Brunet de), archiprêtre de Monfaucon, 104 n 2

Palaya (Bertrand de), préchantre d'Agde, abbé de Saint Sever-de-Rustan, 105.

Palerne (Zacharie de), chanoine de Saint Jean de Lyon, abbé de La Case Dieu, 32

Pallavicini (Antoniottus), cardinal de Sainte Praxède et de Sainte Anastasie, administrateur de Lectoure, 48, 48 n 2, — abbé de la Castelle, 83

Pamiers (Ariège, chef l arr), évêché, — diocèse, 111, 112, — évêque Forton (Jean de)

Parabère, voy Baudéan (Henri de), seigneur de Parabère

Parayre (Nicolas), chanoine de Rodez, abbé de Flaran, 53

Pardeilhan (Auger de), abbé de Tasque, 121, 121 n 3

— (Bertrand de), abbé de Divielle, 44

— (Catherine de), 118 n 4

— (Jean de), chanoine d'Auch, archidiacre d'Anglès, évêque d'Oloron, abbé de Lézat, 131, 131 n 5, 8

Paris (Pierre), doyen de Gap, évêque de Lombez, 102, 102 n 3

Paris, 51, archevêque Poncher (Etienne), — chanoines de Notre Dame Cugnac (Louis Emmanuel de). Martineau (Samuel), Pompadour (Antoine de), Poncher (Etienne), Salignac de La Mothe Fénelon (Ferdinand-François Léon de), Séguier (Jean Jacques), diocèse, 20, 50 n 8, 69 69 n 3, 77 n 3, 91, 108, 149 n 2, 152, 150, 159 n 2, 160, 164 n 2, 165, 165 n 3, évêque Poncher (François).

Abbaye Saint Denis O. S B, — abbés Bilhères de Lagraulas (Jean de), Estouteville (Guillaume d')

Abbaye Saint Victor O S A, chanoine Buisson (N du)

— Parlement, 9, 15, 62, 150 n 4

Sainte Chapelle, trésoriers Flouriau d'Armenonville (Louis Gaston), Souvré (Gilles de)

Sorbonne (Licenciés, docteurs et membres de la Maison de —), 13, 28, 68, 69, 77, 86, 92, 104, 112, 119, 134, 137, 152, 153, 159, 160, 164 n. 6.

Parresi (André de), abbé de Cagnotte, 44

Pau (Basses Pyrénées), 119 n 3

Collège des Jésuites, 143 n 2

Parlement, 115 n 6

— Université, 116, 119 n 5

Paul II, pape, 53 n 6, 91 n 6, 121 n 1

Paul V, pape, 137 n 1

Paulucci, cardinal, secrétaire d'Etat, 6 n 1,

Pavee de Villevieille (Etienne Joseph de), prêtre du diocèse de Nîmes, vicaire général d'Alby, évêque de Bayonne, 194

Pavie (Italie), évêché, 35, évêque Pizolpassis (François de).

Payrignac ou Pérignac (Lot et Garonne, arr Agen, cant Prayssac, com Montpezat), abbaye O Cist, 90 n 6, — abbé Balaguier (Jean de)

Pazzi (André Jean de), abbé de Pontaut; 85

(Cosme de), chanoine de Saint Pierre de Rome, évêque d'Oloron, d'Arezzo, 131, 131 n 6

(Les), banquiers, 82 n. 7, 121 n 2.

— (Pierre de), 141 n 6

Pébrac (Haute-Loire, arr Brioude, cant Langeac), abbaye O. S A, — abbé Rostaing (Jacques de)

Pecorarii (Nicolas), de Tivoli, chanoine de Cambrai, 161 n 3

Picquers (Antoine), chevalier du Mont Carmel et de Saint Lazare, 6 n 2

Pelisse (La), abbaye Notre Dame, O S B, diocèse du Mans, 104 ; abbé La Romagère de Rousseey (Pierre de)

Pellegrini (Roch), abbé de Saint Orens de Larreule, 118

Peña (Espagne, prov. Huesca), abbaye Saint Jean O S B, 140, abbé Pierre

Percin (Louis Antoine de), 69 n 4

Périgueux (Dordogne), crèche, diocèse, 104, 149 n 2, évêques Roux (Guillaume le), Bretenoux (Raymond de), — vicaire général Barrière de Taillefer (Henri François de)

Perrone (D.), 91 n 3.

Peruzzi (Boniface de), évêque de Lescar, 141

Pessan (Gers, arr. Auch, cant. Auch-sud), abbaye Saint Michel O S B, abbés, 6 9, 11 n 2

Petit de Brossin (François), 72 n 3

Petrenchis (Bernard de), moine et abbé de Bonnefont, 58

Peyrac (Arnaud de), préchantre de Lectoure, collecteur aux diocèses d'Auch, de Bordeaux, de Condom, évêque de Lectoure, 47, 47 n 2

Peychorade (Landes, arr. Dax, chef l. cant.), 15)

Peyrissas (Haute Garonne, arr. Saint Gaudens, cant. Aurignac), prieuré, — prieur Bégolle (Raymond-Arnaud de)

Peyron (Bernard du), évêque de Tréguier, de Tarbes, 101

Peyrot (W de), 116 n 4

Peyrolas (Pierre de), prieur de Saint Arnaud, 3 n 1

Philibus (François), 136 n 1

Piccolomini (François Todeschini), cardinal du titre de Saint Eustache, appelé cardinal de Sienne, 107 n 1

Pie II, pape, 66 n 5, 156 n 4

Pie VII, pape, 166

Pierre, abbé de Gimont et de Berdoues, voy Gaujan (Pierre de)

Pierre, abbé de Grandselve, 17 n 3

Pierre, abbé de Saint Jean de Peña, évêque de Lescar, de Magnelonne, 140

Pierre, abbé de Saint Pierre de Larreule, 144,

Pierre, abbé de Saint Sever de Rustan, de Saint Hilaire, 105, 105 n 3

Pierre, abbé du Lucq, 135

Pierre, archidiacre et évêque de Bazas, 88

Pierre, camérier de Simorre, abbé de Tasque, 120

Pierre, doyen de Châlons sur Marne. évêque de Lombez, 162, 162 n 3

Pierre, patriarche de Grado, administrateur d'Oloron, 129

Pierre, préchantre d'Albi, évêque de Couserans, de Castres, de Bourges, 65.

Pierre, prieur de Flaran, 21 n 4

Pierre, prieur et abbé de Saint Ferme, 95.

Pitoys (François de), clerc du diocèse de Reims, 68, 68 n 8,

Pimbo (Landes, arr. Saint Sever, cant. Geaune), abbaye O S B, 65 abbés Abbadie (Arnaud d'), Castelbon (Roger de).

Pin (Guillaume du), évêque de Bayonne, 147, 147 n 3

— (Pierre du), abbé de Combelongue, 70

Pin (Le). Haute Garonne, arr. Muret, cant Rieumes), 164 n 1

Pintan (Arnaud de), trésorier de Nébouzan, 126 n 1

Pisseleu (Charles de), abbé de Saint-Aubin d'Angers et de Saint Pierre de Bourgueil, évêque de Mende, administrateur de Condom, 157, 157 n. 4.

Pizolpassis (François de), évêque de Dax, de Pavie, 35.

Plaisance (Gers, arr. Mirande), chef l. cant.), 29 n. 4.

Planche (Bernard de la), sacriste de Sainte Croix, vicaire général de Bordeaux, prieur de Soulac, évêque de Dax, 36

Plas (Annet de), évêque de Bazas, 90

— (Jean de), évêque de Périgueux, de Bazas, prieur de Layrac, 90, 90 n 3.

— (Léger de), prieur de Layrac, évêque de Lectoure, 49, 49 n 2

Ploermel (Morbihan, chef l. arr.), prieuré, 152 n 7, — prieur. Beauvau du Rivau (René François de)

Poitiers (Vienne), diocèse, 49, 151 n 5, vicaire général Révol (Joseph de)

— Eglise collégiale Sainte Radegonde, prieur Xaintrailles (Géraud de)

Polastron (François Louis de), vicaire général de Lombez, évêque de Lectoure, abbé de Saint Sauveur de Blaye, 50, 50 n 4

— (Pierre Raymond de), abbé de Pessan, 7.

Polignac (Melchior, cardinal de), ambassadeur du roi à Rome, archevêque d'Auch, 6

Poncher (Etienne), chanoine de Paris, de Saint Martin de Tours, prévôt de Courvay, doyen de Saint Germain d'Auxerre, prieur de Saint Julien de Sésanne, de Sainte Marie de l'Enfantement, abbé de Notre Dame de la Roe, évêque de Bayonne, archevêque de Paris, 150, 150 n 4.

INDEX ALPHABÉTIQUE

— (François), évêque de Paris, 156

PONT (Dominique du), abbé de Saint-Sever de Rustan, évêque titulaire de Sidon, 106, 106 n 4

PONTAC (Alexandre de), abbé de Combelongue, 72, 72 n 3

POLLET DE POLILLY (Antoine de), chanoine et sacriste de Lyon, abbé de Tasque, 122.

POMMIÈS (Etienne de), abbé de Sorde, 41

POMPADOUR (Antoine de), chanoine de Paris, évêque de Condom, 156, 157.

PONS (Jean François de), abbé de la Castelle, 84.

PONTAC (Arnaud de), prêtre du diocèse de Bordeaux, 91, 91 n 2

— (Pierre de), abbé de Saint Sever Cap de Gascogne, 80

Pont Audemer (Eure, chef l. arr), archidiaconé , — archidiacre Montrevel (Pierre de)

Pontaut (Landes, arr Saint-Sever, cant Hagetmau com Mant), abbaye Notre Dame O Cist , 8 n. 2, 50 n. 2, 75 n 2, 84 , — abbés, 84 86

Pontlevoy (Loir et Cher, arr Blois, cant Montrichard), abbaye, 125 n 3 , — abbés Anjou (Louis d'), Ruthie (Bernardin)

Port Dieu (Corrèze, arr. Ussel, cant Bort), prieuré, 76 , prieur Foix Candale (Christophe de).

PORTE (Bernard de la), clerc du diocèse de Tarbes, abbé de Saint Pé, 115.

PORTIERE (Antoine), abbé de la Castelle, 83

PORTET (Jean), abbé de Tasque, 121

POT (Louis), abbé de Saint Laumer de Blois et de Marmoutiers, évêque de Lectoure, 48, 48 n 6.

POUDENX (Bernard de), prêtre du diocèse de Lescar, chanoine de Tarbes, abbé de Bonnefont, évêque de Marseille, 59

— (François de), abbé de Pontaut, évêque de Tarbes, 86, 104, 104 n 3

POYANNE (Bernard de), abbé de Cagnotte. 43 n. 3.

— (Louis de), official d'Aire, abbé de Pontaut, 85

POYEL (Guillaume de), prêtre du diocèse d'Angers, 19, 19 n. 2

PRADES (Louis de), Camérier de Benoît XIII, 35 n 2

Prailles (Deux Sèvres, arr Melle, cant Celles), paroisse Saint Martin, 125 n 3, — recteur Moutiers du Fresse (Jean des)

PRAT (Guillaume de), abbé de La Case Dieu, 30.

PRAT (Guillaume du), archiprêtre de Marignac, 135 n 5

Préchac (Gers, arr Mirande, cant Plaisance) , seigneur Montesquiou (Jean Paul de)

PRIGNAN (Hugues de), abbé de Pessan, 6

PRIVOT (Yves), clerc du diocèse de Paris, 159 n 2

PROS (Arnaud), abbé élu de Saint Sever Cap de Gascogne, 79 n 1.

Provence , Parlement de —, 9

PRUGUE (Jean Marie de), évêque nommé de Dax, 38 n 2

PUILGUES (Pierre de), abbé de Blasimont, 93

PUJET (François Thomas de), prêtre du diocèse de Toulouse, abbé de Simorre, 13

— (Henri de), prêtre du diocèse de Toulouse, abbé de Simorre, vicaire général d'Auch, de Viviers, évêque de Digne, 13, 13 n 3.

— (Xavier Joseph de), abbé de Simorre, 13, 13 n 4

PUJOL (Jehan), notaire, 126 n 1

— (Raymond-Bernard de), chanoine de Saint Volusien de Foix, 65 n 1

PUY (Géraud du), O F M , évêque de Lectoure, 47

— (Géraud du), sacriste de Bordeaux, évêque de Bazas, 88

(Jean du), clerc du diocèse de Lescar, abbé de Saint Engrâce de Port, 131 n 4

Puy (Le) (Haute Loire), évêché doyen Ferrières (Pierre de), — prévôt Rostaing (Jacques de)

Puymirol (Lot et Garonne, arr Agen, chef l cant,), prieuré, 135 ; prieur Arnaud Guillaume

Quarante (Hérault, arr Béziers, cant Capestang), abbaye O Cist , — abbé Gain Montagnac (François de)

Québec (Canada), évêché , — évêques Croix de Chevrières de Saint Valier (Jean Baptiste de), Laval (François de)

QUI DE MONTAULT (Joseph de), abbé de Vizors, 62

Quérigut (Ariège, arr Foix, chef l cant), prieuré Saint Félix , prieur Mortault (Jean)

QUESMES (Louis des), 126 n 1

Quillan (Aude, arr. Limoux, chef l cant), église paroissiale , — recteur Montégut (Pierre de)

Quimper (Finistère), évêché , —évêché Bouchet (Etienne du)

INDEX ALPHABÉTIQUE   201

Rabastens (Hautes - Pyrénées, arr Tarbes, chef l cant), curé Armagnac (Bertrand d)

Rabat (Ariège, arr Foix, cant Tarascon sur Ariège), comte , comte de —, voy. Corbaran

Raguse (Dalmatie), archevêché , — archevêque Trivulce (Philippe)

RAIGECOURT (Playcard de), prêtre du diocèse de Toul, chanoine de Liège, évêque d'Aire, 78.

RAIMBAUD (Hugues). évêque de Condom, 155, 155 n 3.

RAYMOND, abbé de L'Escale-Dieu, 124, 124 n 1, 2

RAYMOND, abbé de Nizors, 61.

RAYMOND, abbé de Tasque, 120

RAYMOND, sacriste de Narbonne, évêque de Lectoure, 46

RAYMOND (Arnaud de), abbé de Saint-Sever de Rustan, 105 n 2

— (Bernard de), abbé de Lézat, évêque de Couserans, 105 n 2

— (Bernard de), évêque de Carcassonne, 105 n 2

— (Jean de), évêque de Saint Papoul, 105 n 2

RAYMOND AYMERIC, abbé de Saint Pé-de Générez, 110 n. 6

RAYMOND BERNARD, sacriste de Saint Volusien de Foix, évêque de Tarbes, 101, 101 n. 4

RAYMOND OGIER, évêque de Lescar, 139

RECHIGNE VOISIN DE GURON (Louis de), évêque de Tulle et de Comminges, 56 , — abbé de Notre Dame de Moreaux, 56 n 5

RÉGIN (Claude), prieur de Saint Hilaire d'Apcher, évêque d'Oloron, 132

REGRATIER (François le), abbé de la Castelle, 84

Reims (Marne), chef l arr), archevêché , vicaire général Gain Montagnac (François de)

Rennes (Ille et Vilaine), évêché. 5 n 3, évêques Maillé de La Tour Landry (Jean-Marie de), La Mothe Houdancourt (Henri de) Vieuxville (Charles François de la)

Ressons (Oise, arr Compiègne, chef l cant), abbaye O Præm, 166 ; — abbé Salignac de La Mothe Fénelon (Ferdinand François Léon de)

REVILLAC LIOT (Charles Hippolyte - Alexandre de), vicaire général de Soissons, abbé de Berdoues, 21.

RIVOL (François de), prêtre du diocèse de Vienne, vicaire général et évêque d'Oloron, 134 , — abbé de Pontaut, 86

— (Joseph de), prêtre du diocèse de Belley, vicaire général de Belley et de Poitiers, évêque d'Oloron, 134 , abbé de Pontaut, 86

REY (Jean Baptiste de), chanoine de Castres, abbé de Saint Pé, 116.

RIARIO (Raphael), cardinal du titre de Saint-Georges au Vélabre, abbé de La Case Dieu, 30 n 3

RICHAN (Bernard de), O F. M , évêque d'Oloron, 138

RICHARD, abbé de Berdoues, 17 n 3.

RICHARD (Pierre), 56 n 5

RICHARD (Guillaume de), prêtre du diocèse de Toulouse, prieur de Sansac et de Monteroy, abbé de Saint Sever de Rustan, prieur de Creissels, 108, 108 n 2, 3

RICHIER DE CERISY (Jacques), archidiacre et vicaire général de Rouen, évêque de Lombez, 160

Rieux (Haute Garonne, arr. Muret, chef-l cant), évêché , diocèse 25, 35, 35 n 1, 155 n 4, évêques, 101 n 2 Absac de la Douze (Pierre d'), Anglade (Pierre d'), Bousquet (Gaucelin de), Durand, Lastic (Pierre Jean Joseph de), Roufflignac (Hugues de) ; — prévôt Marquetave (Dauphin de)

Riez (Basses Alpes, arr Digne, chef l. cant), évêché , diocèse, 104 n. 6 ; — évêque Bouillers (Louis de)

RIGAUD (Pierre de), prieur et abbé de La Case Dieu 29, 29 n 3

RIVIÈRE (Bertrand de), seigneur de Labatut, 31 n 1

— (Odet de), clerc du diocèse de Tarbes, abbé de Tasque, 121, 121 n 1

— (Pierre de), abbé de Tasque, de Montier en Der, 120

Rivière (Haute Garonne, contrée), archidiaconé dans l'église de Comminges , — archidiacre Andoins (Raymond I d), Espagne (Arnaud Raymond d')

Rivière-Basse (Hautes Pyrénées, con trée), archidiaconé dans l'église de Tarbes, — archidiacre Beaupoil Saint Aulaire (Marc Antoine de)

RIVIÈRE DE LABATUT (Blanche de), 121 n 4

ROBERT, évêque d'Alet, de Couserans, de Mende, 63

ROBIOULLL (Pierre), 109 n 6

ROCAN (Jean de la), abbé de Pessan, 8.

— (Philippe de la), abbé de Pessan, 8

— (Pierre de la), abbé de Pessan 8

ROCHE AYMON (Charles de la), abbé de Sorde, 42 ; évêque de Sarepta. de Tarbes, archevêque de Toulouse, 104.

ROCHECHOUART (Charles de), seigneur d'Esclassan, abbé de La Case-Dieu, 31.
— (Jean de), archidiacre de Hainaut, évêque de Couserans, de Saint-Pons-de Tomières, 65.
— (Joseph-François de), abbé de La Case-Dieu, 31.
— (Louis de), évêque de Saintes, 163 n. 5.
ROCHECHOUART-FAUDOAS (Jean-François de), abbé de Bonnefont, 60.
ROCHECHOUART-MORTIGNY (de), évêque de Bayeux, 51.
ROCHEFORT D'AILLI (Hector de), chanoine de Brioude, évêque de Bayonne, 149, 149 n. 6, 150 n. 1.
ROCHEFOUCAULT (Jean de la), abbé de Saint-Sever-Cap-de-Gascogne, 80, 80 n. 2.
ROGUE-SAINT-ANDRÉ (De la), abbé de Divielle, 45.
RODAS (Louis de), abbé de Fontguilhem, de Cadouin, 99, 99 n. 3.
Rodez (Aveyron), évêché ; — chanoine : Parayre (Nicolas) ; — diocèse, 104 n. 6 ; — vicaire général : Lubières du Bouchet (Olivier-Gabriel de).
ROFFIAC (Bertrand de), prieur de Sainte-Dode, abbé de Simorre, 10.
— (Raymond de), moine de Simorre, prieur de Sainte-Dode, abbé de Pessan, 7.
ROGER (Cosme), général des Feuillants, évêque de Lombez, 165.
— (Jean), évêque de Carpentras, archevêque d'Auch, 1.
ROGER (Arnaud de), abbé du monastère de Lombez, évêque de Lombez, de Clermont, 161.
ROISSY (de), abbé nommé de la Castelle, 83 n. 1.
ROI (Vital), prêtre du diocèse de Viviers, abbé de Blasimont, 94, 94 n. 3.
Rome, 55 n. 4, 101 n. 4, 102, 131, 132 n. 4 ; — diocèse, 62, 91 n. 3.
— Académie de la Sapience, 134.
— Basilique Saint-Jean-de-Latran ; — chanoine : Colonna (Jacques).
— Basilique-Saint-Pierre ; — chanoine : Pazzi (Cosme de).
— Château Saint-Ange, 55.
— Titres cardinalices : Saint-Chrysogone, 58 ; — Sainte-Agnès-in-Circo-Agonale, 79 ; — Sainte-Anastasie, 48 ; — Sainte-Marie du Transtévère, 131 ; — Sainte-Sabine, 157 ; — Sainte-Suzanne, 40 ; — Saint-Etienne-au-Mont-Celius, voy. Foix (Pierre de) l'Ancien ; — Saint-Eustache, 107 n. 1 ; — Saint-Georges au Vélabre, 30 n. 3 ; — Saint-Martin des Monts, 66 n. 2 ; — Saint-Nicolas-in-Carcere-Tulliano, 23, 90, 141 ; — Saint-Théo-

dore, 114 ; — Saints-Côme-et-Damien, 22, 106 n. 5, 132 n. 2, 149 ; — Saints-Pierre et Marcellin, 4, 102 ; — Saints-Vite-et-Modeste, 54 ; — San Angelo in Pescheria, 161 n. 2.
ROQUE DE PRIELLÉ (Gaspard de la), abbé de Saint-Pierre de Larreule, 146 ; — évêque de Bayonne, 152, 152 n. 3.
ROQUEFORT (Antoine-François de), clerc du diocèse de Pamiers, abbé de Saint-Savin-de-Lavedan, 111, 111 n. 4, 5.
ROQUELAURE (Bertrand de), abbé de Bouillas, évêque élu de Lectoure, 48 n. 5.
ROQUETTE (Henri-Louis-Auguste de), abbé de Gimont, 28, 28 n. 1.
ROSENGE (Bernard-Yvost de), prévôt de Saint-Etienne de Toulouse, évêque de Bazas, de Montauban, 74 n. 1, 89, 89 n. 2, 3, 121 n. 3.
ROSETTI (Alphonse), évêque de Ferrare, 4 n. 3.
ROSTAING (Jacques de), prévôt du Puy, abbé de Pébrac, de Bonnefont, 58.
Rouen (Seine-Inférieure), archevêché ; — archevêque : Estouteville (Guillaume d') ; — archidiacre et vicaire général : Richier de Cerisy (Jacques) ; — chanoine : Sacé de la Chesnaye (Louis de) ; — diocèse, 150 n. 4.
Rouergue ; sénéchal du — : Saint-Prix (Louis de).
ROUFFIGNAC (Hugues de), évêque de Limoges, évêque de Rieux, 35 n. 2.
ROUSSEL (Gérard), abbé de Clairac, évêque d'Oloron, 132.
ROVÈRE (Jérôme de la), archevêque de Turin, abbé de Saint-Sever-Cap-de-Gascogne, 80.
ROY (Charles de), clerc du diocèse de Nevers, abbé de Saint-Sever-de-Rustan, 108, 108 n. 1.
RUADE (Bruno), évêque de Couserans, 68.
RUEIL-DESMARETZ (Claude de), prêtre du diocèse de Paris, évêque de Bayonne, d'Angers, 151, 151 n. 3.
RUFI (Guillaume), chanoine de Liège, 161 n. 3.
RUF (Guy du), abbé de Cagnotte, 43 n. 3.
Rustan (Hautes-Pyrénées, contrée), archidiaconé dans l'église de Tarbes ; — archidiacre : 124 n. 2, Arbouse (Arnaud d'), Gachefret (Pierre de).
RUTHIE (Bernardin), clerc du diocèse d'Oloron, abbé de Nesle-la-Reposte, de L'Escale-Dieu, de Pontlevoy, 125, 125 n. 3.

SABATHIER (Bertrand de), abbé du Rivet, 97.
— (Jean de), clerc du diocèse de Toulouse, abbé de Saint-Sever-de-Rustan, 108.
— (Michel de), abbé de Saint-Sever-de-Rustan, 108.
Sabonères (Haute-Garonne, arr. Muret, cant. Rieumes), 164 n. 1.
SACÉ DE LA CHESNAYE (Louis de), chanoine de Rouen, abbé d'Anglès, de Gimont, 27, 27 n. 3.
SAHUGUET D'ESPAGNAC (Marc-René-Marie de), abbé de Saint-Sever-de-Rustan, 109.
SAINT-AMAND (Gui de), archiprêtre de Brive, abbé de Saint-Ferme, 95, 95 n. 6.
Saint-Amand, prieuré séculier au diocèse de Rodez ; — prieur : Peyrolas (Pierre de).
SAINT-ANDRÉ MARNAYS DE VERCEL, vicaire général d'Angers, évêque de Couserans, 69.
Saint-Angel (Corrèze, arr. et cant. Ussel), prieuré O. S. B., 125 n. 5 ; — prieur : Moutiers du Fresse (Jean des).
Saint-Antoine-de-Viennois (Isère, arr. et cant. Saint-Marcellin), abbaye O. S. A. ; — chanoine : Maury (Jacques de).
Saint-Antonin (Tarn-et-Garonne, arr. Montauban, chef-l. cant.), archidiaconé au diocèse de Rodez ; — archidiacre : Durfort (Guillaume de).
SAINT-ASTIER (Bernard de), prieur de Sarrancolin, abbé de Simorre, 10.
Saint-Aubin (Gironde, arr. Libourne, cant. Branne), prieuré ; — prieur : Jaubert de Barra (Jean).
Saint-Bénigne-du-Fruitier (Italie, diocèse d'Ivrée), abbaye ; — abbé : Garde (Bernard de la).
Saint-Benoît-sur-Loire (Loiret, arr. Gien, cant. Ouzouer-sur-Loire), abbaye O. S. B., 3 n. 6 ; — abbé : Trémoille (Jean de la).
Saint-Blaise (diocèse du Mans), prieuré, 152 n. 8 ; — prieur : Druilhet (André).
Saint-Brieuc (Côtes-du-Nord), évêché ; — évêque : Ferron de la Ferronays (Jules-Basile).
Saint-Calais (Sarthe, chef-l. arr.), abbaye O. S. B. ; — abbé : Souvré (Gilles de).
Sainte-Christine (Espagne, prov. Huesca), prieuré O. S. B., 128, 137 n. 1 ; — prieur : Bernard, évêque d'Oloron, 128.
SAINT-CLAIR (Raymond de), abbé du Rivet, 97.
Saint-Cyprien (Dordogne, arr. Sarlat, chef-l. cant.), prieuré ; — prieur : Guillaume.

Saint-Cyran (Indre, arr. Châteauroux, cant. Châtillon - sur - Indre), abbaye O. S. B. ; — abbé : Mer de Matha (François-Gaspard de la).
Saint-Didier-de-la-Tour (Isère, arr. et cant. La Tour-du-Pin), prieuré, 127 ; — prieur : Michel (François de).
Saint-Crépin-en-Chaie (Aisne, près Soissons), abbaye O. S. A. ; — abbé : Magny (Antoine-Simon de).
Sainte-Dode (Gers, arr. Mirande, cant. Miélan), prieuré ; — prieurs : Assin (Fortanier d'), Rofflac (Bertrand de, Raymond de).
Sainte-Engrâce de Port (Basses-Pyrénées, arr. Mauléon, cant. Tardets), abbaye O. Prém. ; — abbés : Casenave (Sanche de), Puy (Jean du), Vie (François de).
Sainte-Madeleine du-Castéret, prieuré ; — prieur : Beaupoil de Saint-Aulaire (Marc-Antoine de).
Sainte-Marie de l'Enfantement (diocèse de Rouen), prieuré de l'ordre de Grandmont, 150 n. 4 ; — prieur : Poncher (Etienne).
Saintes (Charente-Inférieure, chef-l. arr.), diocèse, 33, 41, 151 n. 5 ; — évêques : Mote (Guillaume de la), Rochechouart (Louis de).
SAINT-ESTÈVE (Gabriel de), évêque de Couserans, 68 ; abbé de Combelongue, 72.
— (Jean de), clerc du diocèse de Bayonne, 68 n. 10, 72 n. 2.
Sainte-Trinité de Beauchamp (diocèse de Toul), abbaye, 76 n. 6 ; — abbé : Anglure de Bourlemont (Charles-François de).
Saint-Félicien (Roussillon), prieuré ; — prieur : Montesquiou de Préchac (Clément de).
Saint-Ferme (Gironde, arr. La Réole, cant. Pellegrue), abbaye O. S. B., 94 ; — abbés : 94-97.
Saint-Florent-sur-Loire (Maine-et-Loire, près Saumur), abbaye O. S. B. ; — abbé : Souvré (Gilles de).
Saint-Flour (Cantal, chef-l. arr.), diocèse, 57.
Saint-Gaudens (Haute-Garonne, chef-l. arr.), église collégiale ; — chanoines : Hôpital (Gaillard de l'), Ollé (Jean).
SAINT-GELAIS (Louis de), dit de Lézignan, baron de la Mothe Saint-Eraye, seigneur de Lansac et de Pressi, 55 n. 4.
— (Mellin de), clerc du diocèse d'Angoulême, abbé de La Frenade, prieur de Saint-Germain-en-Laye, abbé de L'Escale-Dieu, 125.
— (Octovien de), évêque d'Angoulême, 125 n. 4.
— (Urbain de), clerc du diocèse de

Bordeaux, abbé de Saint-Vincent de Bourg-sur-Gironde, évêque de Comminges, 55, 55 n. 3, 4, 5.

Saint-Genès (diocèse de Cahors), église paroissiale ; — recteur : Aspremont (Bernard d').

SAINT-GÉRI DE MAGNAS (Alain de), chanoine de Lectoure, abbé de Flaran, 24.

Saint-Germain-en-Laye (Seine-et-Oise, arr. Versailles, chef-l. cant.), prieuré, 157 n. 2 ; — prieur : Saint-Gelais (Mellin de).

Saint-Germès ; seigneur de —, voy. Angosse (Henri d').

SAINT-GÉRI (François de), abbé de Combelongue, 71, 71 n. 3.

Saint-Gildard (diocèse de Bourges), prieuré ; — prieur : Montalembert (Jean de).

Saint-Guilhem-le-Désert (Hérault, arr. Montpellier, cant. Aniane), abbé O. S. B.; — abbé : Lastic (Antoine de).

Saint-Guillaume-du-Désert, voy. Saint Guilhem-le-Désert.

Saint-Hilaire (Aude, arr. Limoux, chef-l. cant.), abbaye O. S. B. ; — abbés : Donnadieu de Griet (Barthélemy de), Pierre ; — moine : Estaing (Arnaud Raymond d').

Saint-Hilaire d'Apcher (Lozère), prieuré au diocèse de Mende ; — prieur : Régin (Claude).

Saint-Jacques-de-Jocou (Aude, arr. Limoux), abbaye O. S. B., 105 n. 4 ; — abbé : Lévis (Jean de).

SAINT-JEAN (Guillaume - Vital de), évêque de Bayonne, 147, 147 n. 3.

— (Pierre de), O. F. P., évêque de Bayonne, 21 n. 2, 147.

Saint-Jean-d'Angély (Charente - Inférieure, chef l. arr.), abbaye O. S. B., 49 n. 4 ; abbés : Isaure d'Hervault (Mathieu), La Rochefoucauld (Louis de).

Saint-Jean-de-Luz (Basses-Pyrénées, arr. Bayonne, chef l. cant.), 152.

SAINT-JULIEN (Jacques de), curé de Lahas, abbé de Casanova, évêque d'Aire, 75, 75 n. 3.

Saint-Justin (Gers, arr. Mirande, cant. Marciac), église collégiale ; — prévôt : Vassinhac (Raoul de).

Saint-Lary (Gers, arr. Auch, cant. Jegun), 113 n. 2 ; — seigneur de —, Montezun de Saint-Lary (Henri de).

SAINT-LARY DE BELLEGARDE (Jean de), abbé de Gimont, 26, 26 n. 3 ; — de Nizors, 61 n. 3, 62.

Saint-Léger (Haute-Marne, pays de Bèze), prieuré, 5 n. 3, 79 ; — prieurs :

Beaujeu (Philibert de), Longwy de Givry (Claude de), Mothe-Houdancourt (Henri de la).

Saint-Lézer-sur-l'Adour (Hautes-Pyrénées, arr. Tarbes, cant. Vic-Bigorre), prieuré, 110 ; — prieur : Foix (Pierre de) ; — sacriste : Cariac (Adémar de).

Saint-Loubouer (Landes, arr. Saint-Sever, cant. Aire), abbaye O. S. B. ; — abbés : Aydie (Raymond d'), Marsan (Martin de) ; — doyen : Serre (Jean de la).

Saint-Loup à Départ, prieuré ; — prieur : Gassion (Pierre de).

Saint-Luperque (diocèse de Tours), prieuré, 23 n. 1 ; — prieur : Cohon (Anthyme-Denis de).

Saint-Malo (Ille-et-Vilaine, chef-l. arr.), diocèse, 165.

Saint-Martin, abbaye O. S. A., diocèse de Troyes ; — abbé : Choiseul (Gilbert de).

Saint Martin d'Ambelle, prieuré ; — prieur : Balzac (Antoine de).

Saint-Martin-lès-Autun (Saône-et-Loire), abbaye O. S. B. ; — abbé : Mongin (Edmond).

Saint-Maur (La Congrégation de), 108 n. 2.

SAINT-MAURICE (Pierre de), grangier de Vic-Fezensac, abbé de La Case-Dieu, 30, 30 n. 3.

Saint Maurin (Lot-et-Garonne, arr. Agen, cant. Astaffort), abbaye O. S. B. ; — abbé : Lustrac (Bertrand de).

Saint-Méen (Ille-et-Vilaine, arr. Montfort-sur-Meu, chef-l. cant.), abbaye O. S. B., 165 ; — abbé : Fagon (Antoine).

SAINT-MICHEL (Garsie de), moine et abbé de Saint-Ferme, 94.

Saint-Mont (Gers, arr. Mirande, cant. Riscle), prieuré O. Clun., 3 n. 4, 11 n. 4 ; 76 n. 2 ; — moine : Faur (Raymond du), — prieurs : Albret (Louis d'), cardinal, Armagnac (Pierre d'), Foix-Candale (François de), Labarthe (Jean de), Lescun (Jean de).

Saint-Papoul (Aude, arr. et cant. Castelnaudary), diocèse, 20 ; — évêques : Bar (Denis de), Maillé de La Tour-Landry (Jean-Marie de) ; Raymond (Jean de).

SAINT-PASTOUS (François de), 59 n. 3.

SAINT-PAUL (Arnaud de), abbé de Bonnefont, 57, 57 n. 5.

— (Guillaume de), abbé de Bonnefont, 58.

Saint-Paul-Trois-Châteaux (Drôme, arr. Montélimar, chef-l. cant.), évêché ; — diocèse, 69 n. 3.

Saint-Pé-de-Générez (Hautes-Pyrénées,

arr. Argelòs, chef-l. cant.), abbaye O. S. B., 113 ; — abbés, 113-116 ; sacriste ; Begolle (Jacques de).

Saint-Pierre (diocèse de Metz), abbaye, 76 n. 6 ; — abbé : Anglure de Bourlemont (Charles-François d').

Saint-Pierre-de-Médoc (Gironde, arr. et cant. Lesparre, com. Ordonnac), abbaye O. S. A. ; — abbé : Grégoire de Saint-Sauveur (Jean-Baptiste-Amédée de).

Saint-Pons-de-Tomières (Hérault, chef-l. arr.), évêché ; — évêque : Rochechouart (Jean de).

Saint-Prix (Louis de), sénéchal du Rouergue, 29 n. 4.

Saint-Savin-de-Lavedan (Hautes Pyrénées, arr. et cant. Argelès), abbaye O. S. B., 109 ; — abbés. 75, 76 n. 2, 109-113 ; — prieur : Abadie (Sanche d').

Saint-Sever-Cap-de-Gascogne (Landes, chef-l. arr.), abbaye O. S. B., 48, 53 n. 5 ; — abbés, 48, 75, 78-81.

Saint-Sever-de-Rustan (Hautes-Pyrénées, arr. Tarbes, cant. Rabastens), abbaye O. S. B., 10 n. 6, 105 ; — abbés, 105-109 — ; église, 10 n. 6 ; — moine : Bédos (François).

Saint-Séverin (Rigaud de), moine de Sorèze, abbé de Pessan, 7.

Saint-Sulpice (diocèse de Chartres) ; — doyen : Bossuet (Jacques-Bénigne).

Saint-Victor-en-Caux (Seine-Inférieure, près de Dieppe), abbaye O. S. B., 152 n. 7 ; — abbé : Beauvau du Rivau (René-François de).

Salazar (Jean), évêque de Constantia, 150 n. 1.

Sale de Susigaray (Raymond-Jean de la), clerc du diocèse de Bayonne, abbé de Sorde, 41, 41 n. 3.

Sales (Jean de), abbé de Saint-Pierre de Larreule, 145).

Salet (Hugues), abbé de Saramon, 15.

Salette (Jean de), chanoine de Bordeaux, 40 n. 2 ; — recteur de Montastruc. 95 n. 3 ; — abbé de Saint-Pierre de Larreule, 145.

Salettes (François-Charles de), chanoine et official de Lescar, abbé du Lucq, 137 ; - évêque d'Oloron, 133.

— (Jean de), prêtre du diocèse de Lescar, vicaire général de Sens, évêque de Lescar, 142, 142 n. 5.

— (Jean-Henri de), évêque de Lescar, 143.

Salies (Basses-Pyrénées, arr. Orthez, chef-l. cant.) ; — curé de la paroisse Saint-Vincent de — : Gassion (Pierre).

Salignac (Boson de), archidiacre de Médoc, évêque de Comminges, 52, 52 n. 2.

— (Jean de), abbé de Fontguilhem, 99.

Salignac de La Mothe-Fénelon (Ferdinand-François-Léon de), chanoine de Paris, abbé de Bessons et de Carenac, évêque de Lombez, 166, 166 n. 2.

Salinis (Arnaud de), évêque de Lescar, 140.

Salle (Jean d'Aule ou de la), prêtre du diocèse d'Oloron, abbé de Saint-Volusien de Foix, évêque de Couserans, 67, 67 n. 1 ; — abbé de Saint-Pierre de Larreule, 145 ; — évêque de Lescar, 141, 141 n. 6.

Salle (Philibert de la). doyen de Saint-Esprit de Bayonne, abbé de Cagnotte, 43.

Salmon (Jacques), prêtre du diocèse d'Angers, 69 n. 4.

Saluces (Gabriel de), chanoine de Lyon, administrateur d'Aire, 75.

Salviati (Jean), cardinal du titre des Saints-Côme-et-Damien, administrateur d'Oloron, 132, 132 n. 2.

— (Jules), abbé de Sainte-Croix de Bordeaux, vicaire général de Louis d'Este, 4 n. 3.

Samaran (Gers, arr. Mirande, cant. Masseube), 126 n. 2 ; — chapelle Saint-Georges, 126 n. 1.

Samouilhan (Raymond de). notaire, 163 n.

Sanche, abbé de La Case-Dieu, 28.

Sanguinet (Gabriel), abbé de Saramon, 16.

Sansac (Guillaume de), chanoine d'Aire, 110.

Saramon (Gers, arr. Auch, chef-l. cant.), abbaye, 14 ; — abbés, 10 n. 6, 14, 15, 16.

Sarepta (Phénicie), évêché titulaire ; — évêque : Cayrol de Madaillan (Jean de).

Saric (Bernard), abbé de L'Escale-Dieu et de Lieu-Dieu, évêque d'Aire, 13 n. 2, 77, 126.

Sarlat (Dordogne, chef-l. arr.), évêché ; — diocèse, 153 ; — évêque. 95 n. 1 ; — vicaire général : Beauvau du Rivau (René-François de).

Saron (Pierre de), chanoine de Lescar, évêque d'Oloron, 128.

Sarrabayrouse (Guillaume de), prieur de Gimont, abbé de Flaran, 22.

Sarraméa de Montaredon (Bernard), moine de Bonnefont, abbé du Rivet, 98.

Surrance (Basses-Pyrénées, arr. Oloron, cant. Accous), grange O. Præm., 82 n. 6, 83 n. 1.

Sarrancolin (Hautes - Pyrénées, arr. Bagnères - de - Bigorre, cant. Arreau), prieuré ; — prieurs : Bise (Guillaume de), Saint-Astier Bernard de).

SARRET DE GAUJAC (François de), prêtre du diocèse de Béziers, évêque d'Aire, 78.

Saubestre, archidiaconé au diocèse de Lescar ; — archidiacre : Gère (Arnaud de).

SAULMIET (Pierre), abbé de Fontguilhem, 99, 99 n. 1.

SAULT (Jean-Jacques du), doyen de Saint-Seurin de Bordeaux, évêque de Dax, 37.

— (Philibert du), évêque d'Auria, évêque de Dax, 37.

SAUPIN (Pierre), O. F. M., évêque de Bazas, 88, 89.

Sauvelade (Basses-Pyrénées, arr. Orthez, cant. Lagor), abbaye Notre-Dame, O. Cist. ; — abbés : Clavera, Seney (de).

Sauviat (Puy-de-Dôme, arr. Thiers, cant. Courpière), archidiaconé ; — archidiacre : Aubusson (Guichard d').

SAVARY (Gaston-Jean-Baptiste), abbé de Gimont, 27 n. 3.

Saverdun (Ariège, arr. Pamiers, chef-l. cant.), 155 n. 4.

Savigny (Rhône, arr. Lyon, cant. L'Arbresle), abbaye ; — abbé : Balzac (Antoine de).

SAVOIE (François de), archevêque d'Auch, abbé de Saint-Étienne de Verceil, de Notre-Dame d'Abondance, de Notre-Dame de Staffarde, 3, 3 n. 5.

— (Henri de), archevêque nommé d'Auch, 5, 5 n. 1.

— (Louis, duc de), 3.

— (Louise de), régente, 157 n. 3.

SAYA (Jean de), chanoine de Bordeaux, évêque de Lombez, 162 ; de Dax, d'Agen, 33.

SCEY-MONBÉLIARD (de), abbé de Gimont, 28.

SECONDAT DE MONTESQUIEU (Ignace de), abbé de Fontguilhem, 99.

— (Joseph de), doyen de Saint-Seurin de Bordeaux, abbé de Faise, de Nizors, 63.

Séez (Orne, arr. Alençon, chef-l. cant.), évêché ; — diocèse, 57 ; — évêque : Augu (Nicolas d').

SÈGUE (Garsie-Arnaud de la), prévôt de Saint-Seurin de Bordeaux, évêque de Dax, 36 ; de Bayonne, 148.

SÉGUIER (Jean-Jacques), chanoine de Paris, abbé de la Lire, évêque de Lombez, de Nîmes, 165.

SÉGUINS (Henri-Joseph de), prêtre du diocèse de Saint-Paul-Trois-Châteaux, 69 n. 3.

SÉNAULT (Arnaud de), abbé de Saint-Sever-de-Rustan, 108.

SENDOT (Bertrand de), abbé de Sorde, 39.

SENEY (de), abbé de La Sauvelade, 45 n. 1.

Senez (Basses-Alpes, arr. Castellane, chef-l. cant.), évêché ; — vicaire général : Vorance (Louis-Jacques-François de).

Senlis (Oise), chef-l. arr.), 30 n. 2.

Sens (Yonne, chef-l. arr.), archevêché ; — archevêques : Bellegarde (Octavien de), Bertrand (Jean de), Perron (Le cardinal du) ; — diocèse, 77 n. 2, 91, 133 n. 5 ; — vicaires généraux : Chalon (Harduin de), Salettes (Jean de).

— Abbaye Saint-Rémy ; abbé : Boutauld (Gilles).

SENTRAILLE (Pothon de), 29 n. 4.

Senuc (Ardennes, arr. Vouziers, cant. Grandpré), église paroissiale ; — recteur : Vaumonstreuil de Saigny (Louis de).

Sère (Gers, arr. Mirande), cant. Masseube), abbaye ; — abbé : Béon (Raymond-Arnaud de).

SERBASTO (Bernard de), abbé de Tasque, 120, 120 n. 1.

SERRE (Jean de la), doyen de Saint-Loubouer, abbé de Saint-Sever-Cap-de-Gascogne, 80, 80 n. 3.

SERRE (Vital de la), abbé de Berdoues, 17, 18 n. 1.

SERRES (Jean de), prêtre du diocèse d'Aire, abbé de Cagnotte, 43.

SEVIN DE MIRAMONT (Philippe ou Théodoric), clerc du diocèse de Paris, abbé de Berdoues, 20, 20 n. 2.

Seysses (Gers, arr. Lombez, cant. Samatan), 164 n. 1.

Sézanne (Marne, arr. Epernay, chef-l. cant.), prieuré Saint-Julien O. S. A., 150 n. 4 ; — prieur : Poncher (Etienne).

SFONDRATI (Nicolas), cardinal, évêque de Crémone, abbé de Saint Sever-Cap-de-Gascogne, 80.

SFORZA (François, vicomte), abbé de Marmoutiers, 48 n. 6.

SIBERT (Pierre de), chanoine et archidiacre de Châlons-sur-Marne, abbé de L'Escale-Dieu, 126, 126 n. 1.

SICARD (Pierre), moine de Villemagne, abbé de Bonnefont, de Villemagne, 60.

Simorre (Gers, arr. et cant. Lombez), abbaye Notre-Dame, 10 ; — abbés, 10-14 ; camériers : Averaède (Pierre d'), Barrau (Pierre), Pierre.

Siniguglia (Italie, prov. Ancône), diocèse, 165 n. 1.

Sirac (Gers, arr. Lombez, cant. Cologne), 164 n. 1.

SIXTE IV, pape, 3 n. 4, 30 n. 2, 48 n. 2, 141 n. 2.

Soissons (Aisne, chef-l. cant.), évêché ; — évêque : Bonneval (Foucaud de) ; — vicaire général : Revillac-Liot (Charles-Hippolyte-Alexandre de).
— Abbaye Saint-Crépin O. S. B. ; — abbé : Bordes (Alexandre de).

SOLAR DE MORET (Lélius-Philibert), abbé de Saint-Sever-Cap-de-Gascogne, 80.

SOLEMY (Nicolas-Simon de), religieux de Saint-Victor de Marseille, abbé de Tasque, 122, 122 n. 2, 3.

Solignac (Haute-Loire, arr. Le Puy, chef-l. cant.), prieuré O. S. B. ; — prieur : Croilly (Philippe de).

Solignac (Haute-Vienne, arr. et cant. Limoges), abbé Saint-Pierre, 91 n. 3 ; — abbé : Jaubert de Barrau (Jean).

SOMBRUN (Jacques), abbé de Divielle, 44.

Sorde (Landes, arr. Dax, cant. Peyrehorade), abbaye Saint-Jean, O. S. B., 39, 140 n. 2 ; — abbés, 39-42, 75, 140, 140 n. 2.

Sorèze (Tarn, arr. Castres, cant. Dourgne) abbaye ; — abbé : Croilly (Philippe de) ; — moine : Saint-Séverin (Rigaud de).

Sos (Jean de), moine et abbé de Saint-Orens de Larreule, 117.

SOSSIONNE (Jean de), chanoine et évêque de Bayonne, 150.

SOUMIROX, curé au diocèse de Lescar, 69 n. 4.

Souillac (Lot, arr. Gourdon, chef-l. cant.), abbaye O. S. B., 5 n. 3 ; — abbé : Mothe-Houdancourt (Henri de la).

Soulac (Gironde, arr. Lesparre, cant. S.-Vivien), prieuré ; — prieur : Planche (Bernard de la).

SOULAN (Jean de), prieur de Combelongue, 71 n. 2.

SOULÉ DE LA CASSAGNE-MAUCOR (Jean), chanoine de Lescar, abbé de Saint-Pierre de Larreule, 146.

Souterraine (La) (Creuse, arr. Guéret, chef-l. cant.), abbaye O. S. B., 15 ; — sacriste : Larrieu (Jean de).

SOURE (Gilles de), abbé de Saint-Florent et de Saint-Calais, trésorier de la Sainte-Chapelle, évêque de Commingcs, 55.

Staffarde (diocèse de Turin), monastère Notre-Dame, O. Cist., 3 n. 5 ; — abbé : Savoie (François de).

STRAGANT (Jean), clerc du diocèse du Mans, 50 n. 1.

STROCCIO (Michel), 103 n. 5.

STROZZI (Charles Robert), clerc du diocèse de Florence, 90 n. 4.

SUAREZ D'AULAN (Louis-Marie de), chanoine d'Avignon, évêque de Dax, 38 ; — abbé de Cagnotte, 44.

SUBERBIELLE (Pierre de), abbé de Saint-Ferme, 95, 95 n. 3 ; — évêque de Lescar, 141 n. 2.

SUMALAGA (Pierre de), O. F. M., évêque de Bayonne, 148.

SURIAN (Jean-Baptiste de), évêque de Vence, abbé du Lucq, 138.

SYLVIO (Nicolas Marc), de Rome, 132 n. 4.

Tabistoch (Angleterre, diocèse d'Exeter), abbaye, 116 ; — abbé : Averaède (Bon d').

Tarbes (Hautes-Pyrénées), évêché ; — archidiacres : Fabas (Michel-Victor de), Lavedan (Raymond-Garsie de) ; — chanoines : Abbadie (Arnaud d'), Armagnac (Bonhomme d'), Four (Pascal du), Montaut de Bénac (Jean de), Montaut de Navailhes (Roger de), Palatz (Arnaud-Raymond de), Poudenx (Bernard de) ; — diocèse, 57 n. 2, 112, 121 ; — évêques : 1, 5, 38, 61, 74, 86, 100-105, 117 n. 1, 119 n. 5, 122 n. 4, 128 n. 2 ; — official, 106 n. 3, 130 n. 1 ; — préchantre : Doucet (Gérard) ; — vicaires généraux : Baillif (Vincent), Baron (Raymond-Garsie de), Beaupoil de Saint-Aulaire (Marc-Antoine de), Lastic (Antoine de).

Tasque (Gers, arr. Mirande, cant. Plaisance), abbaye Saint-Pierre, 119 ; — abbés, 119-123 ; — mense conventuelle, 122 n. 4.
— Communauté de —, 122 n. 4.

TAURINES (Raymond de), moine de Bonneval, abbé de Berdoues, 17.

TERLONG (Nicolas de), abbé de Pessan, 9.

TERMES (Paul de), 62.

TERRADE (L. Jean), abbé de Nizors, 61.

TERRASSE (Gérard de la), abbé de Gimont, 24 n. 4.

TERSAC DE MONTBERAUD DE VERNAJON (Jean-Jacques de), clerc du diocèse de Pamiers, chanoine de Toulouse, abbé de Saint-Savin-de-Lavedan, 112, 112 n. 4.

TEXTOR (Jean), recteur de Toulens, doyen de Saint-Martin de l'Isle-Jourdain, 47 n. 4.

TESTIUS, clerc du diocèse de Paris, 164 n. 5.

Tision (Fernand de), abbé de Saint-Sever-Cap-de-Gascogne, 80.

Tombebœuf (Lot-et-Garonne, arr. Villeneuve, cant. Montclar), pricuré, 90 n. 6 ; — prieur : Balaguier (Jean de).

Toujouse (Anésanche de), chanoine d'Aire, de Bazas, de Nogaro, recteur de Monségur, évêque d'Aire, 73.

Toujouse (Pierre de), abbé de Tasque, 121.

Toul (Meurthe - et - Moselle, chef-l. arr.) ; — diocèse, 76, 76 n. 6, 78.

Toulouse (Haute-Garonne), 103, 108, 112 n. 4 ; — archevêché, 161 n, 2 ; — archevêques : 25 n. 1, 101 n. 2, Loménie de Brienne (Etienne-Charles de) ; — chancelier de l'église de — : Lautrec (Amélius de) ; — chanoines : Bordenave (Pierre de), Linières (Scot de), Marmiesse (Bernard de), Montaut de Saint-Sivié (Jean-Michel de), Tersac de Montberaud de Vernajon (Jean-Jacques de) ; — Chapitre, 162, 162 n. 1 ; — diocèse, 69 n. 4, 78, 108, 152 ; — prévôts du Chapitre : Daffis (Jean I''), Roserge (Bernard Yvest de).

— Abbaye Saint-Sernin O. S. A., 103, 155 n. 4 ; — abbé : Aymeric Noël.

— Eglise Saint - Etienne ; — recteur : Girard (Martin de).

— Parlement, 11 n. 4, 19, 71 n. 2, 72 n. 1, 107, 107 n. 1, 108, 122 n. 4.

— Sénéchal, 31 n. 1 : Trie (Jean de).

— Université, 134, 137.

Tour (Bernard de la), abbé de Saramon, 16.

Tour du Pin (Henri de la), 164 n. 5.

Tour du Pin Montauban (Louis-Apollinaire de la), évêque de Nancy, archevêque d'Auch, archevêque-évêque de Troyes et d'Auxerre, 6.

Tournai (Belgique, prov. Hainaut), évêché, 152 ; — évêque : Beauvau du Rivau (René-François de).

Tournay (Hautes-Pyrénées, arr. Tarbes, chef-l. cant.), 123 n. 5.

Tournon (Charles de), 4 n. 1.

— (François de), cardinal du titre des Saints-Pierre-et-Marcellin, archevêque d'Auch, de Narbonne, de Lyon, abbé de Saint-Florent, de Candeil, de Saint-Laumer de Blois et d'Ainay, 4, 4 n. 1.

Tours (Indre-et-Loire), archevêché ; — archevêques : Echaux (Bertrand d'), Isaure d'Hervault (Mathieu) ; — archidiacre : Boutault (Gilles) ; — diocèse, 23 n. 1, 152, 153 ; — vicaire général : Gigault de Bellefont (Jacques-Bonne).

— Eglise collégiale Saint-Martin, 134 ; — chanoine : Poncher (Etienne) ; — doyen : Magny (Antoine-Simon de).

Toutens (Haute-Garonne, arr. Villefranche-de-Lauraguais, cant. Caraman), paroisse ; — recteur : Textor (Jean).

Tréguier (Côtes-du-Nord, arr. Lannion, chef-l. cant.), évêché ; — évêque : Peyron (Bernard du).

Trente (Autriche, Tyrol), 55 n. 4.

Trappes (Léonard de), archevêque d'Auch, 5, 5 n. 1.

Trémoille (Jean de), archevêque d'Auch, 3.

Trie (Jean de), sénéchal de Toulouse et d'Albi, 1 n. 3.

Treuil (Raymond I'' du), O. F. P., évêque de Couserans, 66 ; de Bazas, 89, 95 n. 1.

— (Raymond II du), O. F. M., évêque de Bazas, 89 ; — abbé de Fontguilhem, 98.

Tridon (diocèse de Saint-Malo), prieuré 152 n. 7 ; — prieur ♦ Beauvau du Rivau (René-François de).

Trivulce (Augustin), cardinal, 61 n. 3 ; — abbé de Saint-Sever-de-Rustan, 107, 112 n. 1.

— (Philippe), archevêque de Raguse, abbé de Saint-Sever-de-Rustan, 107, 112 n. 1.

Trizay (Charente - Inférieure, arr. Saintes, cant. Saint - Porchaire) ; — prieuré Saint-Jean, 38 n. 1 ; — prieur ! Bar (Hugues de).

Tronchet (Ille-et-Vilaine, près de Dol) abbaye O. S. B. ; — abbé : Cohon (Anthyme-Denis de).

Troselli (Pierre), O. F. P., évêque de Dax, 35.

Trouvain (Jean), prêtre du diocèse de Paris, 97 n. 1.

Troyes (Aube) ; archevêque-évêque : Tour du Pin Montauban (Louis-Apollinaire de la) ; — diocèse, 150 n. 4 ; — vicaire général : Osmond de Médary (Charles-Antoine-Gabriel d').

Tulle (Corrèze), évêché ; — évêque : Rochigne-Voisin de Guron (Louis de).

Turin (Italie) ; — archevêque : Rovère (Jérôme de la).

Tusaguet (Arnaud de), moine de Lézat, abbé de Saint-Orens de Larreule, 116.

Tyr (Phénicie), archevêché titulaire ; archevêque : Guilhot (Bérenger).

Urbain V, 21 n. 3.

Urbain VI, pape, 1, 34, 74, 101, 114, 129, 148.

Urdache (Espagne, prov. Navarre, ancien diocèse de Bayonne), abbaye O., Præm, 29 n. 3.

URFÉ DE LASCARIS (François d'), abbé d'Uzerche, abbé nommé de Saramon, 16 n 2

USK (Maurice), O F P , évêque d'Aire, 74 , de Bazas 88

Uzerche (Corrèze, arr Tulle, chef l cant), abbaye , abbé Urfé de Lascaris (François de)

Uzès (Achille d'), 127
Uzès (Gard, chef l arr), évêché , évêque Géraud

Valcabrère (Haute Garonne, arr Saint Gaudens, cant Barbazan) , couvent de Cordeliers, 54

Val de Vire, archidiaconé dans l'église de Coutances ; — archidiacre Beau Maistre (Guillaume)

Valence (Drôme), évêché , — évêques (Balzac (Antoine de), Gélas de Léberon (Charles Jacques de)

Valence (Gers, arr Condom, chef l cant), archiprêtré , archiprêtre Boyer (Jean de)

VALETICA (Bertrand de), chanoine de Lombez, 64 n 3

Valoire (diocèse d'Amiens), abbaye O Cist , — abbé Henriau (Jean-Marie).

VALOIS (Philippe de), roi de France, 1.

VALON (Pierre de), chanoine de Cahors, évêque de Lectoure, 47 47 n 3

Valpuerta (Espagne, diocèse de Burgos), archidiaconé , — archidiacre Farges (Gaillard de)

Vannes (Morbihan), diocèse, 20, 112 , — évêque Fagon (Antoine)

VASSINHAC (Raoul de), prévôt de Saint-Justin, 28 n, 5

VALMONSTRELIL DE SAIGNY (Louis de), recteur de Senuc et de Montigny, prieur de Notre Dame des Rosiers et d'Harcourt, abbé de Saint Sever de Rustan, 107

VEDELLI (François de), chanoine d'Auch, abbé de Faget, vicaire général de Léonard de Trappes, 5 n 1

Vence (Alpes-Maritimes, arr Grasse, chef l cant.), évêché , évêques Cayrol de Madaillan, Couet du Vivier de Lorry (Michel-François), Surian (Jean Baptiste de)

Venise (Italie septentrionale), 58, 60, 108

Verceil (Italie, prov Novare). évêché ; — diocèse, 40 n 3

— Abbaye Saint Etienne O S B , 3 n 5 , — abbé Savoie (François de)

VERDALLE (Jérôme de), 159 n 6

VERDELIN (Pierre de), moine de L'Escale Dieu, abbé du Rivet, 98. 98 n 1

VERDIER (Christophe du), 59 n 2

Verdun (Meuse, chef-l arr), évêché , — chanoine · Nogues (Jean Antoine de); — diocèse, 146 , — vicaire général Noguès de Gerderest (Antoine Vincent de].

VERDUSAN (Jean de), moine et abbé de Pessan, 8

— (Jean Ier de), chanoine de Lectoure, abbé de Flaran, 22, 22 n 4.

— (Jean II de), chanoine d'Auch, abbé de Flaran, 22, 22 n 5

VERGER (Jacques du), abbé de Combelongue, 70

Versailles (Seine-et-Oise), 62

VERTHAMONT DE CHALUCET (Isaac Jacques de), vicaire général de Pamiers, évêque de Couserans, 69

Vertus (Marne, arr Châlons sur Marne, chef l cant) . — abbaye Notre Dame, 38 n 1 , — abbés · Bar (Hugues de), Beaumont (Christophe de), Coquart de la Mothe (Charles)

VEYRIAC (Jacques de), prieur de Castillon, abbé de Blasimont, 92, 92 n 5, 93 n 1

VEZINS (Guillaume de), clerc du diocèse de Castres, abbé de Pontaut, 85

VIANE (Madeleine, princesse de), 145

VIC (Aymeric Ier de), abbé de Saramon, 16

— (Aymeric II de), abbé de Saramon. 16

— (Charles de), abbé de Saramon, 16

— (Dominique de), abbé du Bec, archevêque de Corinthe 5, 5 n 2, — abbé de Saramon, 16 , archevêque d'Auch, 5

Vic Fezensac (Gers, arr Auch, chef l cant), grange O Præm , — grangier Saint-Maurice (Pierre de)

VICHY (Noé Etienne de), abbé de Saint Ferme, 97

VICMONT (Bernard de), abbé de Flaran, 22 n 5.

VICOMERCATO (François-Antoine de), abbé élu de Nizors, 61 n 3

VICQUES (de), vicaire général de Lombez, abbé de Saramon, 16.

VIDIEN, abbé de Bonnefont, 58

VIE (François de la), abbé de Sorde, 41 n. 1

— (Hyspan de la), prieur et abbé de Sorde, abbé de Sainte Engrâce, 41 n 1

VIELLA (de), abbé de Pontaut, 86

VIENNE (Jean-Bernard de). chanoine de

Notre Dame de Paris, abbé de La Case-Dieu, 32

Vienne (Isère, chef l arr.), archevêché, archevêque Beaumont (Christophe de), diocèse, 134, — vicaire général Montmorin de Saint Hérem (Joseph Gaspard de)

Abbaye Saint André O. S. B. ; abbé Bar (Hugues de)

VIEUXVILLE (Charles François de la), évêque de Rennes, abbé de Saint Martial de Limoges, 5 n. 3.

— (Pierre-Guillaume de la), prêtre du diocèse de Paris, vicaire général de Nantes, de Chartres, prieur de Notre-Dame de Fontaine Geard, évêque de Bayonne, 152

VIGIER (Abraham de), abbé de Ca gnotte, 43

VIGNERON (Bernard de), abbé de Ca gnotte, 43

VILLARS (marquis de), 83 n. 1

VILLE (Arnaud de), évêque de Dax, 33
— (Bernard de), abbé de Flaran, 21, — évêque élu de Tarbes, 21 n. 2
— (Bernard de), official du chapitre et évêque de Bayonne, 147

VILLEFORT (Louis de), prêtre du diocèse de Cambrai, 104 n. 6

VILLEFROY (de), abbé de Blasimont, 94, 94 n. 3

Villemade (Tarn-et-Garonne, arr. et cant. Montauban), prieuré, 135 n. 1, — prieur Benque (Guillaume Arnaud de)

Villemagne (Hérault, arr. Béziers, cant. Saint Gervais), abbaye O. Cist., 60, abbé Sicard (Pierre)

VILLEMUR (Ponce de), abbé de Lézat, évêque de Couserans, 65

Villemur (Haute Garonne, arr. Toulouse, chef-l. cant.), prieuré O. S. B., — prieur Bisturie (Gaillard de)

VILLENEUVE (Jean de), recteur de Caumont, abbé de Sorde, 41.

Villeneuve-lès-Avignon (Gard, arr. Uzès, chef l. cant.), église Sainte Marie, 140, — doyen de cette église Jean

VILLOUREIX DE FAYE (Jean Baptiste Auguste), prêtre du diocèse de Limoges, vicaire général de Toulouse, évêque d'Oloron, 134

VINDESA (Jean de), scripteur de la S. Pénitencerie, 18 n. 4

Visker (Hautes Pyrénées, arr. Tarbes, cant. Ossun), seigneur de — Barbazan (Arnaud Guillaume de)

VITAL, abbé de Nizors, 61

Viviers (Ardèche, arr. Privas, chef l. cant.), évêché, diocèse, 94, évêque, 13 n. 3, — vicaire général Pujet (Henri de)

VORANCE (Louis Jacques François de), chanoine de Grenoble, vicaire général de Senez, prieur d'Antramont, abbé de Simorre, 14

VRASSEN (Jeanne), 111 n. 3

WALDEBY (Robert), O. S. A., chancelier de Guyenne, évêque d'Aire, archevêque de Dublin, 74.

XAINTRAILLES (Géraud de), prieur de Sainte Radegonde de Poitiers, évêque de Lectoure, d'Albi, 46

Ygos (Landes, arr. Mont de Marsan, cant. Morceux), curé Desclaux (Jacques)

Ypres (Belgique, prov. Flandre occidentale), évêché, — vicaire général Hertault de Beaufort (Paul Robert)

YVON (Bernard d'), chanoine d'Albi, évêque de Bazas, 89

Zamora (Espagne, prov. Léon), évêque, 136 n. 1

ADDITIONS ET CORRECTIONS

Page 2, ligne 5, *lire* Clément VII *au lieu de* Clément VI.

P. 3, note 6, ligne 6, *lire* Lieu-Dieu en Jar *au lieu de* Loc-Dieu-d'Inard.

P. 8, ligne 1, *lire* Jean de Bilhères de Lagraulas, évêque de Lombez, *au lieu de* Jean II de Bilhères, évêque de Lombez, neveu de Jean I de Bilhères.

P. 13, note 2, ligne 2, *lire* Bernard de Sariac *au lieu de* Fernand de Sariac.

P. 14, ligne 4. *lire* 231 *au lieu de* 251.

P. 29, ligne 8. Dans un acte d'hommage consenti en faveur du comte d'Armagnac en 1398, cet abbé est appelé Arnaud de Meillon. (Archives départementales du Tarn-et-Garonne, fonds d'Armagnac, A, 262).

P. 37, ligne 17, *lire* Auria *au lieu de* Aure

P. 38, note 1, ligne 2, *lire* N. D. de Vertus *au lieu de* N.-D des Vertus.

P. 42, ligne 17, *lire* naissance illégitime *au lieu de* naissance légitime

P. 43, note 2, ligne 4, *lire* l'abbaye de Cagnotte *au lieu de* l'abbaye de Sorde.

P. 49, ligne 16, *lire* Layrac, diocèse de Condom, *au lieu de* Layrac, diocèse d'Agen.

P. 50, note 2, *lire* Trizay *au lieu de* Frizay.

P. 57, note 2, ligne 2, *lire* Saint-Guilhem le Désert *au lieu de* Saint-Guillaume du Désert.

P. 60, ligne 10, *lire* N. D. de Bonlieu *au lieu de* N.-D. de Beaulieu.

P. 85, note 4. Cet intrus était Guillaume de Voisins ou de Vezins, pronotaire du Saint-Siège, abbé de Pontaut. (Archives départementales de la Haute-Garonne, Archives des Notaires, *Livre particulier* de Mariano et Jean Constantini, 21 mars 1492 (n. s.)

P. 105, ligne 4, *lire* Gascogne *au lieu de* Gascogue.

TABLE DES MATIÈRES

	Pages.
Introduction...	I
Sources manuscrites	XIII
Index bibliographique...	XVI

Chapitre Premier

§ 1er.	Archevêques d'Auch...	1
§ 2 —	Abbés de Pessan, de l'ordre de Saint-Benoît	6
§ 3.	id de Simorre, id.	10
§ 4. —	id. de Saramon, id.	14
§ 5. -	id. de Berdoues, de l'ordre de Citeaux.	17
§ 6. —	id. de Flaran, id.	21
§ 7.	id. de Gimont, id.	24
§ 8. —	id. de La Case-Dieu, de l'ordre de Prémontré	28

Chapitre II

§ 1er. —	Evêques de Dax..	33
§ 2 —	Abbés de Saint Jean de Sorde, de l'ordre de Saint-Benoît.	39
§ 3	id. de La Cagnotte, id.	42
§ 4. —	id de Divielle, de l'ordre de Prémontré...	44

Chapitre III

| Evêques de Lectoure.... | 46 |

Chapitre IV

§ 1er —	Evêques de Comminges	52
§ 2. —	Abbés de Bonnefont, de l'ordre de Citeaux..	57
§ 3.	id de La Bénisson-Dieu ou de Nizors, de l'ordre de Citeaux...	60

Chapitre V

| § 1er. — | Evêques de Couserans..: | 64 |
| § 2 — | Abbés de Combelongue, de l'ordre de Prémontré.. | 70 |

Chapitre VI

| § 1er. | Evêques d'Aire... | 73 |
| § 2 — | Abbés de Saint-Sever-Cap de-Gascogne, de l'ordre de Saint-Benoît... | 78 |

TABLE DES MATIÈRES

§ 3. —	id.	de La Castelle, de l'ordre de Prémontré	81
§ 4. —	id.	de Pontaut, de l'ordre de Citeaux	84

Chapitre VII

§ 1er.	Evêques de Bazas	87
§ 2.	Abbés de Blasimont, de l'ordre de Saint-Benoît	92
§ 3. — id.	de Saint-Ferme, id.	94
§ 4. id.	de Rivet, de l'ordre de Citeaux	97
§ 5. id.	de Fontguilhem, de l'ordre de Citeaux	98

Chapitre VIII

§ 1er. —	Evêques de Tarbes	100
§ 2.	Abbés de Saint-Sever-de Rustan, de l'ordre de Saint-Benoît	105
§ 3. — id.	de Saint-Savin de-Lavedan, id.	109
§ 4. — id.	de Saint-Pé-de Génerez, id.	113
§ 5. — id.	de Saint Orens-de-Larreule, id.	116
§ 6. — id.	de Saint-Pierre de Tasque, id.	119
§ 7. — id.	de L'Escale-Dieu, de l'ordre de Citeaux	123

Chapitre IX

§ 1er.	Evêques d'Oloron	128
§ 2. —	Abbés de Saint-Vincent-du Lucq, de l'ordre de Saint-Benoît	134

Chapitre X

§ 1er. —	Evêques de Lescar	139
§ 2. —	Abbés de Saint-Pierre-de-Larreule, de l'ordre de Saint-Benoît	144

Chapitre XI

Evêques de Bayonne 147

Chapitre XII

Evêques de Condom 155

Chapitre XIII

Evêques de Lombez 161

Index alphabétique 167

Additions et corrections 211

ARCHIVES HISTORIQUES

PREMIÈRE SÉRIE.

I. **Documents sur la Fronde en Gascogne**, par J. DE CARSALADE DU PONT. . . . . 6 fr. 50 c.
II. **Documents relatifs à la chute de la Maison d'Armagnac-Fezensaguet**, etc., par Paul DURRIEU. . . . 4 fr. 50 c.
III. **Voyage à Jérusalem du seigneur de Montaut** (1490), par Ph. TAMIZEY DE LARROQUE. . . . . . 2 fr. 50 c.
IV. **Les Huguenots en Bigorre**, par C. DURIER, archiviste, et J. DE CARSALADE DU PONT. . . . . 8 fr. 50 c.
V. **Chartes de Coutumes de la Gascogne Toulousaine**, par Ed. CABIÉ. . 5 fr.
VI. **Les Huguenots dans le Béarn**, par A. COMMUNAY . . . . 6 fr.
VII et VIII. **Les Frères Prêcheurs en Gascogne aux XIII° et XIV° siècles**, par l'abbé DOUAIS (2 vol.). . . . 15 fr.
IX. **Archives de la ville de Lectoure, du XIII° au XVI° siècle**, par Paul DRUILHET. . . . . 6 fr.
X. **Lettres inédites de Henry IV à M. de Pailhès** (1576-1602), par Ch. DE LA HITTE . . . . 3 fr. 50 c.
XI. **Lettres inédites de la reine Marguerite de Valois** (1579-1606), par Ph. LAUZUN. . . . . . 2 fr. 50 c.
XII et XIII. **Comptes Consulaires de Riscle** (texte gascon du XV° siècle), par Paul PARFOURU et J. DE CARSALADE DU PONT. — Tome I° (1441-1484); tome II (1485-1507). 20 fr.
XIV. **Sommaire description du comté de Bigorre par l'avocat Mauran**, publiée par G. BALENCIE. . . . 10 fr.
XV. **Sceaux Gascons du moyen âge** (I° partie), par P. LA PLAGNE BARRIS. . . . . 8 fr.
XVI. **Ambassade en Turquie de Jean de Gontaut Biron** (rolation du voyage), par le comte Théodore DE GONTAUT BIRON (tome I°) . . . . 7 fr. 50 c.
XVII. **Sceaux Gascons du moyen âge** (II° partie), par P. LA PLAGNE BARRIS . . . . 12 fr.
XVIII. **Le Livre des Syndics des États de Béarn** (texte béarnais), publié par Léon CADIER. . . . . . . 7 fr.
XIX. **Ambassade en Turquie de Jean de Gontaut Biron** (correspondance diplomatique), par le c° Th. DE GONTAUT BIRON (t. II). . . . 12 fr. 50 c.
XX. **Les Livres de Comptes des frères Bonis**, marchands Montalbanais du XIV° siècle. par Ed. FORESTIÉ. — I° partie. . . . . . . 12 fr. 50 c.
XXI. **Lettres d'un Cadet de Gascogne sous Louis XIV** (1694-1717), par François ABBADIE. . . . . . 5 fr.
XXII. **Sceaux Gascons du moyen âge** (III° partie), par P. LA PLAGNE BARRIS . . . . 6 fr.
XXIII. **Les Livres de Comptes des frères Bonis** (II° partie) . . . . 6 fr.
XXIV. **Audijos. — La Gabelle en Gascogne**, par A. COMMUNAY (I° partie) . . . . 7 fr.
XXV. **Audijos. — La Gabelle en Gascogne**, par A. COMMUNAY (II° partie, fin) . . . . 7 fr.
XXVI. **Les Livres de Comptes des frères Bonis** (II° partie, fin) . . . . 8 fr.

DEUXIÈME SÉRIE.

I. **Mémoires du marquis de Franclieu** (1680-1745), par de GERMON. 8 fr.
II. **Documents Pontificaux sur la Gascogne**, par l'abbé GUÉRARD (t. I°). . . . . 8 fr.
III. **Cartulaires du Chapitre de l'Église Métropolitaine Sainte-Marie d'Auch** (*Cartulaire noir*), par C. LACAVE LA PLAGNE BARRIS. . . 7 fr. 50 c.
IV. **Cartulaires du Chapitre de l'Église Métropolitaine Sainte-Marie d'Auch** (*Cartulaire blanc*), par C. LACAVE LA PLAGNE BARRIS. . . 7 fr. 50 c.
V. **Les Huguenots en Comminges**, par l'abbé J. LESTRADE. . . . 10 fr.
VI. **Documents Pontificaux sur la Gascogne** (tome II), par l'abbé GUÉRARD. . . . . 6 fr.
VII. **Cartulaire du Prieuré de Saint-Mont** (ordre de Cluny), par Jean de JAURGAIN et Justin MAUMUS. 6 fr.
VIII. **Les Huguenots dans le diocèse de Rieux**, par l'abbé J. LESTRADE. 8 fr.
IX. **Cartulaire de l'abbaye de Gimont**, par l'abbé CLERGEAC. . . . 15 fr.
X. **Le Livre des Syndics des États de Béarn** (texte béarnais), publié par Henri COURTEAULT (II° partie). . . . . 10 fr.
XI. **Le Livre rouge du Chapitre métropolitain de Sainte-Marie d'Auch**, par l'abbé DUFFOUR (I° partie). 10 fr.
XII. **Le Livre rouge du Chapitre métropolitain de Sainte-Marie d'Auch**, par l'abbé DUFFOUR (II° partie) 10 fr.
XIII. **Journal de Pierris de Casalivetery**, notaire royal de Mauléon-de-Soule (texte gascon), par Jean de JAURGAIN. . . . . 2 fr. 50
XIV et XV. **Les Huguenots en Comminges** (nouvelle série) (I° et II° partie), par l'abbé J. LESTRADE. . . 10 fr.
XVI. **Chronologie des Archevêques, Evêques et Abbés de la Province ecclésiastique d'Auch et des diocèses de Condom et Lombez** (1300-1801), par l'abbé CLERGEAC. . . 6 fr.

SOUS PRESSE : L'ancien Sacramentaire d'Auch, fragments publiés avec un extrait de l'ancien bréviaire auscitain, pour la Société Historique de Gascogne, d'après une copie du XVIII° siècle, par l'abbé J. DUFFOUR, docteur en théologie.

www.ingramcontent.com/pod-product-compliance
Lightning Source LLC
Chambersburg PA
CBHW071939160426
43198CB00011B/1471